V&R

Zugänge zur Kirchengeschichte

Herausgegeben
von Manfred Jacobs

Band 10

Reinhard Frieling
Der Weg des ökumenischen Gedankens
Eine Ökumenekunde

V&R

VANDENHOECK & RUPRECHT
IN GÖTTINGEN

REINHARD FRIELING

Der Weg des ökumenischen Gedankens

Eine Ökumenekunde

V&R

VANDENHOECK & RUPRECHT
IN GÖTTINGEN

Reinhard Frieling

geb. 15.6.1936 in Dortmund. Studium der Theologie in Marburg, Münster und Bossey. Vikariat und Pfarramt in Westfalen. 1967 Wissenschaftlicher Mitarbeiter des Konfessionskundlichen Instituts des Evangelischen Bundes in Bensheim: als Ökumenereferent zuständig für die evangelisch-katholischen, evangelisch-orthodoxen und landeskirchlich-freikirchlichen Beziehungen; Teilnahme an den Weltkirchenkonferenzen von Uppsala 1968 bis Canberra 1991 und Mitglied einiger ökumenischer Kommissionen; mehrfach Reisen nach Lateinamerika zum Studium der Befreiungstheologien. Seit 1981 Direktor des Konfessionskundlichen Instituts, seit 1984 Mitglied der EKD-Synode und seit 1988 Honorarprofessor für systematische und ökumenische Theologie in Marburg. 1991 Mitglied der Gemeinsamen Arbeitsgruppe zwischen dem Ökumenischen Rat der Kirchen und der Römisch-katholischen Kirche.

Veröffentlichungen: Die Bewegung für Glauben und Kirchenverfassung 1910–1937 (Göttingen 1970); Uppsala 1968: Erneuerung der Welt (1968); Ökumene in Deutschland. Ein Handbuch (1970); „Mischehe" – aber wie? (3. Aufl. 1972); Katholisch und Evangelisch. Informationen über den Glauben (7. Aufl. 1991, m. E. A. Ortmann); Religionsunterricht und Konfessionen (1976); Befreiungstheologien, (2. Aufl. 1986).

Die Deutsche Bibliothek – CIP-Einheitsaufnahme

Zugänge zur Kirchengeschichte / hrsg. von Manfred Jacobs. – Göttingen : Vandenhoeck und Ruprecht.

(Kleine Vandenhoeck-Reihe ; . . .)
Literaturangaben

NE: Jacobs, Manfred [Hrsg.]

Frieling, Reinhard:
Der Weg des ökumenischen Gedankens : eine Ökumenekunde / Reinhard Frieling. – Göttingen : Vandenhoeck und Ruprecht, 1992
(Zugänge zur Kirchengeschichte ; Bd. 10)

(Kleine Vandenhoeck-Reihe ; 1564)

ISBN 3-525-33582-2

NE: 2. GT

Kleine Vandenhoeck-Reihe 1564

Umschlag: Hans Dieter Ullrich
Druck und Bindung: Hubert & Co., Göttingen

Vorwort

Was ist ökumenisch?

Es liegt das griechische Wort „oikein“ = wohnen zugrunde. Dessen Partizip Passiv „oikumene“ wurde schon im 5. Jahrhundert vor Christus für die „bewohnte“ Erde verwendet; es hat also zunächst eine säkulare Bedeutung. Zur Zeit des Neuen Testaments war teilweise nur das Römische Reich gemeint (Luk. 2: „daß alle Welt, die ‚oikumene‘, geschätzt würde“). In den offiziellen kirchlichen Sprachgebrauch kam das Wort in Verbindung mit den Synoden (Konzilien), wobei das erste Konzil von Nizäa 325 die Kirche des ganzen römischen Reiches meinte und seine „ökumenischen“ Beschlüsse allgemeine kirchliche Gültigkeit beanspruchten. Als das byzantinische Reich zusammenbrach, verlor das Wort seine politische Bedeutung, und es blieb nur der kirchliche Sinn bestehen. Die „Oikumene“ war die universale Kirche. Im 6. Jahrhundert legte sich das Patriarchat von Konstantinopel den Titel „Ökumenisch“ zu, als Ehrenprimat neben dem römischen Papst. Die altkirchlichen Glaubensbekenntnisse hießen „Ökumenische Symbole“.

Im 19. Jahrhundert begegnete in den Kreisen der Evangelischen Allianz und des CVJM das Wort „ökumenisch“ erstmals als eine Bezeichnung für eine Gesinnung, die die herkömmlichen Grenzen von Nation, Konfession, Klasse usw. überwinden will. Aufgrund von Anregungen Nathan Söderbloms (Erzbischof von Uppsala) wurde im 20. Jahrhundert für die Einigungsbemühungen der Kirchen die Bezeichnung „ökumenische Bewegung“ üblich.

Das Substantiv „Ökumenismus“ führte Yves Congar 1937 ein. Sein Buch „Chrétiens Désunis“ (Getrennte Christen) hatte den Untertitel „Principes d’un ‚oecuménisme‘ catholique“. Beim II. Vatikanischen Konzil setzte sich der Begriff gegen den Widerstand deutschsprachiger Konzilsteilnehmer durch, die in der Einführung eines „-ismus“ eine Abwertung und einen Trend zur Statik statt zur dynamischen Bewegung sahen. Das Ökumenismusdekret definierte in Nr. 4: „Unter der ‚Ökumenischen Bewegung‘ versteht man Tätigkeiten und Unternehmungen, die je nach den verschiedenartigen Bedürfnissen der Kirche und nach Möglichkeit der Zeitverhältnisse zur Förderung der Einheit der Christen ins Leben gerufen und auf dieses Ziel ausgerichtet sind."

In dieser katholischen Definition ist das Ökumenische etwas eng auf die innerkirchliche Einheit ausgerichtet. Der Ökumenische Rat der Kirchen (ÖRK) hat darüber hinaus stets Wert darauf gelegt, daß die christliche Einheit kein kirchlicher Selbstzweck ist, sondern dem Zeugnis und Dienst in der Welt dient. Er erklärte 1951, daß der Ausdruck ökumenisch „dann sachgemäß verwendet wird, wenn er sich auf die gesamte Arbeit der gesamten Kirche in der Verkündigung des Evangeliums für die gesamte Welt bezieht" (Toronto-Erklärung).

*

In der vorliegenden Ökumenekunde soll der Weg des ökumenischen Gedankens im 19. und 20. Jahrhundert nachgezeichnet werden. Die wichtigsten geschichtlichen Linien werden gezogen und markante Texte auszugsweise zugänglich gemacht. Da selbst Fachleute die Fülle von ökumenischen Ereignissen und Texten kaum noch überblicken, mußte auf Vollständigkeit von vornherein verzichtet werden. Für die inhaltlichen und formalen Auswahlkriterien sind folgende Überlegungen maßgebend:

1. Es ist die ganze Christenheit auf Erden im Blick, und so haben die Entwicklungen auf globaler Ebene Vorrang vor der in mancher Hinsicht sehr bedeutsamen Ökumene in Deutschland. Die Textauswahl bevorzugt die Ergebnisse der großen Weltkirchenkonferenzen und der lehramtlichen Verlautbarungen der römisch-katholischen Kirche; es wird jedoch auf den kirchlichen und theologischen Pluralismus hingewiesen, der über diese „offiziellen" Texte hinausgeht.

2. Der ökumenische Gedanke kann gewiß als ein Wirken des Heiligen Geistes verstanden werden; die geistlichen Wurzeln und theologischen Impulse sind unverkennbar. Aber zugleich hat sich dieser Gedanke auch im Kontext der allgemeinen politischen, sozialen und kulturellen Geschichte entwickelt. In der Darstellung spielen darum die Wechselwirkungen von Welt und Kirche, von säkularen Bewegungen und ökumenischer Bewegung eine bedeutende Rolle.

Der erste Teil enthält einen Überblick über die Geschichte der ökumenischen Bewegung. Die Vorläufer des ÖRK und die Geschichte des ÖRK stehen zunächst im Vordergrund, bevor das weitere „ökumenische Netzwerk" und der Beitrag der einzelnen Konfessionen dargestellt werden. Der ökumenische Gedanke lebt in der Dialektik von „Bewegung" und „Institution".

Der zweite Teil schildert in sieben Kapiteln die theologische Entwicklung des ökumenischen Gedankens. Dabei wird auffallen, daß vieles, was heute heiß diskutiert wird, früher schon einmal gründlich durchdacht worden ist. Die Anlage der beiden Teile soll es erleichtern, jeweils historische und systematische Entwicklungen im Zusammenhang zu erfassen. Daß hier und da Wiederholungen kommen oder daß Querverweise genügen mußten, ließ sich nicht vermeiden.

3. Bei ökumenischen Studiendokumenten ergibt sich für die historische Einordnung folgendes Problem: Selbst die von offiziell eingesetzten Kommissionen erarbeiteten Texte garantieren nicht, daß sie repräsentativ für die Kirchen sind. Mit der „Rezeption" ökumenischer Papiere hapert es häufig aus verschiedenen Gründen. Dem Konsens der Ökumeniker wird oft von anderen entschieden widersprochen. Am Dialog Beteiligte haben meistens durch langwieriges Aufeinanderhören einen Lernprozeß durchgemacht, der den anderen Konfessionsgenossen ohne ökumenische Erfahrungen fehlt. Etliche Ökumeniker leben so in einer Welt für sich und neigen dazu, ihre Erfahrungen und ihre ökumenische Theologie zur Norm zu erheben, welche die Kirchenleitungen endlich offiziell billigen sollen. Sie haben auch die Gemeindeglieder auf ihrer Seite, denen längst die konfessionellen Kontroversen als unverständliches Theologengezänk erscheinen. Andererseits lebt in allen Kirchen – und häufig gerade im aktiven Kernbereich – ein erheblicher Teil von Christen, die ökumenische Berührungsängste haben und die sich durch die Ökumene in der eigenen kirchlichen Identität bedroht fühlen. So ist bei allem „Fortschritt" in der Ökumene in absehbarer Zeit eine Christenheit ohne Konfessionen nicht in Sicht – was die einen als Krise und Sackgasse empfinden, während anderen das konfessionelle Institutionenproblem gleichgültig ist, wenn nur die Christen und ihre Kirchen bereit und in der Lage sind, möglichst gemeinsam ihr Zeugnis und ihren Dienst in der Welt auszurichten. Auch diese beiden Tendenzen sind nicht neu, sondern so alt wie die ökumenische Bewegung.

Es ist gut, ja unerläßlich, ökumenische Visionen zu haben und Utopien zu entfalten, sonst bewegt sich nichts in der ökumenischen Bewegung. Aber gut und unerläßlich ist es auch, nüchtern die Realitäten in der gespaltenen und sich langsam einigenden Christenheit zu sehen und dann angesichts der säkularen Herausforderungen und Menschheitsprobleme engagiert konkrete Schritte zu mehr ökumenischer Gemeinschaft zu tun.

Reinhard Frieling

Inhalt

Erster Teil:

Die ökumenische Bewegung im 19. und 20. Jahrhundert

ZWEITER TEIL:

Ökumenische Bewegung und ökumenische Theologie

Einführung

Der ökumenische Gedanke vom ersten bis zum neunzehnten Jahrhundert

Die Kirche hat ihre Wurzeln im Volk Israel, dem alttestamentlichen Gottesvolk. Sie hat ihren Grund im Auftreten von Jesus und seiner Botschaft vom Reich Gottes. Die Apostel verstanden die Kirche als das neue Gottesvolk, „gestiftet" durch Gottes Offenbarung in Jesus Christus und „begründet" im Wirken des Heiligen Geistes bei der Verkündigung des Evangeliums von Jesus Christus und bei der Feier der Sakramente Taufe und Abendmahl.

Mit diesem historischen Ursprung sind zugleich die „konstitutiven" Elemente der Kirche normativ gesetzt: das Wort Gottes und die Sakramente. Alles andere, was zur Kirche gehört, ist „konsekutiv" und dem Konstitutiven dienend zugeordnet: die Gestalt der Kirche, die Formen und Formeln ihres Zeugnisses in der Welt.

Das Einheitsbewußtsein der Urkirche

So von einer Normativität des Ursprungs zu sprechen und auf diese Weise zwischen konstitutiven und konsekutiven Elementen der Kirche zu unterscheiden, weist freilich bereits auf ein konfessionelles Problem hin. Denn wo Protestanten beim Ursprungszeugnis des Neuen Testaments diese Unterscheidung erkennen, zählen Katholiken und Orthodoxe durchaus auch Strukturfragen, insbesondere eine hierarchische Ämtergliederung, zum „Konstitutiven" der Kirche, von Gott oder Jesus Christus unverrückbar eingesetzt. Sie sehen dafür im Neuen Testament zumindest Ansätze, die sich unter Führung des Heiligen Geistes weiterentwickelt haben, während Protestanten von einem „Frühkatholizismus" sprechen, der etwas Neues brachte. Wir stoßen hier auf ein methodisches Problem, das bis heute die ökumenische Bewegung mitbestimmt: Unterschiedliche Exegesen des Neuen Testaments prägen die konfessionellen Geschichts- und Kirchenbilder, und umgekehrt prägt das heutige konfessionelle Selbstverständnis die Auslegung der Heiligen Schrift.

Die Einheit der Kirche wird im Neuen Testament als „*Gemeinschaft*“ beschrieben: „Koinonia“; das Substantiv Einheit kommt im Neuen Testament überhaupt nicht vor. Sie ist die „Gemeinschaft des Heiligen Geistes“, die sich im Bekenntnis zu Jesus als dem Christus zeigt. Und mit dem Glauben an Jesus Christus verbindet sich unmittelbar ein Appell zu Eintracht und Liebe untereinander.

Das Einheitsbewußtsein kam in verschiedenen *Bekenntnisformulierungen* zum Ausdruck, von der Kurzformel „Jesus ist der Kyrios“ (= Herr; Röm. 10,9; 1. Kor. 12,3) bis zu längeren Taufbekenntnissen, wie zum Beispiel in Vorformen unseres sogenannten Apostolischen Glaubensbekenntnisses. Sodann zeigte sich die christliche Gemeinschaft innerhalb der Ortsgemeinden in der gemeinsamen *gottesdienstlichen Feier*, inklusive der Feier von *Taufe* und *Herrenmahl*. Die Gemeinschaft der Ortsgemeinden untereinander wurde durch die *gegenseitige Anerkennung* des Bekenntnisses, der Taufe und des Abendmahls vollzogen. Eine gewisse Rechtsnorm für die Gemeinschaft der Christen wurde im 2. Jahrhundert die Sammlung der *neutestamentlichen Schriften als „Kanon“*. In diesen Schriften wurde das apostolische Ur-Zeugnis festgehalten, und die Kirche glaubt, daß hier das Evangelium, Gottes Wort, unverrückbar enthalten ist. Wie jede menschliche Gemeinschaft so hatte auch die Urkirche von Anfang an Repräsentanten, welche in besonderer Weise der Gemeinschaft dienten: *Amtsträger*, welche für die Verkündigung des Wortes Gottes, die Sakramentsfeier, die Gemeindeleitung und die Diakonie zuständig waren. Ob die Vielfalt der Amtsstrukturen einen „wesentlichen“ Unterschied zwischen Amtsträgern und anderen Gliedern des Volkes Gottes (= „Laien“) erkennen läßt, ist zwischen den Konfessionen heute umstritten.

Für die universale Einheit der Urkirche ist es bedeutsam, daß der erste große Konflikt durch ein sogenanntes Konzil beigelegt wurde: „Die Apostel und Ältesten und die ganze Gemeinde“ (Apgsch. 15,6), die als „Säulen“ großes Ansehen genossen (Gal. 2,9), kamen in Jerusalem, dem apostolischen Ursprungsort der Kirche, zusammen und faßten „im Heiligen Geist“ Beschlüsse (Apgsch. 15,28: „der Heilige Geist und wir haben beschlossen“). Solche konziliare Gemeinschaft wurde eine wichtige Struktur für die Christenheit, indem gemeinsame Anliegen fortan auf den verschiedenen geographischen Ebenen durch „Synoden“ (griechisch) oder „Konzile“ (lateinisch) behandelt wurden, wobei sich nach Gestalt und Autorität im Laufe der Jahrhunderte freilich erhebliche Verschiedenheiten entwickelten.

Spannungen und Spaltungen hat es in der Christenheit von Anfang an gegeben. Dabei wird zwischen „Schisma" und „Häresie" unterschieden. Ein *Schisma* ist eine Spaltung innerhalb der Kirche aufgrund von Differenzen über die Kirchenzucht und Kirchenordnung. Eine *Häresie* (Ketzerei) ist eine Irrlehre in Glaubensfragen, die zum Ausschluß aus der Kirchengemeinschaft führt. (Der Begriff „Häresie" war ursprünglich wertneutral und kommt vom griechischen „hairesis" = Auswahl. Das deutsche Wort „Ketzer" leitet sich vermutlich von den häretischen „Katharern" im 13. Jahrhundert her.)

Nach der Trennung von den im Neuen Testament erwähnten Irrlehrern, insbesondere den Gnostikern, kam es seit dem 2. Jahrhundert über das *Osterdatum* zu solchen Differenzen zwischen abendländischer und morgenländischer Christenheit, daß die Kirchengemeinschaft zeitweilig aufgekündigt wurde. Der Bruch zwischen Rom (Viktor I.) und kleinasiatischen Kirchen konnte freilich durch einige Vermittlungsbemühungen wieder rückgängig gemacht werden.

Einen weiteren Spaltungsprozeß erlebte die Christenheit, als im 2. Jahrhundert die *Montanisten*, im 3. Jahrhundert die *Novatianer* und im 4. und 5. Jahrhundert die *Melitianer* und *Donatisten* eigene Sonderkirchen bildeten. Diese Bewegungen waren vor allem ethisch rigoristisch geprägt und verurteilten eine laxe kirchliche Bußdisziplin. Sie wollten eine Kirche der Reinen, der Bekenner und Märtyrer, was in der sich langsam ausbildenden christlichen Großkirche so nicht mehr gewährleistet war. Die schismatischen Gruppen verschwanden im Laufe der Geschichte.

Von erheblicher Bedeutung waren die Auseinandersetzungen über die christologischen und trinitarischen Fragen im 4. und 5. Jahrhundert. *Arius* ordnete den Gottessohn Jesus Christus Gott, dem Vater, unter und sprach nur von Ähnlichkeit zwischen Vater und Sohn. Das Ökumenische Konzil von Nizäa 325 formulierte hingegen in seinem Glaubensbekenntnis „Gott von Gott, Licht von Licht ... wesensgleich mit dem Vater". Die Arianer wurden als Häretiker verurteilt, hielten sich jedoch noch bis Ende des 5. Jahrhunderts, unter anderem bis in die Germanenmission hinein.

Eine Kirchenspaltung mit Auswirkungen bis heute brachten die *Nestorianer* und *Monophysiten* im 5. Jahrhundert hervor, als das Konzil von Chalcedon 451 gegen sie die Lehre von den „zwei Naturen Christi" (der göttlichen und der menschlichen, die unvermischt und ungeteilt in einer Hypostase zusammenkommen) dogmatisierte. Die Nestorianer und Monophysiten haben sich als „vorchalcedonensische" oder „altorientalische" orthodoxe Kirchen bis heute gehalten (zum Beispiel die Kopten). Sie gehören dem Ökumenischen Rat der Kirchen an, und im Jahre 1990 kam es nach 15 Jahrhunderten erstmals zu gemeinsamen christologischen Aussagen zwischen byzantinisch-orthodoxen und vorchalcedonensischen Kirchen, die zur vollen gegenseitigen Anerkennung führen sollen.

Konstantinische Wende: Kirche und Reich

Das Einheitsbewußtsein der Christenheit bekam seit dem 4. Jahrhundert eine völlig neue Dimension, als das Christentum Staatsreligion des Römischen Reiches wurde. Zwar gab es auch außerhalb dieses Reiches christliche Kirchen, zum Beispiel in Persien, Georgien, Armenien und Äthiopien, doch beanspruchten die Ökumenischen Konzile der Reichskirche universale Geltung bei der Glaubensdefinition. Stärkstes Gewicht bekam die römisch-byzantinische Reichskirche, als Kaiser Konstantin die Kirche für seine Reichspolitik einspannte. Weil er eine einmütige Kirche brauchte, berief er das Erste Ökumenische Konzil 325 nach Nizäa ein; und um 326 erließ er das erste christliche Häretikergesetz, wonach eine Reihe von christlichen Gruppen als Sekten bezeichnet, ihre Versammlungsstätten enteignet und der „katholischen" Kirche übergeben wurden. Kirchliche Einheit wurde so durch den Staat erzwungen – ein tragendes und tragisches Element des ökumenischen Gedankens in den folgenden Jahrhunderten!

Für den universalen Weg der Kirche ergab sich eine bedeutsame Unterscheidung von „Innerem" und „Äußerem" der Kirche. Für das „Äußere" sollte der Kaiser zuständig sein: für die Struktur, Organisation, Ordnung und den Schutz der Kirche. Das „Innere", also die Lehre, den Kult usw., sollte die Kirche selbst mit ihren Repräsentanten regeln.

Als im Jahre 380 Kaiser Theodosius das Christentum zur „Staatsreligion" erklärte, war die Frage der Einheit der Kirche für Jahrhunderte hindurch juridisch abgesichert, denn Häretiker hatten aufgrund des Reichsrechts keine Existenzberechtigung.

1 *Kaiser Theodosius, 380:* „Alle Völker, über die wir ein mildes und maßvolles Regiment führen, sollen, so ist unser Wille, in der Religion verharren, die der göttliche Apostel Petrus den Römern übergeben hat [es folgt das Bekenntnis an den Dreifaltigen Gott]. Nur diejenigen, die diesem Gesetz folgen, sollen, so gebieten wir, katholische Christen

heißen; die übrigen aber, die wir für toll und wahnsinnig halten, sollen den Schimpf ketzerischer Lehre tragen. Auch dürfen ihre Versammlungsstätten nicht als Kirchen bezeichnet werden. Endlich soll sie vorab die göttliche Vergeltung, dann aber auch unsere Strafgerechtigkeit treffen, die uns durch himmlisches Urteil übertragen worden ist."
(Aus: Codex Theodosianus XVI, 1,2.)

Die Einheit von Reich und Kirche bekam in den *Ökumenischen Konzilen* ihre Gestalt. Sie waren Reichskonzile, die von den römischen, später oströmischen Kaisern einberufen wurden; und sie waren die oberste Instanz christlicher Rechtgläubigkeit („Orthodoxie" und „Katholizität"). Vor allem die ersten vier Ökumenischen Konzile (Nizäa 325, Konstantinopel 381, Ephesus 431 und Chalcedon 451) haben bis heute bei den meisten Kirchen einen verbindlichen Charakter, sei es wegen der Autorität jener Konzile überhaupt (so die orthodoxe und die römisch-katholische Kirche), sei es wegen ihrer schriftgemäßen Neuartikulation des Glaubens an Gott, Christus und den Heiligen Geist als Dreifaltigkeit.

In der Zeit der ersten vier Ökumenischen Konzile bildete sich die *Patriarchatsstruktur* als Gestaltungsprinzip kirchlicher Einheit heraus; sie baute ihrerseits auf dem Metropolitansystem und der bischöflichen Kirchenverfassung auf. Kanon 28 von Chalcedon teilte die Reichskirche in fünf Patriarchate ein: Rom und Konstantinopel mit einem gewissen Vorrang vor Alexandrien, Antiochien und Jerusalem. Dabei war offensichtlich die Bedeutung dieser Städte im Reich mitbestimmend. Rom beanspruchte unter Papst Leo I. jedoch inzwischen einen dogmatischen Vorrang, weil angeblich Petrus Bischof von Rom war und die Päpste Nachfolger dieses Führers im Apostelkollegium seien. Die östlichen Patriarchate haben freilich dieses römische Selbstverständnis nie anerkannt und in der römisch-katholischen Kirche stets nur das lateinische oder abendländische Patriarchat gesehen.

Im Vergleich zur Urkirche und zur Christenverfolgung in den ersten drei Jahrhunderten war also in der Reichskirche etwas Neues entstanden: Aus dem Gottesvolk war das christliche Volk des Reiches geworden. Die Kirche partizipierte an der Macht, was bis in die liturgische Gewandung der Amtsträger deutlich wurde.

Ost-West-Spaltung und Unionsversuche

In dem Maße wie West- und Ost-Rom seit dem 5. Jahrhundert auseinanderdrifteten, lebten sich auch die westlichen und östlichen Christen auseinander. Die gegenseitige Anerkennung der fünf Patriarchate als Schwesterkirchen, die mancherlei Spannungen und Konkurrenzsituationen überlebte, kam letztmalig als universale Gemeinschaft im Siebten Ökumenischen Konzil von Nizäa 787 zum Ausdruck. Im 9. Jahrhundert spitzten sich die Spannungen auf vielfältige Weise zu, unter anderem wegen der Zuständigkeit bei der Bulgaren- und Slawenmission, dogmatisch bei der westlichen Hinzufügung des „Filioque" ins Glaubensbekenntnis (der Heilige Geist geht vom Vater „und vom Sohne" aus) und liturgisch bei der Verwendung von gesäuertem und ungesäuertem Brot.

Bannerklärungen 1054

Im Jahre 1054 besiegelte das gegenseitige Aussprechen des Bannes endgültig den Bruch. Rechtlich wird der Bann heute als zweifelhaft angesehen, weil der römische Kardinal Humbert in der feierlich in der Hagia Sophia niedergelegten Bannbulle nur den Patriarchen und seine Helfer zitierte und weil der Gegenbann des Patriarchen nur die Urheber der Bannbulle traf, also „die" orthodoxen Kirchen und „die" römisch-katholische Kirche mit all ihren Gliedern gar nicht zitiert wurden. Aber die tatsächliche Wirkung war das Ende der Kirchengemeinschaft zwischen den östlichen Patriarchaten und dem römischen Patriarchat. In der östlichen Orthodoxie blieb als ökumenisches Einheitsbewußtsein prinzipiell das Patriarchatsmodell mit autonomen Schwesterkirchen lebendig, während in Rom sich der Primatsanspruch in der Weise verstärkte, daß die römisch-katholische Kirche sich allein als die universale Kirche Christi verstand, von der die Ostkirchen sich abgespalten haben sollen.

Die Verquickung politischer und kirchlicher Interessen führte in der Folgezeit dazu, daß die byzantinischen Kaiser die politische Realität des Papsttums ernst nehmen mußten und angesichts der islamischen Bedrohungen päpstliche Hilfe suchten. Daß ein gemeinsamer Feind getrennte christliche Brüder zur Aktionsgemeinschaft zusammenführen soll, ist seitdem ein wesentlicher Bestandteil ökumenischer Einigungsbestrebungen.

Eroberung Konstantinopels 1204

Die Kreuzzüge hätten ein ökumenischer Auftakt für neue Beziehungen sein können, doch sie endeten in einer Katastrophe, auch in den orthodox-katholischen Beziehungen. Im Jahre 1204 besetzten die westlichen Kreuzfahrer des 4. Kreuzzugs mit grausamen Morden, Plünderungen und Vergewaltigungen Konstantinopel. Als dort ein lateinisches Kaiserreich errichtet wurde, setzte der Papst auch einen lateinischen Patriarchen ein mit dem Ziel, die griechische Kirche nach römisch-katholischem Maßstab umzuformen. Der byzantinische Patriarch hatte sich ins Exil zurückgezogen.

Diese Latinisierung Konstantinopels, die bis 1261 währte, hat in der Orthodoxie einen bis heute tief sitzenden Schock ausgelöst und jede orthodoxe Sehnsucht nach einer Einigung mit Rom im Keim erstickt. Römisch-katholische Ökumeniker betonen heute ihr Bedauern über diese Entwicklung.

Union von Lyon 1274

Annäherungsversuche des Ökumenischen Patriarchats mit Rom wurden weniger von den kirchlich-theologischen Vertretern als vom byzantinischen Kaiser unternommen. Angesichts der politischen Bedrohungen durch den Islam gewann Kaiser Michael Palaiologos die Zustimmung des Patriarchen zu Unionsverhandlungen. Diese endeten damit, daß der Kaiser (bzw. sein Bevollmächtigter) auf einem Konzil in Lyon 1274 ein Glaubensbekenntnis ablegte, das ihm vom Papst vorgelegt worden war. Es enthielt praktisch eine Anerkennung aller römisch-katholischen Ansprüche und fand in den orthodoxen Kirchen überhaupt keine Resonanz. Als Rom sich noch politisch hinter die Großmachtpläne Karls von Anjou stellte, des Hauptfeindes der byzantinischen Unabhängigkeit, war die Union von Lyon endgültig gescheitert. Für den damaligen Stand der Ökumene und des römisch-katholischen Einheitsverständnisses ist das nach Michael Palaiologos genannte Glaubensbekenntnis freilich bedeutsam; es wurde Vorbild für die späteren Unionsbemühungen beim Konzil von Florenz (vgl. Neuner-Roos 929). Die Anerkennung besonderer Vorrechte der östlichen Patriarchatskirchen sollte die Orthodoxen beruhigen, doch haben diese nie akzeptiert, daß ihre Rechte sich von einer römisch-katholischen Mutterkirche herleiten würden. So sind die Union von Lyon und das Credo des östlichen Kaisers Ergebnis der politischen Nachgiebigkeit des östlichen Kaisers sowie des römisch-katholischen Einigungsverständnisses, nicht jedoch eine „ökumenische“ Union.

Union von Florenz (1439)

Im 15. Jahrhundert waren die Voraussetzung und das Ergebnis der Unionsbemühungen beim Konzil von Florenz 1439 nicht wesentlich anders als in Lyon 1274. Byzanz suchte politische Hilfe gegen die drohende Vertreibung durch den Islam. Doch diesmal war nicht der Kaiser allein die Schlüsselfigur, sondern eine stattliche Zahl von etwa 200 orthodoxen Konzilsteilnehmern kam mit über 300 römisch-katholischen Bischöfen zusammen. Das Ergebnis wurde in einem Lehrentscheid festgehalten, der gegenseitiges Verständnis für unterschiedliche liturgische Traditionen sowie eine orthodoxe Toleranz des westlichen „filioque“ und vor allem des päpstlichen Primats zum Ausdruck brachte. Freilich widersprachen sogleich der Bischof von Ephesus und der Metropolit von Moskau, und in den orthodoxen Ostkirchen stieß die Union auf breiten Widerstand und wurde nie rezipiert. Den Konzilsteilnehmern wurde vorgeworfen, sie hätten sich durch päpstlichen Druck und durch Bestechung zum Verrat an der Orthodoxie verleiten lassen. In der katholischen Theologie wird das Konzil von Florenz jedoch als wirklich Ökumenisches Konzil gewertet und sogar bis heute als vorbildliche „Kirchenvereinigung ohne Verschmelzung und Absorption“ angesehen (vgl. Gemeinsame römisch-katholische/evangelisch-lutherische Kommission: Einheit vor uns, Paderborn/Frankfurt 1985, 22: die katholische Kirche sei „nicht mehr durch ihre Latinität identifiziert“). Diese katholisch-ökumenische Interpretation übergeht freilich die Aussagen über den päpstlichen Primat, sowohl im Beschluß von Florenz als erst recht im Dogma des Ersten Vatikanum 1870, welche das universale Amt des Papstes als konstitutiv für die Einheit der Kirche lehren. In Florenz wurde gesagt:

2 „Wir bestimmen, daß der Heilige Apostolische Stuhl und der römische Bischof den Vorrang über den ganzen Erdkreis innehat, weiter, daß dieser römische Bischof Nachfolger des heiligen Petrus, des Apostelfürsten, wahrer Stellvertreter Christi, Haupt der gesamten Kirche und Vater und Lehrer aller Christen ist; daß ihm im heiligen Petrus die volle Gewalt, die ganze Kirche zu weiden, zu regieren und zu verwalten von unserem Herrn Jesus Christus übergeben ist, wie es die Verhandlungsberichte der Allgemeinen Kirchenversammlungen und die heiligen Rechtssätze enthalten.“
(Neuner-Roos 434)

Mit Rom unierte Kirchen

Für die orthodoxen Ostkirchen waren nach dem Konzil von Florenz Vereinigungsbestrebungen mit Rom praktisch kein Thema mehr. Anders gestaltete sich die römisch-katholische Ökumenepolitik. Auf der Grundlage des Florentiner Lehrentscheids suchte Rom, innerhalb der Ostkirchen Unionsbewegungen in Gang zu setzen. Ab 1622 erhielt die römische Propagandakongregation die Zuständigkeit auch für die östlichen Kirchengebiete, und diese setzte wie in den Missionsgebieten Priester- und Ordensleute für die Katholisierung ein. Bei entsprechender Größe wurde sodann eine eigene Hierarchie eingesetzt, die sich als rechtmäßige Ostkirche verstand und bei eigenem östlichem Ritus sich zu den römisch-katholischen Dogmen und zum Papstprimat bekannte. Auf diese Weise kam es zwischen dem 16. und 18. Jahrhundert auf dem Boden der orthodoxen Patriarchate zur Parallelität konkurrierender Patriarchate. Den Orthodoxen ist das bis heute unerträglich, während Rom die Unionen damals als „Wiedervereinigung mit der römischen Mutterkirche" feierte und sie noch heute mit dem Recht auf Religions- und Gewissensfreiheit begründet. Unter Umgehung aller Proteste der anderen Kirchen stellt die katholische Kirche sie häufig als ökumenisches Modell für die kirchliche Einheit dar.

Einheit durch Ketzerbeseitigung

Das imperiale Kirchenverständnis, das seit der Konstantinischen Wende die „Reichskirche" bestimmte, trieb den Einheitsgedanken so auf die Spitze, daß für ein Christsein außerhalb dieser Kirche kein Platz mehr war. Die Intoleranz, die unter Kaiser Theodosius 380 begann, erreichte im hohen Mittelalter ihren Höhepunkt, als Papst Gregor 1231 die Heilige Inquisition zur Ketzerverfolgung errichtete und Kaiser Friedrich II. 1232 seine berüchtigte Ketzerordnung erließ, welche Ketzer mit Rebellen gleichsetzte, die bekämpft und beseitigt werden müssen. Die Einheit der Kirche sollte also durch Ketzerprozesse seitens der kirchlichen Inquisition gewahrt werden. Zugleich sorgte die staatliche Instanz für die Einheit von Kirche und Reich und für die Hinrichtung. Welch eine Ökumene!

Anlaß für diese Ketzerverfolgungen waren im 12. Jahrhundert das Auftreten der Katharer und der Waldenser. Betroffen waren sodann unter anderem viele sogenannte Hexen, und 1415 Johannes Hus, der vom Konstanzer Konzil verurteilt und dann verbrannt wurde.

3 *Kaiser Friedrich II.: Ketzerordnung (1232)* „Die Ausübung der uns vom Himmel anvertrauten Herrschaft und die von Gott verliehene erhabene kaiserliche Würde erfordern es, daß wir das leibliche Schwert, das wir im Unterschied zu den Geistlichen führen, gegen die Feinde des Glaubens und zur Ausrottung der verderblichen Ketzerei anwenden, um das

Otterngezücht, die Söhne des Unglaubens, die Gott und die Kirche verhöhnen und gewissermaßen den Mutterschoß zernagen, mit gerechter Strafe zu verfolgen. Wir wollen es nicht dulden, daß diese schändlichen Menschen weiter leben."
(Kirchen- und Theologiegeschichte in Quellen, Bd. II, 132)

Solches Denken und Handeln setzte eine Theologie voraus, welche einseitig eine falsch verstandene Herrschaftschristologie auf die Kirche und ihre Autorität übertrug. Die Einheit von Kirche und Reich war vor allem ein Erbe alten heidnischen Denkens im Imperium Romanum, aus dem nun ein „Corpus Christianum" wurde; die Erinnerung an alttestamentliche theokratische Modelle war wohl weniger bestimmend.

Diese absolutistischen Gedanken waren für Jahrhunderte bestimmend, sowohl bei den vielen Zwangschristianisierungen als auch noch bis ins Gedankengut reformatorischer Kirchen hinein. Die Religions- und Gewissensfreiheit haben erst die Freikirchler im angelsächsischen Raum und die humanistischen Aufklärer im kontinentalen Europa herbeigeführt.

Reformation und Ökumene

Die Reformation und die kirchlichen Einigungsbemühungen des 16. Jahrhunderts geschahen im Kontext des überkommenen Kirche-Staat-Verhältnisses. Wo Reformversuche unter Häresieverdacht gerieten, waren die mittelalterlichen Ketzergesetze zuständig, und Kaiser und Fürsten waren zum Schutz der Kirche da und mußten auf ihre Weise versuchen, die Einheit von Reich und Kirche zu wahren. Bei der Entstehung der Konfessionen im 16. Jahrhundert waren gewiß theologische Bekenntnisfragen der Ausgangs- und Angelpunkt. Doch ebenso wichtig war die Verbindung von kirchlichem Bekenntnis und politischem Bündnis. Handelnde Subjekte waren häufig die politischen Instanzen, die jeweils auch ihre partikularen Machtinteressen verfolgten. Diese Verbindung von Bekenntnis und Bündnis, die in Deutschland ihren Schwerpunkt hatte, verhinderte zugleich ein stärkeres Übergreifen der Reformation auf die romanischen Länder.

Nach der Eröffnung des kirchlichen Ketzerprozesses gegen Martin Luther (Verhör durch Kardinal Cajetan in Augsburg 1518) mußte Luther sich beim Wormser Reichstag 1520 vor Kaiser und Reich verantworten. In den folgenden Jahren waren es wieder Reichstage, auf welchen die Stände die Einheit zu wahren suchten, zum Beispiel in Speyer 1529 im Beschluß und in der offiziellen „Protestation", in Augsburg 1530 mit der „Confessio Augustana" und der Gegenschrift „Confutatio" bis hin zum Augsburger Reichstag 1555, welcher endgültig anstelle der Zuständigkeit der alten Ketzergesetze die verschiedenen „Religionsparteien" anerkannte und jedem Landesherrn das Recht zusprach, die Konfession seiner Untertanen zu bestimmen und Andersgläubige auszuweisen: „Cuius regio eius religio." (Wer regiert, bestimmt die Religion seiner Untertanen.) Ähnlich wurde in den Ländern verfahren, die nicht zum Heiligen Römischen Reich deutscher Nation gehörten.

Für die ökumenische Bewegung ist es wichtig, vor Einzelfragen das unterschiedliche ökumenische Geschichtsbild zu beachten, das bis heute in der katholischen und evangelischen Literatur begegnet. Die katholische Kirche stellt von ihrem Selbstverständnis her sich selbst als die Kirche dar, von der die anderen sich abgespalten haben; sie versteht sich selbst als „Kirche" und die anderen als partikulare „Konfessionen" (dieser Begriff wurde freilich erst im 19. Jahrhundert geläufig!). Die evangelischen Kirchen sind überzeugt, im 16. Jahrhundert keine neue Kirchen gegründet zu haben, sondern die Kirche mit dem Maßstab ihres Ursprungs reformiert zu haben, das heißt die Gründung der evangelischen Kirche geschah in der Urchristenheit. Als Neuerungen und Abspaltungen betrachteten die Reformatoren die

Unterschiedliche Stammbäume des Christentums

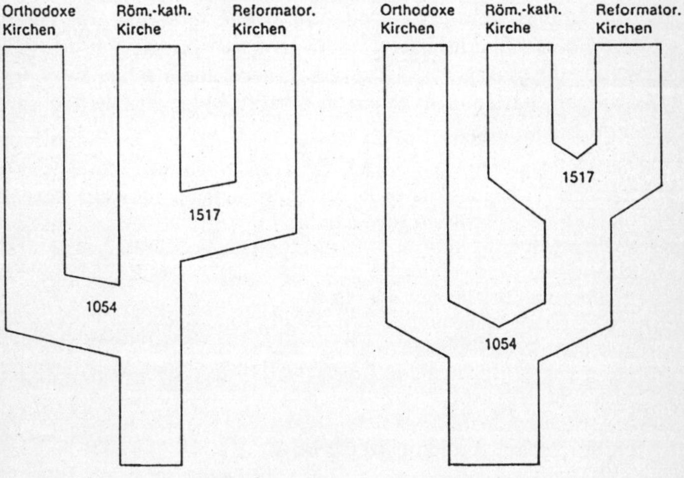

Zusätze und Fehlentwicklungen in der mittelalterlichen Kirche. Durch die lehrmäßige Fixierung auf das Römische, das Päpstliche, seien gerade die sogenannten Altgläubigen der Reformationszeit die Abweichler in der Christenheit geworden. Die Einheit der wahren Kirche Christi zeige sich ausschließlich in der reinen Predigt des Evangeliums, nicht in der historischen Kontinuität der machtvollen römischen Institution. Die Schaubilder der „Stammbäume" der Konfessionen verdeutlichen diese Geschichtsbilder.

Reformation und Ostkirchen

Offizielle Kontakte mit den orthodoxen Ostkirchen kamen nicht zustande. Erst 1574 bis 1581 führten evangelische Theologieprofessoren aus Tübingen mit dem Ökumenischen Patriarchen einen Briefwechsel, der jedoch eingestellt wurde, als die evangelische Seite sich nicht deutlich genug als konform mit der altkirchlichen Kirchenverfassung vorstellen konnte.

Innerreformatorische Einigungsversuche

Die reformatorische Bewegung verlief theologisch und geographisch nicht einheitlich, so daß unter dem Schutz der Landesherren und in den freien Reichsstädten sich allmählich mehrere reformatorische Kirchen bildeten, und zwar vier Hauptrichtungen: die Lutheraner, die Reformierten (in Großbritannien als „Presbyterianer" und „Kongregationalisten" bekannt), die Anglikaner, und als „linker Flügel" der Reformation die Täuferbewegung und spiritualistische Gruppen. Innerevangelische Einigungsbewegungen hatten nur teilweise Erfolg. Hervorzuheben sind folgende Bemühungen:

1529 Marburger Religionsgespräch zwischen Luther und Zwingli: weitgehende Einigung, aber keine Verständigung über die Art der Gegenwart Christi im Abendmahl

1536 Wittenberger Konkordie (Melanchthon und Bucer über das Abendmahl)

1540 Böhmische Brüder und Calvin

1535–1552 Cranmer bemüht sich in England um ein Konzil der nicht-römisch-katholischen Kirchen

1570 Konsens von Sadomir in Polen (Calvinisten, Lutheraner, Böhmische Brüder)

1578–1631 Die französischen Hugenotten suchen die Einigung aller nicht-römisch-katholischen Christen

Die größeren gegenwärtig bestehenden Kirchen

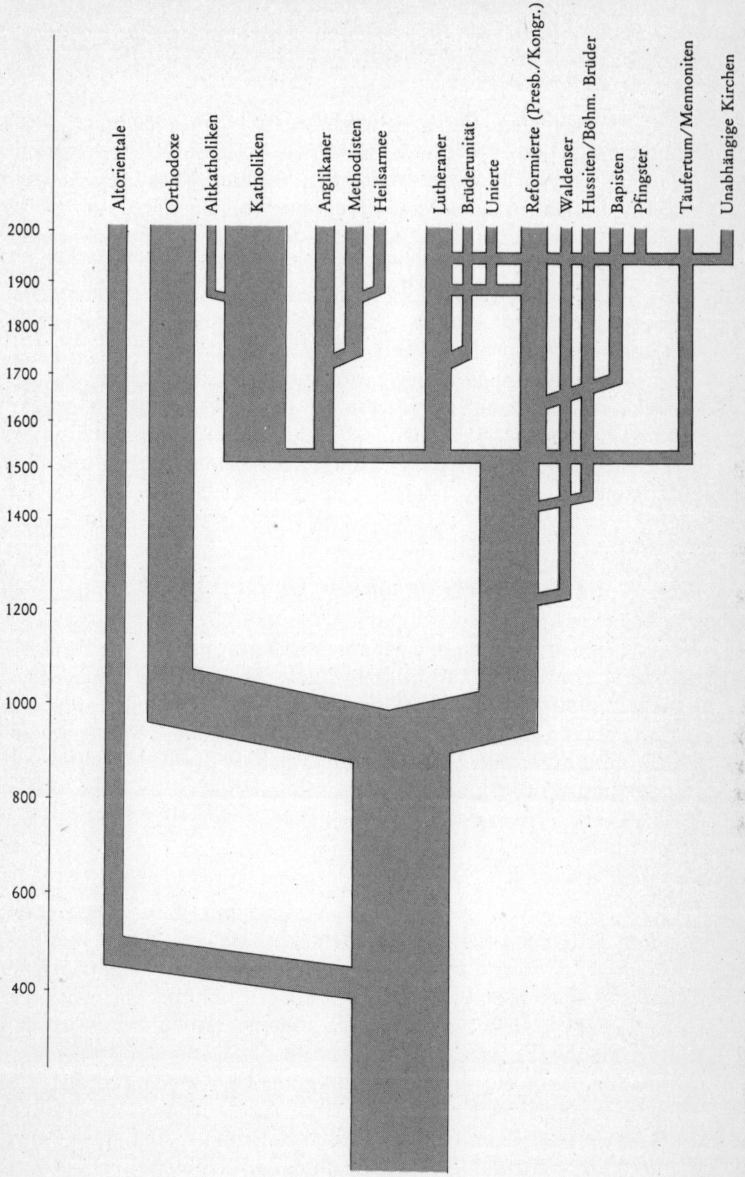

1817 Altpreußische Union zwischen Lutheranern und Reformierten (eine vom König verordnete Union zu einer einheitlichen Kirchenverwaltung weiterhin lutherischer oder reformierter Gemeinden)

1817 ff. Bekenntnisunion zwischen Lutheranern und Reformierten in Baden und Nassau

Diese Einigungsbemühungen brachten zwar ein allgemeines Zusammengehörigkeitsgefühl der reformatorischen Kirchen zustande, doch es gab auch untereinander heftigen Streit. Das sogenannte Landesherrliche Kirchenregiment begünstigte konfessionelle und provinzialistische Alleingänge und Eigenentwicklungen mit wenig ökumenisch-universalem Bewußtsein. In Großbritannien entstanden von der anglikanischen Staatskirche abweichende „Nonkonformisten"- oder „Dissenter"-Gruppen, aus welchen sich unter anderem die Freikirchen entwickelten.

Ausgewandert nach Amerika zersplitterte sich der angelsächsische Protestantismus noch weiter in eine Vielzahl selbständiger „Denominationen", bei denen erst in der modernen ökumenischen Bewegung des 19. und 20. Jahrhunderts ökumenische Gedanken hochkamen.

Evangelisch-katholische Unionsgespräche

Einigungsbestrebungen mit der römisch-katholischen Kirche blieben auch nach dem Augsburger Reichstag 1530 nie aus, waren jedoch zumeist nur das Werk einiger weniger Theologen, und sie hatten überhaupt nur eine gewisse Bedeutung, wenn sie in Verbindung oder unter der Schirmherrschaft des Kaisers und der Landesfürsten stattfanden.

Regensburger Religionsgespräch, 1541

Auf Anregung von Kaiser Karl V. und mit dem päpstlichen Legaten Contarini versuchten Melanchthon und Bucer auf der einen und Eck und Gropper auf der anderen Seite einen dogmatischen Ausgleich zu erzielen. Man einigte sich auf eine Unionsformel über die Rechtfertigung, die kontroverstheologisch jedoch verschieden lesbar war und von Luther wie von der römischen Kurie abgelehnt wurde. Keine Einigung kam bei der Frage der Irrtumslosigkeit der Konzile, der Transsubstantiation (Wandlung beim Abendmahl) und des päpstlichen Primats zustande. Nach einem Monat wurden die Verhandlungen für gescheitert erklärt.

Das Gespräch zeigte, daß Kompromißformulierungen in der Rechtfertigungslehre allein nicht für einen Lehrkonsens ausreichen, wenn nicht zugleich das Rechtfertigungsgeschehen als Gottes Gericht und Gnade über die Menschen auch auf die Kirche und ihre Ämter bezogen wird, die wie der einzelne Christ „gerecht und sündig zugleich" sind.

Augsburger „Interim", 1548

Nach dem militärischen Sieg des Kaisers im Schmalkaldischen Krieg wollte Karl V. bis zu einem gemeinsamen Konzil die Glaubenseinheit im Reich wenigstens durch eine Zwischenlösung, ein „Interim", wiederherstellen. Auf dem „geharnischten Reichstag" wurde mit Johannes Agricola als einzigem evangelischen Theologen ein Text mit 26 Artikeln aufgesetzt, der jedoch den Protestanten nur einige Zugeständnisse machte. Das „Interim" wurde fast nirgends durchgesetzt. Der Versuch, aus Staatsräson eine ökumenische Einigung ohne eine substantielle Mitwirkung der Kirchen zu erreichen, ist von vornherein aussichtslos.

Augsburger Religionsfriede, 1555

Beim Augsburger Reichstag 1555 ging es nicht mehr um Glaubenseinheit und Union, sondern um die reichsrechtliche Anerkennung der römisch-katholischen Kirche wie der Anhänger des Augsburger Bekenntnisses von 1530. Ausgeschlossen von diesem Rechtsschutz blieben die bisher schon blutig verfolgten Täufer und alle Anhänger der Zürcher und Genfer Reformation. Von ökumenischer Toleranz konnte also noch nicht die Rede sein. Doch immerhin waren hier erstmals seit Kaiser Theodosius (380) innerhalb der Einheit von Reich und Kirche zwei „Religionsparteien" anerkannt.

Das römisch-katholische Konzil von Trient (1545–1563) verstand sich währenddessen als Reformkonzil, das berechtigte Anliegen der Reformation aufgriff, aber bei allen kontroverstheologisch entscheidenden Fragen die römisch-katholische Lehre definierte und die reformatorischen Lehren und ihre Anhänger verurteilte: „anathema sit", der sei ausgeschlossen.

Der konfessionelle Absolutismus prägte das folgende Jahrhundert mit der Gegenreformation und den Konfessionskriegen im kontinentalen Europa wie in Großbritannien. Konfession und Nationalkultur begannen zu verschmelzen, so daß das allgemeine geistige Klima nicht günstig für ökumenische Einigungsgedanken war.

Religionsgespräch zu Thorn, 1645

Der erste nennenswerte Unionsversuch geschah in Polen, wo König Wladislaw IV. angesichts starker konfessioneller Auseinandersetzungen Katholiken, Lutheraner und Reformierte 1645 zu einem Religionsgespräch nach Thorn einlud. Mit Friedenswillen und ohne Beleidigungen sollte jede Seite ihre Lehre vortragen, um dann gemeinsam einen Ausgleich zu suchen. In 36 Sitzungen kam man jedoch über die Anfangsphase des Gesprächs nicht hinaus. Die Reformierten stellten ihre Lehre als „katholisch“ dar, während die römisch-katholische Kirche die grundlegende Glaubenslehre umgestoßen habe. Diese Aussage löste heftige römisch-katholische Proteste aus, so daß an der Kompromißlosigkeit beider Seiten das Gespräch nach drei Monaten abgebrochen wurde.

Theologisch-ökumenische Linien

Obwohl es seit dem 16. Jahrhundert kaum Unionsgespräche der Kirchen gab, blieb trotz des herrschenden konfessionalistischen Zeitalters bei vielen Christen die Sehnsucht nach Frieden oder gar Einheit erhalten (vgl. vor allem die „Wiedervereinigungsbemühungen“ von Spinola, Molanus, Leibniz und Bossuet [1683–1701]). Manche theologische Strömung und die allgemeine geistesgeschichtliche Entwicklung gingen quer durch die Konfessionen und Nationen.

Der *Humanismus* erbrachte für den ökumenischen Gedanken drei theologische Richtungen: (1) Von Erasmus bis Georg Calixt (1586–1656) wurde das frühchristliche Traditionsprinzip betont: Einheit durch einen „consensus quinquesaecularis“, durch die Anerkennung der ersten fünf Jahrhunderte. (2) Ein evangelisch-biblizistischer Humanismus konzentrierte sich auf die heilsnotwendigen Fundamentalartikel. Auf diesem Boden sollten Toleranz und Unionen möglich sein. (3) Dem Socinianismus genügte ein schlichtes ethisches Evangelium als Einigungsgrundlage.

Die *Aufklärung* relativierte mit ihrem kritischen Rationalismus und Liberalismus den absoluten Konfessionalismus. Die eigentlich christlichen Gedanken der Gewissens- und Religionsfreiheit setzten sich erst jetzt durch, nachdem sie zuvor nur von den evangelischen Freikirchen systematisch gefordert worden waren. Der Toleranzgedanke erfaßte auch die aufgeklärten Fürstenhäuser. Friedrich der Große: „Jeder soll nach seiner Façon selig werden.“

Während aber nun die evangelischen Kirchen im allgemeinen

eine positive Einstellung zur neuzeitlichen Freiheits- und Aufklärungsgeschichte einnahmen, verhielt sich die römisch-katholische Kirche ziemlich reserviert, indem sie die negativen Seiten einer liberalen Vernunftautonomie herausstellte und in der Aufklärung vor allem eine Auflösung der Glaubenssubstanz und der kirchlichen Autorität sah.

Der *Pietismus* mit seinen international verschiedenen Prägungen war (und ist) seit dem 17. Jahrhundert so etwas wie eine geistliche ökumenische Bewegung im Protestantismus. Das christliche Leben mit der persönlichen Erfahrung der Wiedergeburt galt als Ansatzpunkt für die Gemeinschaft der Kinder Gottes („Glaubensbrüder“ durch Wiedergeburt gegen „Kirchenbrüder“ durch äußerliche Taufe). Auf pietistischer Grundlage entwickelten sich viele internationale Beziehungen. Zinzendorf (1700–1760) sah im Kreuz Jesu Christi den Vereinigungspunkt für alle Christen. Die bestehenden Konfessionen bezeichnete er als „Tropen“ (trope = „Wendung“; Vertauschung des eigentlichen Ausdrucks mit einem bildlichen); sie wurden so zugleich anerkannt und relativiert. Aus diesem Gedanken entwickelte sich ökumenisch-ekklesiologisch die sogenannte Zweigtheorie: Die Konfessionen sind Zweige am Baum der Christenheit.

Wie die Kirchenspaltungen so stellten sich auch die kirchlichen Einigungsversuche stets als ein Bündel theologischer, kultureller und politischer Fragen und Beziehungen dar. Der Weg des ökumenischen Gedankens war jedenfalls recht schmal. Zu Beginn des 19. Jahrhunderts war die Christenheit nach wie vor konfessionell zersplittert und in viele Nationalkirchen gegliedert, die wenig Gemeinschaft untereinander pflegten. Theologisch gab es überall viel Polemik und etwas Irenik, viel Selbstbehauptung und etwas Toleranz. Die römisch-katholische Weltkirche führte weitgehend ihr Eigenleben. Mit den orthodoxen Ostkirchen gab es Kontakte, wo die politischen Umstände es begünstigten, aber keinerlei Einigungsbestrebungen. Der Protestantismus lebte provinzialistisch, nur durch die Missionsbewegung erfuhr er erste Ansätze eines globalen Bewußtseins. Erst auf der Welle des allgemeinen Internationalismus bekam die Christenheit allmählich einen ökumenischen Horizont. Die Konfessionen suchten jetzt mehr Gemeinschaft, weil der Druck von außen, von einer mehr und mehr sich säkularisierenden Umwelt zunahm. Genügt aber als Basis für kirchliche Einheit die allgemeine Erfahrung, daß nichts so sehr verbindet wie gemeinsam gegen etwas zu sein? Oder hat der ökumenische Gedanke eine andere Grundlage und der ökumenische Weg ein anderes Ziel?

ERSTER TEIL

Die ökumenische Bewegung im 19. und 20. Jahrhundert

I. Ökumene als Bewegung und Institution

Für die Entwicklung der modernen ökumenischen Bewegung lassen sich im Kontext der politischen, sozialen und kulturellen Geschichte drei Epochen unterscheiden:

1. Die Zeit des Anfangs der säkularen und der kirchlichen Ökumene, d.h. der beginnenden Weltpolitik und der christlichen Weltbünde (von der Mitte des 19. Jahrhunderts bis zum Beginn des 20. Jahrhunderts).

2. Die Jahrzehnte neuer sozialistischer und nationalistischer Ideologien und das Aufblühen interkonfessioneller und interkontinentaler ökumenischer Bewegungen in den Kirchen für ein gemeinsames Zeugnis, für gemeinsamen Dienst und für eine Einigung der Kirchen, als die Weltpolitik den Nationalismus und den Internationalismus und das Christentum den Konfessionalismus und den Interkonfessionalismus ins Gleichgewicht zu bringen suchten (die erste Hälfte des 20. Jahrhunderts).

3. Etwa ab 1950 die Ära, in der die Einheit der Menschheit immer mehr in den Blick kommt, in der die Bevölkerungsexplosion immer bedrohlicher wird und ideologische Grenzen durch radikale Kritik am Establishment erschüttert werden, in der die Christenheit sich insgesamt herausgefordert sieht von dieser Welt, in der die Kirchen erkennen – seit dem Zweiten Vatikanischen Konzil auch die römisch-katholische Kirche –, daß sie ihre Weltverantwortung nur gemeinsam wahrnehmen können, und in der jedoch neben innerkirchlichen und theologischen Disputen ein Aufbegehren der Kirchen in der Dritten Welt gegen die abendländische Prägung des Christentums die ganze Christenheit quer durch alle Konfessionen erschüttert.

1. Im Kontext neuzeitlicher Internationalisierung

Die moderne ökumenische Bewegung steht im Zusammenhang mit der übrigen Kirchen-, Geistes-, Kultur- und allgemeinen Menschheitsgeschichte.

Die säkulare Welt

Das 18. Jahrhundert war mit zwei Ereignissen zu Ende gegangen, welche die folgende *Weltpolitik* entscheidend beeinflußten: die Gründung der Vereinigten Staaten von Amerika (1776) und die Französische Revolution (1789–1795). Beide Ereignisse dokumentierten, daß die Ideen von der persönlichen Freiheit und der politischen und sozialen Gleichheit sich international zu behaupten begannen (vgl. die Erklärung der Menschenrechte 1776 in den USA und 1789 in Frankreich).

Das 19. Jahrhundert war großenteils durch Restauration und Liberalismus geprägt, die sich in Politik und Geistesleben bekundeten. Die „Heilige Allianz" (26.9.1815), der durch Initiative Zar Alexanders I. vor allem das orthodoxe Rußland, das evangelische Preußen und das katholische Österreich beitraten, hatte nicht eine Machtverlagerung zum Ziel, sondern wollte im Namen der göttlichen Dreieinigkeit die Solidarität der Mächte als eine Art christlicher Einheit der europäischen Völker erreichen. Diese religiös-idealistische Allianz wurde durch die „Große Allianz" (20. 11. 1815) realpolitisch ergänzt: die damaligen Großmächte schlossen sich gegen die revolutionären Bestrebungen in Europa zusammen. Indem neue Kongresse die Solidarität festigen sollten, war so etwas wie eine übernationale Organisation geschaffen. Doch waren die revolutionären Kräfte und der politische Liberalismus nicht aufzuhalten. Es kamen die Julirevolution 1830 und die Revolution des Jahres 1848. Wachsender Nationalismus führte zur Politik der nationalen Einigungen; er bewirkte eine komplizierte Bündnispolitik und mündete in den Imperialismus, als gegen Ende des 19. Jahrhunderts die ganze Erde in die Politik und Volkswirtschaft der Großen einbezogen wurde. Die Verflechtung von Erzeugung und Verbrauch erstreckte sich über die ganze Erde; es entstand eine *Weltwirtschaft*, in der die Mächte sich in zunehmendem Maße vom Freihandel abkehrten und die Unabhängigkeit ihrer Volkswirtschaft durch den Gewinn der noch „herrenlosen" Gebiete der Erde sichern wollten.

Das europäische Übergewicht in der Weltpolitik war Ende des

19. Jahrhunderts zwar noch recht deutlich, aber es kündigte sich nicht zuletzt durch die Steigerung der Kommunikationsmittel der Weg zu einer spannungsvollen Weltgemeinschaft an, in der die traditionellen Kulturen ihre Prägung behielten und doch zugleich eine technisch geprägte Zivilisation sich global durchsetzte.

Das *Geistesleben* wurde im 19. Jahrhundert einerseits so vielschichtig wie nie zuvor; andererseits steigerte sich ständig der internationale Austausch, so daß jedenfalls in der westeuropäisch-nordamerikanischen Kulturwelt die bedeutenden geistigen Strömungen ihre Parallelen in allen Ländern hatten. Schlagwortartig seien einige Grundtypen aufgezählt: nach dem Sturz Napoleons wurde die Romantik zur beherrschenden internationalen Strömung. Die Aufklärung wurde damit zurückgedrängt, aber als Erbe des 18. Jahrhunderts blieb das Prinzip der Freiheit des Individuums in bezug auf die Weltanschauung und die Religion erhalten. Der nachkantische Idealismus (Fichte, Schelling und Hegel) gewann unter den Gebildeten großen Einfluß. Daneben verbreiteten sich immer mehr von der Kirche völlig unabhängige Weltanschauungen: Die Naturwissenschaften erhielten eine steigende Bedeutung und gerieten in den Bann des atheistischen Materialismus. Der Positivismus, der wissenschaftliche Aussagen nur für den Bereich möglicher Erfahrung gelten ließ, fand von England und Frankreich ausgehend überall zahlreiche Anhänger. In der schöngeistigen Literatur verstärkte sich Religionsfeindschaft und religiöser Indifferentismus, speziell unter dem Einfluß des Naturalismus.

Die Internationalisierung als Symptom der Neuzeit schlug sich in der Gründung erster *Weltkonferenzen und Weltorganisationen* nieder.

1815 Heilige Allianz; Große Allianz
1851 Erste Weltausstellung (London)
1864 Rotes Kreuz
1864 Internationale Arbeiterassoziation (mit Karl Marx)
1873 Vereinigung für Internationales Recht
1874 Weltpostverein
1896 Olympische Spiele der Neuzeit
1899 Erster Haager Kongreß; fakultatives Schiedsgericht

Nach den Erschütterungen des Ersten Weltkrieges 1914–1918 wurde 1920 der *Völkerbund* mit Sitz in Genf gegründet. Ursprüngliche Mitglieder waren die alliierten kriegführenden Mächte und 13 eingeladene neutrale Staaten. Die erhoffte einigende Wirkung konnte der Völkerbund aufgrund des wachsenden Nationalismus und Rassismus freilich nicht erzielen. Die USA gehörten ihm nicht an, weil der Senat den Versailler Vertrag nicht ratifiziert hatte. Das Deutsche Reich gehörte ihm nur von 1926 bis 1933, die Sowjetunion nur von 1934 bis 1940 an. Etwas effektiver waren als autonome Einrichtungen der Ständige Internationale Gerichtshof in Den Haag und das Internationale Arbeitsamt in Genf. Im Jahre 1946 wurde der Völkerbund von den Vereinten Nationen (UNO) mit Sitz in New York abgelöst.

Die Kirchen in der säkularen Welt

In der Proklamation der Menschenrechte und in der europäischen Freiheits- und Aufklärungsgeschichte insgesamt kamen auf säkulare Weise einige Anliegen der christlichen Botschaft zur Geltung, welche die Kirchen als solche aufgrund ihrer oft engen Bindungen zum Staat und zu den herrschenden Gesellschafts- und Menschenbildern nicht hatten durchsetzen können. Das wurde freilich damals kaum erkannt; vielmehr stand zur Debatte, wie die Kirchen den offenkundigen negativen Folgen von Aufklärung und Liberalismus, nämlich der verbreiteten Entkirchlichung und Entchristlichung des öffentlichen Lebens begegnen sollten. Dabei wiesen die Reaktionen der Kirchen im 19. Jahrhundert eine Reihe konfessionsspezifischer Merkmale auf.

Die politisch-reaktionäre Ausrichtung und die Kulturfeindschaft des *römischen* Katholizismus dokumentierten sich im „Syllabus", mit dem Papst Pius IX. 80 Irrlehren in Fragen der Religion, der Wissenschaft, der Politik und des Wirtschaftslebens anprangerte. Die kirchenfeindlichen Bewegungen wurden dadurch jedoch keineswegs aufgehalten, sondern eher verstärkt. Als Weltkirche hatte die römisch-katholische Kirche den anderen Kirchen und säkularen Organisationen freilich voraus, daß sie international geprägt war und eine globale Sicht der Probleme anstrebte. Mit dem Ersten Vatikanischen Konzil 1869/70 wollte sie sich der Welt erneut als die tragende Ordnungsmacht empfehlen und dafür die Einheitsfunktion des Papstes herausstellen. Die Dogmatisierung der päpstlichen Unfehlbarkeit und des Jurisdiktionsprimats des Papstes sollten innerkirchlich und nach außen hin die römisch-katholische Antwort auf Pluralismus und Säkularisierung sein. Für die interkonfessionellen Beziehungen bedeutete dieser Papalismus mit dem römisch-katholischen Exklusivitätsanspruch jedoch ein schwerwiegendes Hindernis. Es kam auch zu erheblichen Spannungen im Katholizismus selbst.

Nach dem Ersten Vatikanischen Konzil spalteten sich die Altkatholischen Kirchen ab, und um die Jahrhundertwende erregte der Reformkatholizismus Aufsehen mit der Übernahme moderner wissenschaftlicher Methoden für die theologische Arbeit. Diese Entwicklung konnte Rom 1907 mit dem Syllabus „Lamentabili" und 1910 mit dem „Antimodernisteneid", den alle Amtsträger leisten mußten, vorläufig stoppen.

Der *Protestantismus* war konfessionell und landeskirchlich zu zersplittert, um auf globaler Ebene eine Antwort auf die Herausforderungen der Zeit zu formulieren. Zudem gab es eine Fülle verschiedener kirchlicher und theologischer Richtungen. Als international geschichtsmächtig erwiesen sich im 19. Jahrhundert eigentlich nur der Pietismus und neuartige Erweckungsbewegungen, die Missionsbewegung sowie das Aufkommen der historisch-kritischen Methode in der Bibelwissenschaft. Durch die Kolonialpolitik der Weltmächte, durch den Welthandel und durch die beginnende Weltpolitik bedingt breiteten sich die evangelischen Kirchen über die ganze bewohnte Erde aus. So wurde die Missionsbewegung ein besonderes Kennzeichen der evangelischen Kirchen des 19. Jahrhunderts und zugleich einer der Ursprünge der ökumenischen Bewegung.

Gegen die jahrhundertelange Zersplitterung entstand im 19. Jahrhundert der kirchliche Einigungsgedanke zunächst auf konfessioneller und nationaler Ebene, und zwar großenteils auf föderativer Basis: in Deutschland beispielsweise 1851 in der „Eisenacher Konferenz deutscher evangelischer Kirchenregierungen", 1903 im „Deutschen Evangelischen Kirchenausschuß" und 1922 im „Deutschen Evangelischen Kirchenbund", wo jeweils lutherische, reformierte und unierte Kirchen mitwirkten; in den USA schlossen sich die meisten großen Kirchen 1905 zum Federal Council of Churches als einer kirchlichen Aktionseinheit zum Dienst in der Gesellschaft zusammen. Weitere protestantische Föderationen wurden in einigen anderen Ländern vollzogen.

In den *anglikanischen* Kirchen gab es Spannungen zwischen der Low Church Party, die eine freundliche Haltung zu den abgewichenen Protestanten, den Dissenters, einnahm, und der High Church Party, die den Zusammenhang von Staat und Kirche betonte und zu den katholischen Grundlagen des Anglikanismus zurücklenkte. Den bemerkenswertesten Aufschwung erlebten die Anglokatholischen in der sogenannten Oxfordbewegung, die im lutherischen Hochkirchentum und im Erstarken des römischen Katholizismus ihre Parallelen hatte. Die englischen Dissenters behaupteten sich indessen gegenüber der englischen

Staatskirche und gelangten zu voller bürgerlicher Gleichberechtigung.

Der *amerikanische* Protestantismus war in zahlreiche Konfessionen, „Denominationen“ genannt, zersplittert, so daß ein gemeinsames Handeln der Kirchen fast unmöglich wurde. Die „Freikirchen“ der Baptisten und Methodisten wuchsen in den USA zu großen Kirchen heran. Insgesamt war das religiöse Leben in Amerika durch etliche Erweckungen geprägt („revivals“, 1800, 1826ff., 1857f.). Bei strenger Trennung zwischen Kirche und Staat wurden das Freiwilligkeitsprinzip und das Laienelement stark betont und ein demokratisches System kirchlicher Selbstregierung entwickelt. Wenn auch auf die theologische Bildung, gemessen am europäischen Protestantismus, zunächst wenig Wert gelegt wurde, so behauptete sich doch eine strenge Religiosität, die als Gegengewicht zu der ausgeprägten Herrschaft des Geldes und den damit verbundenen sittlichen Schäden für die USA sehr bedeutsam wurde.

In den *evangelischen Kirchen Europas* waren einige Grundtendenzen in gleicher Weise wirksam: nach einer rationalistischen und orthodoxen Epoche kam eine Zeit der Erweckung mit oft schroffen konfessionellen Ausprägungen. In der evangelischen Theologie gelangten besonders in Deutschland unter dem Einfluß der modernen Geschichtswissenschaft liberale Tendenzen zur Geltung. Zwischen der streng kritischen Theologie (Tübinger Schule) und der „positiven“ konfessionalistischen Theologie entbrannte eine Kontroverse, die in dieser Schärfe dem Protestantismus bisher fremd geblieben war und die von der sog. Vermittlungstheologie nicht überbrückt werden konnte. Für das kirchliche Leben hatte die Union zwischen Lutheranern und Reformierten in Preußen (1817) zwar für den gesamten Protestantismus eine bahnbrechende Wirkung, aber sie hatte auch zu weiteren kirchlichen Separationen geführt und nicht zu der erhofften Einigung des Protestantismus in Deutschland. Neben der konfessionellen Zersplitterung verhinderte lange Zeit das Prinzip des landesherrlichen Kirchenregimentes eine organisatorische Einigung der evangelischen Kirchen in Deutschland. Einflußreich für das kirchliche Leben waren die Gründungen der verschiedenen kirchlichen Vereine und Verbände (z.B. Innere Mission, Gustav-Adolf-Werk, die Missionsgesellschaften, Evangelischer Bund, CVJM usw.). Diese Verbände betonten das Laienelement, sie arbeiteten selbständig neben den verfaßten Kirchen, und z.T. umfaßten sie Mitglieder der verschiedensten Konfessionen und Landeskirchen. Ein starkes Gefühl der Zusammengehörigkeit erwuchs den protestantischen Kirchen Europas aus dem Gegenüber zum Katholizismus (nur die nördlichen Kirchen waren davon wenig betroffen). In überwiegend katholischen Ländern gewann der Protestantismus an Bedeutung, bedingt durch die Konfessionsverschiebungen infolge der Bevölkerungsbewegungen. Die Idee der Religionsfreiheit bzw. der Toleranz bewirkte im 19. Jahrhundert, daß die konfessionelle Geschlossenheit der europäischen Staaten verschwand.

In den *orthodoxen Kirchen* war es lange Zeit ruhig gewesen. Nachdem 1589 die russisch-orthodoxe Kirche von Konstantinopel unabhängig geworden war, bildeten sich im 19. Jahrhundert im Zusammenhang mit der nationalen Entwicklung der Balkanvölker mehrere autokephale Kirchen. Um 1900 existierten 17 selbständige orthodoxe Kirchen. Die griechische und die russische Kirche hatten gute Beziehungen zur evangelischen Theologie des Abendlandes.

Konfessionelle Zusammenschlüsse

Die verfaßten Kirchen waren im 19. Jahrhundert mehr vom Konfessionalismus als vom Interkonfessionalismus bestimmt. Die Eröffnung des Welthorizontes, die sich für den kirchlichen ebenso wie für den politischen, wirtschaftlichen und kulturellen Bereich ergab, führte die Kirchen daher auf Weltebene zu konfessionellen Zusammenschlüssen.

Konfessionelle Weltorganisationen:
1867 Anglican Communion: Lambeth-Konferenzen
1870 Erstes Vatikanisches Konzil der römisch-katholischen Kirche
1875 World Alliance of the Reformed Churches holding the Presbyterian System
1881 Ecumenical Methodist Conferences
1889 Altkatholische Union von Utrecht
1891 International Congregational Council
1905 Baptist World Alliance

Im Gegensatz zur hierarchischen Einheitsinstitution des römischen Katholizismus dominierte im Protestantismus der lockere Zusammenschluß zu Konferenzen oder Räten ohne jurisdiktionelle Befugnisse über die einzelnen Mitgliedskirchen.

Das *Luthertum* brachte im 19. Jahrhundert keine globale, sondern nur regionale Zusammenschlüsse hervor, z. B. die skandinavischen Kirchenkonferenzen seit 1857 und die Allgemeine Evangelisch-Lutherische Konferenz in Deutschland seit 1868. Die internationale organisatorische Zurückhaltung hing zum einen mit dem landeskirchlichen Prinzip und der oft engen Bindung von „Thron und Altar" und zum anderen mit dem lutherischen Bekenntnis (Confessio Augustana VII) zusammen, daß die Einheit der Kirche in der „reinen Lehre" und nicht in einer einheitlichen Organisation begründet liegt. Anregungen für eine intensivere internationale Zusammenarbeit kamen Anfang des 20. Jahrhunderts vor allem aus den USA. Im Jahre 1923 wurde in Eisenach der Lutherische Weltkonvent gegründet, aus dem 1947 in Lund der Lutherische Weltbund hervorging.

Von den Freikirchen verstand sich die im 19. Jahrhundert entstandene *Heilsarmee* von vornherein als eine internationale Organisation, während die meisten anderen (außer Methodisten und Baptisten) wegen des vorherrschenden Gemeindeprinzips weniger Wert auf eine globale Organisation legten, so etwa die Mennoniten, die Brüdergemeinden, die Quäker.

Alle konfessionellen Weltorganisationen, mit Ausnahme der römisch-katholischen Kirche, hatten einen rein föderativen Charakter. Sie waren als Organisationen der offiziellen Kirchen eine Gegenbewegung gegen Individualismus und Säkularisierung. Als weltweite Zusammenschlüsse waren sie einerseits ein ökumenischer Fortschritt, andererseits förderten sie auch den bestehenden Konfessionalismus. Die ersten interkonfessionellen Bemühungen auf globaler Ebene geschahen nicht auf offizieller Kirchenebene, sondern durch Initiative einiger christlicher Gruppen und Bewegungen.

2. Der Beginn der Interkonfessionalisierung

Vorläufer-Bewegungen

Die interkonfessionelle ökumenische Idee breitete sich auf globaler Ebene vor allem in der christlichen Jugendarbeit, in der Missionsbewegung und in anderen kirchlichen Arbeitszweigen wie der christlich-sozialen Bewegung, der Friedensbewegung und der Bibelbewegung aus. Meistens war dabei das Charisma einzelner ökumenischer Pioniere für das Gelingen ausschlaggebend.

Als interkonfessionelle Organisationen sind ohne Anspruch auf Vollständigkeit hervorzuheben:

1846 Evangelische Allianz
1854 Missionskonferenzen

1855 YMCA/CVJM
1857 Association for the Promotion of the Unity of Christendom (in London mit anglikanischen, römisch-katholischen und orthodoxen Christen)
1895 Christlicher Studentenweltbund
1898 Weltbund Christlicher Verbände Junger Frauen
1907 Gebetsoktav für die Einheit der Christen vom 18.-25. Januar (durch hochkirchliche Anglikaner und Katholiken)
1907 Welt-Sonntagsschulverband

Die *Evangelische Allianz* wurde 1846 in London durch etwa 900 Christen verschiedener evangelischer Konfessionen, vornehmlich aus erwecklichen Kreisen, in London gegründet. Sie brachte die Überzeugung zum Ausdruck, daß es unter wahren Christen eine unzerstörbare Einheit im Glauben an Christus gebe. Ziel der Allianz war (und ist bis heute) nicht, eine Vereinigung der kirchlichen Institutionen vorzunehmen, sondern auf Ortsebene die einzelnen Christen zu gemeinsamem Gebet und missionarischem und sozialem Engagement zusammenzuführen (Allianz-Gebetswoche Anfang Januar). So entwickelte sich neben den verfaßten Kirchen ein Einheitsenthusiasmus Gleichgesinnter, der bis heute ein wichtiges Korrektiv gegen das „Organisieren" der christlichen Einheit darstellt (vgl. unten ausführlicher das Kapitel Ökumenisches Netzwerk).

Die Verpflichtung zum täglichen Gebet für die Einheit der Christenheit bestimmte auch die 1857 in London gegründete *Association for the Promotion of the Unity of Christendom* (APUC). Sie vereinigte römisch-katholische, griechisch-orthodoxe und anglikanische Christen, hatte jedoch keine große Wirkung, weil das Heilige Offizium in Rom 1864 den Katholiken die Teilnahme verbot. Diese Entscheidung machte Geschichte; sie war 1919 Vorbild für die römische Ablehnung der ökumenischen Bewegung.

Der Gedanke des gemeinsamen Gebets für die Einheit blieb jedoch lebendig und führte Anfang des 20. Jahrhunderts neben der Allianz-Gebetswoche zur Einrichtung von *zwei weiteren Gebetswochen*: die katholische Gebetsoktav für die Einheit der Christen vom 18. bis 25. Januar (ab 1907) und die Weltgebetswoche für die Einheit, die seit 1920 in der Woche vor Pfingsten durch die Bewegung für Glauben und Kirchenverfassung durchgeführt wurde. Die ökumenische Bewegung besaß so von Anfang an eine geistliche oder spirituelle Dimension, die vor allen menschlichen oder kirchlichen Aktivitäten alles von Gott erwartete.

Von hervorragender Bedeutung für die Einigungsbestrebungen wurden die internationalen christlichen Jugendorganisationen. Im Jahre 1855 wurde in Paris der Weltbund der *Christlichen Vereine Junger Männer* (YMCA/CVJM) gegründet, dessen „Basis" die ökumenischen Organisationen im 20. Jahrhundert übernahmen: „Die CVJM haben den Zweck, solche jungen Männer miteinander zu verbinden, welche Jesum Christum nach der Heiligen Schrift als ihren Gott und Heiland anerkennen...". Im Jahre 1893 folgte die Gründung des Weltbundes der *Christlichen Vereine Weiblicher Jugend*, 1894 des *Jugendbundes für Entschiedenes Christentum* und 1895 des *Christlichen Studentenweltbundes*, aus dem die einflußreichsten Männer der Einigungsbestrebungen zu Beginn des 20. Jahrhunderts hervorgingen.

In der *Missionsbewegung* des 19. Jahrhunderts ist sicherlich der Zusammenhang mit der Kolonialpolitik der Weltmächte unverkennbar. Es müssen jedoch auch ihre eigenständigen religiösen Wurzeln ernst genommen werden, die zugleich für das Entstehen der ökumenischen Bewegung wichtig wurden. Die von den verfaßten Kirchen unabhängigen Missionsgesellschaften sind großenteils im Zusammenhang mit Erweckungsbewegungen entstanden. In den Missionsgebieten zeigten sich nun die großen Nachteile des Nebeneinanders und der oft harten Konkurrenz der verschiedenen Kirchen und Denominationen, so daß die missionspraktische Frage entstand, ob die Christianisierung der Nichtchristen mit den Spaltungen der alten Kirchen belastet werden dürfe. Ab 1854 fanden die ersten überkonfessionellen Missionskonferenzen in England, den USA und in Asien statt. Ferner wurden ständige beratende Körperschaften eingerichtet: die Kontinentale Missionskonferenz (ab 1866), der Ausschuß der deutschen evangelischen Missionen (ab 1885) und die Foreign Mission Conferences of North America (ab 1893).

Die erste offizielle Delegiertenkonferenz fand *1910 in Edinburgh* statt. Sie wird wegen ihrer programmatischen Aussagen zu „Zeugnis" und „Einheit" vor allem in der angelsächsischen Geschichtsschreibung hoch bewertet und als Geburtsstunde der modernen ökumenischen Bewegung angesehen. Auf dem europäischen Kontinent war die Konferenz weniger einflußreich, weil die Trennung von Landeskirchen und Missionsgesellschaften nur eine geringe Präsenz in Edinburgh und ein entsprechend geringes Echo in den Kirchen bewirkt hatte. Immerhin war in Edinburgh *Charles Brent* die Idee gekommen, eine offizielle Bewegung der Kirchen für eine Weltkonferenz über Glauben und Kirchenverfassung anzuregen, und der Präsident der Weltmissionskonferenz

John Mott sowie der Sekretär *Joseph H. Oldham* gehörten fortan zu den führenden Repräsentanten der gesamten ökumenischen Bewegung.

Die *Bibelbewegung* hat sich zwar erst 1946 auf globaler Ebene als Weltbund der Bibelgesellschaften organisiert, aber das Entstehen und die Wirkung zahlreicher nationaler Bibelgesellschaften im 19. Jahrhundert ist ökumenisch sehr hoch einzuschätzen. Denn trotz unterschiedlicher Auslegungen ist die Bibel stets so etwas wie ein Einheitsband der konfessionell differenzierten Christenheit geblieben. Die beginnende internationale exegetische Forschungsarbeit ist spätestens seit Ende des 19. Jahrhunderts als ein wichtiges ökumenisches Phänomen anzusehen.

Die *christlich-sozialen Bewegungen* hatten im 19. Jahrhundert in allen Kirchen und Ländern ihre Parallelen, führten jedoch nur zu nationalen Organisationen. Interkonfessionelle Kontakte gab es durchaus, aber keine der Organisationen kann im eigentlichen Sinn zu den Vorläufern der ökumenischen Bewegung gerechnet werden.

Die *Friedensbewegung* lebte bis Ende des 19. Jahrhunderts ohne einen direkten Beitrag der Großkirchen. Lediglich durch quäkerische Initiativen entstanden in New York 1815 und in London 1816 Friedensgesellschaften, die aber wie andere Friedenskongresse oder wie die 1892 gegründete Deutsche Friedensgesellschaft ohne nennenswerten Einfluß blieben. 1911 entstand die Internationale Katholische Friedensliga, und 1913 wurde die amerikanische Stiftung Church Peace Union gegründet, der evangelische, römisch-katholische und jüdische Vertreter angehörten. Eine kirchliche Friedensaktion, die zu den direkten Vorläufern der ökumenischen Bewegung zu rechnen ist, geschah im Zusammenhang mit dem Zweiten Haager Friedenskongreß im Jahre 1907: Hier wurde für die Jahre 1908/09 ein Besuchsaustausch der leitenden Kirchenmänner zwischen Großbritannien und Deutschland vereinbart, aus dem das „Kirchliche Komitee zur Pflege freundschaflicher Beziehungen zwischen Großbritannien und Deutschland“ entstand – ein erstes offizielles Kontaktgremium von zwei verschiedenen Kirchen aus zwei Ländern. Aus diesem kirchlichen Gremium erwuchs im Jahre 1914 der „Internationale Weltbund für Freundschaftsarbeit der Kirchen“, der wiederum 1919 die Anstöße zur Gründung der Bewegung für Praktisches Christentum (Life and Work) gab. Für die kontinental-europäischen Kirchen liegt hier eher als in der Missionsbewegung der eigentliche Anfang der modernen ökumenischen Bewegung.

Im Zusammenhang mit der sich verändernden Welt sind also *mehrere Grundmotive* zu nennen, die zur Entstehung der modernen ökumenischen Bewegung geführt haben. Die säkularen Einflüsse durch den allgemeinen Internationalismus sind unverkennbar bei der Entfaltung des Missionsgedankens und der Weltverantwortung. Allerdings sind *Sendung* und *Dienst* der Kirche in der Welt zugleich genuine Bestandteile der christlichen Botschaft selbst. Der Missionsgedanke führte im 20. Jahrhundert zur Gründung des *Internationalen Missionsrates 1921*, die soziale Verpflichtung zur *Bewegung für Praktisches Christentum* (Life and Work). Ferner gab es das genuin religiöse oder innerkirchliche Motiv, die *Einheit der Kirche selbst* zu suchen, nämlich die Glaubenserkenntnis, daß die Kirche Christi wesensmäßig eins ist. Das Gebet Jesu für das Einssein seiner Jünger wurde immer wieder zitiert (Joh. 17,21): „... auf daß sie alle eins seien, gleich wie du, Vater, in mir und ich in dir; daß auch sie in uns seien, auf daß die Welt glaube, du habest mich gesandt." Die theologisch-ekklesiologischen Bemühungen um diese Einheit und die Frage, wie die Einheit Gestalt gewinnen soll, schlug sich in der *Bewegung für Glauben und Kirchenverfassung* nieder.

Anfangs-Bewegungen (1910–1920)

Die ersten Jahrzehnte des 20. Jahrhunderts standen weithin unter dem Eindruck der bisher größten politischen Weltkatastrophe, des Ersten Weltkrieges (1914–1918). Die christlichen Einigungsbemühungen waren in diesem Kontext gewissermaßen die Antwort der Kirchen auf die Ursachen und Folgen der kriegerischen Auseinandersetzungen der Völker.

In den Jahren vor dem Weltkrieg wurden die Grundsteine gelegt für die drei Bewegungen, welche hauptsächlich die künftige ökumenische Bewegung bestimmten: Die Weltmissionskonferenz in Edinburgh 1910 regte unter Führung von John Mott die Gründung des Internationalen Missionsrates (1921) an. Gleichzeitig ergingen, vorgeschlagen von Charles Brent, Einladungen zu einer Weltkonferenz der Kirchen für Glauben und Kirchenverfassung, und 1914 entstand am Tage des Kriegsausbruchs in Konstanz der Weltbund für Freundschaftsarbeit der Kirchen, durch den Nathan Söderblom die Idee zur Bewegung für Praktisches Christentum und für einen Ökumenischen Rat der Kirchen empfing (ab 1918).

Die Weltmissionskonferenz in Edinburgh 1910

Zu dieser Konferenz kamen über 1200 Delegierte aus 150 nicht-römisch-katholischen Missionsgesellschaften und Kirchen, die unter nichtchristlichen Völkern arbeiteten. Die meisten Teilnehmer waren durch die Erweckungsbewegungen ihrer Kirchen geprägt. Es gab freilich ein deutliches angelsächsisches Übergewicht; nur 17 Teilnehmer stammten aus „Missionsfeldern“. Die evangelische und anglikanische Pluralität war durchaus repräsentativ, doch fehlten Vertreter der römisch-katholischen Kirche und der orthodoxen Kirchen.

Inspiriert durch den Enthusiasmus des Präsidenten John Mott (1865–1955) und des Sekretärs Joseph H. Oldham (1874–1969) suchte die Konferenz gemeinsame Wege zur „Evangelisierung der Welt in dieser Generation“. Acht Kommissionen befaßten sich mit folgenden Themen:

1. Die Ausbreitung des Evangeliums über die nichtchristliche Welt
2. Die Kirche auf dem Missionsfeld
3. Die Missionsschule und die Christianisierung des nationalen Lebens
4. Die Botschaft der Mission im Blick auf die nichtchristlichen Religionen
5. Die missionarische Vorbildung
6. Die Grundlage der Mission in der Heimat
7. Mission und Regierung
8. Zusammenarbeit und Förderung der Einheit

Die Konferenz hatte juridisch nur beratenden Chrakter für die entsendenden Kirchen und Missionsgesellschaften. Doch ihre Wirkung und der Wille zu gemeinsamem Handeln waren groß. Vor allem erkannte man, daß die bisherige „westlich“ geprägte missionarische Einbahnstraße überwunden werden muß zugunsten von eigenständigen sog. Jungen Kirchen. Der achte Bericht machte eindrücklich auf das Problem kirchlicher Einheit aufmerksam: es sei „das Ziel aller missionarischen Arbeit, in jedem nichtchristlichen Land eine einzige ungespaltene Kirche Christi wachsen zu sehen“. John Mott erklärte in der Schlußansprache, die „aus vielen verschiedenen Nationen und Rassen und Kirchen versammelten“ Delegierten hätten gelernt, ihr „Einssein in Christus“ zu erkennen.

Die Bewegung für Glauben und Kirchenverfassung

Als die Missionskonferenz 1910 bewußt Fragen des Glaubens und der Lehre ausgeklammert hatte, kam dem anglikanischen Bischof Charles Brent (USA und Philippinen) während einer

Abendmahlsfeier in Edinburgh die Idee zu einer Weltkonferenz für Glauben und Kirchenverfassung. Am 19. Oktober 1910 beschloß der Generalkonvent der (anglikanischen) Protestant Episcopal Church in Cincinnati, eine Kommission zur Herbeiführung einer solchen Konferenz einzuberufen. Es ist denkwürdig, daß bereits einen Tag vorher die Disciples of Christ (in Kansas) und der Nationalrat der Kongregationalistischen Kirchen (in Boston) ebenfalls ein ähnliches Einigungsprogramm beschlossen haben. Die Kommissionen der drei Kirchen verbanden sich, und unter Führung der Episkopalkirche (mit dem rührigen Sekretär Rechtsanwalt Robert H. Gardiner) ergingen bald Briefe und Einladungen an alle erreichbaren Kirchen. Obwohl die organisatorische Basis der neuen Bewegung lange ziemlich schmal war, trat sie doch von vornherein mit einem großen und klaren Ziel und einem bestimmten Programm auf:

1. Nur die Kirchen selbst, nicht kirchliche Werke, Verbände oder Einzelpersonen wurden um Mitarbeit gebeten.
2. Das Bekenntnis zu Jesus Christus als Gott und Heiland war Voraussetzung (vgl. die „Basis“ des CVJM, 1855).
3. Die Weltkonferenz sollte der Einheit der Kirche dienen, aber nur befugt sein, Gemeinsamkeiten und Unterschiede im Glauben und in der Kirchenverfassung festzustellen; Kirchenunionen sollten den einzelnen Kirchen selbst überlassen sein.

Diese drei Grundsätze wurden bestimmend für die ökumenische Bewegung der nächsten Jahrzehnte: Sie setzten mit einem christologischen Fundamentalkonsens die Kirchen in Bewegung und leiteten in nüchterner und realistischer Weise die Phase der vergleichenden ökumenischen Ekklesiologie (Kirchenlehre) ein.

Die amerikanischen Initiatoren hofften auf die Beteiligung aller Konfessionen. Besuchsreisen in den Jahren 1913 und 1914 nach Großbritannien waren erfolgversprechend, während die evangelischen Kirchen des europäischen Kontinents, die orthodoxen Kirchen und die römisch-katholische Kirche zunächst nur höflich, aber doch reserviert reagierten. Man hielt das Unternehmen für eine angelsächsische Angelegenheit, bei der die Anglikaner eine Führungsrolle zu beanspruchen schienen. Die Initiatoren klagten über mancherlei Mißverständnisse und unbegründete Ängste, wobei oft Einheit mit Einförmigkeit oder mit Föderation oder Kooperation verwechselt würden.

Der Ausbruch des Weltkrieges unterbrach weitere Aktivitäten. Doch gleich im März 1919 reiste eine Deputation nach Europa und dem Nahen Osten. Sie sicherte vor allem die Mitarbeit der orthodoxen Kirchen, während die römisch-katholische Kirche bei einer Begegnung mit Papst Benedikt XV. eine klare Absage erteilte. Dieser Entschluß Roms war das folgenschwerste Ereignis für die junge ökumenische Bewegung, weil ihre Ökumenizität fortan bedroht war und das Mißverständnis nicht ausblieb, „Ökumene“ bedeute eine Einigung der „nicht-römisch-katholischen Christenheit“ (vgl. das Kapitel „Römisch-katholische Kirche und ökumenische Bewegung“).

Der Weltbund für Internationale Freundschaftsarbeit der Kirchen

Anfang des 20. Jahrhunderts nahmen die christlich-sozialen Bewegungen und die Friedensorganisationen aus den verschiedenen Kirchen und Ländern lockeren Kontakt miteinander auf. Durch gemeinsame Initiative des „Kirchlichen Komitees zur Pflege freundschaftlicher Beziehungen zwischen Großbritannien und Deutschland“, der amerikanischen Stiftung „Church Peace Union“ (die von Frederick Lynch, einem der führenden Männer des Federal Council of Churches in den USA, geleitet wurde) und der Schweizerischen Kirchenkonferenz wurde 1914 zu einer Konferenz nach Konstanz eingeladen. Man wandte sich an prominente Einzelpersonen in den Kirchen, weil man fürchtete, die offiziellen Kirchen würden angesichts ihrer oft engen Bindungen zu den Regierungen zu schwerfällig reagieren. Nur der Federal Council in den USA entsandte offizielle Vertreter der Kirchen. Ungefähr 150 Teilnehmer aus 13 Ländern und 30 Kirchen waren angemeldet, doch nur 90 trafen in Konstanz am 1. August – dem Tage des Kriegsausbruchs – ein.

Am 2. August 1914 gründeten sie den „Weltbund für Internationale Freundschaftsarbeit der Kirchen“. Im Beschluß hieß es:

4 „Da die Versöhnungs- und Freundschaftsarbeit eine wesentliche christliche Aufgabe ist, ist es geboten, daß die Kirchen in allen Ländern ihren Einfluß auf die Völker, Volksvertretungen und Regierungen benutzen, um gute und freundschaftliche Beziehungen zwischen den Nationen herzustellen, so daß sie auf dem Wege friedlicher Durchdringung den Zustand allgemeinen gegenseitigen Vertrauens erreichen, den zu erstreben das Christentum die Menschheit gelehrt hat.“

Die Konstanzer Organisation lag in den Händen von Friedrich Siegmund-Schultze (Berlin; 1885–1969), der fortan in den verschiedenen ökumenischen Arbeitszweigen zu den führenden deutschen Repräsentanten gehörte (obwohl er häufig zu den offiziellen kirchlichen Institutionen auf Distanz ging, und umgekehrt). Vorsitzender wurde der englische Parlamentarier Josef Allen Baker, Exekutivsekretäre waren Willoughy H. Dickinson (England) und F. Lynch (USA). Zu den führenden Vertetern des Weltbundes gehörten Erzbischof Nathan Söderblom (Uppsala; 1866–1931), Bischof George Bell (Chichester; 1883–1958), Wilfred Monod (Paris; 1867–1943) und Reichsgerichtspräsident Walter Simons.

Es wurden relativ rasch etliche nationale Räte gegründet, die durch Tagungen und Publikationen Einfluß gewannen. Während des Krieges bewirkte der Weltbund in der „Caritas inter arma" viel Gutes in der Gefangenenfürsorge und -seelsorge. Hervorzuheben ist auch das Wirken beim Schutz für religiöse und politische Minderheiten und die bahnbrechende Förderung der Begegnungen zwischen evangelischen und orthodoxen Kirchen. Publizistisch wurde der Weltbund vor allem durch zwei Zeitschriften gefördert: „Die Eiche" (1913–1933 von F. Siegmund-Schultze herausgegeben) und „Goodwill" (ab 1915; vorher „The Peacemaker", von J. H. Rushbrooke herausgegeben).

Die entschiedenen Pazifisten beschlossen im Anschluß an die Weltbundtagung in Konstanz, einen überkonfessionellen „Internationalen Versöhnungsbund" zu gründen. Dieser wurde nach der Bildung nationaler Zweige in England, den USA und den Niederlanden im Jahre 1919 offiziell gebildet.

3. Die Zeit der Weltkirchenkonferenzen (1920–1948)

Neben der Erleichterung über das Ende des Ersten Weltkrieges erfaßte alle Kirchen der Schock, daß das christliche Friedenszeugnis so wenig bewirkt hatte. Auch auf dem Missionsfeld kam es zu einer Glaubwürdigkeitskrise des Christentums. Die beste Antwort der Kirchen schien das Erstarken der ökumenischen Bewegung zu sein. Ihre Fortschritte und auch ihre Rückschläge waren freilich zugleich ein Spiegelbild der allgemeinen politischen und geistesgeschichtlichen Entwicklung.

Die Jahre zwischen den beiden Weltkriegen waren sowohl durch eine Welle des Internationalismus wie durch große internationale Spannungen gekennzeichnet. Der Völkerbund enttäuschte zwar in seiner politischen Wirkung wegen des nationalen Egoismus seiner Mitgliedsstaaten, doch förderte er auch in mancher Hinsicht die Gemeinschaft der Völker. Die Idee einer „Föderation“ wies jedenfalls auch den Kirchen einen möglichen Weg in die Zukunft.

Appelle zur Einheit

Nahezu gleichzeitig reiften in den Jahren 1919–1921 die Pläne für „Weltkirchenkonferenzen“. Söderblom propagierte seit 1918 den Begriff „Ökumenischer Rat der Kirchen“. Es ging ihm um „evangelische Katholizität“ ohne Uniformität durch einen „ecumenical council, einen ökumenischen Kirchenrat, die ganze Christenheit vertretend“. Der Weltbund für Internationale Freundschaftsarbeit der Kirchen machte sich 1919 diesen Vorschlag in einem Memorandum Söderbloms zu eigen. Da der Weltbund selbst eine solche Kirchenkonferenz nicht einberufen konnte, haben die nationalen Komitees das beschlossene Memorandum an die Kirchenleitungen weitergegeben.

5 *Aus dem Memorandum des Weltbundes für Internationale Freundschaftsarbeit der Kirchen, Oud Wassenaar 1919 (Autor: N. Söderblom):* „Unsere Aufgabe ist es nicht, Organisationen zusammenzubringen, sondern Herzen und Sinne und Bemühungen zu vereinen. Wahrhaft Gläubige und Nachfolger Christi sind selbst in den christlichen Gemeinschaften immer eine Minderheit gewesen, und sie werden immer eine Minderheit bleiben. Doch es ist wesentlich, alle Gemeinschaften der Kirche und alle christlichen Organisationen, denen anzugehören wir das Privileg haben, für christliche Ziele zu nutzen...

Diese Ziele sind folgende: A) Gemeinsame Lehre und gemeinsames Bemühen um internationale christliche Bruderschaft und eine organisierte Einheit der Völker; B) Christliche Grundsätze und christliches Handeln für eine soziale Erneuerung der Gesellschaft; und C) Eine gemeinsame Stimme des christlichen Gewissens. Ich befürworte einen Ökumenischen Rat, der die Christenheit in einer geistlichen Weise vertritt.“
(In: Willem A. Visser 't Hooft, Ursprung und Entstehung des ÖRK, Beih. z. ÖR 44, Frankfurt 1983, 18)

Das Ökumenische Patriarchat von Konstantinopel erließ im Januar 1920 eine Enzyklika „An die Kirche Christi in aller Welt“ und schlug in Analogie zum Völkerbund (Koinonia ton ethnon) eine „Koinonia ton ekklesion“ vor – was dann als „Liga der Kirchen“ übersetzt wurde (oder „Bund“). Wegen mancher technischer Lücken (z. B. gab es noch kein Adreßbuch der Kirchen) erreichte die Enzyklika längst nicht alle Kirchen, und viele antworteten nicht, weil sie bisher keinerlei Beziehung zu orthodoxen Kirchen hatten. Das relativ geringe Echo schmälert freilich nicht den kirchengeschichtlichen Wert des orthodoxen Aufrufs.

6 *Aus der Enzyklika des Ökumenischen Patriarchats von Konstantinopel „An die Kirchen Christi überall" (Januar 1920):* „Unsere Kirche ist der Meinung, daß die gegenseitige Annäherung und ein Bund der verschiedenen christlichen Kirchen durch die zwischen ihnen bestehenden dogmatischen Unterschiede nicht verhindert wird und daß ein solches Zusammenrücken höchst erwünscht, notwendig und in vieler Beziehung nützlich ist für das rechte Wohl jeder Teilkirche wie des gesamten Leibes Christi und zur Vorbereitung einer – mit Gottes Hilfe – dereinst vollständigen und gesegneten Einigung..." (Es folgen elf konkrete Themenvorschläge.)
(In: Nikolaus Thon, Quellenbuch zur Geschichte der Orthodoxen Kirche, Trier 1983, 492–495)

Mehr noch als einen „Bund" oder „Rat" hatten die Anglikaner im Sinn. Sie verabschiedeten bei ihrer Lambeth-Konferenz 1920 einen „Aufruf an alle Christen" zur „Wiedervereinigung der Christenheit":

7 *Aus dem „Aufruf an alle Christen", von der anglikanischen Lambeth-Konferenz (1920):* „Das Idealbild, das vor uns steht, ist das einer Kirche, die ihrem tiefsten Wesen nach katholisch ist, der ganzen Wahrheit treu, und die in ihre Gemeinschaft einschließt alle, ‚die sich als Christen bekennen und bezeichnen'. Innerhalb der sichtbaren Einheit dieser Kirche sollen alle Schätze des Glaubens und der Kirchenverfassung (faith and order), die der Gegenwart als ein Vermächtnis der Vergangenheit überkommen sind, gemeinsamer Besitz sein und im Dienste des gesamten Leibes Christi stehen. Innerhalb dieser Einheit würden die christlichen Kirchengemeinschaften, die jetzt voneinander getrennt sind, viel von dem bewahren, was für sie in der Art und Weise ihres Kultus und ihres Dienstes lange bezeichnend gewesen ist. Nur durch eine reiche Mannigfaltigkeit des Lebens und der Frömmigkeit wird die ganze Gemeinschaft zur Vollendung kommen."
(In: Hermann Sasse [Hg.], Die Weltkonferenz für Glauben und Kirchenverfassung [Lausanne 1927], Offizieller Bericht, 43 ff.)

Zwischen Zuversicht und Krisen

Aus den zitierten Texten spricht eine ungebrochene Zuversicht, daß die Kirchen mit ihrer Botschaft mehr Gerechtigkeit und Frieden in der Welt bewirken können, wenn sie nur möglichst geschlossen auftreten.

Diese Hoffnung lag auf der Linie eines verbreiteten Fortschrittsoptimismus der damaligen Zeit, zu dem die riesigen Umwälzungen des gesellschaftlichen Lebens durch Technik und Massenkommunikationsmittel ebenso beitrugen wie die neuen politischen Ideologien. Andererseits gab es durchaus verbreitete

Krisenstimmungen und vielfältige internationale Spannungen. Der deutsche Beitrag zur ökumenischen Bewegung etwa wurde bis Mitte der 20er Jahre durch die Kriegsschuldfrage und die Zerstörung der deutschen Missionsarbeit erheblich beeinträchtigt. Der Kirchenausschuß lehnte 1920 alle Einladungen zu ökumenischen Konferenzen mit dem Hinweis ab, „die Gemeinschaft mit Kirchengemeinschaften der feindlichen Länder" sei vorerst ausgeschlossen. Nur die freien kirchlichen Werke in Deutschland nahmen an der ökumenischen Bewegung teil.

Im übrigen hatten sich neue Machtkonstellationen in der Welt ergeben, welche alles kirchliche Wirken mitbeeinflußten: Die europäischen Großmächte waren nicht mehr allein führend in der Weltpolitik; vor allem die USA und Japan konnten ihren Einfluß erheblich erweitern.

Mit dem sich langsam andeutenden Ende des Eurozentrismus geriet auch die gewohnte Kolonialpolitik ins Wanken. In diesem Zusammenhang vereinigten sich mehr und mehr die Missionsgemeinden zu selbständigen Jungen Kirchen. In Zentralafrika bildeten presbyterianische Missionen aus Schottland und den Niederlanden die Church of Central Africa (1924–26), in Indien kam 1924 sogar ein überkonfessioneller Zusammenschluß in der United Church of Northern India zustande (vorwiegend presbyterianisch), und in Südindien wurden von 1919 an Unionsgespräche zwischen der South India United Church, den Anglikanern und den Methodisten geführt.

Das sozialistische Rußland war zwar außenpolitisch noch keine gewichtige Größe, aber es deuteten sich weitreichende Folgen der Entwicklung an, daß erstmalig der Kommunismus zu einer herrschenden Wirtschaftsordnung und Weltanschauung gelangt war. Die russisch-orthodoxe Kirche war über Jahrzehnte gehindert, irgendwelche ökumenischen Kontakte zu pflegen; die zahlreichen Exilrussen im Westen waren wohl ökumenisch sehr engagiert, aber sie konnten die Lücke nicht ausgleichen. In den meisten westlichen Ländern hatten sich demokratische Prinzipien behauptet, doch erstarkten gleichzeitig die faschistischen Bewegungen (Mussolinis Marsch auf Rom 1922), der Nationalsozialismus (Hitlers Programmschrift „Mein Kampf" 1925) und der Antisemitismus mit den bekannten tragischen Folgen für die nächsten Jahrzehnte.

Die Auseinandersetzungen mit den neuen Ideologien bestimmte selbstverständlich auch die Tagesordnung der Kirchen und der ökumenischen Konferenzen. Die von Säkularisierung, Kommunismus, Faschismus, Rassismus und vielfältigen Nationalismen geprägte Welt nötigte zu gemeinsamen Überlegungen, wie die Kirchen sich zu Volk und Staat verhalten sollen und wie sie selbst gemeinschaftsbildend wirken können, ohne faule Kompromisse mit völkisch-theologischen Ideen einzugehen. Die ökumenische Jugendkonferenz des Weltbundes für Internationale Freundschaftsarbeit der Kirchen (Vorsitzender Dietrich Bonhoeffer) beschloß 1934 in Fanö, „jede Kirche, welche ihren universalen Charakter verleugnet, nicht als christlich anzuerkennen".

Es stellte sich freilich bei den ökumenischen Konferenzen als Schwierigkeit heraus, daß wegen des theologischen Pluralismus oft nur allgemeine und blasse Appelle zustandekamen, die dann bei der Vermittlung in die Gemeinden und in die Gesellschaft hinein nicht die erhoffte Wirkung erzielten. Es entwickelte sich erst langsam eine ökumenische Sozialethik. Zunächst standen sich eine Naturrechtslehre mit der Vorstellung einer „sittlichen Weltordnung" sowie eines „sittlichen Menschheitsgewissens" und eine personal geprägte Gesinnungsethik unvermittelt gegenüber. Das ökumenische Zeugnis wurde durch die theologischen Konflikte sicherlich beeinträchtigt, aber insgesamt war es positiv, daß es nun durch die ökumenische Bewegung ein Forum gab, wo die Konflikte ausgetragen werden konnten.

Das Geistesleben und das allgemeine Lebensgefühl waren zwischen 1920 und 1945 zwiespältig. Fortschrittsoptimismus, Jugendbewegung und völkisches Hochgefühl ließen einerseits allenthalben eine leicht beschwingte Stimmung und Versuche aufkommen, Leben, Staat und Gesellschaft zu erneuern. Aber andererseits konnte sich auch in der Philosophie ein tiefer Pessimismus melden (O. Spengler, Der Untergang des Abendlandes). Die Geisteswissenschaften vermochten mit den Fortschritten der Naturwissenschaften nicht Schritt zu halten. Erst die Existenzphilosophie Martin Heideggers und Karl Jaspers' legte einen bedeutenden eigenständigen Entwurf philosophischen Denkens vor.

Die Theologie war diesen geistigen Herausforderungen gegenüber zunächst recht unsicher. Ein evangelikaler Fundamentalismus machte sich von den USA ausgehend bemerkbar, hatte jedoch kaum Antworten auf die Probleme der Zeit. Die dialektische Theologie im deutschsprachigen Raum setzte sich in den 20er Jahren gegen die „Religion", die Philosophie und die Kultur ab und distanzierte sich zugleich von der ökumenischen Bewegung, weil man hier zuviel menschliches „Machen" witterte, um das angeblich Christliche in der Gesellschaft zu retten. Ökumenische Durchbrüche gab es in der dialektischen Theologie erst, als der deutsche Kirchenkampf gegen die „Deutschen Christen" mit ihrer sogenannten Blut- und Boden-Theologie das christozentrische Offenbarungsverständnis zur Geltung brachte. Diese christozentrische Offenbarungstheologie wurde dann mitprägend für die gesamte ökumenische Theologie der nächsten Jahrzehnte.

Für manche erstaunlich, aber bei näherer Betrachtung durchaus verständlich, blühte gleichzeitig mit dem interkonfessionell-ökumenischen Bewußtsein ein neuer Konfessionalismus auf. Der ökumenische Dialog nötigte zur Reflexion über die eigenen Grundlagen, die eigene Identität. So kam es beispielsweise zu einer „Lutherrenaissance" und anderen kirchengeschichtlich und konfessionell bedeutsamen Forschungen, welche in den Anfängen der ökumenischen Bewegungen zu einer Spannung von „Konfession" und „Ökumene" führten. Während die Anglikaner und Orthodoxen trotz der klaren Absage Roms die Tür stets offen halten wollten für die römisch-katholische als die größte christliche Kirche, hatten viele evangelische Kirchenführer und Theologen mit „Ökumene" nur eine Einigung des Weltprotestantismus im Sinn. Die Mitarbeit der Orthodoxen wurde mit Erstaunen und Skepsis registriert, aber Rom gegenüber gab es deutliche Reserven. Der 1923 in Berlin durch die Initiative des Evangelischen Bundes und verwandter Organisationen gegründete „Internationale Verband zur Verteidigung und Förderung des Protestantismus" beteiligte sich an den Weltkirchenkonferenzen und verstand sich als Gegengewicht gegenüber manchen katholisierenden Tendenzen der Anglikaner, besonders der einflußreichen Anglokatholiken.

Diese Andeutungen weisen auf eine in der frühen ökumenischen Bewegung immer wieder begegnende Gruppierung hin: Die mehr pragmatisch geprägte Arbeitsweise in der angelsächsischen Welt und die oft auf das theologisch Prinzipielle ausgerichtete kontinental-europäische Denkweise konnten zu unterschiedlichen ökumenischen Tendenzen und Zielen führen, und den Orthodoxen war es gänzlich ungewohnt, sich in der rational geprägten „Verhandlungsökumene" der westlichen Kirchen zurechtzufinden und ihre altkirchlich-dogmatische und liturgisch geprägte Grundhaltung ins Gespräch zu bringen.

Die Missionskonferenzen

Der Fortsetzungsausschuß der Weltmissionskonferenz in Edinburgh 1910 hat die Bildung von 21 Regional- und Nationalkonferenzen der Missionsgesellschaften („National Councils") veranlaßt. Diese gründeten 1921 in Lake Mohonk (USA) als gemeinsames Organ den „Internationalen Missionsrat", der durch die Zeitschrift „International Review of Missions", durch etliche Studienausschüsse (z. B. für christliche Erziehung, Literatur, soziale und industrielle Forschung), durch die Bildung etlicher Nationaler Christenräte in den Missionsländern und durch die Weltmissionskonferenzen zu einem ersten weltweiten Koordinationsorgan in der ökumenischen Bewegung wurde. John Mott als Präsident und J. H. Oldham als Sekretär waren zugleich die Verbindungsleute zu den anderen ökumenischen Arbeitszweigen. Die römisch-katholische Kirche und die orthodoxen Kirchen waren hier freilich nicht beteiligt.

Jerusalem 1928

Mit 52 Asiaten und Afrikanern unter den 231 Delegierten deutete sich bei der Weltmissionskonferenz 1928 an, daß die Vorherrschaft westlich-abendländischer Repräsentanten in der Christenheit zu bröckeln begann. Mit den Themen „Mission und Erziehung" und „Mission und Rassenfragen" kamen die Probleme einer einheimischen und kontextuellen Theologie erstmals auf die Tagesordnung. Neben dem Säkularismus sah man sich durch das Erstarken der nichtchristlichen Religionen herausgefordert, bei denen ebenfalls internationale Einigungsbemühungen entstanden waren (1925 tagte in Tokio der erste internationale Buddhistenkongreß mit über tausend chinesischen, japanischen und koreanischen Priestern und Mönchen). Der Tagungsort Jerusalem veranlaßte, sich insbesondere dem Zionismus im Judentum und dem sich ausbreitenden Antisemitismus zu stellen, ohne freilich die Stellung der Christen zur Judenfrage wesentlich beeinflussen zu können.

Die Konferenz suchte alle Probleme zu bündeln, indem sie sich auf das Wesentliche der christlichen Mission konzentrierte und zu intensiver evangelistischer Verkündigung ermutigte: „Unsere Botschaft ist Jesus Christus – wir dürfen nicht weniger geben, und wir können nicht mehr geben."

Tambaram 1938

Nach Tambaram in die Nähe von Madras (Indien) kamen zur dritten Weltmissionskonferenz bereits mehr als die Hälfte der 471 Teilnehmer aus den Jungen Kirchen. Diese drängten zu eigener Verantwortung in geistlicher wie ökonomischer Hinsicht. Um wirklich im Leben der eigenen Nationen Wurzeln schlagen zu können, mußten die Kirchen in die Lage versetzt werden, sich auch ohne den Beistand der Mutterkirchen zu erhalten. Dieser Emanzipationsprozeß wirkte auf der einen Seite befreiend, andererseits bereitete er im Zusammenhang mit nationalistischen Bewegungen auch Sorgen. So war das theologische Schwerpunktthema eine Reflexion über die „Kirche“: Was macht ihre Mission und Einheit in einer vorwiegend nichtchristlichen Welt aus?

Während des Zweiten Weltkrieges leistete der IMR wertvolle Hilfe für alle Missionen und Jungen Kirchen, die von ihren gewohnten Kontakten abgeschnitten waren.

Whitby (Kanada) 1947

Die mit 112 Teilnehmern relativ kleine Weltmissionskonferenz in Whitby suchte nach den Wirren des Krieges neue Ansätze für die Weltmission. In einer Erklärung zur „Übernationalität der Mission“ faßte sie das Verhältnis von Mutterkirchen und Jungen Kirchen in der Formel von der „Partnerschaft im Gehorsam“ zusammen.

Der Überblick von 1921 bis 1947 zeigt, daß der IMR hauptsächlich mit den ekklesiologischen Strukturfragen der Mission befaßt war. Der Übergang von der West-Mission zur Welt-Mission vollzog sich langsam, aber sicher. Auf den Konferenzen galt es zu koordinieren, während die missionarischen Impulse eher von den Missionen und den Jungen Kirchen selbst ausgingen.

Römisch-katholische Mission

Die römisch-katholische Kirche hatte bereits 1622 mit der Kongregation zur Verbreitung des Glaubens („de propaganda fide“) sich ein zentrales Leitungsorgan für die Weltmission geschaffen. Die katholischen Missionswerke und Missionsorden wirkten unter Leitung dieser Kongregation und hatten stets die „Einpflanzung der Kirche“ zum Ziel, so daß unter der Leitung Roms überall römisch-katholische „Teilkirchen“ auf dem Missionsfeld entstanden – was eine europäische Orientierung und jahrhundertelange Konflikte über „Anpassung“ und Selbständigkeit der Ortskirchen keineswegs ausschloß. Pius XI. suchte in der Missionsenzyklika von 1926 („Rerum ecclesiae“) die harmonische Konzeption der *einen* Kirche mit *einer* Theologie, die sich nur in Sitten und Gebräuchen den verschiedenen Kulturen anpaßt, zu bewahren. Aber auch im Katholizismus setzte allmählich eine Entwicklung ein, welche nicht mehr die universale Kirche, sondern die jeweiligen Ortskirchen als Träger der Mission begreift.

Die Weltkirchenkonferenzen für Praktisches Christentum

Aufgrund des Memorandums bei der Weltbundtagung 1919 übernahm es der Federal Council in den USA, zu einer Vorbereitenden Konferenz nach Genf vom 9. bis 12. August 1920 einzuladen. Neunzig Vertreter aus fünfzehn Ländern wurden sich rasch einig, eine „Ökumenische Konferenz" der Kirchen einzuberufen. Fragen von „Glauben und Kirchenverfassung" sollten ausgeklammert sein, aber es war allen klar, daß die politischen und sozialen Fragen nur im Geiste Christi und auf der Grundlage des christlichen Glaubens behandelt werden sollen. Im Einladungsschreiben standen die bis heute oft zitierten Sätze: „Wie soll die innige Zusammengehörigkeit der Christen anders in die Erscheinung treten, als in der Nachfolge des Heilandes? Kommen wir ihm näher durch klarere Einsicht in seinen Willen und durch volle innere Bereitschaft, auf seine Stimme zu hören und seinem Geist in allen menschlichen Angelegenheiten Geltung zu verschaffen, so kommen wir dadurch auch einander innerlich näher." (Stockholm, Offizieller Bericht, 16)

Im Namen der Konferenz ist bezeichnenderweise von der „Kirche Christi" im Singular die Rede: als „Universal Conference of the Church of Christ on Life and Work", im gleichrangigen deutschen Wortlaut: „Allgemeine Konferenz der Kirche Christi für Praktisches Christentum".

Der Vorbereitungsausschuß hatte die schwierige Aufgabe, die Organisation und das Programm einer Konferenz zu regeln, für die es kein Vorbild gab. Eine gerechte Delegiertenzahl für die großen und die kleinen Kirchen schien kaum erreichbar zu sein. Noch komplizierter war es, den unterschiedlichen Erwartungen über die Kompetenz einer Weltkirchenkonferenz gerecht zu werden. Schließlich kam es zu einer Geschäftsordnung, die sich bis heute in der Ökumene bewährt hat: Vorbereitungskommissionen erarbeiteten Texte, die während der Konferenz als Diskussionsgrundlage dienten; die Konferenz-Kommissionen legten dem Plenum „Berichte" vor, die den Kirchen zu Studium und Beratung zugeleitet wurden. „Eventuelle Resolutionen der Weltkonferenz bedeuten für die einzelnen Kirchen keinerlei Bindung, solange sie nicht von ihnen selbst beraten und gegebenenfalls angenommen worden sind." (Stockholm, Offizieller Bericht, 164)

Stockholm 1925

Die erste Weltkonferenz für Praktisches Christentum in Stockholm vom 19. bis 30. August 1925 vereinte unter dem Vorsitz von Nathan Söderblom 661 offizielle Delegierte der Kirchen und einiger ökumenischer Weltverbände aus insgesamt 37 Ländern. Sie war so hochrangig besetzt, daß viele Teilnehmer und Berichterstatter vom ersten ökumenischen „Konzil" der Neuzeit sprachen, was freilich kirchenrechtlich und wegen des Fehlens der römisch-katholischen und einiger anderer Kirchen nicht zutraf. Vor allem bei den gemeinsamen Gottesdiensten (ohne Abendmahl) wurde ein bis dahin nie erlebtes Gemeinschaftsbewußtsein deutlich. Als Patriarch Photius von Alexandrien beim Abschlußgottesdienst genau 1600 Jahre nach dem Ersten Ökumenischen Konzil von Nicäa in griechischer Sprache das Nizänische Glaubensbekenntnis sprach, schien den meisten Teilnehmern die sichtbare Einheit der Kirche greifbar nahe zu sein.
Folgende Themen wurden behandelt:

1. Die Verpflichtung der Kirche gegenüber Gottes Weltplan
2. Die Kirche und die wirtschaftlichen und industriellen Fragen
3. Die Kirche und die sozialen und sittlichen Fragen
4. Die Kirche und die Beziehungen der Völker zueinander
5. Die Kirche und die christliche Erziehung
6. Methoden der praktischen und organisatorischen Zusammenarbeit der Kirchengemeinschaften
7. Die Fortsetzung der Konferenz

Die Beratungen endeten nicht in Beschlüssen, wohl aber in der allgemeinen Gewißheit, daß die Kirche mit ihrer Botschaft der Welt etwas zu sagen hat, was alle Ideologien überragt. Dabei zeigte sich jedoch auch, daß die Konzentration auf das „praktische Christentum" keineswegs ausschloß, daß bei nahezu allen Fragen verschiedene theologische Grundeinstellungen mitbestimmend waren und ein gemeinsames Zeugnis erschweren konnten.

Besonders beim ersten Thema prallten zwei Auffassungen über die Verwirklichung des Reiches Gottes in der Geschichte aufeinander, die eigentlich bis heute in der Ökumene begegnen: Angelsächsische Vertreter waren unter dem Einfluß der amerikanischen Social-Gospel-Bewegung überzeugt, daß es den Kirchen aufgetragen sei, innerhalb der menschlichen Geschichte die Errichtung des Reiches Gottes anzustreben und möglichst zu erreichen. Kontinental-europäisch, vor allem lutherisch geprägte Theologen und Bischöfe nannten diese Hoffnung „nichts als Schwärmerei" (Bischof Ihmels, Dresden) und befürchteten eine falsche Politisierung der Kirche. Die ethischen Verpflichtungen der Christen wurden eher aus dem Liebesgebot begründet. So konnte bei manchen Einzelproblemen zwar ein gemeinsames Urteil zustandekommen, aber die konkrete Rolle, Motivation und Verpflichtung der Kirchen blieb offen.

Von Stockholm 1925 nach Oxford 1937

Die Weltkirchenkonferenz von Stockholm mußte für die Fortsetzung der Arbeit einen Mittelweg zwischen „Angst vor der Organisation" und „Mangel an Organisation" finden. Sie setzte einen Fortsetzungsausschuß ein, dem viele Anregungen, aber keine Auflagen mitgegeben wurden. Vorsitzende wurden Bischof Woods (anglikanisch, Winchester), Erzbischof N. Söderblom (lutherisch, Uppsala), Erzbischof Germanos Strinopulos (orthodox, Thyatira) und Professor Arthur J. Brown (presbyterianisch, New York), die zugleich je eine britische, kontinentaleuropäische, amerikanische und orthodoxe Regionalgruppe leiteten. Generalsekretär wurde Henry Atkinson (New York), sein Stellvertreter Adolf Keller (Genf).

Engste Fühlung wurde mit dem Weltbund für Internationale Freundschaftsarbeit der Kirchen gehalten, der sich nun auf die Friedensarbeit konzentrierte und bei seiner Prager Friedenskonferenz 1928 einen Höhepunkt erlebte, als über 500 hochrangige Delegierte die Ächtung des Krieges forderten. Die Bewegung für Praktisches Christentum mit ihrem weiteren Aufgabenkatalog richtete 1928 in Genf ein Internationales Sozialwissenschaftliches Institut (geleitet von A. Keller) und 1930 eine Forschungsabteilung unter Leitung des deutschen Theologen und Nationalökonomen Hans Schönfeld ein. Von 1930 bis 1933 verhalfen die dreisprachige Vierteljahresschrift „Stockholm" und ab 1933 die Genfer „Ökumenischen Seminare" zu einem universalen ökumenischen Lernprozeß. Seitdem ist Genf, das auch Sitz des Vökerbundes war, der Geschäftsort der ökumenischen Bewegung. Der bedeutsamste Einschnitt war freilich, daß der Stockholmer Fortsetzungsausschuß ab 1930 sich als „Ökumenischer Rat für Praktisches Christentum" konstituierte und so die Weichen für einen umfassenden Ökumenischen Rat der Kirchen stellte.

Die nationalistischen Bestrebungen in den dreißiger Jahren, besonders der Kirchenkampf in Deutschland, forderten die junge ökumenische Bewegung für Praktisches Christentum zu grundsätzlichen Besinnungen über Kirche, Volk und Staat heraus. Nicht nur die Deutschen Christen, sondern auch die offizielle Deutsche Evangelische Kirche ging zur Ökumene auf kritische Distanz, und die Nationalsozialisten beargwöhnten die Ökumene als Landesverrat und ließen keine Delegierten zu den Weltkirchenkonferenzen des Jahres 1937 ausreisen.

Oxford 1937

Die 425 Teilnehmer der Weltkonferenz für Praktisches Christentum vom 12. bis 26. Juli 1937 in Oxford arbeiteten angesichts der politischen und sozialen Weltlage in einer gedrückten Stimmung. Das Thema „Kirche, Volk und Staat" beinhaltete einen erbitterten Kampf zwischen dem christlichen Glauben und den säkularen und heidnischen Strömungen der Zeit. Das klassische abendländische Verhältnis von Kirche und Staat war nicht mehr das Problem, sondern weitaus radikaler das Verhältnis zwischen der Kirche Christi und dem säkularisierten völkisch-staatlichen Leben. Wie ist der Ordnungsfaktor „Volk" theologisch zu bewerten? Welche Stellung hat er im göttlichen Heilsplan, wenn er einerseits eine „Gabe" Gottes ist, andererseits es aber eine Vergötzung des eigenen Volkes gibt und es allenthalben zur Unterdrückung anderer Völker oder Volksgruppen kommt?

Die Antwort von Oxford konnte nur unsicher und stammelnd ausfallen. Es gab ein Schuldgefühl, daß die Christen und ihre Kirchen versagt und manche schlimme Entwicklung in der Welt mitverschuldet hatten, sei es durch Mitwirken oder durch Schweigen. Angesichts der Gefahr, daß die Kirche hier und da in der Welt dem Leben des Volkes untergeordnet und politisch instrumentalisiert wird, hob die Oxforder Konferenz hervor, daß die Kirche keinen größeren Dienst leisten könne, „als wenn sie wahrhaft Kirche ist und im Glauben das Wort Gottes verkündet". In Abwesenheit einer deutschen Delegation machte sich die Weltkonferenz im Grunde die Barmer Theologische Erklärung (1934) zu eigen und votierte eindeutig für die Bekennende Kirche. Doch war das Thema offensichtlich weltweit brisant und nicht nur ein deutsches Problem.

Darüber hinaus griff die Oxforder Konferenz natürlich eine Reihe von Themen wieder auf, die schon in Stockholm auf der Tagesordnung standen. Dabei wurden nun nach gründlichen

Vorbereitungen auch gründliche theoretische Studien vorgelegt. Manche Teilnehmer beklagten, daß Anregungen für die soziale Praxis darüber zu kurz gekommen seien. Immerhin wurde hier – abgesehen von päpstlichen Sozialenzykliken – zum ersten Mal auf Weltebene von den Kirchen eine Analyse der bestehenden Wirtschaftsordnung vorgenommen und deutlich gesagt, was dabei im Widerspruch zur christlichen Botschaft steht (vgl. Offizieller Bericht, 164 ff.).

Folgende Sektionen legten den Kirchen teilweise brisante Berichte vor:

1. Kirche und Gemeinschaftsleben (Kirche und Volk, Rasse usw.)
2. Kirche und Staat
3. Kirche, Volk und Staat in ihrer Beziehung zur Wirtschaftsordnung
4. Kirche, Volk und Staat auf dem Gebiet der Erziehung
5. Kirche Christi und die Welt der Nationen (Die „ökumenische Kirche" und der Völkerbund, die Friedensarbeit usw.)

Die „Botschaft an die christlichen Kirchen" benannte illusionslos die Probleme der Kirche in der Welt, versuchte aber zugleich, den Christen Mut zu machen und Zuversicht auszustrahlen, weil trotz aller Übel „das Leben einen Sinn in Christus" hat.

8 *Aus der Botschaft an die christlichen Kirchen:* „Trotz unserer Untreue hat der treue Gott durch seine Kirche Großes gewirkt. Eins seiner größten Wunder ist dies, daß die weltumspannende Bruderschaft der Christen eine Wirklichkeit ist, trotz der unseligen Spaltungen in der Kirche und trotz der Tatsache, daß auch wir in vielen wichtigen Fragen noch kein gemeinsames Wort der Kirche haben sprechen können. Einheit in Christus ist für uns nicht ein Ziel, das wir uns setzen; sie ist eine Wirklichkeit, die wir aus Erfahrung kennen. Wir dürfen sie fröhlich bezeugen, da sie in unserer Konferenz deutlich in Erscheinung getreten ist. Aus vielen Völkern und vielen verschiedenen Gemeinschaften sind wir hier zusammengekommen, aus Kirchen mit vielhundertjähriger Vergangenheit und jungen Kirchen, die erst vor wenigen Jahrzehnten ins Leben gerufen wurden. Aber wir sind eins in Christus...

Aber wenn nationaler Selbstbehauptungsdrang zur Unterdrückung fremden Volkstums oder von Minderheiten führt, so ist das genau so wie persönliche Selbstsucht eine Sünde gegen den, der alle Völker und Rassen geschaffen hat. Vollends ist die Vergottung des Volkes, der Rasse oder der Klasse – ebenso wie die eines politischen oder kulturellen Ideals – Götzendienst. Sie kann nur zur Verschärfung der Gegensätze und zu furchtbarem Unglück führen."
(In: Offizieller Bericht, 260 ff.)

Die Weltkirchenkonferenzen für Glauben und Kirchenverfassung

Genfer Vorkonferenz 1920

Im unmittelbaren Anschluß an die Vorkonferenz der Bewegung für Praktisches Christentum in Genf 1920 kam auch eine Vorkonferenz der Bewegung für Glauben und Kirchenverfassung vom 12. bis 20. August 1920 in Genf zusammen. Die örtliche und zeitliche Verbindung ermöglichte wichtige Personalunionen. Mit 133 Abgeordneten von über 80 Kirchen aus 40 Ländern waren zum ersten Mal seit den Spaltungen im 16. Jahrhundert Vertreter von fast allen aus der Reformation hervorgegangenen Kirchen und der Großteil der orthodoxen Kirchen zusammengekommen. Die Absage der römisch-katholischen Kirche und die Verhinderung der russisch-orthodoxen Kirche überschattete das sonst ökumenische Gepräge der Konferenz. Der Deutsche Evangelische Kirchenausschuß hatte aus politischen Gründen und „weil Fragen des Bekenntnisses, der Lehrordnung und der Kirchenverfassung nicht Gegenstand internationaler Vereinbarungen der christlichen Kirchen sein können" die Teilnahme abgesagt, so daß nur sieben Vertreter aus freien evangelischen Verbänden als halboffizielle Delegierte den deutschen Protestantismus in Genf vertraten. Den Vorsitz übernahm Bischof Brent, Schriftführer wurden R. Gardiner und die Professoren Choisy (Genf), Siegmund-Schultze (Berlin) und Alivisatos (Athen), so daß die Konferenzsprachen Englisch, Französisch und Deutsch sowie der orthodoxe Beitrag offiziell zur Geltung kamen. Damit war die Leitung der Bewegung für Glauben und Kirchenverfassung endgültig von der Alleinführung durch die amerikanische Episkopalkirche gelöst.

Die Absicht, Gemeinsamkeiten und Unterschiede zwischen den Konfessionen zu erheben, wurde bei der neuntägigen Konferenz bereits eindrücklich verwirklicht. Beim Tagungsthema „Die verschiedenen Auffassungen von der Kirche und das Wesen einer geeinten Kirche" prallten drei Positionen aufeinander: Der Kongregationalist *Bartlet* (Oxford) brachte die Einheit der Kirche nicht in einem gesetzlichen Bekenntnis und in Disziplin zum Ausdruck, sondern im geistlichen Christusbekenntnis und in der Weckung des Verständnisses füreinander. Der Lutheraner *Jens Gleditsch* (Oslo) sagte, die Kirche sei auf Gottes Wort und auf Glauben gegründet, nicht auf Glauben und Verfassung. Die Verfassungsfragen seien sekundär. Und Bischof *Gore*, der Führer der anglo-katholischen Richtung, hielt auf der Grundlage der

Lambeth-Konferenz-Vorschläge eine Einigung der Orthodoxen, der Anglikaner und der schwedischen Lutheraner für möglich, während der „protestantische" Weg die sakramentale Einheit nahezu zerstöre und nicht weiterhelfe.

Um weiterzubohren, „ob die protestantische und die katholische Auffassung nicht doch versöhnt werden können" (Gore), trat die Genfer Vorkonferenz noch in eine Aussprache über die Bedeutung der Heiligen Schrift und des Bekenntnisses für die Einheit der Kirche ein. Doch auch hier begegneten ähnliche konfessionell bedingte Gegensätze. Zwischen der dogmatischen Orthodoxie im Sinne der östlichen Kirchen und der Betonung des freien Zeugnisses bei den evangelischen Freikirchen schienen Welten zu liegen. So war das Ergebnis der Genfer Vorkonferenz die nüchterne Einsicht, daß noch viel Geduld und hartes theologisches Ringen in der Bewegung für Glauben und Kirchenverfassung nötig sein würden.

Der in Genf eingesetzte Fortsetzungsausschuß bemühte sich in den folgenden Jahren zunächst um eine konfessionskundliche Bestandsaufnahme durch die Versendung von einigen theologischen Fragereihen über Glauben, Kirche, Amt und Sakramente. Daraufhin wünschten die einen, das erstaunliche Maß an Gemeinsamkeiten in Beschlußvorlagen festzuhalten und von der geplanten Weltkonferenz verabschieden zu lassen, während andere eher die erkannten Gegensätze zur Diskussion stellen und zu ihrer Überwindung verhelfen wollten. Es blieb aber schließlich bei dem bescheidenen Ziel, nur Gemeinsamkeiten und Unterschiede „festzustellen".

Lausanne 1927

Die erste Weltkonferenz für Glauben und Kirchenverfassung vom 3. bis 21. August 1927 in Lausanne profitierte in ihrer Geltung vom positiven weltweiten Echo auf die Stockholmer Weltkonferenz für Praktisches Christentum von 1925. Insgesamt 439 Delegierte aus 127 Kirchen repräsentierten unter dem Vorsitz von Charles Brent die kirchliche und theologische Vielfalt der nicht-römisch-katholischen Christenheit. Die russisch-orthodoxe Kirche konnte aus politischen Gründen wiederum nur durch Exilrussen vertreten werden. Die deutschen evangelischen Kirchen hielten sich weiterhin offiziell zurück: Der 1922 gegründete Deutsche Evangelische Kirchenbund war zwar für internationale Beziehungen, nicht jedoch für Bekenntnisfragen zuständig; und die 1926 direkt angesprochenen Landeskirchen erklärten mit

großer Mehrheit, von der „amtlichen“ Beteiligung Abstand nehmen zu müssen. Daraufhin ergriff der deutsche Zweig des Weltbundes für Freundschaftsarbeit der Kirchen (Siegmund-Schultze) die Initiative, einen „Deutschen Ausschuß für die Weltkonferenz für Glauben und Kirchenverfassung“ zu bilden, der im Einvernehmen mit dem Kirchenbund eine Delegation zusammenstellen sollte. Nach einigen peinlichen Kompetenzstreitigkeiten kam schließlich eine Liste mit 40 Namen zustande, darunter wenige Kirchenführer (z. B. Otto Dibelius), aber etliche Theologieprofessoren (z.B. P.Althaus, A.Deißmann, W.Elert, F.Gogarten, K.L.Schmidt, E.Seeberg, G.Wobbermin).
Die Konferenz teilte sich in sieben Sektionen auf:

1. Der Ruf zur Einheit
2. Die Botschaft der Kirche an die Welt: Das Evangelium
3. Das Wesen der Kirche
4. Das gemeinsame Glaubensbekenntnis der Kirche
5. Das geistliche Amt der Kirche
6. Die Sakramente
7. Die Einheit der Christenheit und das Verhältnis der bestehenden Kirchen zu ihr.

Der Bericht der ersten Sektion wurde vom Plenum „einstimmig angenommen“, während die übrigen Berichte nur „entgegengenommen“ und an die Kirchen als „Beratungsstoff“ weitergeleitet wurden. Den 7. Sektionsbericht konnte wegen erheblicher Differenzen erst der Lausanner Fortsetzungsausschuß fertigstellen.

9 *Der Ruf zur Einheit* (Aus dem ersten Sektionsbericht): „Gott will die Einheit. Unsere Anwesenheit auf dieser Konferenz legt Zeugnis dafür ab, daß wir unsern Willen unter seinen Willen beugen wollen. Wie immer wir die Anfänge der Entzweiung rechtfertigen mögen, wir beklagen, daß sie weiterdauern und anerkennen es als unsere Pflicht, fortan in Buße und Glauben dafür zu wirken, daß die zerstörten Mauern der Christenheit wieder aufgebaut werden.“

Die Sektionsberichte dokumentieren ein erstaunliches Maß an unbestrittenen Gemeinsamkeiten im Glauben. Selbst wenn einzelne Lehrbücher der Symbolik oder Konfessionskunde dies schon vorher festgestellt hatten, so ist doch das kirchengeschichtliche Novum kaum zu unterschätzen, daß in Lausanne 1927 zum ersten Mal die Kirchen selbst durch offizielle Delegierte zur Feststellung eines Fundamentalkonsenses gelangten.

Damit war freilich noch längst nicht das konfessionelle oder ökumenische Problem gelöst, wie denn mit den verbleibenden konfessionellen Unterscheidungen umzugehen sei. Die hier begegnenden Antworten und Aporien beschäftigen die ökumenische Bewegung bis heute, und man kann nur die theologische Leistung der Lausanner Weltkonferenz bewundern, wie sorgfältig hier miteinander gerungen wurde. Abgesehen von Einzelfragen (auf die in den folgenden Kapiteln zurückzukommen ist) standen grob skizziert zwei Einheitskonzeptionen zur Debatte: „Organische Union" oder „Föderation"?

Die Anglikaner wollten, wie schon 1920 in Genf, über eine organische Union auf der Grundlage ihrer Lambeth-Konferenzvorschläge verhandeln, während die reformatorischen Kirchen eine Föderation der bestehenden Konfessionskirchen für ein ausreichendes Ziel hielten. Diese Tendenzen hatten Auswirkungen auf die Dialogmethode in Lausanne: während die einen durchgängig mittels theologischer Kompromisse oder Konvergenzformulierungen gemeinsame Aussagen erstrebten, wollten die andern nur klare Vergleiche und Feststellungen. Die Vertreter der orthodoxen Kirchen standen oft ratlos vor solchen dogmatischen Verhandlungen. Sie hielten sich zurück und gaben jeweils orthodoxe Sondererklärungen im Sektionsbericht zu Protokoll.

Deutlich wurde auch, daß der Zusammenhang von „faith" und „order" unterschiedlich gesehen wurde. Viele Teilnehmer waren überrascht über die theologische Nähe zwischen Lutheranern und Reformierten bei vielen Fragen. Anglikaner und „Protestanten" entdeckten freilich auch Konvergenzen, welche die Tagesordnung des nächsten Jahrzehnts mitbestimmten: die Protestanten inklusive aller Freikirchen lernten neu, die Kirche als Leib Christi zu sehen und ernsthaft nach einer theologisch legitimen und weltweiten Gestalt der Kirche zu fragen, und die Anglikaner entdeckten neu die Gnadenlehre als unerläßliche Voraussetzung in Theologie und Kirche.

Enttäuscht waren die deutschen Theologen über den zweiten Sektionsbericht. Sie hatten eine Diskussion über die verschiedenen Grundauffassungen des Evangeliums erhofft, die allen einzelnen konfessionellen Prägungen theologisch zugrundeliegen, konkret über Christologie und Rechtfertigung. Doch kam es nur zu allgemeinen Aussagen, denen jeder zustimmen konnte, die aber keinerlei Hilfe boten, die konfessionellen Gegensätze beim Kirchen-, Sakraments- und Amtsverständnis in ihrem theologischen Kern zu verstehen und von daher vielleicht einer Verständigung zuzuführen.

10 *Die Einheit der Christenheit* (Aus dem siebten Sektionsbericht): „Es ist der Konferenz nicht möglich gewesen, die Frage nach dem Verhältnis der bestehenden Kirchen zueinander oder nach der Stellung, die alle

oder einzelne von ihnen in einer ungeteilten Kirche einnehmen sollen, mit der Sorgfalt zu erörtern, welche diese Frage verdient. Wir bitten die Kirchen um Beachtung der Anregungen, die dazu in den bei der Konferenz gehaltenen Reden gegeben worden sind. Bis es zu einer Klärung dieser Frage kommt, begrüßen wir die gegenwärtige Bewegung für einen Zusammenschluß derjenigen Kirchenkörper, die sich in Lehre, Verfassung und Kultus nahestehen, und hoffen zuversichtlich, daß diese Bewegung weitergeht und immer größeren Erfolg hat ...

Völlige kirchliche Gemeinschaft wird erst dann zur Wirklichkeit werden, wenn allen Kindern Gottes der Weg offen steht zur Gemeinschaft am Tisch des Herrn... Welcher Weg auch immer zum Ziel führen mag, die vollständige Einheit setzt eine Umwandlung der Kirchen in dem Sinne voraus, daß die Glieder aller Kirchengemeinschaften in einem Verhältnis voller gegenseitiger Anerkennung stehen."
(Offizieller Bericht, 533 f. und 546 f.)

Von Lausanne 1927 nach Edinburgh 1937

Die von den Kirchen erbetenen offiziellen Antworten auf die Lausanner Berichte brachten wenig neue Erkenntnisse und Impulse. Das Echo in Deutschland war überwiegend positiv, oft freilich auf dem Hintergrund geringer Erwartungen: die Tatsache eines solchen ökumenischen Dialogs sei wichtiger als das Ergebnis. Als Schock empfanden alle, die noch auf eine Mitarbeit Roms gehofft hatten, die päpstliche Enzyklika „Mortalium animos" vom 6. Januar 1928, nicht nur wegen des Verbots für alle Katholiken, sich an ökumenischen Konferenzen zu beteiligen, sondern mehr noch über die theologischen Begründungen, das monolithische Glaubensverständnis und den absoluten römisch-katholischen Exklusivitätsanspruch.

Ab 1929 setzte der Fortsetzungsausschuß regionale Theologenkommissionen ein, die zur Vorbereitung einer nächsten Weltkonferenz Texte erarbeiten sollten. Dabei wurde überall versucht, die besten Theologen und die verschiedenen theologischen Strömungen der Gegenwart in die Arbeit einzubeziehen. Es gewannen ekklesiologische und christologische Studien an Bedeutung und sorgten für eine bemerkenswerte theologische Vertiefung der Faith-and-Order-Arbeit. Man sprach von einer „Wiederentdeckung der Kirche" (vgl. Otto Dibelius, Dietrich Bonhoeffer) und von einer christologischen Konzentration in der Theologie, besonders unter dem wachsenden Einfluß der dialektischen Theologie Karl Barths, der seit den dreißiger Jahren in der ökumenischen Bewegung mitwirkte. Daneben entdeckte man die Bedeutung der „nichttheologischen Faktoren" für das ökumenische

Problem und untersuchte, besonders in Amerika, die Rolle des Staates, des Nationalismus, der Rasse, der Sprache, der Klasse usw. für die Einheit der Kirche. Auch die weniger dogmatischen und mehr liturgischen und praktisch-theologischen Fragen fanden in eigenen Studienprojekten für die Einheit der Kirche in Leben und Gottesdienst Beachtung.

Edinburgh 1937

Die zweite Weltkonferenz für Glauben und Kirchenverfassung in Edinburgh vom 3. bis 18. August 1937 umfaßte unter der Leitung des anglikanischen Erzbischofs William Temple (1881–1944) insgesamt 504 offizielle Delegierte und Berater von 123 Kirchen aus 43 Ländern; die deutsche Delegation hatte von den Nationalsozialisten keine Ausreise bekommen, so daß als Deutsche nur die im Exil lebenden F. Siegmund-Schultze und Otto Pieper sowie der Methodist J. Sommer und der Altkatholik E. Kreuzer teilnehmen konnten. Die Bewegung erschien gefestigter als vor zehn Jahren, denn es gab keine Unsicherheiten mehr über die Dialogmethode: „Wir tagen, um die Ursachen unserer Entzweiung zu erörtern" (W. Temple, Edinburgh-Bericht, 64).
Die vier Sektionsthemen lauteten:

1. Die Gnade unseres Herrn Jesus Christus
2. Die Kirche Christi und das Wort Gottes
3. Die Kirche Christi: ihr geistliches Amt und ihre Sakramente
4. Die Einheit der Kirche in Leben und Gottesdienst

In der *Gnadenlehre* wurde einmütig anerkannt, „daß die Fragen dieses Verhandlungsgegenstandes keinen Grund bieten, die Scheidung zwischen den Kirchen aufrecht zu erhalten". Den reformatorischen, anglikanischen und orthodoxen Theologen war es gelungen, bisherige Kontroversen über „Rechtfertigung und Heiligung", „Souveränität Gottes und Verantwortung des Menschen" sowie „Gnade, Wort und Sakrament" zu einem befriedigenden Konsens zu führen. Bleibende Unterscheidungen wurden auf verschiedene philosophische Methoden zurückgeführt. Der zusammenfassende Abschnitt lautet:

11 „Einige Kirchen legen auf den Ausdruck ‚sola gratia' großen Wert, während andere ihn vermeiden. Die Formel ist häufig Gegenstand des Streites gewesen; doch können wir alle der folgenden Erklärung beistimmen:

Unser Heil ist die Gabe Gottes und die Frucht Seiner Gnade. Sie ist nicht auf das Verdienst des Menschen gegründet, sondern hat ihre

Wurzel und ihren Grund in der Vergebung, die Gott in Seiner Gnade dem Sünder gewährt, den Er annimmt, um ihn zu heiligen. Wir glauben jedoch nicht, daß das Handeln der göttlichen Gnade die menschliche Freiheit und Verantwortlichkeit außer Kraft setzt; echte Freiheit wird vielmehr dann allein erlangt, wenn man der göttlichen Gnade im Glauben antwortet. Widerstand gegenüber Gottes ausströmender Liebe bedeutet nicht Freiheit, sondern Gebundenheit, und vollkommene Freiheit wird nur in der völligen Übereinstimmung mit dem guten, angenehmen und vollkommenen Willen Gottes gefunden."
(Offizieller Bericht, 300)

Die Gnadenlehre war thematisiert worden, weil man die Kontroversen in der Ämter- und Sakramentenlehre auf die unterschiedliche Theologie der Gnade zurückführte. Die Hoffnung nun, daß der Konsens in der Gnadenlehre auf die Lösung der Schwierigkeiten in anderen Fragen des Glaubens und der Kirchenverfassung unmittelbar ausstrahlen würde, wurde jedoch enttäuscht. Es gelang in Edinburgh, sich der „geistlichen Einheit" oder der „vorgegebenen Einheit in Christus" zu vergewissern, während in den Lehren über die Kirche, die Sakramente und die Ämter die alten Gegensätze erneut festgestellt wurden.

Die Diskrepanz, einerseits eine *„christliche Einheit"* untereinander zu erfahren, andererseits aber unfähig zu sein, *„kirchliche Einheit"* gemeinsam beschreiben zu können, war für die Edinburgher Konferenzteilnehmer zugleich beglückend und deprimierend. Das Lausanner Gegenüber von „Organischer Union" und „Föderation" als Einheitsziel wurde durch die christologische und pneumatologische Vertiefung nicht überwunden, als nun drei verschiedene Auffassungen von kirchlicher Einheit vorgetragen wurden: 1. die Föderation zum Zwecke praktischer Zusammenarbeit, 2. die Abendmahlsgemeinschaft (Interkommunion) als volle gegenseitige Anerkennung, und 3. die „Körperschaftliche Vereinigung" oder Organische Union. (Vgl. unten das Kapitel „Einheitskonzeptionen", Teil II, Kap. III, D)

Auf dem Weg zum Ökumenischen Rat der Kirchen

Zwischen den Bewegungen für Praktisches Christentum und für Glauben und Kirchenverfassung gab es mancherlei Querverbindungen und Personalunionen. Beide Arbeitszweige wurden für unerläßlich gehalten, und weithin war man sich einig, daß die alle bedrängenden praktischen Fragen zunächst Priorität haben sollten. Der Slogan „Lehre trennt, Dienst eint", der vom Präsidenten des Deutschen Evangelischen Kirchenausschusses, H. Kapler, stammt und oft von N. Söderblom zitiert wurde, sprach vielen aus dem Herzen, die die traditionellen konfessionellen Gegensätze nicht mehr verstanden und die bei Lehrgesprächen der Kirchen nur Apologetik, Rechthaberei und letztlich eine Verfestigung des konfessionellen Gegeneinanders befürchteten. Es ist jedoch den Verantwortlichen der Bewegung für Glauben und Kirchenverfassung hoch anzurechnen, daß sie sich weder durch Unkenrufe noch durch einen alle Probleme überspringenden Einheitsenthusiasmus irritieren ließen, sondern nüchtern und realistisch das theologische Gespräch förderten und somit für eine solide theologische Grundlage der ökumenischen Bewegung sorgten.

Die anderen christlichen Bewegungen und Weltorganisationen waren in dem Maße an den Weltkirchenkonferenzen beteiligt, wie die Kirchen sie dazu einluden oder wie sie selbst sich engagieren wollten oder konnten. Die Konferenz für Glauben und Kirchenverfassung hatte von vornherein enge Grenzen gezogen und nur die offiziellen Kirchen eingeladen; die Konferenz für Praktisches Christentum folgte diesem Beispiel, sorgte aber dafür, daß in den Delegationen die Repräsentanten der verschiedenen kirchlichen Bewegungen vertreten waren.

Der Weltbund für Internationale Freundschaftsarbeit der Kirchen hatte zur Bewegung für Praktisches Christentum enge Beziehungen mit einem gemeinsamen Generalsekretariat unter Henry A. Atkinson (New York) und H. L. Henriod (Schweiz; ab Mitte der dreißiger Jahre), mit einem gemeinsamen Nachrichtenblatt und mit einer gemeinsamen Jugendkommission. Erst bei der Gründung des Ökumenischen Rates der Kirchen und dessen eigener Kommission für Internationale Angelegenheiten löste sich der Weltbund 1948 auf.

Die Weiterführung der Bewegungen für Praktisches Christentum und für Glauben und Kirchenverfassung zu einem einzigen Ökumenischen Rat begann 1933, als die Kirchen spürten, daß die Vielfalt der bestehenden Organisationen und deren Verhältnis zu den Kirchen eine effektive Arbeit erschwerte. Die ökumenischen Organisationen waren ja bisher nicht den Kirchen gegenüber verantwortlich, und so übernahmen umgekehrt die Kirchen auch nicht die Verantwortung für deren Aktivitäten.

Es kam eine inoffizielle Beratende Gruppe zusammen, die den Weltkirchenkonferenzen von 1937 in Oxford und Edinburgh den Plan eines gemeinsamen Ökumenischen Rates vorlegte. Nach der Zustimmung der beiden Konferenzen gab es schwierige Verhandlungen über das Selbstverständnis, die theologische Basis und die Struktur des Rates. Größte Ängste bestanden wegen der Gefahr einer „Superkirche". Doch schon 1938 wurde in Utrecht ein „Vorläufiger Ausschuß für den Ökumenischen Rat (im Aufbau begriffen)" gebildet und der Entwurf einer Verfassung fertiggestellt, die sicherstellte, daß die Arbeit der bisherigen Weltkirchenkonferenzen ungeschmälert fortgesetzt werden solle und daß der Ökumenische Rat ein Instrument der Kirchen sein werde, das nur im Auftrage der Kirchen handeln kann, selbst aber keinerlei kirchenrechtliche Kompetenzen über die Kirchen hat. Vorsitzender des Vorläufigen Ausschusses war Erzbischof William Temple (York), Generalsekretär wurde Willem A. Visser't Hooft (der von nun an die „Leitfigur" des Ökumenischen Rates der Kirchen war).

Der Zweite Weltkrieg verhinderte eine rasche Verwirklichung der Pläne. Doch wurden die organisatorischen Rückschläge durch ein wachsendes Zusammengehörigkeitsgefühl der Christen in der Welt aufgewogen. Die ökumenische Bewegung bewährte sich als eine der wenigen überideologischen und übernationalen Einrichtungen, indem sie soviel Kontakte wie möglich unterhielt und verschiedene Hilfsorganisationen koordinierte. Zwischenkirchliche Hilfe, Flüchtlingshilfe, Betreuung von Kriegsgefangenen usw. waren die konkreten Arbeitsfelder der Ökumene, so daß nach 1945 die Notwendigkeit eines engeren Zusammenschlusses der Kirchen außer Frage stand: Der ökumenische Gedanke war nicht mehr ein Gedanke, sondern war eine feste ökumenische Überzeugung geworden. Auch viele römisch-katholische Christen und Kirchenführer waren von der Notwendigkeit der Ökumene überzeugt. Die deutschen Kirchen wurden, vor allem aus Respekt vor dem Zeugnis der Bekennenden Kirche und nach dem Stuttgarter Schuldbekenntnis 1945, wieder unbefangen in die ökumenische Gemeinschaft aufgenommen.

Unmittelbar nach dem Zweiten Weltkrieg entstand auf Vorschlag des Vorläufigen Ausschusses für einen Ökumenischen Rat die „Kommission der Kirchen für Internationale Angelegenheiten" (KKIA/CCIA), in der nun die Kirchen offiziell die Aufgaben wahrnahmen, die bisher ohne amtlichen Auftrag der Weltbund für Internationale Freundschaftsarbeit der Kirchen wahrgenommen hatte. Ein Vereinigter Ausschuß des Missionsrates und des Ökumenischen Rates bewirkte, daß in zunehmendem Maße auch die Jungen Kirchen aus der Dritten Welt sich unmittelbar an der ökumenischen Bewegung beteiligten. Ferner erkannte man weitsichtig, daß die ökumenische Gemeinschaft ökumenisch gut geschulte Mitarbeiter braucht. Hierzu wurde 1946 das Ökumenische Institut in Bossey bei Genf gegründet.

4. Der Ökumenische Rat der Kirchen (1948–1991)

„Was wir zuerst und am dringendsten brauchen, ist nicht eine neue Organisation, sondern die Erneuerung oder vielmehr die Wiedergeburt der gegenwärtigen Kirchen."

Dieser Satz aus dem „Aufruf an die Kirchen" (1947) zur Gründung des Ökumenischen Rates der Kirchen kennzeichnet die Stimmung und die realistischen Erwartungen, die mit dem Neubeginn der ökumenischen Arbeit nach dem Zweiten Weltkrieg verbunden waren. Gegen mancherlei Mißverständnisse und Sorgen, der ÖRK könne triumphalistisch sich als „Superkirche", als die „Weltkirche", verstehen, wurde von Anfang an betont, daß er lediglich ein Instrument der Kirchen sein soll, mit dem diese ihren universalen Dienst in der Welt besser als bisher verrichten können. Die römisch-katholische Kirche freilich hielt sich weiterhin zurück und lehnte eine Beteiligung an der ersten Vollversammlung des ÖRK 1948 strikt ab (Monitum vom 5.6.1948).

Der Kontext

Auch jetzt war der ökumenische Gedanke mit dem allgemeinen politischen und kulturellen Bewußtsein in der Menschheit verbunden. Als Nachfolgeorganisation des Völkerbundes wurden 1945 die „Vereinten Nationen" (UNO) gegründet, die 1948 die „Allgemeine Erklärung der Menschenrechte" proklamierten. In diesen Ereignissen deutete sich die Entwicklung zu einer Weltzivilisation an, und viele Christen sahen darin die säkularisierte Form christlicher Grundüberzeugungen. Andererseits machten gleichzeitig die kriegerischen und ideologischen Auseinandersetzungen in der Menschheit deutlich, daß die weltweite Bedeutung des Christentums sich eher verringerte als verstärkte. In der technologischen und wirtschaftlichen Entwicklung der Weltgesellschaft waren offensichtlich autonome Kräfte am Werk, bei denen christliche Werte eine untergeordnete Rolle spielten. Dies galt sowohl für die westliche Welt, in der der Säkularismus weithin zu einer sogenannten „postchristlichen" Gesellschaft führte, wie erst recht für den Osten, wo sozialistische bzw. kommunistische Ideologien systematisch die christliche Religion zu ersetzen suchten. Und ferner wurde die schwindende Weltstellung des Christentums in der Dritten Welt deutlich, besonders in Afrika und Asien, wo der nationale Aufbruch und die neue Unabhängigkeit etlicher Nationen auch zu einem Aufblühen der einheimischen Religionen führte und wo mit dem Ende des Kolonialismus auch der Einfluß der christlichen Kirchen zurückging.

Dieser Kontext konnte es nahelegen, der ökumenischen Bewegung aus einem bedrückenden Gefühl heraus apologetisch-missionarische Züge zu verleihen, um der Kirche und ihrer Botschaft endlich wieder mehr Geltung zu verschaffen. Was sollte denn auch an dieser Absicht prinzipiell falsch sein? Die Initiatoren des ÖRK sahen freilich mit gutem Grund die Gefahr, daß auch bei einer kirchlichen Weltorganisation rasch Dienst und Macht verwechselt werden können. Darum wurde als erstes Ziel des ÖRK die Erneuerung der Kirchen selbst betont, und zwar primär im geistlichen und theologischen und dann erst im organisatorischen Sinn. Gerade das Zusammenlegen der Bewegungen für Praktisches Christentum und für Glauben und Kirchenverfassung sollte die geistliche Motivation der einen ökumenischen Bewegung verdeutlichen: allem Dienst an der Welt gehen das gemeinsame Hören auf Gottes Wort, der gemeinsame Gottesdienst, die Erfahrung der Einheit in Christus über alle konfessionellen, nationalen und kulturellen Grenzen hinweg voraus. Dieser „Kontext" war und ist in der ökumenischen Bewegung wesentlicher als alle sonstigen Kontexte, aus denen heraus in den letzten Jahrzehnten verschiedene kontextuelle Theologien entstanden sind. Es geht um die universale Dimension des Glaubens: Wie soll der Anbruch des Reiches Gottes angesichts einer beginnenden Weltzivilisation verkündigt werden, wenn die Christenheit ein Bild der Zerrissenheit bietet und oft in ihrem Horizont begrenzt bleibt?

Die Erneuerung der Kirchen durch einen ökumenischen Lernprozeß aller miteinander beinhaltet natürlich auch ein gemeinsames Bedenken des Verhältnisses von Kirche und Welt, sowohl grundsätzlich wie praktisch bei konkreten Problemen. Hier entstanden nun die schwierigsten Konflikte, die zu langwierigen Debatten über das Selbstverständnis des ÖRK und zu mancherlei Angriffen von außen führten.

Das Selbstverständnis des ÖRK

Der ÖRK wurde am 23. August 1948 in Amsterdam von 147 evangelischen und orthodoxen Kirchen konstituiert. In seiner Verfassung übernahm er die *„Basisformel"* der Bewegung für Glauben und Kirchenverfassung bzw. des YMCA/CVJM:

12 „Der ÖRK ist eine Gemeinschaft von Kirchen, die unseren Herrn Jesus Christus als Gott und Heiland anerkennen."

Über einzelne Formulierungen dieser Basis gab es schon längst Diskussionen, insbesondere über das Bekenntnis zu Jesus Christus als Gott, ohne daß zugleich ein Wort über die Bedeutung seiner Menschlichkeit gesagt wird. Doch wurde die Basis nicht als ein autoritatives Bekenntnis oder Dogma verstanden, sondern als ein christologischer Fundamentalkonsens, den jede Kirche gemäß ihrer Bekenntnisgrundlage interpretiert. In den folgenden Jahren wurde von evangelischer Seite darüber hinaus auf die unumstrittene Bedeutung der Heiligen Schrift als Grundlage der ökumenischen Arbeit verwiesen, und die orthodoxen Kirchen lenkten den Blick auf das gemeinsame trinitarische Fundament christlichen Glaubens. Daraufhin erweiterte die Vollversammlung des ÖRK in Neu Delhi 1961 die Basis und formulierte sie neu:

13 „Der ÖRK ist eine Gemeinschaft von Kirchen, die den Herrn Jesus Christus gemäß der Heiligen Schrift als Gott und Heiland bekennen und darum gemeinsam zu erfüllen trachten, wozu sie berufen sind, zur Ehre Gottes, des Vaters, des Sohnes und des Heiligen Geistes."

Der *Name* gibt Auskunft über das kirchliche Selbstverständnis. Der ÖRK ist nicht eine Kirche über den Kirchen, nicht die Weltkirche oder gar die im Glaubensbekenntnis bekannte Una Sancta („eine heilige katholische und apostolische Kirche"); er ist vielmehr eine Gemeinschaft von Kirchen, die ihr konfessionelles Selbstverständnis behalten. Als im englischsprachigen Raum sich offiziell der Name „World Council of Churches" durchsetzte und dann im Deutschen mit „Weltkirchenrat" übersetzt wurde, lag das Mißverständnis von der „Weltkirche" freilich wieder nahe. Im Deutschen lautet der offizielle Name „Ökumenischer Rat der Kirchen".

Der Zentralausschuß hat 1950 in Toronto die ekklesiologische Neutralität des ÖRK (d.h. seine Neutralität im Kirchenverständnis) näher beschrieben. Dieses Dokument mit dem Titel „Die Kirche, die Kirchen und der Ökumenische Rat der Kirchen. Die ekklesiologische Bedeutung des ÖRK" ist wichtig, weil es eine ökumenische Gemeinschaft im Blick hat, die für eine Mitgliedschaft der römisch-katholischen und orthodoxen Kirche mit ihrem jeweils klaren Kirchenverständnis ebenso offen ist wie für die Beteiligung etwa der Quäker mit ihrem offenen Kirchenbegriff. Obwohl bis heute immer wieder versucht wurde, die praktizierte ökumenische Gemeinschaft ekklesiologisch genauer zu definieren und die „Ökumene als Kirche“ zu verstehen, hat sich im Grunde beim Selbstverständnis des ÖRK nichts geändert.

Toronto-Erklärung 1950

14 Die wichtigsten Thesen der Toronto-Erklärung, die in dem Dokument selbst ausführlich kommentiert werden, lauten:
„Was der ÖRK nicht ist:
1. Der Ökumenische Rat der Kirchen ist keine ‚Über-Kirche‘ und darf niemals eine werden.
2. Der Ökumenische Rat der Kirchen wurde nicht geschaffen, um Unionsverhandlungen zwischen den Kirchen in die Wege zu leiten – was eine Sache der Kirchen selbst ist und nur auf ihre eigene Initiative hin geschehen kann – sondern um die Kirchen miteinander in lebendigen Kontakt zu bringen und um Untersuchungen und Aussprachen über Fragen der kirchlichen Einheit in Gang zu bringen.
3. Der Ökumenische Rat kann und darf sich nicht auf den Boden einer besonderen Auffassung von der Kirche stellen. Das ekklesiologische Problem wird durch seine Existenz nicht präjudiziert.
4. Wenn eine Kirche Mitglied des Ökumenischen Rates der Kirchen ist, so bedeutet das nicht, daß sie ihre eigene Auffassung von der Kirche relativiert.
5. Wenn eine Kirche Mitglied des Ökumenischen Rates ist, bedeutet das nicht, daß sie damit eine bestimmte Lehre über das Wesen der kirchlichen Einheit annimmt.“

(In: Die ersten sechs Jahre 1948–1954, Tätigkeitsbericht des Zentralausschusses, ÖRK Genf 1954, 128 ff.)

Ziele und Funktionen (Die Satzung des ÖRK von 1975)

15 Die Aufgaben des ÖRK wurden in der Verfassung von 1948 nur kurz definiert. Die Vollversammlung in Nairobi 1975 beschloß folgende bis jetzt gültige Fassung:
„1. die Kirchen aufzurufen zu dem Ziel der sichtbaren Einheit im einen Glauben und der einen eucharistischen Gemeinschaft, die ihren Ausdruck im Gottesdienst und im gemeinsamen Leben in Christus findet, und auf diese Einheit zuzugehen, damit die Welt glaube;
2. das gemeinsame Zeugnis der Kirchen an jedem Ort und überall zu erleichtern;
3. die Kirchen in ihrer weltweiten missionarischen und evangelistischen Aufgabe zu unterstützen;
4. der gemeinsamen Aufgabe der Kirchen im Dienst am Menschen in Not Ausdruck zu verleihen, die die Menschen trennenden Schranken niederzureißen und das Zusammenleben der menschlichen Familie in Gerechtigkeit und Frieden zu fördern;
5. die Erneuerung der Kirche in Einheit, Gottesdienst, Mission und Dienst zu ermutigen;

6. Beziehungen zu nationalen Kirchenkonferenzen, konfessionellen Weltbünden und anderen ökumenischen Organisationen aufzunehmen und aufrechtzuerhalten;
7. die Arbeit der internationalen Bewegungen für Glauben und Kirchenverfassung und für Praktisches Christentum sowie des Internationalen Missionsrates und des Weltrates für Christliche Erziehung weiterzuführen."
(In: Offizieller Bericht, 327 f.)

Viel diskutiert wird über die Zielangabe „sichtbare Einheit", weil ja einige Kirchen die wahre Einheit der Kirche Christi als geistlich und eher unsichtbar erachten. Die Definition der ÖRK-Satzung ist jedoch so funktional auf den einen Glauben und die eucharistische Gemeinschaft bezogen, daß das Mißverständnis einer kirchlichen Welteinheitsinstitution ausgeschlossen ist.

Die Arbeitsweise des ÖRK

Oberstes Organ des ÖRK ist die alle sechs bis acht Jahre tagende *Vollversammlung*, in die alle Mitgliedskirchen je nach Größe mindestens einen Delegierten entsenden. Dabei wird Wert darauf gelegt, daß die Delegierten repräsentativ für ihre Kirchen sind und zuhause über genügend Einfluß verfügen, um die Arbeit des ÖRK ins kirchliche Alltagsleben zu integrieren. Nach dem Stand von 1988 sollen 33 % der Delegierten Nichtordinierte (Laien), 40 % Frauen und 15 % Jugendliche sein. Hinzu kommen extra eingeladene Delegierte aus anderen ökumenischen Organisationen, Berater und Beobachter, so daß eine Vollversammlung jetzt etwa 1000 Repräsentanten umfaßt. Im Mittelpunkt steht die Arbeit in themenbezogenen „Sektionen", die den Kirchen Berichte zu Studium und Beratung vorlegen, und in „Ausschüssen", die den Sekretariaten und Kommissionen des ÖRK zugeordnet sind und die Arbeitsprogramme festlegen.

Zwischen den Vollversammlungen tagt jährlich der *Zentralausschuß* (150 Personen), dem ein *Exekutivausschuß* mit 16 Personen und mit 6 Präsidenten des ÖRK vorsteht.

Das *Generalsekretariat in Genf* umfaßt seit 1948 die Geschäftsführung der verschiedenen Kommissionen und Programme. Eine Strukturreform führte 1983 zu einer Straffung in drei Programmeinheiten; hinzu kommen das Ökumenische Institut in Bossey, die Kommunikationsabteilung und die Bibliothek. Finanzielle Rücksichten verhindern manche für nötig gehaltene Aktivität.

1991 erfolgte eine abermalige Strukturreform mit fünf Programmeinheiten.

Programmeinheiten des ÖRK, ab 1992:

I. Einheit und Erneuerung (mit der Kommission für Glauben und Kirchenverfassung)
II. Mission, Erziehung und Zeugnis
III. Gerechtigkeit, Frieden und Schöpfung
IV. Teilen und Dienst
V. Generalsekretariat

Der weitaus größte Teil der Arbeit des ÖRK besteht aus der *Erstellung von Studien und „Worten"*, mit denen den Kirchen und auch bestimmten Adressaten in der Gesellschaft das ökumenische Zeugnis vermittelt wird. Dabei gibt es einige Langzeitprojekte und viele Resolutionen zu aktuellen Konflikten. Die ursprüngliche Absicht des ÖRK, nicht zu oft und nicht über zu viele Gegenstände zu sprechen, um den Äußerungen großes und unüberhörbares Gewicht zu verleihen, konnte nicht durchgehalten werden. Die Flut ökumenischer „Papiere" ist teilweise auch für Fachleute unüberschaubar geworden. Zweifellos ist das Medium des Wortes das angemessene Mittel der Kirche, um das Evangelium vom Reich Gottes zu verkündigen, Gewissen wachzurütteln und auch der nichtchristlichen Welt den Willen Gottes zu vermitteln. Selbstverständlich schließt diese Verkündigung auch auf Weltebene das zeichenhafte Zeugnis, die Tat, mit ein. Dabei kann der ÖRK selbst, konkret sein Genfer Stab, nur vermittelnd und im Auftrag der Kirchen tätig werden. Im Flüchtlings- und Weltdienst, im Entwicklungs- und Gesundheitsdienst hat der ÖRK in vierzig Jahren viel Gutes bewirkt und Vertrauen gewonnen, so daß die Kirchen mehr und mehr bereit sind, ihre eigenen Verpflichtungen im Rahmen des ÖRK wahrzunehmen.

Die einzelnen Abteilungen des ÖRK bekamen zwischen den Vollversammlungen mehrfach Gelegenheit, eigene Weltkonferenzen abzuhalten. Eine besondere Rolle spielt dabei die *Kommission für Glauben und Kirchenverfassung*, die im ÖRK seit 1948 einen eigenen Status hat. Den Weltkonferenzen in Lausanne 1927 und Edinburgh 1937 hatten Kirchen angehört, die nicht Mitglied des ÖRK wurden, die aber bei „Glauben und Kirchenverfassung" weiter mitarbeiten wollten. Dies wurde respektiert, so daß zur 120-köpfigen Kommission für Glauben und Kirchenverfassung auch stimmberechtigte Theologen aus Nichtmitgliedskirchen gehören – seit 1968 sogar zwölf vom Vatikan benannte römisch-katholische Delegierte. Die Kommission tagt etwa alle drei Jahre, zweimal wurde zu eigenen Weltkonferenzen für Glauben und Kirchenverfassung eingeladen: 1952 in Lund und 1963 in Montreal; die nächste wird für 1993 geplant.

Die Bewegung für Praktisches Christentum fand im ÖRK in verschiedenen Kommissionen ihre Fortsetzung. Die *Arbeitsgruppe für „Kirche und Gesellschaft"* studierte das ganze Feld der sozialethischen Fragen und der gesellschaftlichen Verantwortung der Kirchen und gab dazu einige Studientexte heraus. Drei Weltkonferenzen fanden besondere Aufmerksamkeit: 1966 in Genf mit dem Thema „Christen leben in der technischen und gesellschaftlichen Revolution unserer Zeit", 1979 in Boston über „Glaube, Wissenschaft und die Zukunft" und 1990 in Seoul über „Gerechtigkeit, Frieden und Bewahrung der Schöpfung" (wo im Rahmen des „Konziliaren Prozesses" auch eine römisch-katholische Beobachterdelegation mitwirkte). Die *Kommission für Internationale Angelegenheiten* konnte auf vielfältige Weise den Versöhnungsdienst der Kirchen bei internationalen Konflikten anbieten. Sie ist bei der UNO als nichtstaatliche Organisation eingetragen und wirkt in den verschiedenen UNO-Unterorganisationen.

Die *Missionsbewegung*, die seit 1921 im Internationalen Missionsrat ihre eigene Gestalt gewonnen hatte, war seit 1948 durch einen Gemeinsamen Ausschuß mit dem ÖRK eng verknüpft. Mit dem Selbständigwerden der Jungen Kirchen und mit deren Eintritt in den ÖRK legte sich eine völlige Integration nahe. Sie wurde 1961 in Neu Delhi vollzogen, so daß der IMR in die „Konferenz für Weltmission und Evangelisation" des ÖRK (früher Kommission) aufging. Ihr können (ähnlich wie bei „Glauben und Kirchenverfassung") auch Missionsräte oder einzelne Kirchen angehören, die nicht Mitglieder des ÖRK sind. Die *Weltmissionskonferenzen* in Mexiko-Stadt 1963, Bangkok 1973, Melbourne 1980 und San Antonio/USA 1989 erreichten freilich nicht die Integration aller evangelikaler Kräfte, die seit 1974 in eigenen Internationalen Kongressen für Weltevangelisation (Lausanne 1974 und Manila 1989) ihre Anliegen vertraten.

Im Bereich *„Bildung und Erziehung"* war der ÖRK auf vielfältige Weise tätig, insbesondere durch Vergabe von Stipendien und durch die Gründung des Ökumenischen Institutes im Chateau de Bossey in der Nähe von Genf im Jahre 1946, dem seit 1952 die „Ökumenische Hochschule" angeschlossen ist. Daneben bestand der *Weltrat für christliche Erziehung (WCCE),* der 1947 aus dem 1907 gegründeten Welt-Sonntagsschulverband hervorgegangen war und hauptsächlich im britischen und nordamerikanischen Raum aktiv war. Im Jahre 1971 schloß sich der WCCE dem ÖRK offiziell an und ging in die Programmeinheit „Bildung und Erneuerung" auf.

Schwerpunkte der Vollversammlungen

Amsterdam 1948

Die Erste Vollversammlung des ÖRK in Amsterdam vom 22. August bis 4. September 1948 suchte eine theologische Standortbestimmung für die Kirche in der gegenwärtigen Weltlage. „Die Unordnung der Welt und Gottes Heilsplan" war das Generalthema. Schonungslos wurden alle Tendenzen benannt, die in der Welt dem Geist Christi entgegenstehen. Die vielschichtige Schuldverflochtenheit der Christen und der Kirchen wurde dabei keineswegs ausgespart.

Die Grundtendenzen der weltpolitischen Entwicklung, konkret des Ost-West-Gegensatzes, wurden freilich gegensätzlich beurteilt. *John Foster Dulles* (USA) sah im Kommunismus das größte Weltübel und erhoffte sich vom ÖRK, daß er die vereinigte Christenheit mit einem klaren Sittengesetz als Gegengewicht aufbaue. Zweifellos sprach Dulles vielen Christen im Westen aus dem Herzen. (Großzügige finanzielle Unterstützung durch Rockefeller kam wohl nicht zuletzt aus dieser Motivation heraus.) Hier lag letztlich der Grund, warum umgekehrt die russisch-orthodoxe Kirche und alle anderen orthodoxen Kirchen im Ostblock im ÖRK von 1948 ein politisches, antikommunistisches Instrument sahen und eine Mitgliedschaft ablehnen mußten.

Eine Gegenposition zu Dulles vertrat *Joseph L. Hromádka* (Prag). „Den Gefahren des Kommunismus kann man nicht begegnen, wenn man ihn einfach mit Totalitarismus gleichsetzt und alle möglichen und unmöglichen Kräfte gegen ihn in Marsch setzt." Die Christen müßten erkennen, daß der Kommunismus, wenn auch in atheistischer Form, viel von der sozialen Dynamik enthalte, die in der Kirche seit der apostolischen Zeit über die Zeit der Orden bis zur Reformation und zum liberalen Humanismus wirksam war. Die Kirche dürfe sich nicht im Kalten Krieg mit irgendeiner Menschengruppe identifizieren, sondern müsse „über die heutigen nationalen, politischen und ‚Block'-Schranken hinausgehen".

Auf dem Hintergrund dieser Konfrontation gelang es der Amsterdamer Konferenz dennoch ziemlich einmütig, in vier Sektionsberichten die ökumenische Aufgabe der Kirche, freilich recht allgemein, zu umreißen: 1. Die Kirche in Gottes Heilsplan, 2. Die Kirche bezeugt Gottes Heilsplan, 3. Die Kirche und die Auflösung der gesellschaftlichen Ordnung, 4. Die Kirche und die internationale Unordnung.

Im dritten Bericht wird den Kirchen empfohlen, sowohl die Ideologie des Kommunismus wie die des Kapitalismus zu verwerfen und im Rahmen der sozialen Funktion der Kirche für eine „verantwortliche Gesellschaft" einzutreten. Dieses Stichwort wurde für das nächste Jahrzehnt zum Leitbegriff ökumenischer Sozialethik (vgl. unten das Kapitel „Sozialbewegungen und Sozialethik").

Zur konfessionellen Problematik hielt der erste Sektionsbericht fest, „daß wir trotz unserer Trennungen in Jesus Christus eins sind". Im Abschnitt „Unser tiefster Unterschied" werden bemerkenswerte Sätze zu zwei grob skizzierten „Grundhaltungen" gemacht, die mit den Begriffen „katholisch" und „evangelisch" umschrieben werden (im ursprünglichen Sinn der Worte, nicht in dem der konfessionellen Selbstbezeichnung).

„Katholisch" und „evangelisch"

16 *Aus dem Bericht der Sektion I:* „5. Unsere Lage ist entscheidend dadurch bestimmt, daß wir von zwei verschiedenen Seiten aus den christlichen Glauben und das christliche Leben als ein in sich geschlossenes Ganzes ansehen, und daß diese zwei Auffassungen des Ganzen sich nicht miteinander in Einklang bringen lassen.

6. ... Man kann zur Verdeutlichung auf folgendes hinweisen: Die eine Seite, die man gewöhnlich ‚katholisch' nennt, wird gekennzeichnet durch eine starke Betonung der sichtbaren Kontinuität der Kirche in der apostolischen Sukzession des Bischofsamtes. Die andere, die man gewöhnlich ‚evangelisch' nennt, betont in ihrer Lehre von der Rechtfertigung sola fide vor allem die Initiative des Wortes Gottes und die Antwort des Glaubens. Aber auch in der ersten Gruppe wird die Bedeutung des Glaubens hervorgehoben, und die zweite hält bewußt an einer bestimmten Kontinuität der sichtbaren Kirche fest. Zudem finden wir innerhalb vieler Konfessionen Vertreter sowohl der einen wie auch der anderen Grundhaltung... Aber auch wenn das Gespräch in gegenseitigem Vertrauen und Verständnis geführt wird, bleiben doch bestimmte Kernfragen im Blick auf das Verständnis der Kirche Christi übrig, in denen eine Übereinstimmung vorläufig nicht erzielt werden kann."

(In: Amsterdamer Dokumente, 1948, 28 f.)

Evanston 1954

Zwischen der ersten und zweiten Vollversammlung hatte 1952 in Lund die dritte Weltkonferenz für Glauben und Kirchenverfassung einen methodisch wichtigen Schritt getan: von der bloß vergleichenden Kirchenlehre (festzustellen, worin die Konfessionen einig und uneinig sind) war man zu einer „christologischen Konzentration“ übergegangen. Diese Entwicklung war schon in Edinburgh 1937 erkennbar und nun in Lund mit der Frage nach dem gemeinsamen Christuszeugnis in den Kirchen zum Zuge gekommen.

Die Zweite Vollversammlung des ÖRK in Evanston 1954 baute darauf auf und erarbeitete als Sektionsbericht I: „Unser Einssein in Christus und unsere Uneinigkeit als Kirchen“. Sie übernahm darin das *„Lund-Prinzip“* und fragte die Kirchen,

> „ob sie nicht in allen Angelegenheiten gemeinsam handeln sollten, außer denen, wo tiefe Unterschiede der Überzeugung sie zwingen, getrennt zu handeln“. (Offizieller Bericht, 64)

Das Gesamtthema von Evanston verband den Christusglauben mit der endzeitlichen Hoffnung der Christen in einer Welt voller Hoffnungslosigkeit und Verzweiflung: „Christus – die Hoffnung der Welt“. Die Themen von Amsterdam wurden aufgegriffen und durch den Einfluß der inzwischen bereits 50 Kirchen aus dem asiatisch-afrikanischen Raum ergänzt: II. Die Sendung der Kirche an die ihr Fernstehenden, III. Die „verantwortliche Gesellschaft“ in weltweiter Sicht, IV. Christen im Ringen um die Ordnung der Welt (mit einem „Appell des ÖRK“ zum Verbot aller Massenvernichtungswaffen), V. Die Kirche inmitten rassischer und völkischer Spannungen, VI. Der Christ in seinem Beruf.

Während unter den ökumenisch Erfahrenen sich das Gefühl verbreitete, ständig ökumenische Fortschritte zu machen oder zumindest vertiefte ökumenische Erkenntnisse zu gewinnen, klingt im Rechenschaftsbericht des Zentralausschusses die Klage an, wie gering das Echo aus den Mitgliedskirchen auf die ökumenischen Texte war. Offensichtlich erfaßte der ökumenische Gedanke die Kirchenleitungen und die Gemeinden langsamer als die professionellen Ökumeniker arbeiteten. Die Erfahrung zeigt auch: Jede Generation muß sich die Ökumene neu erarbeiten.

Neu Delhi 1961

Die dritte Vollversammlung fand 1961 erstmals in einem Land der Dritten Welt statt und signalisierte, daß die Vorherrschaft der europäisch-amerikanischen Kirchen durch ein starkes Engagement der Jungen Kirchen ergänzt wurde. Insgesamt 23 neue Mitgliedskirchen kamen hinzu, darunter auch die orthodoxen Kirchen aus Osteuropa (Rußland, Rumänien, Bulgarien und

Polen), so daß jetzt die Orthodoxie vollständig am ÖRK beteiligt war und die Kirchen aus sozialistischen Ländern besser repräsentiert waren (allerdings wurde den zehn Vertretern aus der DDR die Ausreise nach Neu Delhi verweigert).

Die Vollversammlung tagte in einer weltpolitischen Atmosphäre des Aufbruchs und des Fortschrittsoptimismus. Ein Schlaglicht mag das illustrieren: John F. Kennedy und Nikita Chruschtschow waren damals je auf ihre Weise um Reformen im eigenen System und um „Koexistenz" von West und Ost bemüht. Gleichzeitig wurde deutlich, daß neben dem Ost-West-Konflikt künftig die Nord-Süd-Spannung, d. h. die Kluft zwischen reichen Industrienationen und armen Entwicklungsländern die Weltpolitik bestimmen werde. Wirtschaftler verbreiteten die Zuversicht, daß mit Tatkraft in etwa einem „Entwicklungsjahrzehnt" die Weltprobleme in den Griff zu bekommen seien. Zugleich erfaßte die Führungsschichten in den jungen selbständigen Nationen ein revolutionäres Unabhängigkeitsbewußtsein, bei dem sich nach dem Ende des Kolonialismus auch heftige Emotionen gegen den „Westen" ausbreiten konnten bei gleichzeitiger Faszination vom technisch-zivilisatorischen Fortschritt.

Der ÖRK stellte sich in Neu Delhi dem Problem des *„raschen technischen und sozialen Umbruchs"*. Er sah die vielen damit verbundenen Probleme vielleicht deutlicher als mancher fortschrittsoptimistisch geprägte Politiker oder Wirtschaftler. Aber getragen vom christlichen Glauben sprach auch der ÖRK ermutigend vom Dienst der Kirche in einer sich verändernden dynamischen Weltgesellschaft. Mit dem Thema „Jesus Christus das Licht der Welt" bereitete sich der ÖRK im hinduistischen Indien erstmals auf den *Dialog mit anderen Weltreligionen* vor. Der Internationale Missionsrat wurde in den ÖRK integriert, so daß nun hier fortan die große Spannung zwischen verschiedenen Missionstheologien auszuhalten war (und ist): wie verhalten sich Mission und Dialog, wie Evangelisierung und Wirken für mehr soziale Gerechtigkeit zueinander? Muß der Beitrag der Kirchen zur Weltkultur im Durchhalten eines Absolutheitsanspruchs des Christentums bestehen: Christus – *das* Licht oder *ein* Licht? (Vgl. unten das Kapitel „Missionsbewegung und Missionstheologien".)

Im interkonfessionellen theologischen Dialog setzte Neu Delhi ebenfalls neue Akzente. Man wagte es erstmals, die angestrebte sichtbare Einheit durch eine *„Einheitsformel"* zu definieren. Sie hatte nicht eine universale Einheitsstruktur im Blick, sondern eine Ortsgemeinde ohne getrennte Konfessionen, in der „alle an jedem Ort" „in eine völlig verpflichtete Gemeinschaft geführt werden, die sich zu dem einen apostolischen Glauben bekennt, das eine Evangelium verkündigt, das eine Brot bricht, sich im gemeinsamen Gebet vereint und ein gemeinsames Leben führt, das sich in Zeugnis und Dienst an alle wendet" (vgl. unten das Kapitel „Einheitskonzeptionen").

Ferner kam durch ein Referat von Joseph Sittler (luth., USA) eine „*kosmologische Christologie*" in den Blick, welche die bisherige Konzentration bei „Glauben und Kirchenverfassung" auf die Ekklesiologie (Lehre von der Kirche) auf eine kosmische Dimension hin erweiterte, bei der Christus als Herr von Natur und Geschichte gesehen wird und die Frage nach der Einheit der Kirche funktional in dieser Perspektive relevant wird. Dieser Ansatz wurde zu einem bedeutsamen Brückenschlag zwischen der östlich-orthodoxen und der westlich-reformatorischen Theologie und veranlaßte die Kommission für Glauben und Kirchenverfassung zu Studien über „Gott in Natur und Geschichte" sowie über „Einheit der Kirche - Einheit der Menschheit". Beide Studien dienten zugleich einer theologischen Grundlegung der vielfältigen ÖRK-Programme im Bereich von „Zeugnis" und „Dienst" der Kirchen in der Welt. Sie spiegelten das theologische Bewußtsein in der Dritten Welt wider, daß Gott bei der Beendigung des Kolonialismus und beim revolutionären Befreiungskampf am Werk sei.

Für neue ökumenische Perspektiven sorgte in dieser Zeit auch Papst Johannes XXIII. Mit der Vorbereitung des *Zweiten Vatikanischen Konzils* (1962–1965) wurde offenkundig, daß in der römisch-katholischen Kirche dieselben theologischen und praktischen Probleme auf der Tagesordnung standen wie bei den Kirchen des ÖRK und daß Rom sich nun ökumenisch öffnen werde. Bei der Vollversammlung in Neu Delhi waren erstmals fünf offizielle römisch-katholische Beobachter anwesend.

Von Neu Delhi nach Uppsala 1968

Das wohl bedeutsamste ökumenische Ereignis der sechziger Jahre war das Zweite Vatikanische Konzil der römisch-katholischen Kirche (1962–1965). Mehr noch als die Konzilstexte, welche häufig einen Kompromiß zwischen „Progressiven" und „Konservativen" darstellten, beflügelte der vielbeschworene „Geist des Konzils" zu einer Reform der katholischen Kirche an Haupt und Gliedern. Das Stichwort „Freiheit" (Gewissensfreiheit, Religionsfreiheit, Freiheit in theologischer Forschung und Lehre usw.) signalisierte, daß die römisch-katholische Kirche sich vom sogenannten Antimodernismus vom Anfang des 20. Jahrhunderts löste und endlich den Geist der Neuzeit einholte. Das neue Selbstbewußtsein äußerte sich in der Überzeugung, die römisch-katholische Kirche habe auch alle berechtigten Anliegen der Reformation des 16. Jahrhunderts erfüllt, so daß nun die Zeit reif sei für eine „Wiederherstellung der Einheit" (redintegratio unitatis) - so der Titel des Ökumenismusdekrets.

Das Konzil formulierte „die katholischen Prinzipien des Ökumenismus" und gliederte die römisch-katholische Kirche in die eine ökumenische Bewegung ein. Vielerorts bekam der Begriff „ökumenisch" einen neuen Klang: Statt des vorwiegend „weltweiten" Horizonts, wie er durch den ÖRK vermittelt wurde, bedeutet „ökumenisch" im alltäglichen Sprachgebrauch katholischer Christen und in Ländern mit starkem katholischem Bevölkerungsanteil nun eher einseitig „interkonfessionell", in Deutschland hauptsächlich „evangelisch-katholisch" (z. B. bei ökumenischen Gottesdiensten, ökumenischen Trauungen usw.).

Ökumenisch stark beachtet wurde auch die Pastoralkonstitution des Zweiten Vatikanischen Konzils über „Die Kirche in der Welt von heute". Sie machte deutlich, wie ökumenischer Dialog und Zusammenarbeit mit anderen Kirchen möglich sind, obwohl etliche Lehrfragen noch kirchentrennend wirken. Die Fronten ernster Meinungs- und Glaubenskämpfe gingen fortan quer durch die Konfessionen, indem häufig die „Konservativen" und die „Progressiven" in den Kirchen einander näher zu stehen schienen als der jeweils anderen Gruppe der eigenen Konfession.

In thematischer Nähe zur Pastoralkonstitution veranstaltete der ÖRK auf dem Weg zur nächsten Vollversammlung eine „Weltkonferenz für Kirche und Gesellschaft" in Genf 1966. Sie lieferte ein theologisches Spiegelbild der geistigen und politischen Weltlage der sechziger Jahre. Alle Welt redete von „Revolution" und Aufruhr gegen das „Establishment", welches allem Entwicklungsoptimismus zum Trotz nicht in der Lage schien, die Krisen in der Menschheit wie Hunger und Militarismus zu bewältigen. Die Genfer ÖRK-Konferenz stellte eine „*Theologie der Revolution*" zur Diskussion, und zwar als umfassende Sicht des revolutionären Charakters der Botschaft Jesu vom Anbruch des Reiches Gottes. Damit verband sich das Problem eines Widerstandrechts, d. h. der möglichen Gewalt gegen Unrechtssysteme, aber auch die theologische Frage, ob und wie Gott in Revolutionen wirkt, und schließlich welche Rolle die Kirche bei politischen und wissenschaftlich-technischen Revolutionen spielen kann. Eine einmütige Haltung kam nicht zustande, aber doch ein leidenschaftlicher „Appell an die Kirchen der Welt“, in dem über „die Kirche als Faktor der kommenden Weltgesellschaft“ reflektiert wurde (so der Titel des Vorbereitungsbandes zur Genfer Weltkonferenz). In dieser relativ optimistischen Theologie der Revolution liegen die Wurzeln der „Befreiungstheologien“, die etwa seit 1970 von Lateinamerika aus die ökumenische Theologie mitbestimmten.

Uppsala 1968

Die Vollversammlung in Uppsala 1968 nahm die Anregungen auf, redete aber doch vorsichtiger statt von Revolution lieber von „*Erneuerung*“. Mit dem Thema „Siehe, ich mache alles neu“ wurde zunächst grundsätzlich die Erneuerung der Welt als theologisches Problem behandelt. Von der Theologie der Auferstehung her griff die Vollversammlung die zeitgenössische Theologie der Welt und die verschiedenen Spielarten politischer Theologien auf – für die einen befreiend, weil die vertikale und die horizontale Dimension des Glaubens in ein richtiges Gleichgewicht zu kommen schienen, für andere, besonders für Evangelikale, schockierend, weil sie eine Horizontalisierung des Evangeliums befürchteten, bei der statt der Christianisierung nur eine Humanisierung der Welt herauskäme.

Uppsala stand unter dem Eindruck der katholischen Konzilstexte, welche die Kirche als „Sakrament“ bezeichnet hatten:

17 „Die Kirche ist ja in Christus gleichsam das Sakrament, das heißt Zeichen und Werkzeug für die innigste Vereinigung mit Gott wie für die Einheit der ganzen Menschheit.“ (Kirchenkonstitution Nr. 1)

18 „So geht denn diese Kirche, zugleich ‚sichtbare Versammlung und geistliche Gemeinschaft‘, den Weg mit der ganzen Menschheit gemeinsam und erfährt das gleiche irdische Geschick mit der Welt und ist gewissermaßen der Sauerteig und die Seele der in Christus zu erneuernden und in die Familie Gottes umzugestaltenden menschlichen Gesellschaft.“ (Pastoralkonstitution Nr. 40)

Der Bericht der Sektion I von Uppsala „Der Heilige Geist und die Katholizität der Kirche“ griff den Gedanken von der Kirche als „Zeichen“ auf und suchte zugleich optimistisch und realistisch das Kirchenverständnis im Zusammenhang von Heilsgeschichte und Geschichte zu beschreiben:

19 „Die Kirche wagt es, von sich selbst als dem Zeichen der zukünftigen Einheit der Menschheit zu sprechen. Wie gut dieser Anspruch auch begründet sein mag, die Welt vernimmt ihn doch mit Skepsis und verweist auf ihre eigenen ‚säkularen Katholizitäten'. Denn die säkulare Gesellschaft hat Instrumente der Versöhnung und Vereinigung hervorgebracht, die anscheinend oft wirksamer sind als die Kirche. Dem Außenseiter erscheinen die Kirchen oft schwach und irrelevant und bis zum Überdruß mit ihren eigenen Angelegenheiten beschäftigt. Die Kirchen brauchen eine neue Offenheit für die Welt mit ihrem Streben, ihren Leistungen, ihrer Ruhelosigkeit und ihrer Verzweiflung." (Uppsala, Offizieller Bericht, 15)

Hier wurde in neuartiger Weise in der ökumenischen Bewegung versucht, theologisch die Arbeit von „Glauben und Kirchenverfassung" und „Praktisches Christentum" zu verbinden. Zahlreiche Studienprojekte zum Thema „Einheit der Kirche und Einheit der Menschheit" waren die Folge; sie fanden in dem Studiendokument „Kirche und Welt. Die Einheit der Kirche und die Erneuerung der menschlichen Gemeinschaft" einen vorläufigen Abschluß (Frankfurt/M. 1991).

In der Sektion II über „Aufbruch zur Sendung" (Renewal in Mission) begann jedoch in Uppsala – in der Terminologie der Konservativen – eine heftige Konfrontation zwischen „Ökumenikern" und „Evangelikalen", die bis heute andauert. Während sich im Sektionsbericht diejenigen Missionstheologen mehrheitlich durchsetzten, die Wesen und Aufgabe der Mission kontextuell mit den gesellschaftlichen Analysen unserer Zeit und mit den Anfragen der nichtchristlichen Menschheit zu bestimmen suchten, wehrten sich die Evangelikalen gegen „eine gefährliche Verschiebung der missionarischen Grundausrichtung von der evangelistischen zur sozialrevolutionären Zielsetzung im ökumenischen Missionsverständnis" (Peter Beyerhaus, in: Luth. Rundblick, Oberursel, 1971).

Einige Kritiker bedauerten die 1961 vollzogene Integration des IMR in den ÖRK, weil jetzt eine zu enge Verbindung der Abteilung „Weltmission und Evangelisation" mit der für „Kirche und Gesellschaft" unausweichlich schien. Sozialethische Studien über die „Erneuerung der Menschheit zu einer gerechten Gesellschaft" wurden als das Hauptziel des ÖRK beargwöhnt; „Reich Gottes" und „Weltgemeinschaft" würden verwechselt, weil letztlich beim ÖRK-Dialogprogramm die Einzigartigkeit Jesu Christi nicht mehr strikt bekannt würde. (Zum Konflikt zwischen „Ökumenikern" und „Evangelikalen" vgl. unten das Kapitel „Missionsbewegung und Missionstheologien".)

Weiterhin erörterte die Vollversammlung in Fortsetzung früherer Studien *die Erneuerung der Christenheit zu der einen Kirche*. Beim letzteren Thema war erstmals die römisch-katholische

Kirche durch einige Beobachter und Referenten unmittelbar am Dialog beteiligt. Das Sektionsthema „Der Heilige Geist und die Katholizität der Kirche“ kam mit der pneumatologischen Orientierung (Lehre vom Heiligen Geist) den Orthodoxen nahe, und das Stichwort „Katholizität“ veranlaßte Überlegungen, wie die römisch-katholische Kirche mit ihren beim Zweiten Vatikanischen Konzil formulierten Prinzipien des Ökumenismus in die ökumenische Bewegung integriert werden kann. Die Erfahrungen beim Konzil und beim ÖRK führten zu der Hoffnung, daß es zu einer „wahrhaft universalen, ökumenischen, konziliaren Form des gemeinsamen Lebens und Zeugnisses“ kommen könne und daß einmal „ein wirklich universales Konzil wieder für alle Christen sprechen und den Weg in die Zukunft weisen kann“ (Sektionsbericht I, Nr. 18). Der Einheitsformel von Neu Delhi 1961 („alle an jedem Ort“) wurde also ein neues konziliares Verständnis der Einheit „aller Christen an allen Orten“ hinzugefügt.

Die Vision eines universalen Konzils aller Konfessionen hat wenig Echo gefunden, weil der Begriff „Konzil“ in den orthodoxen Kirchen und in der römisch-katholischen Kirche als Versammlung der Bischöfe kirchenrechtlich anders besetzt ist als im Protestantismus mit seinen konziliaren oder synodalen Strukturen, wo Ordinierte und Nichtordinierte gemeinsam die Kirche leiten. Das Stichwort „Konziliarität“ und „Konziliare Gemeinschaft“ blieb jedoch bis zur nächsten Vollversammlung auf der Tagesordnung, ohne freilich zu einem eindeutigen gemeinsamen Einheitsziel zu werden.

Das *ökumenische Engagement der römisch-katholischen Kirche* wurde beim ÖRK durch eine Gemeinsame Arbeitsgruppe Rom/Genf erfaßt. Es wurde jedoch auch deutlich, daß die römisch-katholische Kirche sich bessere ökumenische Fortschritte erhofft, wenn sie neben diesen lockeren multilateralen Kontakten beim ÖRK vor allem das direkte Gespräch mit den einzelnen Konfessionen sucht. Das römische Sekretariat für die Einheit der Christen engagierte sich fortan hauptsächlich in zahlreichen bilateralen Dialogkommissionen mit nahezu allen Konfessionsfamilien.

Von Uppsala nach Nairobi 1975

In den siebziger Jahren wichen die revolutionäre Stimmung und der Fortschrittsoptimismus einer nüchternen und teilweise resignierenden Stimmung sowohl in der geistigen und politischen

Welt wie in den Kirchen. Die Kirchen der Dritten Welt sparten nicht mit bitteren Anklagen gegen die Industriestaaten, die ihren Reichtum auf Kosten der armen Länder vergrößerten, und sie fragten die Kirchen in den reichen Ländern, ob sie sich eigentlich der eigenen Verflechtung mit der reichen, ausbeuterischen Gesellschaft bewußt seien und was sie dagegen zu tun gedächten. Diese Anfragen verbanden sich mit einem leidenschaftlichen Streben nach Selbständigkeit ohne Bevormundung und ohne gönnerhafte Betreuung und Zuwendungen. „Einheimische", „kontextuelle Theologien" blühten auf, und ein Aufbegehren gegen die abendländische Prägung des Christentums erschütterte die ganze Christenheit, inklusive die römisch-katholische Kirche. Einige Kirchen beschlossen ein „Moratorium", d.h. sie wollten für einige Zeit weder finanzielle noch personelle Hilfe von außen, um so wirklich ganz einheimische Kirche unter den Lebensbedingungen des eigenen Landes zu werden.

In dieser Situation gewann das *Antirassismus-Programm* des ÖRK große Bedeutung für die Solidarität der Kirchen in Nord und Süd. Die Verurteilung des Rassismus begleitet die ökumenische Bewegung seit der Stockholmer Konferenz 1925. In der „Lehre" darüber gab es längst einen ökumenischen Konsens. Doch jetzt beschloß der Zentralausschuß in Canterbury 1969 einen konkreten „Dienst", nämlich einen Sonderfonds in Höhe von 500 000 Dollar einzurichten, aus dem antirassistische Gruppen in ihrem Kampf um wirtschaftliche, soziale und politische Gerechtigkeit unterstützt werden sollten. Der Exekutivausschuß legte in Arnoldshain 1970 fest, daß die Gelder nicht für militärische Zwecke, sondern ausschließlich im Sozial- und Bildungsbereich eingesetzt werden dürfen und daß dies seitens der Empfänger garantiert sein muß. Aber es war klar, daß Befreiungsbewegungen, etwa in Südafrika und in den portugiesischen Kolonien, begünstigt würden, die auch Gewalt ausüben.

Viele Christen in der Dritten Welt begrüßten den Beschluß als eine Revolution in der Denkweise der weißen und reichen Christen aus den früheren Kolonialmächten. Im ÖRK war man froh, endlich einmal von bloßen Appellen zu wenigstens symbolischen Taten übergehen zu können (der Sonderfonds war ja tatsächlich ein relativ geringes Vermögen). Doch vor allem in den evangelischen Kirchen der Bundesrepublik Deutschland, der Schweiz und Österreichs gab es heftige Proteste, die teilweise sogar die Mitgliedschaft im ÖRK in Frage stellten. Pressemeldungen wie „Kirchengelder für Guerillas" schreckten auf, und die Polarisierung zwischen „Ökumenikern" und „Evangelikalen" nahm zu. Es gab lange Grundsatzdebatten zur Gewaltfrage, und es ist bis heute umstritten, ob Christen die Veränderungsgewalt von unten, welche die Befreiungsbewegungen aufgrund der Unterdrückungsgewalt von seiten der Herrschenden als aufgezwungen empfinden, verurteilen oder tolerieren müssen.

Nairobi 1975

Für die fünfte Vollversammlung in Nairobi 1975 wurden harte Konfrontationen befürchtet. Doch zeigte es sich, daß die ökumenische Bewegung inzwischen geistlich so gewachsen und gefestigt war, daß die Gemeinschaft nicht zerbrach. Allerdings wurde der tiefgreifende Wandel deutlich, der sich durch die Mitarbeit der Kirchen Asiens, Afrikas und Lateinamerikas in der Ausrichtung der Arbeit des ÖRK seit seiner Gründung vollzogen hatte. Von den inzwischen 286 Mitgliedskirchen kamen nahezu die Hälfte aus der Dritten Welt. Konnte in Edinburgh 1937 noch relativ harmlos von der Bedeutung der nichttheologischen Faktoren in der Ökumene geredet werden, so wurde jetzt unüberhörbar von vielen Vertretern der Jungen Kirchen gesagt, daß eigentlich nicht die konfessionellen Fragen bei ihnen das Einheitsproblem ausmachten, sondern der Unterschied zwischen Armen und Reichen, Schwarzen und Weißen, Analphabeten und Gebildeten usw. In Lateinamerika wurde für das Sehnen nach Einheit und Gerechtigkeit seit etwa 1970 die theologische Sprache gefunden: Es entwickelte sich die „Theologie der Befreiung", die im Kontext von Elend und Unterdrückung das Christsein im Kampf um Befreiung reflektiert.

Erstaunlich rasch zeigte sich der ÖRK in der Lage, die Theologie der Befreiung – zu der in anderen Kontexten auch die „Black Theology" und die feministische Theologie zu rechnen sind – in die eigene Arbeit zu integrieren. Das Thema von Nairobi lautete: „Christus befreit und eint". Es ermutigte, die vielfältigen Befreiungskämpfe offen zur Diskussion zu stellen und im Lichte des christlichen Glaubens zu behandeln. Dabei gewann gegen horizontalistische oder einseitig politisierende Tendenzen eine „Spiritualität des Kampfes" Gestalt, die sowohl nach dem Glauben, der Bekehrung und dem Lebensstil des einzelnen Christen fragt wie auch zu einer Bekehrung der Kirchen und zu einer Veränderung der Welt führen soll.

Die Sektionsberichte zeichneten sich durch mehr Konkretionen aus als früher. Mehr oder weniger abstrakte Studiendokumente bewirken in der Dritten Welt wenig, während klare Voten zu Menschenrechten, Sexismus, Rassismus, Abrüstung, Umweltzerstörung u. a. m. als Hilfe empfunden werden. Dabei konnte eine deutliche Sprache geredet werden, wenn es um Mißstände in den Ländern der westlichen Welt ging; Christen aus demokratischen Ländern konnten es hinnehmen oder auch ausdrücklich begrüßen, wenn ihre Regierungen durch den ÖRK kritisiert und ermahnt wurden. Schweigen war hingegen geboten, wenn es um Mißstände im Ostblock ging, weil kritische ökumenische Voten die kirchliche Arbeit in diesen Ländern unweigerlich behindert, ja die Christen dort ins Martyrium gebracht hätten, auf jeden Fall die weitere Mitarbeit der Kirchen aus sozialistischen Ländern im ÖRK gefährdet hätten. Dieses Dilemma führte in politisch konservativen Kreisen der westlichen Welt zu dem pauschalen Vorwurf, der ÖRK sei „auf dem linken Auge blind", die russisch-orthodoxen Delegierten würden vom sowjetischen Geheimdienst gesteuert, um den ÖRK kommunistisch zu unterwandern.

Die Konflikte über die politischen Resolutionen des ÖRK machten insgesamt zweierlei deutlich: erstens, wie ohnmächtig die Kirche inmitten weltanschaulicher und politischer Kämpfe ist, und zweitens, wie übertrieben optimistisch die ÖRK-Delegierten zumeist die Wirkung ihrer politischen Resolutionen einschätzen. Wohl selten haben sie die Gewissen der Machthaber wachgerüttelt; ihre unentbehrliche Funktion haben sie freilich, um die Christen in den jeweiligen Ländern zu klarem Zeugnis und Dienst zu ermutigen und dabei ökumenische Hilfestellung zu geben.

Weitere kritische Stimmen kamen hinzu. Theologen aus Mitteleuropa und aus den orthodoxen Kirchen sahen in der sozialpolitischen Arbeitsweise einen fatalen Ausverkauf der Theologie. Es kam zu bitteren Klagen, daß der ÖRK theologisch unterbelichtet sei und politisch einseitig in der Dritten Welt und gegen die westlichen Industrienationen wirke. Daß die klassischen Fragen von „Glauben und Kirchenverfassung" in der Dritten Welt nur auf geringes Interesse stießen, verstärkte manches Unbehagen. Für den ÖRK insgesamt ist jedoch zwischen der vielfältigen Arbeit einerseits und dem publizistischen Echo andererseits zu unterscheiden. Angesichts der Fülle von Projekten des ÖRK und der Schwierigkeit, sie alle gleichmäßig publizistisch auszuwerten und in die Kirchen und Gemeinden hinein zu vermitteln, waren Mißverständnisse über den Kurs des ÖRK unausweichlich. Daß sich theologische Arbeit schwerer vermitteln läßt als ein politisch brisantes Aktionsprogramm, ist eine alte Erfahrung. Der Vorwurf der Einseitigkeit in dieser oder jener Hinsicht ist bei einer objektiven Betrachtung aller Projekte des ÖRK nicht aufrecht zu erhalten.

Von Nairobi nach Vancouver 1983

Auf dem Weg zur nächsten Vollversammlung in Vancouver 1983 gewannen die Einheitsthematik und die missionstheologische Arbeit neues Profil, und das „Streben nach einer gerechten, partizipatorischen und überlebensfähigen Gesellschaft" wurde durch einige Studien konkretisiert.

Die Kommission für Glauben und Kirchenverfassung verabschiedete in *Lima* 1982 die Konvergenzerklärungen über *Taufe, Eucharistie und Amt*. Sie faßten die ökumenischen Diskussionen seit der Lausanner Konferenz von 1927 zusammen und dokumentierten – mit römisch-katholischer Beteiligung – ein erstaunliches Maß an Gemeinsamkeiten. Die Kirchen wurden gebeten, „auf höchster Ebene der Autorität" Stellungnahmen abzugeben. Dieser Rezeptionsvorgang bewirkte eine bis dahin nicht gekannte intensive Beschäftigung in den Ortsgemeinden mit ökumenisch-theologischen Problemen.

Die Weltkonferenz für Mission und Evangelisation in *Melbourne 1980* war mit dem Thema „Dein Reich komme" erneut mit dem Verhältnis von Gottesreich und Weltgeschichte sowie von Evangelisierung und Humanisierung befaßt. Dabei wurde nach der „prophetischen Stellung der Dritte-Welt-Kirchen" gefragt, weil gerade bei ihnen sich viel Solidarität mit Befreiungskämpfen der Armen und Unterdrückten zeige und sie zu Zeichen des Reiches Gottes geworden seien. Theologische Bedenken, die Kämpfe der Armen als solche dürften nicht als gegenwärtige Zeichen des Gottesreiches identifiziert werden, wurden im allgemeinen ernstgenommen, konnten aber auch in Einzelstimmen als typisch westliche Theorie verdächtigt werden, die nur zur Lähmung und zur Stabilisierung ungerechter Strukturen beitrage und nur den Reichen nütze.

Die Kommission der Kirchen für Internationale Angelegenheiten setzte 1976 eine Beratungsgruppe für Menschenrechte ein und begann ein „*Programm für Abrüstung und gegen Militarismus und Wettrüsten*". Die Abteilung für Kirche und Gesellschaft hielt in Boston 1979 eine „*Konferenz über Glaube, Wissenschaft und Zukunft*", bei der erstmals beim ÖRK die ökologischen Probleme der Menschheit und die Frage nach einer ökumenischen Theologie der Schöpfung erörtert wurden.

Unbehagen breitete sich seit einiger Zeit im ÖRK aus, weil die Gemeinschaft untereinander bisweilen gestört schien. Die Probleme zwischen den nördlichen und südlichen, den reichen und den armen Kirchen waren nur ein Teil der Störungen. Im Zuge feministischer Bewegungen lehnten sich in zunehmendem Maße die Frauen gegen die Männerherrschaft in der Kirche auf. Die Frauenabteilung des ÖRK führte seit Anfang der 70er Jahre mehrere Konsultationen durch und gab mit der Studie „*Die Gemeinschaft von Frauen und Männern in der Kirche*“ (1981) viele Anregungen. In Vancouver 1983 waren fast 30 Prozent der Delegierten Frauen. Die *Jugend* für die ökumenische Bewegung zu interessieren und in ihre Arbeit zu integrieren, war von Anfang an ein Bestreben der ökumenischen „Pioniere“, doch Generationenkonflikte blieben nie aus. Die Weltbünde der Jugendorganisationen schienen jedenfalls besser geeignet zu sein, die ökumenische Kommunikation unter Jugendlichen selbst zu fördern, als der kleine Genfer Stab. Doch wurden ökumenische Jugendkonferenzen vor oder während anderer ökumenischer Konferenzen selbstverständlich. In Vancouver waren 13 Prozent der Delegierten unter 30 Jahren.

Die engagierte Arbeit der hauptberuflichen Mitarbeiter der Genfer Zentrale des ÖRK gibt dem Stab natürlich einen Vorsprung gegenüber den Leitern und Gliedern der einzelnen Mitgliedskirchen. Oft wurde geklagt – um im Bild zu bleiben –, die Genfer Vorhut habe den Kontakt zum Großteil der Mannschaft verloren. Man wisse viel zu wenig voneinander; und wenn sich in den ÖRK-Kommissionen stets nur die professionellen Ökumeniker untereinander treffen, sei das nicht repräsentativ für die Kirchen. Bei den Weltkonferenzen wiederum waren häufig 80 Prozent Neulinge, so daß eine kontinuierliche Arbeit schwierig wurde. Zur Förderung der persönlichen Kommunikation wurde daraufhin ein *ökumenischer Besuchsdienst* eingerichtet, bei dem ein ökumenisch zusammengesetztes Team jeweils zwei bis drei Wochen die Kirchen eines Landes besucht und die ökumenische Arbeit bespricht.

Vancouver 1983

Mit 847 offiziellen Delegierten aus nunmehr 304 Mitgliedskirchen sowie zahlreichen Beratern, Beobachtern, Gästen und Journalisten wurde die sechste Vollversammlung des ÖRK zur bis dahin größten ökumenischen Veranstaltung. Diese Größe, aber auch der Lebens- und Arbeitsstil der Christen aus der Dritten

Welt, die jetzt die Mehrheit ausmachten, führten zu einer Mischung von „Konferenz" und „Kirchentag" mit großem Beiprogramm.

Den Sorgen bezüglich der Überlebenschancen der Menschen angesichts ökologischer, ökonomischer und militärischer Bedrohungen wurde das Generalthema gegenübergestellt: „Jesus Christus – das Leben der Welt". Die Hauptarbeit der Konferenz geschah in Fachgruppen, die den einzelnen Abteilungen des ÖRK zugeordnet waren. Die Berichte legten einerseits die künftigen Programme fest und wandten sich andererseits mit etlichen Empfehlungen direkt an die Mitgliedskirchen. Insgesamt wiederholte sich eine gewisse Spannung, wie sie in der Anfangszeit der ökumenischen Bewegung zwischen der Bewegung für Praktisches Christentum und für Glauben und Kirchenverfassung bestanden hatte. Der Bericht des Problembereichs „Schritte auf dem Weg zur Einheit" stellte fest:

20 „Auf dieser Vollversammlung haben wir eine gewisse Spannung gespürt zwischen denjenigen, denen es in erster Linie um die Einheit der Kirche geht, und denjenigen, denen es um die dringende Notwendigkeit von Gerechtigkeit und Frieden und Versöhnung in der menschlichen Gemeinschaft geht. Einigen erscheint das Streben nach Einheit in einem Glauben und einer eucharistischen Gemeinschaft gegenüber dem Ringen um Frieden, Gerechtigkeit und Menschenwürde bestenfalls zweitrangig, wenn nicht irrelevant; anderen erscheint das gegen das Böse in der Geschichte gerichtete politische Engagement der Kirche bestenfalls zweitrangig, wenn nicht schädlich für ihre Aufgabe, als eucharistische Gemeinschaft zu leben und Zeugnis für das Evangelium abzulegen." (Offizieller Bericht, 75 f.)

Unter dem Eindruck der Lima-Erklärungen und vor allem des Abendmahlsgottesdienstes zu Beginn der Vollversammlung diskutierte man über einen „*eucharistischen Lebensstil* inmitten der Kämpfe um Gerechtigkeit, Frieden und Freiheit in der heutigen Welt". Die „Lima-Liturgie" hatte es erstmals möglich gemacht, daß orthodoxe, evangelische und römisch-katholische Liturgen an der Feier mitwirkten; allerdings haben die orthodoxen und römisch-katholischen Teilnehmer nicht kommuniziert, was die Spannung zwischen Gemeinschaft und Spaltung im ÖRK schmerzlich bewußt machte.

Die Kommission für Glauben und Kirchenverfassung wurde beauftragt, zwei Studien zu erstellen: I. *Zum gemeinsamen Verständnis des apostolischen Glaubens* und II. (in Verbindung mit anderen Abteilungen des ÖRK) *Die Einheit der Kirche und die Erneuerung der menschlichen Gesellschaft*.

Große Konflikte gab es in der Fachgruppe „*Zeugnis in einer gespaltenen Welt*". Hier wurde im Plenum die einseitig negative Beurteilung der Missionsgeschichte, das „universalistische" Dialogprogramm, welches die Einzigartigkeit Jesu Christ aufgebe, sowie die zu schwach ausgefallene evangelistische Seite des Berichts kritisiert, so daß er nicht angenommen, sondern nur dem Zentralausschuß überwiesen wurde. Dieser legte dann eine gründlich revidierte Fassung vor (vgl. den Offiziellen Bericht, 58ff). Ähnliche Kontroversen begegneten bei der Fachgruppe „*Für Gerechtigkeit und Menschenwürde kämpfen*", wo sich westliche Delegierte der „militanten" Sprache gegen die „Wirtschaftssysteme der nördlichen Hemisphäre", die ein Netz von Unterdrückung und Ungerechtigkeit begünstigen, widersetzten. Auch dieser Bericht wurde an den Zentralausschuß überwiesen, der ihn revidiert veröffentlichte (vgl. den Offiziellen Bericht, 110ff).

Einmütig wurden in dem Bericht „Empfehlungen an die Kirchen für ökumenisches Handeln" verabschiedet. Sie enthalten den Vorschlag, daß die Kirchen sich zu einem „Bund" (Covenant) zusammenschließen, um in der Welt für mehr Gerechtigkeit zu sorgen. Aus diesem Gedanken ist der „*Konziliare Prozeß für Gerechtigkeit, Frieden und Bewahrung der Schöpfung*" erwachsen.

21 „Zusammenkommen in einem Bund
Die Kirchen sollten auf allen Ebenen - Gemeinden, Diözesen und Synoden, Netzwerken christlicher Gruppen und Basisgemeinschaften - zusammen mit dem ÖRK sich in einem konziliaren Prozeß zu einem Bund zusammenfinden:
- um Christus, das Leben der Welt, als den Herrn über die Götzen unserer Zeit zu bekennen, als den guten Hirten, der seinem Volk und der ganzen Schöpfung ‚Leben und Leben in seiner ganzen Fülle' bringt;
- um den dämonischen Mächten des Todes zu widerstehen, die dem Rassismus, dem Sexismus, der Klassenherrschaft, der Unterdrückung der Kasten und dem Militarismus innewohnen;
- um die Mißstände in der Wirtschaftsordnung, der Wissenschaft und der Technologie zu verurteilen, die den Mächten und Gewalten gegen das Volk dienen." (Offizieller Bericht, 116)

Von Vancouver nach Canberra 1991

„*Gerechtigkeit, Frieden und Bewahrung der Schöpfung*"

Das herausragende Ereignis nach Vancouver 1983 war der „Konziliare Prozeß für Gerechtigkeit, Frieden und Bewahrung der Schöpfung". Allerdings gab es auch eine Reihe Irritationen dabei, weil die Erwartungen recht unterschiedlich waren.

Angesichts der nuklearen Bedrohung durch immer höhere militärische Rüstungen riefen die evangelischen Kirchen in Ostdeutschland (DDR) und die kirchlichen Friedensbewegungen in Westdeutschland (Carl Friedrich von Weizsäcker beim Düsseldorfer Kirchentag 1985) zu einem „Konzil des Friedens" auf, das – in Anlehnung an eine Rede Bonhoeffers in Fanö 1934 – ein eindeutiges christliches Bekenntnis zur Entmilitarisierung formulieren sollte, „das die Welt nicht überhören kann". Die Kirchen außerhalb Mitteleuropas sahen in diesem Aufruf einen illusionären deutschen Alleingang, der dem Konziliaren Prozeß des ÖRK Konkurrenz machen würde. Die Kirchen der südlichen Erdhälfte fragten fast erbittert, ob man im Norden immer noch nicht begriffen habe, daß die Friedensfrage von der Frage nach der Gerechtigkeit in der ganzen Welt abhängt und daß ein reines Friedenskonzil somit von den entscheidenden Weltproblemen ablenke und daß es die Kirchen des Nordens zu rasch in die gesellschaftlichen und ökonomischen Machtverhältnisse ihrer Länder einbinde. In Deutschland kamen heftige Proteste gegen das „Friedenskonzil" von den Evangelikalen, weil hier nur sozialistische und pazifistische Träumereien vorlägen, welche den Gottesfrieden mit dem Weltfrieden verwechselten.

Die EKD stellte bald klar, daß für sie kein Friedenskonzil neben dem ÖRK in Frage käme und daß die vorgetragenen Ideen in den Konziliaren Prozeß integriert werden sollten. In Deutschland ergriffen danach die beiden Arbeitsgemeinschaften christlicher Kirchen in der Bundesrepublik und in der DDR die Initiative zu nationalen Konferenzen für „Gerechtigkeit, Frieden und Bewahrung der Schöpfung". Da auch die römisch-katholische Kirche voll mitwirkte, kam es so zum ersten Mal seit der Reformation zu einem gemeinsamen Zeugnis aller christlichen Kirchen in Deutschland, und zwar in Dresden und in Stuttgart 1988. Zwar boten die Abschlußerklärungen sowohl in den jeweiligen theologischen Abschnitten wie in den Konkretionen manche Kompromißformulierungen und Allgemeinplätze, doch alles in allem waren die Erklärungen hilfreich für die Arbeit in den Gemeinden. Zumindest die ökumenisch engagierten Gemeindekreise setzten sich mit den Thesen darüber auseinander, wozu Christen in der Welt von heute motiviert und verpflichtet sein sollten. Ein überspringender Funke in die reale Politik war jedoch selten zu beobachten. Letztlich spiegeln sich auch in den Kirchen die (partei-)politischen Gegensätze wider, wie der Friede mit oder ohne Waffen gesichert werden kann oder wie ein neues Weltwirtschaftssystem aussehen könnte. Im reichen Deutschland ist vielen

Bürgern und Politikern nicht einsichtig zu machen, daß das Weltwirtschaftssystem grundlegend geändert werden müßte; nach dem Zusammenbruch des „real existierenden Sozialismus" in Osteuropa leuchtet vielen das erst recht nicht ein.

Im Jahre 1989 folgte auf europäischer Ebene in Basel die Ökumenische Versammlung „Gerechtigkeit in Frieden", welche gemeinsam von der Konferenz Europäischer Kirchen und vom römisch-katholischen Europäischen Bischofsrat veranstaltet wurde. Sie war für Europa ein kirchenhistorisches Ereignis ersten Ranges. Allerdings gelang es auf der größeren geographischen Ebene weniger als in Dresden und Stuttgart, konkrete Forderungen für die Friedenspolitik und für die ökonomischen und ökologischen Konsequenzen des christlichen Glaubens zu formulieren. Immerhin wurde einmütig bezeugt, daß keine Kirche und kein Christ sich diesen elementaren Menschheitsproblemen entziehen darf.

Sehr hoffnungsvoll für die gesamte Ökumene stimmte in Europa das Engagement der römisch-katholischen Kirche. Allerdings gab es stets Vorbehalte gegen die Begriffe „Konzil" und „konziliarer Prozeß", weil der Konzilsbegriff in der katholischen Kirche (wie bei den Orthodoxen!) als Versammlung der Bischöfe einen hohen Verbindlichkeitsgrad hat. Als jetzt beim Konziliaren Prozeß das ganze Netzwerk kirchlicher Werke und Verbände sich beteiligen wollte und sollte, war das für die offizielle katholische Kirche beinahe ein Anlaß, sich zurückzuziehen.

Was auf deutscher und europäischer Ebene noch gesamtökumenisch gelang, kam auf Weltebene nicht zustande. Die römisch-katholische Kirche war vom ÖRK eingeladen, die geplante Weltkonferenz für Gerechtigkeit, Frieden und Bewahrung der Schöpfung als Mitveranstalter mitzutragen. Nach einem für beide Seiten peinlichen Hin und Her sagte Rom schließlich nur eine Beteiligung von dreißig Beobachtern zu. Mit mancherlei rhetorischem Geschick versuchte man, diese glatte Absage in der Öffentlichkeit wie eine loyale Zusage zu interpretieren. Der ÖRK hatte allerdings seinerseits wenig getan, um römische Fragen zur Autorität einer solchen Weltkonferenz, zum Arbeitsstil und zum zu erwartenden Ziel rechtzeitig zu beantworten. Letztlich waren es dieselben theologischen und praktischen Gründe, die bisher einen Beitritt Roms zum ÖRK verhindert haben, die auch jetzt Roms offizielle Nichtbeteiligung an der Weltkonferenz begründeten: Der Papst will seine Autorität nicht in die Gemeinschaft von über dreihundert anderen Kirchen einbinden lassen.

Die Weltversammlung fand im März 1990 in Seoul statt. Es gab zur Vorbereitung ein Arbeitsdokument der Genfer Zentrale, welches bereits deutlich machte, daß die durch die Konferenzen in Dresden, Stuttgart und Basel gut vorbereiteten Deutschen und Europäer längst nicht alle ihre Anliegen einbringen konnten. Je höher die geographische Ebene ist, um so allgemeiner, unkonkreter und unverbindlicher werden die ökumenischen Verlautbarungen. Ein Großteil der Delegierten aus dem Süden der Welt hatte nicht einmal die Vorbereitungspapiere gelesen und war auch wenig an gediegenen theologischen und soziologischen Analysen interessiert. Als Ergebnis von Seoul kamen nur einige allgemeine Grundüberzeugungen („Affirmationen") und „Bundesschlüsse" heraus, zu welchen die Teilnehmer sich selber in der Hoffnung verpflichteten, die Kirchen als solche würden sich den Verpflichtungen anschließen. Der von vielen Europäern erhoffte Entwurf einer großen ökumenischen Sozialethik für die Ordnung der Welt blieb in Seoul aus. Das veranlaßte voreilig einige Berichterstatter, vom „Scheitern" von Seoul zu sprechen. Die Mitchristen im Süden jedoch wollen in ihren Heimatkirchen mehr den Geist als den Buchstaben ökumenischer Konferenzen vermitteln. Ob das freilich langfristig ausreicht, ist ebenso fragwürdig wie das einseitige Vertrauen auf die „Papier-Ökumene".

Der Konziliare Prozeß hat insgesamt zweifellos zu einer intensiven Bewußtseinsbildung in allen Kirchen beigetragen. Er ist noch nicht zu Ende, sondern soll weiterhin eine durchlaufende Perspektive christlichen Zeugnisses in der Welt sein; er ist in der neuen Struktur des ÖRK verankert. Der Prozeß hat aber auch deutlich gemacht, daß noch einige Grundprobleme bestehen, welche das gemeinsame Zeugnis erschweren:

Die Begriffe „Konziliarer Prozeß" und „Bundesschluß" sind theologisch ungeklärt, so daß sie weder für die Kirchen noch für mögliche weltliche Adressaten des ökumenischen Zeugnisses eindeutig besagen, wer hier eigentlich für wen mit welcher Kompetenz redet. Anders ausgedrückt: Die Verknüpfung von Ethik und Kirchenverständnis bedarf dringend einer ökumenischen Klärung. Die Seouler Sprachform, Selbstverpflichtungen einzugehen, ist gewiß ein wichtiger Beitrag der Christen zur Weltverantwortung. Aber er kann langfristig nicht eine ökumenische Sozialethik ersetzen (vgl. unten das Kapitel „Sozialbewegungen und Sozialethik").

Antworten auf die Lima-Erklärungen

Ende der achtziger Jahre gingen in Genf die offiziellen Antworten der Kirchen auf die Lima-Erklärungen zu „Taufe, Eucharistie und Amt" ein. Sie dokumentierten zunächst ein erstaunliches Maß an Gemeinsamkeiten und Konvergenzen; insofern ist die Lima-Rezeption ein ökumene-historischer Meilenstein. Doch andererseits zeigten die Antworten, daß bei den alten klassischen Kontroversfragen, besonders beim Eucharistie- und Amtsverständnis, noch längst keine Lehrübereinstimmung zwischen den Konfessionen in Sicht ist. Für die protestantischen Kirchen untereinander sind die Lima-Erklärungen eine große Hilfe auf dem Weg zur Kirchengemeinschaft, aber die offiziellen Antworten aus Rom und vom Ökumenischen Patriarchat in Konstantinopel signalisierten, daß ohne einen vollen Konsens über das katholische und orthodoxe Kirchenverständnis Einzel-„Konvergenzen" über Eucharistie und Amt nicht viel nützen. Umgekehrt stimmten gerade dem „katholischen" sakramentalen und hierarchischen Kirchenverständnis die evangelischen Kirchen nicht zu (vgl. unten das Kapitel „Lehrbewegung und Lehrkonsens").

„Apostolischer Glaube heute"

Seit etwa 1980 bearbeitet die Kommission für Glauben und Kirchenverfassung parallel zu den Lima-Erklärungen das Projekt „Auf dem Weg zu einem gemeinsamen Ausdruck des Apostolischen Glaubens heute". In zahlreichen Konsultationen wurde über eine ökumenische Anerkennung des Nizäno-Konstantinopolitanischen Glaubensbekenntnisses von 381 beraten, und es wurden gemeinsame Kommentare erstellt. Im Jahre 1991 wurde das Studiendokument „Gemeinsam den einen Glauben bekennen" vorgelegt (vgl. unten das Kapitel „Lehrbewegung und Lehrkonsens").

„Die Einheit der Kirche und die Erneuerung der menschlichen Gemeinschaft"

Unter diesem Titel versucht der ÖRK weiterhin, die beiden alten Strömungen der ökumenischen Bewegungen theologisch miteinander zu verbinden: das Ringen um Einheit im Glauben und die Verpflichtung zu Zeugnis und Dienst in der Welt. (Vergleiche dazu das Studiendokument „Kirche und Welt. Die Einheit der Kirche und die Erneuerung der menschlichen Gemeinschaft, Frankfurt/M. 1991.) Zugleich haben die Antworten auf die Lima-Erklärungen das Thema „Kirche" in den Mittelpunkt der ökumenischen Dialoge gerückt. Nach vielen Konsultationen dazu ist damit zu rechnen, daß bei der nächsten Weltkonferenz für

Glauben und Kirchenverfassung im Jahre 1993 dieses Thema einen Schwerpunkt bilden wird.

Weltmissionskonferenz in San Antonio 1989

Die Kommission für Weltmission und Evangelisation arbeitete seit 1982 auf der Grundlage der Ökumenischen Erklärung des Zentralausschusses „Mission und Evangelisation" (1982), mit der sie auch ein konstruktives Verhältnis zu den Evangelikalen aufzubauen suchte. Dies gelang zumindest teilweise, indem die ÖRK-Weltmissionskonferenz in San Antonio und der Kongreß für Weltevangelisation in Manila 1989 nicht mehr schier unüberbrückbare Gegensätze erkennen ließen. Die gemeinsame Grundlage im Christusbekenntnis und auch das im Prinzip gemeinsame Verständnis von „Mission als Teilhabe am Leiden und Beteiligung am Kampf um Gerechtigkeit und Befreiung" lassen auf eine Verständigung zwischen „Evangelikalen" und „Ökumenikern" hoffen (vgl. unten das Kapitel „Missionsbewegung und Missionstheologien").

Canberra 1991

Die Siebte Vollversammlung des ÖRK im australischen Canberra hatte zum ersten Mal nicht Christus, sondern den Heiligen Geist zum Hauptthema: „Komm, Heiliger Geist, erneuere die ganze Schöpfung". Vor allem die orthodoxen Ostkirchen hatten schon lange angemahnt, neben der christologisch akzentuierten Theologie des Westens stärker das Wirken des Heiligen Geistes und der ganzen Trinität zu bedenken.

Freilich – der Geist weht, wo er will. Und in Canberra präsentierte sich der ÖRK als ein nahezu unüberschaubarer Gemeinsamer Markt vielfältiger Charismen. Es kam die besorgte Frage auf, ob wirklich der Heilige Geist uferlos alles harmonisiere – von den Anliegen unzähliger Gruppen des ökumenischen Netzwerkes bis hin zu „synkretistischen" Tendenzen (= Religionsvermischung) bei der Frage, inwiefern der Heilige Geist auch in anderen Religionen wirkt. Ist nicht der Heilige Geist auch klar und eindeutig, so daß Irrwege und Irrlehren benannt werden müssen und die Geister sich dann scheiden?

Solche Sachfragen verknüpften sich in Canberra mit einem für Europäer ungewohnten Konferenzstil. Die Mehrheit von ökumenisch völlig unerfahrenen Delegierten, eine Quotenregelung, welche quantitative Repräsentativität, aber keine qualitative Repräsentanz der Kirchen beschert, das Desinteresse an einer inhaltlichen Vorbereitung, das Improvisieren der geistigen Auseinandersetzungen – das alles ließ die Vollversammlung als oberstes Leitungsgremium des ÖRK verkümmern und zu einem „Weltkirchentag“ werden. Ein solcher Kirchentag mit Festival-Charakter, mit theatermäßigen „Präsentationen“ der Probleme statt Referaten mit Aussprachen, mag auch einen guten Sinn haben; doch dann sollte man die Satzung ändern und etwa dem Zentralausschuß als eigentlichem Leitungs- und Arbeitsgremium entsprechend mehr Kompetenzen übertragen, um die Arbeit des ÖRK zu profilieren.

In Canberra gab es erstmals in Ausschüssen keine kritische Überprüfung der vielfältigen Arbeit des ÖRK. Die Weltkonferenzen von Seoul 1989 und San Antonio 1990 sowie die teilweise hervorragenden Studiendokumente der einzelnen Programmeinheiten des ÖRK spielten in Canberra kaum eine Rolle. Vielmehr wurde in den Sektionen – mit wenigen Ausnahmen – improvisiert, als ob die Ökumene gerade erst begänne. Dem klugen Eingreifen des Genfer Stabes und einiger ökumenisch erfahrener Delegierter ist es zu verdanken, daß die Canberra-Texte nicht völlig niveaulos von bisherigen Weltkirchenkonferenzen abfielen. Wenn wegen dieses Arbeitsstils vor allem die Europäer von einer „Krise“ des ÖRK sprachen, so war das in dieser Hinsicht durchaus berechtigt. Andererseits muß man nüchtern zur Kenntnis nehmen, daß der europäische Konferenz- und Arbeitsstil mit der Dauerproduktion von „Papieren“ sich weltweit nicht mehr durchhalten läßt. Die Christen in der Dritten Welt haben freilich bisher auch noch keine überzeugende Alternative dazu vorgestellt.

Abgesehen von solchen gewiß wichtigen Fragen der ökumenischen Arbeitsform gab Canberra trotz mancher Verwirrung einige bedeutsame Signale oder Zeitzeichen:

– Die Suche nach der Einheit im Glauben und nach der sakramentalen Gemeinschaft der Kirche einerseits und die Kämpfe für Gerechtigkeit, Frieden und Bewahrung der Schöpfung andererseits gehen im christlichen Zeugnis eng zusammen. Etwa zu behaupten, der ÖRK sei „nur noch eine Befreiungsbewegung“, zeugt von Ignoranz oder bösem Willen.

– Das konfessionelle Problem liegt gegenwärtig im Winterschlaf. In multilateralen und bilateralen Dialogen sind in den letzten fünfzig Jahren alle wichtigen Fragen durchgesprochen, doch bei den traditionell kirchentrennenden Lehrdifferenzen ist im evangelisch-katholischen wie im evangelisch-orthodoxen Dialog kein ökumenischer Durchbruch in Sicht. In dieser Situation ist es kein billiger Trost, sondern eine vernünftige ökumenische Zwischenbilanz, daß die Kirchen sich jetzt auf die Gemeinschaft im Fundamentalen des apostolischen Glaubens besinnen und von da her die klassischen Gegensätze vielleicht in einem neuen Licht sehen lernen.

– Als zentrales theologisches Thema der nächsten Jahrzehnte hat sich in Canberra das Verhältnis von klassischer Theologie und neuen „Kontextuellen Theologien" erwiesen (vgl. unten das Kapitel „Soziokulturelle Bewegungen und Kontexttheologien"). Die Christenheit steht elementar vor der Frage, wie sie sich theologisch als eine Gemeinschaft verschiedener Kulturen begreift und was das für die Einheit und Pluralität in der Theologie bedeutet. In diesem Zusammenhang gewinnt auch der Dialog mit anderen Religionen und Weltanschauungen neues Gewicht. Das Bemühen, von Gottes Schöpferhandeln her die Menschheit als eine „Gemeinschaft von Gemeinschaften" zu begreifen und ohne Preisgabe des Christuszeugnisses von Dialog und Versöhnung zwischen diesen Gemeinschaften zu sprechen, hat nichts mit einer Verwechslung von Reich Gottes und Weltgesellschaft und nichts mit Synkretismus zu tun. Die Hauptaufgabe der Ökumene bleibt, allen Menschen zu bezeugen, daß Gott nicht nur die Christen, sondern daß er die Welt liebt und die ganze bewohnte Erde (= Ökumene) mit sich versöhnen will.

5. Das ökumenische Netzwerk

Der interkonfessionelle ökumenische Gedanke war seit Mitte des 19. Jahrhunderts nicht durch die kirchlichen Institutionen, sondern durch Einzelpersonen und durch christliche Gruppen wie die Evangelische Allianz, die Jugend- und Studentenbewegung oder die Missions-, Sozial- und Friedensbewegung entstanden und gefördert. Diese „Bewegungen" hatten zwar auch ihre Organisationen hervorgebracht und lebten bewußt in der Institution Kirche. Doch gab es erhebliche Irritationen in den zwanziger und dreißiger Jahren, als nun die Kirchen die offiziellen Träger der ökumenischen Weltkonferenzen wurden, diese aber das freie und bisweilen auch kritische Wirken der „Bewegungen" und „Verbände" oft nur schwer integrieren konnten. Nach der Gründung des ÖRK im Jahre 1948 blieben noch zahlreiche andere ökumenische Organisationen bestehen, über die die folgende Übersicht informiert. Zumeist müssen Stichworte genügen; bei einigen für die heutige Ökumene wichtigen weltweiten Gemeinschaften wird deren Geschichte etwas ausführlicher dargestellt.

Weltweite kirchliche Gemeinschaften

Als Weltorganisationen haben die Konfessionellen Weltbünde („Weltweite christliche Gemeinschaften", wie man heute zusammenfassend sagt) eine bleibende Bedeutung in der ökumenischen Bewegung. Inwiefern sie ihre Mitgliedskirchen zu weltweitem und interkonfessionellem Engagement ermutigen oder eher eine konfessionelle Selbstgenügsamkeit fördern, kann durchaus unterschiedlich sein. Parallelität und mancherlei Konkurrenz zum ÖRK können ebenso geschehen wie eine hilfreiche konkrete Vorarbeit für die größere Ökumene im ÖRK. (Vgl. unten das Kapitel II „Die Konfessionen und die ökumenische Bewegung")

Regionale kirchliche Zusammenschlüsse

Bereits vor der Gründung des ÖRK gab es eine Reihe von interkonfessionellen „Nationalen Christen- und Kirchenräten". In den USA wurde 1908 der Federal Council of Churches (Kirchenbund) und in Großbritannien 1942 der British Council of Churches (Britischer Rat der Kirchen) gegründet.

„National Christian Councils" („Nationale Christenräte") entstanden als Untergliederungen des Internationalen Missionsrates nach 1921 vor allem in Asien und Afrika. Es handelte sich um interkonfessionelle Vereinigungen von Missionsgesellschaften und einheimischen Kirchen. In den westlichen Ländern entsprachen diesen Christenräten die „Missionsräte" als Zusammenschlüsse der Missionsgesellschaften bzw. der kirchlichen Missionsabteilungen (in Deutschland heute: Evangelisches Missionswerk).

Regionale bzw. kontinentale kirchliche Zusammenschlüsse entstanden großenteils mit Unterstützung des ÖRK, was nicht ausschloß, daß hier auch Kirchen mitwirken, die nicht Mitglieder des ÖRK sind (wegen ihrer geringen Mitgliederzahl oder aus sonstigen Erwägungen). Die römisch-katholische Kirche ist lediglich Mitglied der Pazifischen und Karibischen Kirchenkonferenz, aber darüber hinaus auch etlicher „Nationaler Ökumenischer Räte" und „Arbeitsgemeinschaften christlicher Kirchen" (die Namen variieren).

All diese „Räte“ lehnen sich in ihren Satzungen an den ÖRK und seine theologische „Basis“-Formulierung an.

Konferenz Europäischer Kirchen (KEK)

Seit 1959 Zusammenschluß fast aller nicht-römisch-katholischer Kirchen in Ost- und Westeuropa und insofern eine wichtige Brücke über die ideologischen Blöcke und den Eisernen Vorhang hinweg. Ein nur kleiner Stab in Genf entwickelte eine intensive Studien- und Informationsarbeit, doch erreichte die Konferenz nur selten eine Breitenwirkung in die Gemeinden hinein.

Im Zusammenhang des sich vereinigenden Europa und der Frage, welchen Beitrag die Kirchen für die geistigen und sozialen Grundlagen Europas leisten können, wird die Bedeutung der KEK wachsen.

Mitglieder (= M): 117 protestantische (einschließlich anglikanische) und orthodoxe Kirchen aus allen europäischen Ländern (außer Albanien).

Christliche Konferenz Asiens

Nach Vorläuferorganisationen wurde 1959 die Ostasiatische Christliche Konferenz konstituiert. Danach kamen Mitgliedskirchen aus anderen Regionen zwischen Pakistan, Japan, Neuseeland und Australien hinzu, so daß 1973 eine Verfassungsreform den Namen „Christliche Konferenz Asiens“ festlegte.

M: 40 Millionen Christen in etwa neunzig Kirchen in 17 Ländern; ferner 16 Nationale Christenräte.

Pazifische Konferenz der Kirchen

Im Gebiet der Inselgruppen Mikronesien, Melanesien und Polynesien gab es zunächst eine Konferenz der Kirchen und Missionen. Aus ihr entstand 1966 die Pazifische Konferenz der Kirchen, der sich 1976 auch die römisch-katholische Kirche (Konferenz der katholischen Bischöfe der Provinz Ozeaniens) anschloß. Sie macht sich zur Sprecherin der riesigen ökologischen Sorgen in der Region, insbesondere bezüglich des Mißbrauchs des Pazifik für Atomtests und als Militärbasis.

M: 21 Kirchen und Kirchliche Verbände.

Gesamtafrikanische Kirchenkonferenz

1958 trat erstmals eine große Kirchenkonferenz zusammen, die 96 Kirchen aus 25 Ländern repräsentierte. 1963 wurde die Gesamtafrikanische Kirchenkonferenz gegründet. Neben Fragen einer spezifischen afrikanischen Theologie hat die Konferenz einen starken politischen Akzent: Das Rassismusproblem sowie Flüchtlings- und Nothilfe bei den zahlreichen Krisenherden stehen im Vordergrund der kirchlichen Versöhnungsarbeit.

Mittelöstlicher Rat der Kirchen

Nach dem Zweiten Weltkrieg entwickelte sich aus einem Missionsrat der „Nahöstliche Christenrat“ und 1964 der „Nahöstliche Kirchenrat“ (hauptsächlich protestantisch).

1973 erfolgte die Gründung des „Mittelöstlichen Kirchenrats" (mit orthodoxen Kirchen).

Die orthodoxen, altorientalischen und protestantischen Kirchen sind hier stark engagiert in der zwischenkirchlichen Hilfe, vor allem auch beim palästinensischen Flüchtlingsproblem. Es wuchs die Zusammenarbeit bei der theologischen Ausbildung und beim Dialog mit dem Judentum und dem Islam, wobei sich dieser Dialog bei dem engen Zusammenleben der drei Religionen in dieser Region als recht schwierig erweist.

M: fünfzehn protestantische Kirchen, vier byzantinisch-orthodoxe und drei altorientalisch-orthodoxe Kirchen im Raum zwischen Algerien und Iran.

Karibische Konferenz der Kirchen

Nach einer Vorstufe ökumenischer Zusammenarbeit im protestantischen Bereich wurde 1973 die Karibische Konferenz der Kirchen gegründet, und zwar von Anfang an mit wesentlichen Impulsen der römisch-katholischen Kirche in der Karibik.

M: 30 römisch-katholische, orthodoxe und protestantische Kirchen.

Lateinamerikanischer Rat der Kirchen

Im sogenannten „katholischen" Kontinent entstanden 1961 mit Hilfe des ÖRK drei lateinamerikanische ökumenische Organisationen: Die „Lateinamerikanische Kommission für christliche Erziehung" (CELADEC), die „Kommission für Kirche und Gesellschaft" (ISAL) und die „Provisorische Kommission für Evangelische Einheit in Lateinamerika" (UNELAM unter Emilio Castro). ISAL war maßgeblich an der Entwicklung der lateinamerikanischen Befreiungstheologie beteiligt. Aus UNELAM ging 1982 der „Lateinamerikanische Rat der Kirchen" (CLAI) hervor, dem alle orthodoxen, anglikanischen und reformatorischen Kirchen angehören. Zurückhaltung gab es bei den evangelikalen Kräften und bei den rasch wachsenden Pfingstkirchen, von denen nur diejenigen in der Ökumene mitwirken, die sich beständige Organisationsformen gegeben haben.

Die Kontakte zum katholischen Bischofsrat in Lateinamerika (CELAM) gestalten sich nicht zuletzt wegen der innerkatholischen Kontroversen über die Befreiungstheologie und wegen konservativ-konfessionalistischer Tendenzen von Land zu Land unterschiedlich.

Weltweite ökumenische Organisationen

Missionswerke

(Zum Inhaltlichen vgl. unten das Kapitel „Missionsbewegung und Missionstheologien".)

Der 1921 von den selbständigen Missionsgesellschaften und den missionierenden kirchlichen Institutionen gebildete Internationale

Missionsrat (IMR), hat sich offiziell weder an den Weltkirchenkonferenzen noch an der Gründung des Ökumenischen Rates der Kirchen (1948) beteiligt. Niemand dachte dabei an eine Abkoppelung des missionarischen Gedankens von der ökumenischen Bewegung. Im Gegenteil: Die Gründung des IMR und ihm nachfolgend in vielen Ländern die Bildung erster „Nationaler Christenräte“ als Untergliederungen des IMR galten als ökumenische Pionierleistung, weil die Missionsgesellschaften und Missionskirchen sich schneller ökumenisch zu formieren verstanden als die offiziellen Kirchen. Doch erst als die Missionsgesellschaften und „Mutterkirchen“ ihre Verantwortung ganz den selbständigen Kirchen in der Dritten Welt übertragen hatten, kam es 1961 zur Integration des IMR in den ÖRK.

Weltbund der Bibelgesellschaften

(Zum Inhaltlichen vgl. unten das Kapitel „Bibelbewegung und Bibelauslegung“.)

Fast alle nationalen Bibelgesellschaften, die seit dem 18. Jahrhundert entstanden, waren innerprotestantisch-ökumenisch ausgerichtet. Im Jahre 1946 schlossen sich 16 (heute 59) Gesellschaften zum „Weltbund der Bibelgesellschaften“ zusammen. Sie unterstützen sich gegenseitig bei der Übersetzung, der Herstellung und beim preisgünstigen Vertrieb von Bibeln.

Evangelische Allianz

Das Wirken der Allianz bezog sich seit 1846 auf einzelne Christen, nicht auf eine Vereinigung der kirchlichen Institutionen. Die Arbeit wurde in nationale Zweigvereine gegliedert, wobei der britische Zweig rasch wuchs, während beispielsweise in Deutschland die Erweckungsbewegungen erst nach und nach von dem Allianzgedanken erfaßt wurden.

Die jährliche *Allianzgebetswoche* und die *Evangelisationen* waren die Veranstaltungen, mit denen erste Ansätze ökumenischer Spiritualität entstanden. Die Kommunikation der Allianzgruppen untereinander erfolgte durch Allgemeine Konferenzen, durch Zeitschriften („Evangelical Christendom“, „Neue Evangelische Kirchenzeitung“) und durch öffentliche Erklärungen, insbesondere über die Stellung zur Bibel. Mit der Betonung der göttlichen Inspiration stellte sich die Allianz gegen die wissenschaftliche historisch-kritische Exegese. Zu den Bewegungen der

Weltkirchenkonferenzen seit den 20er Jahren verhielt man sich wegen des dortigen kirchlich-institutionellen Einheitsstrebens distanziert und neutral. Im Verständnis der „geistlichen Einheit aller Gläubigen in Christus" blieb die Allianz auf ihre Weise ein Teil der ökumenischen Bewegung. In Deutschland jedenfalls hat die Allianz bis Mitte des 20. Jahrhunderts in den pietistischen Kreisen, in vielen evangelischen Ortsgemeinden, im CVJM, in den Freikirchen, in den Missionsgesellschaften und Bibelschulen sicherlich ebenso zum ökumenischen Bewußtsein beigetragen wie die Bewegungen der Weltkirchenkonferenzen.

Die Organisationsstruktur blieb zunächst schwach. Erst 1884 wurde ein internationales Komitee gegründet, und erst nach dem Zweiten Weltkrieg wurde die weltweite Zusammenarbeit intensiviert. Im Jahre 1951 entstand in Holland die „*World Evangelical Fellowship*", der jedoch einige europäische Zweige, auch der deutsche, nicht beitraten. Die amerikanischen Vertreter hatten im Glaubensbekenntnis durchgesetzt, die Bibel „infallible" zu nennen und sich scharf gegen die ökumenische Bewegung der Kirchen (ÖRK) zu wenden. Die Allianzzweige aus Deutschland, Norwegen, Dänemark, Schweden und der Schweiz konnten dieser Haltung nicht folgen und gründeten 1952 die „*Europäische Evangelische Allianz*". Nach der Integration des Internationalen Missionsrates in den ÖRK (Neu Delhi 1961) und dem beim ÖRK sich entwickelnden Dialogprogramm und politischen Engagement kam es auch bei der Europäischen Evangelischen Allianz zu größerer Distanz zum ÖRK, ja es wurde in ihren Kreisen geradezu ein Gegenüber von „evangelikal" und „ökumenisch" formuliert. Im Jahre 1968 wurde der Bruch mit der World Evangelical Fellowship behoben, als auch sie sich bereitfand, bezüglich der Schriftautorität von „entirely trustworthy" (vollständig zuverlässig) statt „infallible" zu sprechen.

Die *Deutsche Evangelische Allianz* zählt gegenwärtig 3000 Allianzkreise. Eine Reihe von Organisationen arbeitet auf der Basis der Allianz, z. B. die Arbeitsgemeinschaft Evangelikaler Missionen und der Evangeliumsrundfunk. (Vgl. den Wortlaut der Basis der Deutschen Evangelischen Allianz, in: TRE 10, 655 f.)

Vom Selbstverständnis her, einzelne Gläubige zu vereinen, ist die Evangelische Allianz kein Gegenüber zu den Kirchen; ihre Mitglieder sind weiterhin Glieder der evangelischen Landes- und Freikirchen, die fast alle zum ÖRK gehören. Doch hat die Opposition gegen die „moderne Theologie" in den Kirchen und gegen die vermeintlich rein horizontalistische und politisch zu „linke" Politik des ÖRK langsam auch zu Parallelstrukturen geführt; wobei es neben der Evangelischen Allianz noch andere „evangelikale" Bekenntnisbewegungen und Zusammenschlüsse gibt: „man schätzt, daß nur etwa ein Drittel aller Evangelikalen in Verbindung mit der World Ev. Fellowship stehen" (Ökumene-Lexikon, 361). In Deutschland sind der einflußreiche „*Informationsdienst der Evangelischen Allianz" (idea)* und der Hilfsfonds für die Dritte Welt „*Hilfe für Brüder*" (1977/78 als Alternative zu „Brot für die Welt" gegründet) zu nennen. Und auf Weltebene wurden die „*Weltkongresse für Evangelisation*" weit beachtete Veranstaltungen, die parallel und korrigierend zu den Weltmissionskonferenzen des ÖRK angelegt waren: 1974 in Lausanne („Lausanner Verpflichtung"), 1980 in Pattaya/Thailand, 1983 in Wheaton/USA und 1989 in Manila (Lausanne II).

Die ursprüngliche Frontstellung gegen die römisch-katholische Kirche hat sich seit dem Zweiten Vatikanischen Konzil gelockert, doch ist Reserve gegenüber der „Weltkirche" und auch Skepsis gegenüber dem katholischen Ökumenismus vorhanden, hinter dem man gegenreformatorische Tendenzen fürchtet, solange der Papst seine dogmatischen Ansprüche nicht aufgibt.

Jugend-, Männer- und Frauenwerke

Für die Entwicklung des ökumenischen Gedankens waren die christlichen Jugend- und Studentenbewegungen bedeutsam. Aus ihnen entstanden im 19. Jahrhundert nicht nur die ersten großen interkonfessionellen Weltorganisationen, hier war vor allem auch die Geburtsstätte vieler Ideen, die im 20. Jahrhundert die ökumenische Bewegung der Kirchen erfaßte.

Der *CVJM* (Christlicher Verein Junger Männer, YMCA) entstand 1855 am Rande einer Tagung der Evangelischen Allianz und legte seine geistliche, christologische und evangelistische Grundlage durch seine Basisformel fest:

22 *Pariser Basis des CVJM, 1855*: „Die CVJM haben den Zweck, solche Jungen Männer miteinander zu verbinden, welche Jesus Christus nach der Heiligen Schrift als ihren Gott und Heiland anerkennen, in ihrem Glauben und Leben seine Jünger sein und gemeinsam danach trachten wollen, das Reich ihres Meisters unter jungen Männern auszubreiten."

Der CVJM hatte sich zwar nicht die Überwindung der Kirchenspaltungen zum Ziel gesetzt, aber durch seine grundsätzliche Offenheit für alle evangelischen, orthodoxen und römisch-katholischen Jugendlichen das ökumenische Bewußtsein nachhaltig gefördert und geprägt. Der Weltbund setzte voraus, daß die nationalen Verbände überkonfessionell arbeiten. Faktisch blieb er jedoch auf den protestantischen Raum beschränkt; Rom hatte bis zum Zweiten Vatikanischen Konzil katholischen Jugendlichen die Mitgliedschaft untersagt.

CVJF (Christlicher Verein Junger Frauen, YWCA): War der CVJM weltweit stark pietistisch bestimmt, so zeigte die weibliche Jugend- und Frauenarbeit von Anfang an darüber hinaus große Offenheit und insbesondere ein Engagement für soziale Probleme. Innere Mission und Diakonissenvereine waren die ersten Anreger, vereinsmäßig junge Frauen zu sammeln und 1898 den Weltverband CVJF zu gründen. Die übernommene CVJM-Basis wurde 1914 durch eine eigene Formel ersetzt, um die Zusammenarbeit mit Einrichtungen der orthodoxen und römisch-katholischen Kirche zu erleichtern.

23 *CVJF-Basis, 1914*: „Glaube an Gott den Vater als den Schöpfer und an Jesus Christus, seinen eingeborenen Sohn, als Herrn und Heiland und an den Heiligen Geist als den Offenbarer der Wahrheit und die Quelle der Kraft zu Leben und Dienst, nach der Lehre der Heiligen Schrift."

Diese altkirchlich orientierte Sprache war Mitte des Jahrhunderts nicht mehr nachvollziehbar, so daß 1955 eine schlichtere Fassung beschlossen wurde. Verständlichkeit ohne inhaltliche Zurücknahmen wurde als Beitrag zur ökumenischen Kommunikation verstanden.

24 *CVJF-Basis, 1955*: „Glaube an Gott, den allmächtigen Vater, und an Jesus Christus, seinen einzigen Sohn, unseren Herrn und Heiland, und an den Heiligen Geist."

Seit Mitte des 20. Jahrhunderts kann man von einer spezifischen Frauenbewegung in der Ökumene sprechen. Nach regionalen Vorläufern wurde 1967 das Internationale Komitee für den „*Weltgebetstag der Frauen*" gegründet. Dabei sind auch römisch-katholische Organisationen beteiligt. Innerhalb des ÖRK erzielte die Frauenbewegung mit dem langjährigen *Studienprogramm „Die Gemeinschaft von Frauen und Männern in der Kirche*" einen enormen Bewußtseinswandel in den traditionell männlich geprägten Kirchen. Die Entwicklung der „*Feministischen Theologie*" ist seit den siebziger Jahren ein ökumenisches Phänomen quer durch alle Konfessionen.

CSW (Christlicher Studenten-Weltbund): Die christliche Studentenbewegung ging aus den evangelistischen Bewegungen des 19. Jahrhunderts und aus der Student-YMCA hervor (als Weltbund, CSW, 1895), war aber seit Ende der 20er Jahre offen für

Vertreter aller theologischen Richtungen und bald auch für soziales und politisches Engagement.
Die christlichen Jugend-, Männer- und Frauenbewegungen waren oft Avantgarde für das, was die Kirchen insgesamt erst später aufgriffen:

- interkonfessionelle Spiritualität,
- Ökumene als geistliche Einheit in Christus zu begreifen und entsprechend Gemeinschaft zu pflegen (das 1924 vom Christlichen Studentenweltbund herausgegebene ökumenische Gesangbuch „Cantate Domino" ist, etwas überarbeitet, immer noch beim ÖRK in Gebrauch),
- Aufbau interkonfessioneller und internationaler Strukturen, z.B. 1907 die CSW-Konferenz in Tokio als erste christliche Weltkonferenz auf asiatischem Boden, 1911 die CSW-Konferenz in Konstantinopel als erste große evangelisch-orthodoxe Konferenz der Neuzeit, welche die orthodoxe Studentenbewegung zum Aufblühen brachte, 1939 die erste große Weltkonferenz christlicher Jugend in Amsterdam, die von allen christlichen Weltbünden für Jugendarbeit getragen wurde und bei der 1500 Delegierte aus 70 Ländern mit großem Elan kirchliche, soziale und politische Probleme erörterten,
- das Drängen auf christliche Taten in der Friedensbewegung, der sozialen, der feministischen, der entwicklungspolitischen, der ökologischen Bewegung usw.

Allerdings wurden auch diese ökumenischen Organisationen ein Spiegelbild von Kirche und Gesellschaft: die Spannungen zwischen „evangelikal" und „ökumenisch" erfaßte auch ihre Arbeit, und die unterschiedlichen Interessen und Probleme in den einzelnen Kontinenten lösten bei ihren Weltkonferenzen Konflikte zwischen den regionalen Gruppen aus, die teilweise zu einer stärkeren Regionalisierung der Arbeit in den Weltbünden führte.

Die *römisch-katholischen Parallel-Organisationen* hatten ihre eigene Geschichte bis zum Zweiten Vatikanischen Konzil. Seitdem gibt es vor allem auf örtlicher und nationaler Ebene viel ökumenische Gemeinsamkeit (neben den normalen Konkurrenzproblemen), auf die hier nur hingewiesen werden kann.

(Hier werden nur kurz einige Organisationen vorgestellt; zum Inhaltlichen vgl. unten das Kapitel „Friedensbewegung und Friedensethik".)

Als Vorläufer der ökumenischen Friedensdienste sind zunächst die „*Historischen Friedenskirchen*" zu erwähnen: die Mennoniten, die Quäker und die Kirche der Brüder (Church of the Brethren). Sie lehnen für sich jegliche Art von Beteiligung an Kriegen ab und begründen den radikalen christlichen Pazifismus, den sie zugleich mit aktiver Versöhnungs- und Sozialarbeit verbinden.

1914 bis 1948: „*Weltbund für Internationale Freundschaftsarbeit der Kirchen*" (s.o.)

1914/19 „*Internationaler Versöhnungsbund*" (IVB/CJVB): Er besteht als pazifistischer interkonfessioneller Friedensbund bis heute in 30 Staaten aller Erdteile mit etwa 100 000 Mitgliedern.

„*Christliche Friedensdienste*": Unter diesem Namen gibt es ein internationales ökumenisches Netzwerk von „Aufbaulagern", „Versöhnungsdiensten" (z. B. Aktion Sühnezeichen/Friedensdienste) und „Entwicklungsdiensten". Hier wirken für einen begrenzten Zeitraum vor allem junge Menschen bei internationalen Arbeitseinsätzen mit. Als ökumenisch-internationaler und pazifistischer Entwicklungsdienst wurde 1957 von den Friedenskirchen und dem IVB „*Eirene, Internationaler Christlicher Friedensdienst*" gegründet.

(„Prager") „Christliche Friedenskonferenz" (CFK): Sie entstand 1958 aus Kontaktkreisen zwischen deutschen und tschechoslowakischen Christen, die seit dem Zweiten Weltkrieg bestanden. Es herrschte die Überzeugung, die Kirchen hätten ihre Verantwortung für den Frieden vernachlässigt und es müsse im Sinne D. Bonhoeffers ein weltweites „Konzil des Friedens" einberufen werden. Nach drei vorbereitenden „Christlichen Friedenskonferenzen" in den Jahren 1958 bis 1960 kam im Jahre 1961 in Prag die „I. Allchristliche Friedensversammlung" zusammen. Der Begriff „Konzil des Friedens" wurde fallengelassen, weil man eine falsche Konkurrenz zum ÖRK (World Council) und zum angekündigten römisch-katholischen Vatikanischen Konzil vermeiden wollte. Die über 600 Teilnehmer aus 42 Ländern setzten sich aus starken offiziellen Delegationen der Kirchen in den sozialistischen Ländern Osteuropas und aus Einzelteilnehmern und Vertretern verschiedener christlicher Friedensgruppen aus den westlichen Ländern zusammen. Präsident und einflußreichste Persönlichkeit war der Prager Theologe Joseph L. Hromádka. Bei den weiteren Allchristlichen Friedensversammlungen (1964, 1968,

1971, 1978) wurde der Einfluß der russisch-orthodoxen Kirche sehr wirksam, insbesondere nach den politischen und militärischen Ereignissen in der CSSR im Jahre 1968. Die kontroverse politische Deutung dieses Ereignisses führte die CFK in eine schwere Existenzkrise und auch zu zahlreichen Austritten.

Inzwischen beteiligten sich an der CFK aber auch viele Christen aus den Kirchen der Dritten Welt. Sie ergänzten die bisherige Konzentration auf den militärischen Ost-West-Konflikt bzw. auf die Abrüstungsproblematik durch die globale Sicht, daß erst der Kampf für mehr Gerechtigkeit in der Welt Voraussetzungen für eine Friedensordnung schaffen kann. Die politische Profilierung der CFK-Arbeit richtete sich seit 1970 auf „antiimperialistische Kämpfe"; der Begriff „Versöhnung" wurde abgelehnt, weil er politisch zu einer Überparteilichkeit oder Neutralität führe, während für Christen eine Parteinahme im internationalen Klassenkampf nötig sei. Diese politische Analyse und Sprache macht es verständlich, daß die CFK von ihren Kritikern ideologisch einseitig eingestuft wurde; ihren Verlautbarungen wurden auch propagandistische sozialistische Absichten unterstellt, so daß die Breitenwirkung der CFK begrenzt blieb. In den 80er Jahren und mit Beginn des „Konziliaren Prozesses für Gerechtigkeit, Frieden und Bewahrung der Schöpfung" wurde es immer stiller um die CFK, und nach der politischen Wende in Osteuropa ist ihre Zukunft ungewiß.

In der *römisch-katholischen* Kirche gibt es eine Reihe von Friedensdiensten, die hier nicht eigens aufgeführt werden können. Die wichtigste katholische Friedensbewegung ist „Pax Christi", die gegen Ende des Zweiten Weltkrieges in Frankreich entstanden war.

Entwicklungsdienste

In der christlich-sozialen Bewegung und ihren Organisationen, im Weltbund für Internationale Freundschaftsarbeit der Kirchen sowie in der Bewegung für Praktisches Christentum liegen die Wurzeln für das, was seit den fünfziger Jahren „Entwicklungshilfe" und „kirchlicher Entwicklungsdienst" genannt wird. Die jeweiligen nationalen und konfessionellen Organisationen suchte der ÖRK (Kommission für Kirchlichen Entwicklungsdienst) durch mehrere ökumenische Entwicklungskonferenzen zu koordinieren. Teilweise stellte sich jedoch heraus, daß die projektbezogenen Hilfen, auch Maßnahmen für eine „Hilfe zur Selbsthilfe" vertrauensvoller auf konfessioneller Ebene gelang. So ist beispielsweise der Entwicklungsdienst des Lutherischen Weltbundes (mit Sitz im Genfer Zentrum gemeinsam mit dem ÖRK!) personell und finanziell relativ gut ausgestattet. Eine weltweite ökumenische Organisation, welche alle ökumenischen Entwicklungsdienste eigenständig neben dem ÖRK zusammenführen würde, gibt es (glücklicherweise?) nicht. (Zum Konzeptionellen vgl. unten das Kapitel „Sozialbewegung und Sozialethik".)

Eine entwicklungspolitische Eigenständigkeit hat auf Weltebene die 1975 durch Anregungen des ÖRK gebildete *„Ökumenische Entwicklungsgenossenschaft"* (Ecumenical Development Cooperative Society, ÖEG/EDCS). Sie hat als Ziel „die Beschaffung von Finanzierungskrediten und Geldmitteln zur Förderung der Entwicklung der armen Gebiete der Welt". Kirchen, kirchliche Gruppen und Einzelpersonen sind aufgefordert, Genossenschaftsanteile zu kaufen. Das Kapital soll so angelegt werden, daß längerfristig durch die Zinsen auch Dividendenausschüttungen möglich werden. Die Genossenschaftler erhalten die Gewähr, daß ihr Geld nicht in zweifelhaften Wirtschaftsunternehmen angelegt wird, sondern als Kredite in vertrauenswürdige Entwicklungsprojekte fließt. Die ÖEG ist ein mutiges Zeichen für eine Versöhnung von „Diakonie" und „Geschäft", doch ist noch nicht erwiesen, daß sie einen wirkungsvollen Beitrag zur Entwicklung in der Dritten Welt leisten kann.

Weltbund für christliche Kommunikation

Verschiedene Organisationen für christliche Rundfunk- und Fernseharbeit gründeten 1968 den „Weltbund für christliche Kommunikation" (WCK). 1975 kam der „Christliche Entwicklungsdienst für Literatur" hinzu.

Weltrat für Christliche Erziehung (WCCE)

Aus dem 1907 gegründeten Welt-Sonntagsschulverband ging 1947 der WCCE hervor. Er wurde 1971 in den ÖRK integriert.

Transkonfessionelle Bewegungen

Zum „ökumenischen Netzwerk" gehören auch einige Bewegungen, die sich organisatorisch kaum identifizieren lassen, die als geistige Strömungen jedoch quer durch die Konfessionen und kirchlichen Verbände gehen. Sie können hier nicht als solche historisch und systematisch dargestellt werden, vielmehr muß ein Aufweis ihrer ökumenischen und teilweise auch anti-ökumenischen Wirkung genügen. Die im zweiten Teil dieses Buches dargelegten Bewegungen (Bibelbewegung usw.) lassen sich jeweils transkonfessionell einer ökumenischen Theologie oder Ethik zuordnen, während die hier erwähnten Bewegungen eher Strömungen sind, die theologisch und kirchlich-ökumenisch schwer einzuordnen sind.

Konservativismus: „evangelikal", „traditionalistisch" und „fundamentalistisch"

In allen Kirchen hat es im 19. und 20. Jahrhundert Gruppen gegeben, die den liberalen Zeitgeist beklagen und die durch eine Besinnung auf das „Alte, Wahre", auf die von der Tradition angebotenen Glaubenssätze und Institutionen, die kranke Kirche, Gesellschaft, Familie usw. heilen wollen. Im Protestantismus erwuchs eine solche Haltung im Gefolge der Erweckungsbewegungen. Im Katholizismus entstand der sogenannte Antimodernismus, den auch das römisch-katholische Lehramt bis ins 20. Jahrhundert hinein vertrat.

Die *„evangelikale"* Bewegung ist eine Sammlungsbewegung im gesamten Protestantismus, die im angelsächsischen Bereich schon längst „evangelical" genannt wurde (die englische Übersetzung des deutschen Wortes „evangelisch" hat hier also eine andere Bedeutung!) und die im deutschen Sprachraum seit den sechziger Jahren den Namen „evangelikal" trägt. Ihre Bestrebungen sind wirkungsvoll in den Grundsätzen der Evangelischen Allianz (World Evangelical Fellowship – WEF) zum Ausdruck gekommen. Doch über die Allianz hinaus können weitere Gruppen von konservativen Missouri-Lutheranern über evangelische Kommunitäten bis zu charismatischen Gemeinschaften dazu gerechnet werden. Da es außer der WEF nur wenig evangelikale Organisationsformen gibt, sind Zahlenangaben nicht möglich. Schätzungen besagen, daß allein in den USA etwa 50 Millionen evangelikale Christen über 18 Jahre eine einflußreiche religiöse Kraft darstellen und daß weltweit wohl mit 150 Millionen Evangelikalen zu rechnen ist. Ihr Wachstum hängt u. a. mit ihren intensiven Evangelisationen zusammen – eine Missionspraxis, welche die etablierten Kirchen offensichtlich vernachlässigen. Zumeist bleiben Evangelikale Glieder ihrer Konfessionskirchen, doch gibt es auch in einzelnen Regionen sogenannte evangelikale Parallelstrukturen, z. B. in der theologischen Ausbildung oder bei der

Missionsarbeit (zu „evangelikalem“ und „ökumenischem“ Missions- und Dialogverständnis vgl. das Kapitel „Missionsbewegung und Missionstheologien“).

Die theologischen Kennzeichen der Evangelikalen (Autorität der inspirierten Bibel; Evangelisation und persönliche Bekehrung; eine an den klaren Gesetzen Gottes orientierte Ethik; eine intensive Gemeinschaft mit Gleichgesinnten quer durch die Konfessionen; vgl. das Kapitel „Evangelische Allianz“) verbinden sich mit Abgrenzungen gegen die historisch-kritische Bibelforschung, gegen „säkular-ökumenische“ Reich-Gottes-Vorstellungen etwa in der Befreiungstheologie, gegen die Bedrohung sittlicher Ordnung durch liberale und marxistische Tendenzen in Kirche und Gesellschaft. Es ist auffallend, wie ein konservatives Weltbild mit entsprechenden politischen Optionen und sogenannte konservativ-theologische Positionen ineinanderfließen.

Die *römisch-katholische Traditionalistenbewegung* unter Führung von Erzbischof Marcel Lefèbvre (1906–1991) lehnt in rigoroser Fortsetzung des offiziellen lehramtlichen Antimodernismus der römisch-katholischen Kirche zu Beginn des 20. Jahrhunderts die Reformen des Zweiten Vatikanischen Konzils, insbesondere bezüglich der Religionsfreiheit, der Liturgie und des Ökumenismus ab. Man warf dem Konzil vor, den Boden der ewigen Wahrheiten zugunsten eines liberalen Zeitgeistes verlassen zu haben, und berief sich auf frühere Päpste gegen die amtierenden von Johannes XXIII. bis Johannes Paul II.

Das katholische Lehramt hat sich jedoch strikt zum Zweiten Vatikanum bekannt und nach einer Reihe von Eigenmächtigkeiten der Traditionalisten, z. B. nichtgenehmigte Bischofs- und Priesterweihen, offiziell eine Trennung vollzogen („Exkommunikation“, „Schisma“). Gleichzeitig hat Rom aber auch berechtigte Klagen der Traditionalisten über zu liberale Auslegungen der Konzilstexte aufgegriffen und selber unter Papst Johannes Paul II. wieder eine konservativ-restaurative Richtung auf allen Ebenen kirchlichen Lebens eingeschlagen. Gruppen wie das „Opus Dei“ genießen offizielle Unterstützung, während die sogenannten Progressiven durch eine rigide Personalpolitik lahmgelegt werden.

Ökumenisch ist dieser Neo-Konservativismus in der Christenheit höchst brisant. Die orthodoxen Kirchen, die nie einen solchen theologischen Pluralismus wie die westlichen Kirchen gekannt haben, dürfen teilweise diesem Trend zugerechnet werden. Bisweilen ergeben sich auch bei theologischen, kirchlichen und ökumenischen Entscheidungen neue Koalitionen von konservativen Katholiken, Evangelikalen und Orthodoxen. Dabei wird das neuzeitliche Wirklichkeitsverständnis, das seit der Aufklärung durch ein neues Verhältnis von Glaube und kritischer Vernunft geprägt ist, klar abgelehnt. Viele Konservative halten die neuzeitlichen Fragestellungen einer säkularen Anthropologie, Psychologie und Soziologie schlicht von einem angeblich unwandelbaren Kernbestand dogmatischer Sätze fern.

Wo dies geschieht, wird zu Recht auch von *„Fundamentalismus"* gesprochen. Der Begriff ist angebracht, wenn eine Reihe Evangelikaler – längst nicht alle – mit einer Verbalinspirationslehre die Fehlerlosigkeit (inerrancy) vertreten, so daß alle Aussagen der biblischen Geschichte wortwörtlich historisch und biologisch „geglaubt", d. h. für „wahr" gehalten werden müssen, von der Schöpfung in sieben Tagen bis zur Jungfrauengeburt. Der Begriff „Fundamentalismus" ist aber auch angebracht, wenn in der katholischen und orthodoxen Kirche einige kirchliche und dogmatische Entscheidungen in der Kirchengeschichte als endgültiger, nicht mehr hinterfragbarer Wille Gottes akzeptiert werden müssen, obwohl die jeweiligen historischen Bedingungen einzelner Entscheidungen, etwa bezüglich der hierarchischen Kirchenverfassung und des päpstlichen Primats, offenkundig sind. Hier kommt dem kirchlichen Lehramt, sei es ein Konzil oder sei es das „lebendige" Lehramt der katholischen Bischöfe und des Papstes, eine „fundamentale" Bedeutung für die verbindliche Auslegung der Offenbarung zu, so daß von einem „Lehramtsfundamentalismus" gesprochen werden kann – was in der katholischen Kirche freilich nicht ausschließt, daß es eine legitime Pluralität von Theologien innerhalb des lehramtlichen Konsenses gibt und daß von daher der Begriff „Fundamentalismus" von vielen katholischen Theologen abgewiesen wird.

Für die Ökumene der Zukunft bedeutet dieser Sachverhalt ein Kernproblem: Sind solche „fundamentalistischen" Tendenzen überhaupt ökumenisch integrierbar im Sinne einer gegenseitigen Anerkennung auch anderer Positionen innerhalb einer vorgegebenen Einheit in Christus? Oder liegt hier eine Aporie vor, die ökumenisch nicht aufgelöst werden kann, weil im Wesen des Fundamentalismus ein unökumenischer Exklusivitätsanspruch liegt? Die bisherige Geschichte der ökumenischen Bewegung scheint eher zur letzten Sicht Anlaß zu geben. Der ökumenisch-theologische Dialog müßte vor allem die nichttheologischen Faktoren wie Denkstrukturen, politisch-soziales Umfeld usw. mitbedenken, wenn die bisweilen harten Fronten zwischen Fundamentalisten und theologisch offeneren Christen aufgelockert werden sollen.

Der Begriff „säkularökumenisch" wurde Ende der sechziger Jahre für eine Haltung geprägt, welche es in der ökumenischen Bewegung von Anfang an gab und die sich im Miteinander und Gegenüber der Bewegungen für „Praktisches Christentum" (Life and Work) und für „Glauben und Kirchenverfassung" manifestierte. Den Slogan der zwanziger Jahre „Lehre trennt, Dienst eint" wiederholten aktionsorientierte ökumenisch engagierte katholische und evangelische Christen nach dem Zweiten Vatikanischen Konzil mit den Worten „Orthopraxie statt Orthodoxie" (die orthodoxen Ostkirchen kennen das Problem eines solchen Säkularökumenismus kaum). Damit war nicht gemeint – das war eine dauernde Unterstellung der an dogmatischen Konsensfragen Interessierten –, die reine Lehre, Gottesdienst, Sakramente usw. würden gering geachtet und es interessiere nur noch „horizontalistisch" die soziale Tat. Vielmehr war den aktionsorientierten Christen die vertikale Dimension des Glaubens selbstverständlich und klar; sie erkannten für sich einen ökumenischen Fundamentalkonsens in der Lehre und verstanden nicht, worüber die „Amtskirchen" und ihre Theologen dogmatisch noch streiten. Die Kontroverstheologie wurde als ökumeneschädlich und konfessionsstabilisierend dargestellt, während die gelebte Gemeinschaft vom Hören auf Gottes Wort bis hin zur gemeinsamen Abendmahlsfeier in den säkularökumenischen Gruppen als selbstverständlich galten.

Das ökumenische Interesse richtete sich also auf das gemeinsame Zeugnis und die gemeinsame Tat. In der Sozialbewegung und der Friedensbewegung entwickelten die aktionsorientierten Gruppen seit Beginn der ökumenischen Bewegung ihre „säkularökumenischen" Interessen, seit etwa zwanzig Jahren auch in der ökologischen Bewegung. Ein ganzes Netzwerk von Solidaritätsgruppen, Basisgemeinden usw. ist hier zu beobachten. In der Befreiungstheologie hat der Säkularökumenismus eine theologische Sprache gefunden, die transkonfessionell das herausforderndste ökumenische Ereignis der letzten Jahrzehnte geworden ist. Freilich hat auch eine Pluralität von Befreiungstheologien für Verwirrung gesorgt: nicht so sehr, weil bei der „Befreiung" die Heils- und Weltgeschichte sowie Glauben und Handeln zusammengesehen werden, sondern weil hier und da für Gottes befreiendes Handeln in der Geschichte eine neomarxistische Gesellschaftsanalyse vorausgesetzt wurde und so die Befreiungstheologie in eine linke Ideologie abglitt. Insgesamt ist diese Spielart der Befreiungstheologie jedoch eine Randerscheinung. Ökumenisch wirksam wurde der befreiungstheologische Säkularökumenismus beim Konziliaren Prozeß für Gerechtigkeit, Frieden und Bewahrung der Schöpfung. Hier wird zwar noch theologisch hart über eine allseits akzeptierte ökumenische Sozialethik gerungen, doch die Relevanz des Säkularökumenismus wird in der Ökumene kaum noch bestritten (vgl. unten die Kapitel „Sozialbewegung und Sozialethik“ und „Friedensbewegung und Friedensethik“). Einseitig und korrekturbedürftig ist der Säkularökumenismus, wenn er sich selbst als die Ökumene schlechthin versteht und das konfessionelle Problem und die weiteren theologischen Bemühungen um Einheit im Glauben und um Kirchengemeinschaft an die Seite schiebt.

Charismatische Bewegung

Seit Anfang der sechziger Jahre gibt es in allen Kirchen eine charismatische Bewegung in vielfältigen Formen. Einige Wurzeln und gewisse Parallelen erinnern an die Pfingstbewegung. Es geht dabei um Erfahrungen „neutestamentlicher Charismen“: das Erfülltwerden durch den Heiligen Geist, Gebetsgemeinschaften, Prophetie, Zungenreden, Heilungen usw. In der ersten Phase bis zu großen internationalen Treffen (1973–1978) war die Bewegung selbst interkonfessionell-ökumenisch. In der neueren Phase gehen die interkonfessionellen Kontakte zurück, so daß Phasen der Geistlichen Gemeindeerneuerung in den Konfessionskirchen beginnen. In der römisch-katholischen Kirche hat Papst Johannes Paul II. die Anliegen der charismatischen Bewegungen und ihrer internationalen Kongresse grundsätzlich anerkannt, sofern sie nicht aus der hierarchischen Gemeinschaft der Kirche und ihrer Lehre ausscheren.

Die ökumenischen Wirkungen für die Kirchen insgesamt können noch nicht abgeschätzt werden. Sie mögen in den Kirchen Asiens, Afrikas und Lateinamerikas größer sein als in Europa. Doch auch hier ist die charismatische Bewegung ein Zeichen für den „geistlichen Hunger“ vieler Menschen, die sonst von neureligiösen nichtchristlichen Bewegungen erfaßt werden könnten. Walter J. Hollenweger, einer der besten Kenner der charismatischen Bewegung, schreibt:

25 „Das ökumenische Potential der charismatischen Bewegung ist bedeutend, weil sie bis heute der einzige theologische und spirituelle Ort ist, wo Katholiken und Protestanten, Evangelikale und Ökumeniker an der Basis miteinander nicht nur ins Gespräch, sondern auch ins Gebet und in hautnahen Kontakt kommen …

Es wiederholt sich in der Geschichte der charismatischen Bewegung die Geschichte der Pfingstbewegung, die in folgenden Phasen abläuft: 1. Phase: ökumenische Gemeindeerneuerung; 2. Phase: Ernüchterung und Rückzug ins Konventikel; 3. Phase: länderweise Organisation unter Ablehnung aller ökumenischen Kontakte; 4. Phase: weltweite Organisation; 5. Phase: theologische, psychologische und organisatorische Erstarkung und ökumenische Wiederannäherung. Dieser Zyklus ist für die angelsächsische Welt belegt. Es ist möglich, daß die europäische charismatische Gemeindeerneuerung diesen Zirkel durchbricht." (In: Ökumene-Lexikon, 214 f.)

Neue Konfessionen?

Die transkonfessionellen Bewegungen haben bisher zwar eigene Parallelstrukturen entwickelt, in denen ihre Anhänger sich mehr zu Hause fühlen als in ihren Kirchen, bei denen sie gerade das vermissen, was die Bewegung ihnen bietet. Aber dennoch bleiben die meisten Anhänger der Bewegungen Glieder ihrer Kirchen, und nur selten ist es zur völligen Separation und Gründung einer neuen Konfessionskirche gekommen. Auch das ist im Vergleich zu früheren Generationen und der raschen Bildung neuer Denominationen vor allem im angelsächsischen Raum ein ökumenisches Phänomen! Der Wille, bewußt „Bewegung" sein zu wollen und zuviel „Institution" zu vermeiden, mag eine Erklärung sein. Aufgabe der Kirchen und ihrer ökumenischen Einrichtungen muß es jedenfalls sein, diese Bewegungen als bedeutsamen Teil des christlichen Lebens wahr- und ernstzunehmen und statt unfruchtbarer Polarisierungen den Dialog zu suchen.

6. Ökumene in Deutschland

Zu Beginn der ökumenischen Bewegung Anfang des 20. Jahrhunderts war der deutsche Protestantismus landeskirchlich und konfessionell zersplittert. Der 1903 gebildete Deutsche Evangelische Kirchenausschuß war ein lockeres gemeinsames Organ evangelischer Kirchenleitungen, das ohne Kompetenz in Bekenntnisfragen für ökumenische Kontakte zuständig war. Die Freikirchen lebten für sich, und die römisch-katholische Kirche hatte in der Fuldaer Bischofskonferenz ein romtreues Organ. „Ökumenische" Kontakte im internationalen Sinne gab es nur auf konfessioneller Basis. Das deutsche Luthertum hielt noch lange bis in die dreißiger Jahre hinein mehr von der „Ökumenizität des Luthertums“ als von der interkonfessionellen Ökumene. Erste offizielle ökumenische Kontakte der evangelischen Landeskirchen gab es im 1908 gebildeten „Kirchlichen Komitee zur Pflege freundschaftlicher Beziehungen zwischen Großbritannien und Deutschland“.

Gegenüber der *Bewegung für Glauben und Kirchenverfassung* verhielt sich der Kirchenausschuß sehr zurückhaltend. Man hielt die Bewegung für eine angelsächsische Angelegenheit und erklärte 1914, daß „dogmatische und Kirchenverfassungsfragen sich nicht für Einigungsverhandlungen eignen“. Diese Zurückhaltung blieb noch lange bestehen: sogar die deutsche Delegation bei der Weltkirchenkonferenz in Lausanne 1927 war nur kommissarisch vom Weltbund für Freundschaftsarbeit der Kirchen (Friedrich Siegenmund-Schultze) in Absprache mit dem Kirchenausschuß konstituiert worden.

In der *Bewegung für Praktisches Christentum* wirkten die deutschen evangelischen Kirchen mit, weil ja Bekenntnisfragen nicht erörtert wurden. Doch bis zur Stockholmer Konferenz 1925 war der deutsche Beitrag durch die ungeklärte Kriegsschuldfrage in bezug auf den Ersten Weltkrieg schwer belastet. Die Mentalität der deutschen Landeskirchen war noch stark von der 1918 verlorengegangenen Einheit von Thron und Altar geprägt.

Während des *Kirchenkampfes* in den dreißiger Jahren beanspruchten sowohl die offizielle Deutsche Evangelische Kirche wie die Bekennende Kirche, die authentischen Repräsentanten des deutschen Protestantismus zu sein. Nachdem der Ökumenische Rat für Praktisches Christentum auf der dänischen Insel Fanö unter dem Einfluß Dietrich Bonhoeffers beschloß, gegen den Nationalsozialismus und die „Deutschen Christen“ zugunsten der Bekennenden Kirche einzutreten, behinderte das nationalsozialistische Regime alle ökumenischen Kontakte. Zu den Weltkirchenkonferenzen in Oxford und Edinburgh 1937 erhielten mit Ausnahme von drei Freikirchlern die deutschen Delegierten keine Ausreisegenehmigung.

Die *katholische Kirche* in Deutschland vertrat offiziell die römische Linie, sich an der ökumenischen Bewegung nicht zu beteiligen. Allerdings haben gerade in Deutschland eine Reihe katholischer Theologen mit ihren Forschungsarbeiten und mit ihrem Einsatz in der Una-Sancta-Bewegung den ökumenischen Gedanken in der katholischen Kirche gefördert. Bahnbrechend wurde die katholische Lutherforschung, die mit Josef Lortz' zweibändigem Werk „Die Reformation in Deutschland" (1939, 6. Auflage 1982) den Theologen Luther würdigte. Eine Kernthese lautete, Luther habe in sich einen Katholizismus niedergerungen, der nicht katholisch war. So konnte allerdings die Reformation als ein bloßes Mißverständnis erscheinen, wogegen evangelische Theologen Einspruch erhoben. Doch für die katholische Kirche begann eine ökumenisch bedeutsame Epoche, in der man die berechtigten Anliegen der Reformation aufnehmen wollte. Weitere Wegbereiter eines katholischen Ökumenismus waren in Deutschland vor allem Matthias Laros und Max Josef Metzger (der durch seinen Friedenseinsatz 1944 von den Nationalsozialisten hingerichtet wurde).

Die offizielle katholische Kirche griff durch Initiativen des Paderborner Erzbischofs Lorenz Jaeger den ökumenischen Gedanken auf, indem sie 1944 eine Ökumenische Kommission bildete, welche entgegen manchen unkontrollierten Einigungsbestrebungen kompetent das Gespräch mit den Nichtkatholiken suchen sollte. Nach dem Zweiten Weltkrieg entwickelte sich daraus der Ökumenische Arbeitskreis evangelischer und katholischer Theologen, der evangelischerseits damals vom Oldenburger Bischof Wilhelm Stählin geleitet wurde („Stählin-Jaeger-Kreis") und der bis heute existiert.

Nach dem *Stuttgarter Schuldbekenntnis* des neugebildeten Rates der Evangelischen Kirche in Deutschland, welches im Oktober 1945 einer Delegation des Ökumenischen Rates gegenüber abgegeben wurde, kam es zur Wiederaufnahme der vollen ökumenischen Beziehungen. Die EKD war bei der Gründung des ÖRK in Amsterdam 1948 mit einer starken Delegation vertreten. Am 10. März 1948 gründeten die evangelischen Landes- und Freikirchen sowie die Altkatholische Kirche die *„Arbeitsgemeinschaft christlicher Kirchen in Deutschland"* (ACK). Der Begriff „Rat" oder „Ökumenischer Rat" wurde vermieden, um jeden Anschein kirchenleitender Kompetenz zu vermeiden. Die ACK wurde mit ihrer Ökumenischen Centrale (Frankfurt/Main) und mit dem Deutschen Ökumenischen Studienausschuß ein wichtiges Instrument, um die Arbeit des ÖRK in Deutschland bekanntzumachen und die Umsetzung seiner Verlautbarungen in den Kirchen und Gemeinden zu gewährleisten (Zeitschrift: „Ökumenische Rundschau").

Die Universitätstheologie griff die ökumenische Thematik rasch auf. Nahezu alle Fakultäten gründeten Institute oder Seminare für ökumenische Theologie (oder „Ökumenik"). Im kirchlichen Raum begleiten vor allem folgende Institute den ökumenischen Dialog:

Konfessionskundliches Institut des Evangelischen Bundes in Bensheim/Bergstraße (gegründet 1948; Zeitschrift „Materialdienst des Konfessionskundlichen Instituts Bensheim“ - MDdKI)

Ökumenisches Institut der Benediktiner-Abtei Niederaltaich/Bayern (Zeitschrift „Una Sancta“)

Johann-Adam-Möhler-Institut in Paderborn (gegründet 1958; Zeitschrift „Catholica“)

Evangelische Zentralstelle für Weltanschauungsfragen in Stuttgart (EZW; als EKD-Institut zuständig für religiöse Sondergemeinschaften und nichtchristliche Religionen; Zeitschrift: „Materialdienst der EZW“)

Anglikanisches Institut der Benediktiner-Abtei St. Matthias in Trier

Byzantinische Institute der Abteien Scheyern und Ettal (Schriftenreihe „Studia patristica et byzantina“)

Ostkirchliches Institut der Augustiner in Würzburg (Zeitschrift: „Ostkirchliche Studien“)

Ferner gibt es bei den kirchlichen Werken und Verbänden, in der katholischen Kirche insbesondere in den Orden, Institute und Einrichtungen für ökumenisch ausgerichtete Missions-, Diakonie-, Sozial- und Friedensarbeit.

Mit dem *Zweiten Vatikanischen Konzil* und der ökumenischen Neuorientierung der römisch-katholischen Kirche bekam die Ökumene in Deutschland seit den sechziger Jahren ein völlig neues Gesicht. Angesichts der Größenverhältnisse der Konfessionen, der Vielzahl konfessionsverschiedener evangelisch-katholischer Ehen und der in vielen Gemeinden jetzt entstehenden „Ökumenischen Arbeitskreise“ (sprich evangelisch-landeskirchlich-katholisch) gerieten die kleinen Kirchen in Deutschland bisweilen etwas ins Hintertreffen. Die *ACK* erfuhr in doppelter Hinsicht eine neue Ausrichtung: 1970 konstituierte sich in der DDR eine eigenständige Arbeitsgemeinschaft Christlicher Kirchen. Und 1974 wurden im Westen die römisch-katholische Kirche und die Griechisch-Orthodoxe Metropolie als Vollmitglieder aufgenommen. Die breitere Repräsentanz sollte eigentlich der ACK nun mehr Gewicht als bisher verleihen, um allgemeines Sprachrohr der Kirchen zu sein. Doch in mancher Hinsicht trat das Gegenteil ein. Als Umschlagstelle für ÖRK-Anliegen konnte die ACK nicht mehr vorrangig dienen, weil ja die römisch-katholische Kirche nicht Mitglied des ÖRK ist. Innerprotestantisch belastete die harsche Kritik der Evangelikalen am ÖRK natürlich auch die ACK. Und die in Deutschland öffentlich relevanten Fragen des gemeinsamen christlichen Zeugnisses wurden häufig an der ACK vorbei im bilateralen Dialog zwischen EKD und römisch-katholischer Kirche bearbeitet, und zum Verdruß der kleineren Kirchen wurde die ACK bisweilen erst im nachhinein um eine Mitunterzeichnung unter ein fertiges Dokument der beiden Großkirchen gebeten.

Die Ökumene in Deutschland erreichte 1971 mit dem *Augsburger Ökumenischen Pfingsttreffen* einen Höhepunkt. Es handelte sich um einen gemeinsamen Kirchentag, der vom Deutschen Evangelischen Kirchentag und vom Zentralkomitee der Katholiken gemeinsam getragen wurde. In vielen Resolutionen bekundeten die etwa 20000 Teilnehmer den festen Willen, trotz der noch bestehenden getrennten Konfessionen künftig gemeinsam Christen sein zu wollen, vom caritativen Handeln in der Gesellschaft bis hin zu gemeinsamen Abendmahlsfeiern. In der Sache und im Ton zeichnete sich damit jedoch vor allem für die römisch-katholische Kirche ein heftiger Konflikt zwischen Basis-Ökumene und Amts-Ökumene ab. Während die evangelischen Kirchenleitungen relativ gelassen mancherlei kirchenrechtlich nicht abgedecktes ökumenisches Engagement hinnahmen (ökumenischer Religionsunterricht, gemeinsame Abendmahlsfeiern usw.), schritt das katholische Lehramt streng gegen jeglichen „ökumenischen Wildwuchs" ein. Man fürchtete Tendenzen zu einem beim Zweiten Vatikanum ausdrücklich abgelehnten „falschen Irenismus und Indifferentismus", die nur zu einer „Dritten Konfession", also zu einer neuen Spaltung führen würden. Zunächst drückte noch mancher katholische Bischof die Augen zu, wenn vom Ökumenischen Direktorium nicht erlaubte ökumenische Gemeinsamkeiten praktiziert wurden (z.B. Kanzeltausch bei offiziellen Gottesdiensten und Messen), aber spätestens seit Anfang der achtziger Jahre rufen alle Bischöfe streng zur katholisch-ökumenischen Ordnung.

Die ökumenische Aufgeschlossenheit füreinander, die seit dem Zweiten Vatikanum das evangelisch-katholische Verhältnis nachhaltig verändert hat, konnte und sollte freilich durch diese konfessionell-restaurativen Tendenzen, die im Dogmatischen begründet liegen, nicht mehr aufgegeben werden. Man geht freundlich in den Gemeinden und in zahlreichen ökumenischen Kommissionen miteinander um und handelt hier und da gemeinsam. Doch der kurzlebige Wiedervereinigungsenthusiasmus ist dahin. Man weiß: die Konfessionen bleiben.

Im *Lehrgespräch der Kirchen* wurden auch in Deutschland unzählige ökumenische Papiere erarbeitet, vor allem über das Amts- und Abendmahlsverständnis. Ein Konsens ist jedoch nicht in Sicht; wo ihn ökumenische Kommissionen mit katholisierenden

Protestanten und mit protestantisierenden Katholiken meinten erreicht zu haben, haben die Leitungen der Kirchen die Rezeption versagt. Den bemerkenswertesten Beitrag der Ökumene in Deutschland zur Gesamtökumene stellt das *Projekt über die Lehrverurteilungen im 16. Jahrhundert* dar. Eine offizielle Dialogkommission zwischen der EKD und der römisch-katholischen Kirche kam bei den Themen „Rechtfertigung, Sakramente und Amt" 1985 zu dem Ergebnis, daß die meisten Verwerfungen der katholischen Lehre in den evangelischen Bekenntnisschriften und der evangelischen Lehre in den Dogmen des Konzils von Trient „den heutigen Partner nicht mehr treffen". Wenn die katholischen und evangelischen Kirchenleitungen dieser These zustimmen sollten - die Antwort steht noch aus -, dann wäre mancher Ballast der Kirchengeschichte weggeräumt und der Weg für eine neue Art Kirchengemeinschaft geebnet.

Was für die Gemeinschaft mit der katholischen Kirche noch offen ist, hat die EKD mit anderen Kirchen inzwischen erreicht:

1973 wurde die *Leuenberger Konkordie* unterzeichnet, die erstmals seit der Reformation volle Kirchengemeinschaft zwischen lutherischen, reformierten und unierten Kirchen in Europa herstellt.

1985 vereinbarten die *EKD und die Altkatholische Kirche* eine gegenseitige Einladung zum Abendmahl.

1987 stellten die *EKD und die Evangelisch-Methodistische Kirche* ihre volle Kirchengemeinschaft fest.

1990 vereinbarten die *EKD und die Anglikanische Kirche von England* die gegenseitige Anerkennung und Einladung zum Abendmahl.

II. Die Konfessionen und die Ökumene

Gut hundert Jahre moderne ökumenische Bewegung haben ein verbreitetes Bewußtsein von der Zusammengehörigkeit der ganzen Christenheit auf Erden vermittelt, aber an der Existenz getrennter Konfessionen hat sich im wesentlichen nichts geändert. Wer sich von der erfahrenen „Einheit im Glauben" über die Konfessionsgrenzen hinweg Schritte zur „Einheit der Kirche" erhofft, muß neben den großen Linien in der ökumenischen Bewegung den Weg des ökumenischen Gedankens in den einzelnen Konfessionen kennenlernen. Ohne Konfessionskunde keine Ökumene!

1. Römisch-katholische Kirche und ökumenische Bewegung

Das Einheitsverständnis der römisch-katholischen Kirche kommt in dem Glauben zum Ausdruck, daß in ihr die eine Kirche Jesu Christi verwirklicht ist („subsistit", Kirchenkonstitution des Zweiten Vatikanischen Konzils Nr. 8). Dieser Glaube schließt nicht aus, auch außerhalb der römisch-katholischen Kirche „vielfältige Elemente der Heiligung und der Wahrheit" anzuerkennen, „die als der Kirche Christi eigene Gaben auf die katholische Einheit hindrängen" (ebd.). Insbesondere wurde seit dem Ketzertaufstreit in der Alten Kirche stets die Taufe in den abgespaltenen Kirchen grundsätzlich anerkannt. Zum Wesen des katholischen Einheitsverständnisses, insbesondere zum Wesen des päpstlichen Amtes der Einheit, gehört es, für die sichtbare Einheit aller getauften Christen zu wirken. Der Umgang mit Nichtkatholiken und die Bemühungen um Wiedervereinigung haben sich im Laufe der Jahrhunderte allerdings unterschiedlich gestaltet, auch in den letzten gut hundert Jahren, die hier jetzt zur Debatte stehen.

Im 19. Jahrhundert untersuchte eine Reihe römisch-katholischer Theologen die Frage, wie der Glaube der nichtkatholischen Christen und Kirchen sich zum Glauben der römisch-katholischen Kirche verhält (z.B. Johann Adam Möhler, Franz von Baader, Ignaz von Döllinger, John Henry Newman). Sie stellten dabei ein erstaunliches Maß an Gemeinsamkeiten fest. Die Überwindung der ebenfalls erkannten Defizite konnte man sich freilich nur als Integration der Getrennten in die römisch-katholische Kirche vorstellen.

Beim Pontifikat von Papst Pius IX. (1846–1878) war das römisch-katholische Einheitsbewußtsein besonders ausgeprägt, es erhielt beim Ersten Vatikanischen Konzil 1870 eine ausgesprochen päpstliche Zuspitzung durch die Dogmen von der päpstlichen Unfehlbarkeit und vom Jurisdiktionsprimat:

26 Erstes Vatikanum zur „Infallibilität": „Wenn der römische Bischof in höchster Lehrgewalt (ex cathedra) spricht, das heißt, wenn er seines Amts als Hirt und Lehrer aller Christen waltend in höchster, apostolischer Amtsgewalt endgültig entscheidet, eine Lehre über Glauben oder Sitten sei von der ganzen Kirche festzuhalten, so besitzt er aufgrund des göttlichen Beistandes, der ihm im heiligen Petrus verheißen ist, jene Unfehlbarkeit, mit der der göttliche Erlöser seine Kirche bei endgültigen Entscheidungen in Glaubens- und Sittenlehren ausgerüstet haben wollte. Diese endgültigen Entscheidungen des römischen Bischofs sind daher aus sich und nicht aufgrund der Zustimmung der Kirche unabänderlich (irreformabiles).

Wenn sich jemand – was Gott verhüte – herausnehmen sollte, dieser unserer endgültigen Entscheidung zu widersprechen, so sei er ausgeschlossen." (Neuner-Roos Nr. 454)

27 Erstes Vatikanum zum „Jurisdiktionsprimat": „Wer also sagt, der römische Bischof habe nur das Amt einer Aufsicht oder Leitung und nicht die volle und oberste Gewalt der Rechtsbefugnis über die ganze Kirche – und zwar nicht nur in Sachen des Glaubens und der Sitten, sondern auch in dem, was zur Ordnung und Regierung der über den ganzen Erdkreis verbreiteten Kirche gehört –; oder wer sagt, er habe nur einen größeren Anteil, nicht aber die ganze Fülle dieser höchsten Gewalt, oder diese seine Gewalt sei nicht ordentlich und unmittelbar, ebenso über die gesamten und einzelnen Hirten und Gläubigen, der sei ausgeschlossen." (Neuner-Roos Nr. 448)

Die Dogmen des Ersten Vatikanum brachten in der Sache an sich nichts Neues, denn seit Jahrhunderten wurden Rom diese Kompetenzen zugeschrieben, und Rom verfuhr entsprechend. Die

Dogmatisierung gab der „Romanitas“ der römisch-katholischen Kirche aber eine neue Dimension, sie wurde zum Glaubensgegenstand gemacht. Innerkatholische Proteste und Vorbehalte – schließlich haben jedoch alle Bischöfe zugestimmt – änderten nichts an dem dogmatischen Tatbestand, daß die römisch-katholische Kirche sich als die Ökumene verstand.

Alle andern Kirchen sahen in der Dogmatisierung der „Romanitas“ der Kirche freilich umgekehrt die endgültige Partikularisierung und Konfessionalisierung der römisch-katholischen Kirche, weil sie jetzt mehr „römisch“ als „katholisch“ (im umfassenden Sinne des Gesamtchristlichen mit allen Christen und Kirchen) geprägt war. Die Dogmen des Ersten Vatikanum hatten die Abspaltung der *Altkatholischen Kirche* (unter Führung von Ignaz von Döllinger) zur Folge. Erstmals seit der Reformation traf die römisch-katholische Kirche wieder eine Separation, was durchaus Unruhe auslöste, aber insgesamt die Weltkirche nicht erschütterte.

„Rückkehr-Ökumene“: Von Leo XIII. bis Pius XII.

Aufgrund der Auffassung, daß alles Christliche außerhalb der römisch-katholischen Kirche rechtens eigentlich zu ihr gehört, suchten die Päpste durch bilaterale Beziehungen zu den Getrennten die Einheit wiederherzustellen. Von einem Dialog oder von interkonfessionellen ökumenischen Beziehungen war freilich keine Rede, so daß für die römisch-katholischen Intentionen der Begriff „Rückkehr-Ökumene“ gebräuchlich wurde (etwa ab 1920).

Mit Papst Leo XIII. (1878–1903) wandte sich seit langem wieder einmal ein Papst werbend an die anderen Kirchen. Im Apostolischen Schreiben „Praeclara gratulationis“ (20. 6. 1894) bat er die *Orthodoxen* „aus Sorge für das gemeinsame Heil“ um „Annäherung und Verbindung“. Es gebe „keine scharfe Trennungslinie“; abgesehen von einigen Punkten sei die Übereinstimmung so vollkommen, daß der Papst zur Begründung des katholischen Glaubens oft auf Lehraussagen der Ostkirchen zurückgreife.

28 An die *Protestanten* richtete der Papst die Bitte: „Ihr alle, die Ihr Euch von uns getrennt habt – wer es auch sei, und aus welchem Grund es auch geschehen sein mag –, laßt uns alle wieder zueinanderfinden in der Einheit des Glaubens und der Erkenntnis des Sohnes Gottes. Erlaubt, daß wir Euch liebevoll die Hand entgegenstrecken, und daß wir Euch zu dieser Einheit führen, die der katholischen Kirche niemals abging, und die ihr durch nichts jemals geraubt werden kann. Seit langem ruft diese gemeinsame Mutter Euch in ihren Schoß zurück." (Acta Sanctae Sedis 26, 1893–94, 707 f.)

Gegenüber den *Anglikanern* sprach Leo XIII. von „Versöhnung" und „Frieden" (Schreiben „Amantissimae voluntatis" an die Engländer, 1895). Große Hoffnungen der englischen Katholiken und der anglikanischen Hochkirchler wurden 1896 freilich zunichte, als der Papst in der Bulle „Apostolicae Curae" die anglikanischen Weihen für null und nichtig erklärte.

Die vorsichtigen Versuche, bei Wahrung des katholischen Einheitsziels wenigstens einen neuen Umgangsstil mit den Getrennten zu üben, wurden unter dem Pontifikat Pius' X. (1903–1914) nicht fortgesetzt. Der Papst suchte die römisch-katholische Kirche von allen Zeitströmungen freizuhalten und ging rigoros gegen die theologischen und reformerischen „Modernisten" in seiner Kirche vor, die er vom liberalen Geist des Protestantismus angesteckt sah. Der Antimodernisteneid (1910), den alle Priester abzulegen hatten, sollte dem theologischen Pluralismus wehren; und die Proklamation eines universal geltenden Kirchenrechts, des Codex Iuris Canonici (CIC) von 1917/18, sorgte für eine klare juridische Einheitsstruktur. In diesem CIC waren getaufte „Akatholiken", die eine römisch-katholische Glaubenswahrheit hartnäckig leugnen oder bezweifeln, nur als „Häretiker" im Blick. In der Borromäus-Enzyklika „Editae saepe dei" vom 26. 5. 1910 (zum Gedenken an den gegenreformatorischen Heiligen Karl Borromäus) bezeichnete der Papst die Reformatoren als „hochmütige und rebellische Menschen", als „Feinde des Kreuzes Christi", „deren Gott der Bauch ist". Die Enzyklika löste im gesamten Protestantismus große Empörung aus und vergiftete auf Jahre die offiziellen Beziehungen der Kirchen.

Die Päpste Benedikt XV. (1914–1922) und Pius XI. (1922–1939) suchten wiederum neue *Kontakte zu den Ostkirchen*. Im Jahre 1917 wurde in Rom das Päpstliche Orientalische Institut gegründet, welches Grundlagenforschung für eine Wiederherstellung der Einheit betreiben sollte (damals „unionistische Restauration" genannt). In Frankreich gründeten die Assumptionisten 1922 die Vierteljahresschrift L'Union des Eglises (ab 1930 L'Unité de l'Eglise) mit vielen ostkirchlichen Informationen. 1924 beauftragte der Papst den Benediktinerorden, für eine Wiedervereinigung mit den Ostkirchen zu arbeiten. Daraufhin wurde das Kloster Amay-sur-Meuse in Belgien gegründet (1939 nach Chevetogne verlegt), wo seit 1927 die für den katholischen

Ökumenismus bedeutsame Zeitschrift „Irenikon“ herausgegeben wurde. In Deutschland wirkten in diesem Sinne vor allem die Byzantinischen Institute der Abteien Scheyern und Ettal sowie seit 1935 die Abtei Niederaltaich (mit einer Abteilung Mönche des byzantinischen Ritus).

Die *römisch-katholisch/anglikanischen* Beziehungen wurden 1921–1926 in den *Mechelner Gesprächen* unter der Leitung von Kardinal Mercier und Lord Halifax nochmals durch eine Reihe hervorragender Gelehrter von beiden Seiten erörtert. Eine Zeitlang schien den Anglokatholiken das Ziel greifbar, eine englische Kirche anerkannt zu bekommen, die mit Rom „united, not absorbed“ (vereinigt, nicht einverleibt) wäre. Doch schließlich war dieses Ziel weder für die römisch-katholische Kirche noch für den Anglikanismus ausgereift. Die Gespräche wurden nach dem Tod von Kardinal Mercier abgebrochen.

Im Gegensatz zu den „unionistischen“ Tendenzen gegenüber Orthodoxen und Anglikanern war die *Haltung Roms zur ökumenischen Bewegung* in Gestalt der Weltkonferenzen für Glauben und Kirchenverfassung und für Praktisches Christentum strikt „separatistisch“.

Im Mai 1919 überbrachte eine offizielle Abordnung von „Faith and Order“ in Rom ihre Einladung. In einer Privataudienz durch Papst Benedikt XV. wurde sie freundlich empfangen und angehört, doch beim Hinausgehen wurde ihr eine vorher erarbeitete Erklärung überreicht, welche unmißverständlich zum Ausdruck brachte, daß die Einheit, welche die ökumenische Bewegung suche, in der römisch-katholischen Kirche bereits vorhanden sei.

29 *Benedikt XV. und „Glauben und Kirchenverfassung“*: „Nachdem der Heilige Vater ihnen für ihren Besuch gedankt hatte, legte er dar, daß er als Nachfolger des Heiligen Petrus und als Stellvertreter Christi keinen größeren Wunsch habe, als daß eine Herde und ein Hirt sein möchten. Seine Heiligkeit fügte hinzu, Lehre und Praxis der römisch-katholischen Kirche in bezug auf die Einheit der sichtbaren Kirche Christi seien jedermann wohlbekannt, und es sei daher der katholischen Kirche nicht möglich, an einem Kongreß wie dem vorgeschlagenen teilzunehmen. Seine Heiligkeit wünscht jedoch unter keinen Umständen, den in Frage stehenden Kongreß für diejenigen zu mißbilligen, die nicht mit dem Stuhl Petri verbunden sind; er wünscht und betet im Gegenteil ernstlich, daß, falls sich der Kongreß durchführen läßt, jene, die daran teilnehmen, durch Gottes Gnade erleuchtet und mit dem sichtbaren Haupte der Kirche wiedervereinigt werden, das sie mit offenen Armen aufnehmen wird.“ (In: Rouse-Neill II, 16)

Die Bewegung für Praktisches Christentum wurde Anfang der zwanziger Jahre ähnlich beschieden. Ferner wurde allen Katholiken in einem Dekret des Heiligen Offiziums (der heutigen Glaubenskongregation) vom 2.7.1919 (Acta Ap. Sedis 11, 1919, 303–316) verboten, an ökumenischen Konferenzen teilzunehmen. (Dieses Verbot galt noch bei der Vollversammlung des ÖRK in Evanston 1954.)

Diese römischen Entscheidungen konnten private Kontakte einzelner römisch-katholischer Theologen und Bischöfe mit Repräsentanten der ökumenischen Bewegung nicht verhindern, so daß die Hoffnung auf eine Änderung des römischen Kurses lebendig blieb. Um so größer war die Enttäuschung, ja der Schock über die Enzyklika Pius' XI. „*Mortalium animos*" über die „Förderung wahrer religiöser Einigung" vom 6.1.1928. Sie lieferte zunächst ein Zerrbild der ökumenischen Bewegung, indem die großen Weltkirchenkonferenzen und andere internationale und interreligiöse Konferenzen mit fremden Zwecken auf die gleiche Stufe gestellt wurden. Dahinter verberge sich „ein sehr ernster Irrtum, der das Fundament des katholischen Glaubens ganz auseinanderbricht". Jeder, der diesen Ideen und Bewegungen Vorschub leiste, weiche „von der göttlich geoffenbarten Religion" ab. Es wurde dann nicht nur die Absage an die ökumenische Bewegung erneuert, sondern ein exklusives römisch-katholisches Kirchen- und Glaubensverständnis vorgetragen, das kaum noch ökumenische Brückenschläge zuließ. Besonders schwerwiegend war die Verpflichtung, an jedem von Rom definierten Dogma unterschiedslos festzuhalten, weil alle Glaubensartikel gleichermaßen auf der Autorität Christi beruhen, die der Papst als Stellvertreter Christi vermittelt.

30 *Aus der Enzyklika „Mortalium animos", 1928*: „Deshalb nehmen alle Christen mit dem gleichen Glauben, den sie dem Geheimnis der heiligen Dreifaltigkeit zollen, auch den Glaubenssatz von der unbefleckt empfangenen Gottesmutter an, und ebenso die Menschwerdung Christi mit keinem anderen als dem, mit dem sie die Unfehlbarkeit des Römischen Papstes glauben, so wie sie vom allgemeinen Vatikanischen Konzil definiert worden ist ...

Es liegt also klar zutage, Ehrwürdige Brüder, warum der Apostolische Stuhl seinen Gläubigen nie erlaubt hat, an den Tagungen der Nichtkatholiken teilzunehmen. Man darf auf die Einheit der Christen nicht anders hinarbeiten als durch Wirken für die Rückkehr der Getrennten zur wahren Kirche Christi, von der sie ja seinerzeit unglücklicherweise abgefallen sind." ... „In dieser Kirche Christi kann niemand sein und niemand bleiben, der nicht die Autorität und die Vollmacht Petri und seiner rechtmäßigen Nachfolger anerkennt und gehorsam annimmt." (Acta Ap. Sedis 20, 1928, 6–15; deutsch bei G. Ohlemüller, Amtliche römisch-katholische Kundgebungen zur Einigungsfrage, Berlin 1928)

Was den dogmatischen Kern betrifft, so wurde „Mortalium animos" bis ins Pontifikat Pius' XII. (1939–1958) strikt durchgehalten; die Einschätzung der ökumenischen Bewegung und die römisch-katholische Haltung dazu änderten sich erst vorsichtig nach dem Zweiten Weltkrieg.

Aufbrüche zum katholischen Ökumenismus (1930–1960)

Die offizielle Haltung Roms fand in römisch-katholischen Theologenkreisen keine ungeteilte Zustimmung. Neben der vorherrschenden neuscholastischen Theologie gab es seit Beginn des Jahrhunderts einige „Bewegungen" in der katholischen Kirche, die für ökumenische Aspekte offen waren, vor allem die *Liturgische Bewegung* (die bei ihren Reformen manche ostkirchlichen Erfahrungen aufgriff) und die *Bibelbewegung* (die dem Kirchenvolk das Bibellesen nahebrachte und in den exegetischen Wissenschaften in zunehmendem Maße zu einer Übernahme der historisch-kritischen Methode führte, die in der evangelischen Theologie entwickelt war). Ferner wurde es überall trotz römischer Verbote selbstverständlich, in der *theologischen Wissenschaft* zusammenzuarbeiten und sich gegenseitig auf Kongressen zu besuchen. Von bahnbrechender ökumenischer Bedeutung wurde die *katholische Lutherforschung*, die in Joseph Lortz' Werk „Die Reformation in Deutschland" (1939/40) ihren Höhepunkt erreichte und Luther als religiöses Genie und als Reformator würdigte, der viel zur Reform der römisch-katholischen Kirche im 16. Jahrhundert beigetragen habe. Auch auf dogmatischem Gebiet begannen evangelisch-katholische Gespräche, beispielsweise zwischen Erich Przywara und Karl Barth, und zahlreiche römisch-katholische Theologen verfaßten konfessionskundliche Studien über evangelische Theologien und Theologen. (Die ostkirchlichen Studien waren schon erwähnt.)

Trotz der Verbote nahmen auch einige römisch-katholische Theologen privat als Gäste und Beobachter an den Weltkirchenkonferenzen teil. Durch Vermittlung von F. Siegmund-Schultze kamen mit Erlaubnis des zuständigen katholischen Bischofs in der Schweiz 17 römisch-katholische Geistliche zur Konferenz in Lausanne 1927, großenteils aus der katholischen Friedensbewegung stammend, darunter aus Deutschland *Max Joseph Metzger* und Prof. *Hermann Hoffmann* (Breslau). Der Jesuit *Max Pribilla* sorgte für sachgemäße Informationen über die ökumenischen Bewegungen in dem Buch „Um kirchliche Einheit. Stockholm – Lausanne – Rom" (Freiburg 1929) und ermöglichte einen unbefangenen Umgang der römisch-katholischen Theologen mit ihr. In den dreißiger Jahren, als angesichts der Weltprobleme das kirchliche Selbstbewußtsein sich mehr und mehr als Diasporabewußtsein der Kirche in der Welt konkretisierte, wirkten auch etliche römisch-katholische Theologen in den ökumenischen Kommissionen mit. Als Beitrag zu den Weltkirchenkonferenzen in Oxford und Edinburgh 1937 erschien ein eigener katholischer Aufsatzband mit Artikeln französischer, belgischer, englischer und deutscher Theologen (Otto Iserland [Hg.], Die Kirche Christi). Es entstand eine spezielle Literatur über den römisch-katholischen Ökumenismus, die einen ziemlich anderen Geist ausstrahlte als „Mortalium animos".

Die wichtigsten Namen seien genannt: Aus Frankreich *C. J. Dumont OP* mit dem Pariser Studienzentrum „Istina" (und der gleichnamigen Zeitschrift sowie der Monatsschrift „Vers l'unité chrétienne"); *Yves Congar*, der 1937 in seinem Buch „Chrétiens désunis. Principes d'un ‚oecumenisme' catholique" die Begriffe „getrennte Brüder" (statt Häretiker) und „katholischer Ökumenismus" erfolgreich einführte; und *Paul Couturier*, der neben einigen ökumenischen Broschüren vor allem durch sein Eintreten für die Weltgebetsoktav für die christliche Einheit den geistlichen Ökumenismus förderte. Aus Deutschland ist der Bonner Professor *Adolf Rademacher* mit einer Reihe von Schriften zur „Wiedervereinigung" zu erwähnen; ferner *Robert Grosche* mit der Zeitschrift „Catholica", die sich seit 1932 mit evangelisch-katholischen Themen befaßt; und *Max Joseph Metzger*, der Begründer der Una-Sancta-Bewegung (1938 aus der Bruderschaft „Una Sancta" hervorgegangen), der kurz vor seiner Ermordung durch die Nationalsozialisten dem Papst die Idee übermittelte, auf ein allgemeines Konzil hinzuwirken, das gemeinsam mit Orthodoxen und Protestanten „der neugeeinten Kirche das neue Gesicht zu geben berufen wäre". („Una Sancta" sind die lateinischen Worte im dritten Artikel des Glaubensbekenntnisses: ich glaube an die „eine heilige" [una sancta] katholische Kirche.) – In England gab es Ansätze zu einem geistlichen Ökumenismus; aber weder in England noch in den USA spielte der ökumenische Gedanke unter den Katholiken eine nennenswerte Rolle. Die katholische Kirche in den USA schien in der pluralistischen amerikanischen Gesellschaft nicht viel von Annäherungen auf theologischem und konfessionellem Gebiet zu halten.

Die theologischen und geistlichen Aufbrüche zum katholischen Ökumenismus unterschieden sich von der Grundhaltung der Enzyklika „Mortalium animos" nicht etwa durch die Aufgabe des römisch-katholischen Selbstverständnisses, daß die Kirche Christi in der römisch-katholischen Kirche verwirklicht sei. Aber der Gedanke einer „Rückkehr“ der Nichtkatholiken in die römisch-katholische Kirche begegnete kaum noch, vielmehr richtete sich der Blick in eine gemeinsame Zukunft, in die auch die römisch-katholische Kirche nur erneuert und bereichert durch die Erfahrungen der anderen Kirchen gehen könne. Dabei stand wie selbstverständlich fest, daß die hierarchische Struktur mit dem Papst an der Spitze beibehalten wird, es wurde jedoch wenig darüber reflektiert.

Max Joseph Metzger brachte das verbreitete Bewußtsein in den Una-Sancta-Kreisen, wo sich katholische mit evangelischen Christen seit etwa 1938 trafen, zum Ausdruck.

31 *M. J. Metzger und Una-Sancta, 1939:* „Die – sicher ernsthaften und bedeutungsvollen – dogmatischen Differenzen spielen heute nicht mehr die entscheidende Rolle als Hindernis der Wiedervereinigung. Viel stärker stehen geistige Haltungen gegeneinander; diese können aber durchaus nicht einfach mit ‚Wahrheit‘ auf der einen, ‚Irrtum‘ auf der andern Seite gleichgesetzt werden, da es sich oft um Spannungsgegensätze handelt, die in der Universalität der Una Catholica alle irgendwie zu ihrem Recht kommen dürfen. Ich nenne etwa als solche Gegensatzfragen: Gott oder Mensch? Christus oder Kirche? Schrift oder Tradition? Gnade oder Aszese? Gesetz oder Freiheit? Recht oder Liebe? Form oder Geist? Evangelium oder Gesetzbuch? Moral oder Gesinnungspflege? Sakramentales oder Geistchristentum? Volksfrömmigkeit oder höhere Gnosis? National- oder Weltkirche?

Die tatsächlichen Differenzen betreffen sodann viel stärker theologische Lehrmeinungen und Fragen der kirchlichen Disziplin als Fragen des Offenbarungsglaubens, bezüglich deren die Kirche als ‚Säule und Grundfeste der Wahrheit‘ (1. Tim. 3, 15) Konzessionen zu machen außerstande wäre.“ (In: H. Bäcker [Hg.], Gefangenschaftsbriefe von Dr. Max Joseph Metzger [Bruder Paulus], 1947, 147 f.)

Die Schrecken des Zweiten Weltkrieges führten zu einem neuen Zusammengehörigkeitsgefühl der Christen über die Konfessionsgrenzen hinweg. Doch wurden bald in der römisch-katholischen Kirche auch Spannungen zwischen der Una-Sancta-Bewegung und der Hierarchie deutlich.

Die von *Matthias Laros* („Schöpferischer Friede zwischen den Konfessionen“, 1950) und *Thomas Sartory* („Die ökumenische Bewegung und die Einheit der Kirche“, 1955) weitergeführten Una-Sancta-Kreise gerieten bei der Hierarchie in den Verdacht, einen falschen Frieden herbeizuführen, weil hier Einheit auf Kosten der katholischen Wahrheit herauskäme. Der Konflikt betraf die Frage, ob die hierarchische und päpstliche Kirchenstruktur nur ein „disziplinäres" Problem ist oder zum Offenbarungsglauben selbst gehört. Die katholischen Bischöfe in Deutschland gründeten 1943 ein „Referat betr. die Wiedervereinigung im Glauben", und zwar mit je einer Abteilung für ostkirchliche und protestantische Fragen, mit den Erzbischöfen von Wien und Paderborn an der Spitze. Erzbischof *Lorenz Jaeger* (Paderborn) wünschte, daß anstelle von „bunt zusammengewürfelten Zirkeln" kompetente Fachleute die ökumenischen Beziehungen verfolgen (vgl. Jaegers Votum für die Bischofskonferenz 1942 und den Beschluß der Bischofskonferenz 1943, in: Lorenz Jaeger, Einheit und Gemeinschaft, Paderborn 1972, 8–19). Erstmals machte sich hier eine katholische Bischofskonferenz das ökumenische Anliegen zu eigen. Im Blick auf den Protestantismus nannte Jaeger als Grund der neuen Haltung: „Die Wandlungen in der evangelischen Theologie der letzten 30 Jahre, das neue Bekenntnis zur sichtbaren Kirche und die Neugestaltung der Liturgie bedeuten eine so überraschende Rückkehr zu kirchlichen Prinzipien, daß wir sie nicht unbeachtet lassen können" (ebd. 15). Diese Tendenz, die zur katholischen Kirche hinneigenden Strömungen in den anderen Kirchen zu würdigen, andere Richtungen aber zu negieren, sollten fortan den katholischen Ökumenismus bewußt oder unbewußt bestimmen, übrigens auch in der Una-Sancta-Bewegung.

Die Haltung der Deutschen Bischofskonferenz beeinflußte die offizielle Linie Roms, als 1948 der ÖRK gegründet wurde. Es blieb bei der dogmatisch begründeten Absage Roms (Monitum des Hl. Offizium „Cum compertum", 5.6.1948), aber insgesamt wurde die ökumenische Bewegung der nichtkatholischen Kirchen positiver gewürdigt. Die Instruktion „Ecclesia catholica" vom 20.12.1949 sagte sogar, die ökumenische Bewegung sei „unter Einwirkung des Heiligen Geistes" entstanden. Sie erlaubte interkonfessionelle Gespräche freilich nur, wenn sie von kompetenten Leuten geführt und vorher vom zuständigen Bischof genehmigt wurden. Pius XII. sah (so Weihnachten 1941) in allen, „die uns im Glauben an Gott und Jesus Christus nahe sind, ohne zum sichtbaren Leib der katholischen Kirche zu gehören", Bundesgenossen, um gegen das moderne Heidentum anzutreten. Insbesondere rief er wiederholt die Christen zur gemeinsamen Arbeit für soziale Gerechtigkeit und internationalen Frieden auf. Bei Pius XII. zeigte sich erstmals die Tendenz, den faktischen Pluralismus der modernen Gesellschaft anzuerkennen, indem er die Toleranz gegenüber religiösen Bekenntnissen, die die katholische Kirche selber für irrig hält, in bestimmten Fällen für eine Pflicht hielt.

Andererseits erließ Pius XII. dogmatische Verlautbarungen, die den ökumenischen Dialog erschwerten. Die Enzyklika „*Mystici corporis*“ (1943) war ganz einem neuscholastischen ontologischen Denken verhaftet, bei dem Christus und die römisch-katholische Kirche nahezu völlig identifiziert wurden („quasi altera persona Christ existat“). Ökumeniker konnten hier nur den alten römisch-katholischen Exklusivitätsanspruch heraushören. Gegenüber der sogenannten modernen Theologie, die quer durch die Konfessionen ging, reagierte Pius XII. zugleich aufgeschlossen wie abweisend: Die Bibelenzyklika „*Divino afflante Spiritu*“ (1943) gab der wissenschaftlichen Exegese mehr Raum als früher, während das Rundschreiben „*Humani generis*“ (1950) sich gegen die „Neue Theologie“ (besonders in Frankreich) abgrenzte, die über ein neues Verhältnis von Kirche und Welt reflektierte. Die Verkündung des *Dogmas von der leiblichen Aufnahme Marias in den Himmel* durch die Konstitution „Munificentissimus Deus“ (1950) schließlich wurde von allen nichtkatholischen Kirchen als ein nahezu unüberwindliches Hindernis für eine ökumenische Verständigung angesehen. Die Schlußformel des Dogmas, wonach „jemand, der diese Wahrheit zu leugnen oder bewußt in Zweifel zu ziehen wagt“, „vollständig vom göttlichen und katholischen Glauben abgefallen“ sei, rief in allen ökumenischen Kreisen – teilweise auch in der römisch-katholischen Kirche – Bestürzung hervor.

Dennoch ging der Weg des katholischen Ökumenismus weiter. Es gab seit dem Weltkrieg mancherlei unbefangenes Miteinander in den Familien (die Zahl konfessionsverschiedener Ehen stieg überall rapide an!), in den Gemeinden, in Una-Sancta-Kreisen, in der Zusammenarbeit der kirchlichen Werke und Verbände. Zumeist geschah diese „Ökumene von unten“ mit stiller Duldung durch die Hierarchie, häufig jedoch auch zu deren Argwohn. Als offizieller katholischer Ökumenismus galten eigentlich nur die theologischen Dialoge, die unter der Aufsicht von Bischöfen geführt wurden.

Von Rom aus gewann die 1945 von *Charles Boyer* in Verbindung mit J. B. Montini (dem späteren Papst Paul VI.) gegründete Vereinigung „*Unitas*“ Bedeutung (mit mehrsprachiger Zeitschrift unter gleichnamigem Titel). In Deutschland berief Erzbischof *Lorenz Jaeger* einen *Arbeitskreis für ökumenische Fragen*, der ab 1946 gemeinsam mit einem – freilich durch Bischof Wilhelm Stählin privat zusammengerufenen – evangelischen Arbeitskreis von Theologen als sogenannter *Stählin-Jaeger-Kreis* bekannt wurde (später unter dem Protektorat der Bischöfe H. Kunst und

H. Volk, heute E. Lohse und K. Lehmann). Hier suchte die katholische Kirche vor allem das Gespräch mit der lutherischen Theologie. Etliche Veröffentlichungen des Arbeitskreises bekundeten viele Konvergenzen. Jaeger wurde durch diese Arbeit ermutigt, 1958 in Paderborn das „Johann-Adam-Möhler-Institut für Konfessions- und Diasporakunde" (heute: für Ökumenik) zu gründen.

Als auch in anderen Ländern ähnliche Kreise entstanden, wurde die „Internationale Katholische Konferenz für ökumenische Fragen" gegründet, die 1952 auf Betreiben des Holländers *Jan Willebrands* in Freiburg/Schweiz erstmals zusammentrat. Jaeger und Willebrands verhalfen schließlich dem katholischen Ökumenismus zu offiziellem Durchbruch, als sie bei Papst Johannes XXIII. 1960 die Errichtung eines vatikanischen *Sekretariats zur Förderung der christlichen Einheit* erreichten (Präsident: Kardinal *Augustin Bea SJ*).

Johannes XXIII. (1958–1963) leitete mit dem Zweiten Vatikanischen Konzil eine Wende in der neueren katholischen Kirchengeschichte ein. Er wollte so manches Erstarrte und Antimodernistische auflockern und ein „aggiornamento", ein „Heutigwerden" der Kirche erreichen: Die Dogmen sollten in ihrer Substanz bewahrt, aber dem Geist der Neuzeit gemäß interpretiert werden, insbesondere was das Verhältnis von Kirche und Welt sowie von Autorität und Freiheit in der Kirche betraf. So wurde die römisch-katholische Kirche ein veränderter neuer Gesprächspartner für die übrigen Kirchen. Von Anfang an hatte Johannes XXIII. auch die Nichtkatholiken mit im Blick. In zahlreichen Ansprachen wandte er sich ihnen zu und lud schließlich alle Kirchen ein, Beobachter zum Konzil zu entsenden, die dann auch häufig konsultiert und um Mitarbeit gebeten wurden. Damit war eine völlig neue ökumenische Athmosphäre geschaffen.

Die katholischen Prinzipien des Ökumenismus (Das Zweite Vatikanum)

Die Erfahrungen beim geistlichen Ökumenismus und bei der praktischen Zusammenarbeit der Kirchen in der Kriegs- und Nachkriegszeit wurden durch bemerkenswerte Entwicklungen in der römisch-katholischen Theologie begleitet. Die Denkweise von „Mortalium animos" (1928) lebte zwar in „Mystici corporis" (1943) nochmals auf, aber es entwickelte sich bald eine mehr heilsgeschichtliche Theologie, die den Begriff „Volk Gottes" statt

„Leib Christi“ als Ausgangspunkt wählte und zugleich auch den Gedanken von der Kirche als „Ur-Sakrament“ propagierte (vgl. die Arbeiten von Y. M.-J. Congar, L. Cerfaux, J. Daniélou, M. D. Koster, O. Semmelroth, K. Rahner, M. Schmaus). Das Zweite Vatikanische Konzil hat diese Anliegen in der *Kirchenkonstitution* „Lumen gentium“ aufgenommen, indem es traditionelle Aussagen ergänzte und weiterentwickelte. Neben die einseitig ontologisch an der Person Christi interessierte Christologie trat eine heilsgeschichtliche Betrachtungsweise, welche die Person und das Werk Christi berücksichtigte, was zur Folge hatte, daß nicht mehr von einer „Identität“ von Christus und Kirche inklusive deren göttlicher und menschlicher Natur die Rede war, sondern vorsichtiger nur von einer „Analogie“. Statt der alten identifizierenden Formel „Die Kirche Christi *ist* („est“) die römisch-katholische Kirche“ modifizierte das Konzil nach langen Debatten, die Kirche Christi „ist verwirklicht“ („subsistit“) in der römisch-katholischen Kirche.

Zweites Vatikanisches Konzil

32 *Kirchenkonstitution „Lumen gentium“ (1964)* Nr. 8: „... Dies ist die einzige Kirche Christi, die wir im Glaubensbekenntnis als die eine, heilige, katholische und apostolische bekennen. Sie zu weiden, hat unser Erlöser nach seiner Auferstehung dem Petrus übertragen (Jo 21, 17), ihm und den übrigen Aposteln hat er ihre Ausbreitung und Leitung anvertraut (vgl. Mt 28, 18 ff.), für immer hat er sie als ‚Säule und Feste der Wahrheit‘ errichtet (1 Tim 3, 15). Diese Kirche, in dieser Welt als Gesellschaft verfaßt und geordnet, ist verwirklicht in der katholischen Kirche, die vom Nachfolger Petri und von den Bischöfen in Gemeinschaft mit ihm geleitet wird. Das schließt nicht aus, daß außerhalb ihres Gefüges vielfältige Elemente der Heiligung und der Wahrheit zu finden sind, die als der Kirche Christi eigene Gaben auf die katholische Einheit hindrängen.“

Hier wurde anerkannt, daß Christus auch außerhalb der römisch-katholischen Institution bei anderen Christen und Kirchen wirkt. Allerdings war der heilsgeschichtlich-universale Aspekt weiterhin mit dem institutionell-exklusiven Anspruch verbunden, daß das „subsistit“ nur für die römisch-katholische Kirche, nicht aber für die anderen kirchlichen Gemeinschaften gilt: Diese sind nicht „Kirche“ im dogmatisch vollen Sinn, weil ihnen wesentliche ekklesiale Defizite anhaften. Lediglich die orthodoxen Ostkirchen mit ihrer hierarchischen Grundstruktur wurden (später durch Papst Paul VI.) als „Schwesterkirchen“ bezeichnet. Katholische Ökumeniker haben zwar immer wieder betont, auch die evangelischen Kirchen würden seit dem letzten Konzil als „Kirchen“ anerkannt; das trifft jedoch nach offiziellen Interpretationen der Glaubenskongregation nur auf den Umgang im Dialog miteinander zu, nicht auf eine dogmatische Anerkennung.

Das *Ökumenismusdekret* „Unitatis redintegratio“ (1964) zeigte, wie trotz dogmatischer Vorbehalte eine ziemlich neue Sicht der andern Kirchen und der ökumenischen Bewegung möglich wurde. Die römisch-katholische Kirche sprach offen von der eigenen Mitschuld an den entstandenen Spaltungen, und sie erkannte als eigenes Defizit, daß sie wegen der Existenz der nichtkatholischen Christen nicht in der Lage ist, „die Fülle der Katholizität“ darzustellen (Nr. 4). Sie entwickelte ihre Prinzipien des Ökumenismus, indem sie alle Christen zur „inneren Bekehrung“ und alle Kirchen (auch sich selbst!) zur „Erneuerung“ aufrief (Nr. 7) und ein breit angelegtes Dialogprogramm entfaltete. Dabei wurde deutlich zwischen den Beziehungen zu den orthodoxen Ostkirchen (Nr. 14 ff.) und zu den seit der Reformation im Westen entstandenen Kirchen (Nr. 19 ff.) unterschieden. Zum Grundsätzlichen hieß es:

33 *Ökumenismusdekret „Unitatis redintegratio“ (1964)* Nr. 3: „In dieser einen und einzigen Kirche Gottes sind schon von den ersten Zeiten an Spaltungen entstanden, die der Apostel aufs schwerste tadelt und verurteilt; in den späteren Jahrhunderten aber sind ausgedehntere Verfeindungen entstanden, und es kam zur Trennung recht großer Gemeinschaften von der vollen Gemeinschaft der katholischen Kirche, oft nicht ohne Schuld der Menschen auf beiden Seiten. Den Menschen jedoch, die jetzt in solchen Gemeinschaften geboren sind und in ihnen den Glauben an Christus erlangen, darf die Schuld der Trennung nicht zur Last gelegt werden – die katholische Kirche betrachtet sie als Brüder, in Verehrung und Liebe. Denn wer an Christus glaubt und in der rechten Weise die Taufe empfangen hat, steht dadurch in einer gewissen, wenn auch nicht vollkommenen Gemeinschaft mit der katholischen Kirche. Da es zwischen ihnen und der katholischen Kirche sowohl in der Lehre und bisweilen auch in der Disziplin wie auch bezüglich der Struktur der Kirche Diskrepanzen verschiedener Art gibt, so stehen sicherlich nicht wenige Hindernisse der vollen kirchlichen Gemeinschaft entgegen, bisweilen recht schwerwiegende, um deren Überwindung die ökumenische Bewegung bemüht ist. Nichtsdestoweniger sind sie durch den Glauben in der Taufe gerechtfertigt und dem Leibe Christi eingegliedert, darum gebührt ihnen der Ehrenname des Christen, und mit Recht werden sie von den Söhnen der katholischen Kirche als Brüder im Herrn anerkannt.“

Für den ökumenischen Dialog wurde von entscheidender Bedeutung, daß das Konzil sich von dem neuscholastischen Verständnis des Glaubens löste, wie es noch in „Mortalium animos" gegolten hatte. Das erste Kapitel der Offenbarungskonstitution ist dafür maßgebend, weil hier die Offenbarung als eine personale Beziehung zwischen Gott und Mensch beschrieben wird und Glauben vor allem als eine Selbstüberantwortung des Menschen an Gott gilt und nicht pauschal als ein Für-wahr-halten bestimmter Dogmen. Das Ökumenismusdekret machte Schluß mit der These, alle Dogmen müßten als gleichrangig angesehen werden:

34 *Ökumenismusdekret* Nr. 11: „Beim Vergleich der Lehren miteinander soll man nicht vergessen, daß es eine Rangordnung oder ‚Hierarchie' der Wahrheiten innerhalb der katholischen Lehre gibt, je nach der verschiedenen Art ihres Zusammenhangs mit dem Fundament des christlichen Glaubens."

Dieses Prinzip ermöglichte es, im ökumenischen Dialog gemeinsam zu erarbeiten, wie das jeweilige Verhältnis zu Jesus Christus aussieht, statt – wie es frühere Intention war – wie das Verhältnis der Nichtkatholiken zur römisch-katholischen Kirche aussieht. Allerdings hat das Konzil diesen ernormen ökumenischen Fortschritt wiederum auch relativiert, indem es im zweiten Kapitel der Offenbarungskonstitution über die „Weitergabe der Offenbarung" die Heilige Schrift, die Tradition und das römische Lehramt als ein organisches Ganzes beschrieb, so daß die Auslegung der Hierarchie der Wahrheiten wieder an das letztinstanzlich unfehlbare Lehramt des Papstes gebunden ist.

Katholische Ökumeniker unterstreichen im Dialog durchwegs die erstaunliche ökumenische Öffnung der römisch-katholischen Kirche und spielen das traditionelle, spezifisch „römische" Selbstverständnis herunter. Nichtkatholische Ökumeniker wissen das durchaus zu würdigen, fragen aber auch skeptisch nach den Konsequenzen des immer noch behaupteten christologisch-ekklesiologischen Unterschieds zwischen der römisch-katholischen Kirche und allen anderen Kirchen. Richtet sich der Blick auf die ökumenische Öffnung, fällt die positive Würdigung der andern Konfessionen auf, die sogar als „Mittel des Heils" bezeichnet werden; vom alten römisch-katholischen Exklusivitätsanspruch scheint nichts mehr übrig zu sein. Fällt das Augenmerk jedoch auf die dargelegte römisch-katholische Identität, so kann man von einer eigentümlichen Dialektik von zurückgezogenem und durchgehaltenem römisch-katholischen Exklusivitätsanspruch sprechen. Dieser Dialektik liegt ein neues geschichtliches Denken zugrunde, das sich die „redintegratio unitatis" nicht als „Rückkehr" vorstellt, sondern als gemeinsames Voranschreiten zu der von Christus gewollten Einheit, wobei nach einem Erneuerungsprozeß aller freilich die von der römisch-katholischen Kirche für wesentlich gehaltenen kirchlichen Elemente wie die hierarchische Struktur und der Papstprimat erhalten bleiben. Im Schema der „Hierarchie der Wahrheiten“ ist seither das Verhältnis von „Einheit im Glauben“ (an den dreieinigen Gott usw.) und „Einheit der Kirche“ (ob eine bestimmte Kirchenstruktur zum Glauben selbst gehört) das zentrale Thema der ökumenischen Dialoge geworden.

Die praktische Verwirklichung des Ökumenismus (1965–1992)

Mit dem „Ökumenismus“ war die römisch-katholische Kirche offiziell in die ökumenische Bewegung eingetreten. Man sprach nicht mehr von den Prinzipien des „römisch-katholischen Ökumenismus“, sondern von den „römisch-katholischen Prinzipien des Ökumenismus“, um ein Gegenüber von Ökumenismus und ökumenischer Bewegung abzuwehren. Vor allem in konfessionell stark gemischten Ländern entwickelte sich in rasantem Tempo eine „Ökumene am Ort“, die als Wunder des Heiligen Geistes empfunden wurde. In vielen Familien, Gemeinden und ökumenischen Kreisen wurde die ökumenische Gemeinschaft ohne jedes Wenn und Aber praktiziert, bis hin zu ökumenischen Gottesdiensten mit gemeinsamen Eucharistie-/Abendmahlsfeiern. In der ökumenischen Aufbruchsstimmung hielt man es weithin für normal, daß vor Ort mutig ökumenische Experimente gewagt wurden, die kirchenamtlich noch nicht abgedeckt waren, während sich bei der Hierarchie bald auch Sorgen breit machten, daß der ökumenische Wildwuchs nicht zu einer tragfähigen Einheit, sondern nur zu „falschem Irenismus“ und zu „Indifferentismus“ führe. So waren bald Richtlinien für die Verwirklichung des Ökumenismus fällig.

Sie erschienen 1967 als „*Ökumenisches Direktorium*“ des römischen Einheitssekretariats. Hier wurden die ökumenisch noch zurückhaltenden Kreise in den überwiegend katholischen Gebieten zu mehr ökumenischer Offenheit ermutigt, und die ökumenisch Stürmischen, bei denen das konfessionell Trennende überhaupt keine Rolle mehr zu spielen schien, wurden gebremst. „Dialog“ und „Zusammenarbeit“ war die offizielle Terminologie. Bei der Ökumene am Ort galt die „Gemeinschaft im geistlichen Tun“ (communicatio in spiritualibus) als empfehlenswert, während der „Gemeinschaft im Sakramentalen" (communicatio in sacris) enge Grenzen gezogen wurden. Seither kam es immer wieder zu Konflikten zwischen „Basis-Ökumene" und „Amts-Ökumene".

Das *Dialogprogramm* der römisch-katholischen Kirche ist durch das von Papst Paul VI. (1963–1977) gezeichnete Bild der konzentrischen Kreise gekennzeichnet, wonach die andern Kirchen je nach sakramentalem und hierarchischem Stellenwert in engen oder weiteren Kreisen die römisch-katholische Kirche umgeben: zunächst die Orthodoxen, dann die Anglikaner, Lutheraner, Reformierten und Freikirchen, schließlich über den Ökumenismus hinaus die anderen Religionen (Judentum, monotheistische Religionen usw.) und alle Menschen als Geschöpfe Gottes. Seit 1965 wurden mit nahezu allen Konfessionsfamilien offizielle Dialogkommissionen gebildet, die ein imposantes Paket von ökumenischen Studiendokumenten erarbeitet haben. (Diese Dialoge können hier nicht vorgestellt und ausgewertet werden; vgl. die Textsammlung von H. Meyer, H. J. Urban, L. Vischer [Hg.]: Dokumente wachsender Übereinstimmung, 1983).

Von herausragender Bedeutung sind die *römisch-katholisch/orthodoxen Beziehungen*. Schon während des Konzils kam es 1965 zur beiderseitigen sogenannten „Aufhebung des Bannes" vom Jahre 1054, als die Kirchen Roms und Konstantinopels sich gegenseitig exkommuniziert hatten. Offizielle Sprachregelung war, daß der Bann, der die damals Lebenden betraf, heute „aus dem Gedächtnis der Kirche getilgt" wird. Dieser Schritt bedeutete freilich noch keine römisch-katholisch/orthodoxe Kirchengemeinschaft; diese ist vielmehr Gegenstand des offiziellen Dialogs. Aber schon im Ökumenismusdekret Nr. 15 signalisierte die römisch-katholische Kirche, daß sie auf der Grundlage des altkirchlichen Konsenses im ersten Jahrtausend „eine gewisse communicatio in sacris" für möglich hält, obwohl die orthodoxen Kirchen die römisch-katholischen Dogmen des zweiten Jahrtausends (u.a. Papstprimat) nicht akzeptieren. Eine Vereinbarung darüber ist im orthodox/römisch-katholischen Dialog bisher jedoch noch nicht erfolgt. Das ökumenische Signal ist aber bis jetzt wohl der weitestgehende ökumenische Schritt der römisch-katholischen Kirche, und alle übrigen Dialoge mit den reformatorischen Kirchen werden aus römisch-katholischer Sicht an den theologischen Voraussetzungen gemessen, die den orthodox/römisch-katholischen Beziehungen zugrundeliegen (sakramentale und hierarchische Struktur der Kirche).

Besonders bemerkenswert sind die Beziehungen der römisch-katholischen Kirche zum *vorchalcedonensisch-altorientalischen syrisch-orthodoxen Patriarchat von Antiochien*. Im Jahre 1984 stellten Papst Johannes Paul II. und der Patriarch von Antiochien Moran Mar Ignatius Zakka I. Iwas in einer gemeinsamen Erklärung fest, daß die christologischen Streitigkeiten im 5. Jahrhundert, die zur Abspaltung der Monophysiten geführt hatten, „in keiner Weise die Substanz ihres Glaubens berühren, da diese lediglich aufgrund von Unterschieden in der Terminologie und Kultur und den vielfältigen Formeln entstanden, die von den verschiedenen theologischen Schulen angewandt wurden, um ein und dieselbe Sache auszudrücken" (Text in: Hanna Aydin: Die Syrisch-Orthodoxe Kirche von Antiochien, Glaue-Losser [Holland] 1990, 172). Die Eucharistie könne zwar noch nicht gemeinsam gefeiert werden, weil „eine vollkommene Identität des Glaubens noch nicht besteht", doch beim Nichterreichen eines Priesters der eigenen Kirche dürfen katholische und syrisch-orthodoxe Christen die Sakramente beim Priester der anderen Kirche erbitten („offene Kommunion").

Ergänzend zu den offiziellen katholisch-orthodoxen Beziehungen wirkt seit 1984 in Österreich die *Stiftung „Pro Oriente"*. Eine beeindruckende Serie von Symposien und anderen Veranstaltungen, die zumeist gemeinsam mit orthodoxen und evangelischen Vertretern stattfanden, wurde in ihrer gleichnamigen Schriftenreihe dokumentiert (vgl. die Berichte und Literaturhinweise in: R. Kirchschläger und A. Stirnemann [Hg.]: Ein Laboratorium für die Einheit. 25 Jahre Pro Oriente 1989, Innsbruck-Wien 1991). In Deutschland fanden in ähnlicher Weise einige „Regensburger Ökumenische Symposien" statt.

Die Zusammenarbeit der römisch-katholischen Kirche mit den anderen Kirchen wird nahezu überall in gemeinsamen Kommissionen geregelt. In vielen Ländern wurde die römisch-katholische Kirche Mitglied der nationalen Ökumenischen Räte (Arbeitsgemeinschaften christlicher Kirchen). Eine *Gemeinsame Arbeitsgruppe zwischen „Rom" und „Genf"* (wie häufig abgekürzt für die römisch-katholische Kirche und den ÖRK gesagt wird) hat auch die Mitgliedschaft im ÖRK geprüft, kam aber zu einem negativen Ergebnis, weil sowohl theologische wie praktische Fragen nicht gelöst werden konnten.

Arbeitsgruppe Rom/Genf, 1975:

35 *Zur ÖRK-Mitgliedschaft der römisch-katholischen Kirche:* „Es besteht kein Zweifel darüber, daß die Römisch-Katholische Kirche die Basis des ÖRK annehmen könnte, aber verschiedene Faktoren – u. a. theologischer

Art – sprechen gegen eine Mitgliedschaft als sichtbaren Ausdruck der engen Beziehungen zwischen der Römisch-Katholischen Kirche und dem ÖRK. In einem viel größeren Ausmaß als andere Kirchen betrachtet sich die Römisch-Katholische Kirche als eine Einrichtung, in der eine universale Gemeinschaft mit einer universalen Mission und Struktur ein wesentliches Element ihrer Identität darstellt. Eine Mitgliedschaft könnte für viele Katholiken tiefgreifende pastorale Probleme aufwerfen, weil die Entscheidung, einer weltweiten Gemeinschaft von Kirchen anzugehören, leicht mißverstanden werden könnte. Dann ist auch zu beachten die Art, in der Autorität in der Römisch-Katholischen Kirche verstanden wird, und die mit ihr verbundene Verfahrensweise. Außerdem spielen noch praktische Differenzen in dem modus operandi, einschließlich des Stils und des Einflusses öffentlicher Verlautbarungen, eine Rolle." (Vierter Offizieller Bericht, in: Meyer, Urban, Vischer, 667)

Wie im „demokratisch" strukturierten ÖRK die römisch-katholische Kirche angemessen vertreten sein könnte, ist tatsächlich ein schwer lösbares Problem, da ja die römisch-katholische Kirche etwa 60 Prozent aller Christen umfaßt. Doch haben sich andere Formen der gegenseitigen Absprache und Zusammenarbeit ergeben, wobei wegen der unterschiedlichen Struktur der Organisationen Schwierigkeiten nicht zu leugnen sind. Die römisch-katholische Kirche hat mit dem Vatikanstaat, mit einem Netz von diplomatischen Vertretungen bei den Staaten („Apostolische Nuntiaturen"), mit Staat-Kirche-Verträgen („Konkordaten") und mit der Praxis von Papstaudienzen für die Regierenden einen eigenen Stil für das politische Engagement der Kirche entwickelt, mit dem das nahezu basisdemokratische Vorgehen des ÖRK kaum zu vereinbaren ist. Manche befreiungstheologisch motivierte Aktion des ÖRK könnte von Rom kaum mitgetragen werden. Die 1967 eingesetzte Gemeinsame Kommission für Gesellschaft, Entwicklung und Frieden (Society, Development and Peace, SODEPAX) veranstaltete einige internationale Konsultationen, führte aber nicht zu nennenswerten gemeinsamen Aktionen oder Absprachen im Entwicklungs- und Friedensdienst; sie wurde 1980 aufgelöst. Bei der „Weltkonferenz für Gerechtigkeit, Frieden und Bewahrung der Schöpfung" in *Seoul 1990* trat die römisch-katholische Kirche nicht als Mitveranstalter auf, war jedoch durch eine offizielle Beobachter-Delegation vertreten. Auf nationaler und kontinentaler Ebene gibt es weniger „päpstliche" Strukturprobleme: beispielsweise beim „Forum" der Arbeitsgemeinschaft christlicher Kirchen in Deutschland (in Stuttgart 1988) sowie bei der Europäischen „Ökumenischen Versammlung" in Basel 1989 (organisiert durch den katholischen Europäischen Bischofsrat und durch die Konferenz Europäischer Kirchen) wirkte die römisch-katholische Kirche voll und gleichberechtigt mit.

Den theologischen Dialog im ÖRK begleitet die römisch-katholische Kirche durch zwölf offizielle Mitglieder in der Kommission für Glauben und Kirchenverfassung. Die *Lima-Erklärungen* (1982) über „Taufe, Eucharistie und Amt" hat sie ausführlich auf allen Ebenen diskutiert und schließlich 1987 mit einer offiziellen Antwort gewürdigt. Diese erste vatikanische Stellungnahme (von 50 Seiten Umfang) zu einem Text des ÖRK gibt Aufschluß über den Weg des ökumenischen Gedankens in der römisch-katholischen Kirche. Die einzelnen Konvergenzen werden gewürdigt, in vieler Hinsicht ist man erfreut, daß die nicht-römisch-katholischen Kirchen sich auf die römisch-katholische Lehre zuzubewegen scheinen. Doch wird auch ausführlich dargelegt, daß die Lima-Texte nicht den vollen römisch-katholischen Glauben wiedergeben. Vor allem vermißt man die Einbindung des Sakramentsglaubens in ein gemeinsames Kirchenverständnis, wozu ein sakramentales Verständnis von Kirche sowie die hierarchisch-päpstliche Struktur gehören. Kritische römisch-katholische und evangelische Kommentare der römischen Antwort auf Lima haben gefragt, ob bei der Erwartung einer „vollen Übereinstimmung" über die Sakramente und das Kirchenverständnis – statt einer gegenseitigen Anerkennung unterschiedlicher Theologien und konfessioneller Gestaltungen – letztlich alle Konvergenzen nach „Rom" laufen sollen und ob sich hier eine Abkehr vom Prinzip der „Hierarchie der Wahrheiten", bzw. eine Erinnerung an die Enzyklika „Mortalium animos" von 1928 andeutet. Diese kritische Frage an „Rom" bewegt katholische und evangelische Ökumeniker gleichermaßen.

36 *Aus Roms Antwort auf „Lima"*: „Obwohl die katholische Kirche an den anfänglichen Bemühungen innerhalb der Bewegung für Glauben und Kirchenverfassung, die zum Lima-Text geführt haben, nicht beteiligt war (sie wurde aber nach dem Zweiten Vatikanischen Konzil direkt in den Prozeß einbezogen), sieht sie im Lima-Text ein bedeutsames Ergebnis der ökumenischen Bewegung... Auch wenn wir der Meinung sind, daß der Text in gewissen Punkten unzureichend ist, so glauben wir doch, daß er die verschiedenen Kirchen und kirchlichen Gemeinschaften einen bedeutenden Schritt in der ökumenischen Bewegung voranbringen würde, wenn er von ihnen angenommen würde, obwohl er weiterhin nur eine Etappe auf dem Weg des ökumenischen Prozesses in der Arbeit für eine sichtbare Einheit der getrennten Christen ist ..."

„Für die katholische Kirche sind die Glaubenswahrheiten nicht voneinander getrennt; sie bilden ein organisches Ganzes. Daher ist eine volle Übereinstimmung in bezug auf die Sakramente mit der Übereinstimmung

über das Wesen der Kirche verknüpft. Die Sakramente, einschließlich der Taufe, erhalten ihre volle Bedeutung und Wirkkraft von der allumfassenden kirchlichen Realität, von der sie abhängen und die sie kundmachen. Auch das Ziel der Einheit unter den getrennten Christen kann nicht ohne Übereinstimmung über das Wesen der Kirche erreicht werden."
(In: Eine katholische Stellungnahme zu den Konvergenzerklärungen ..., Verl. d. Ap. St. Nr. 79 vom 21.7.1987, Bonn 1987, 7f., 9f., 49, 52)

Welche Einheit?

Die römisch-katholische Antwort auf die Lima-Erklärungen zeigt, daß innerhalb der römisch-katholischen Kirche um eine angemessene Beschreibung des ökumenischen Ziels gerungen wird. Die katholischen Ökumeniker können häufig ein weitaus offeneres Kirchenverständnis vortragen, als es die offiziellen Texte tun. Die wichtigsten Einzelstimmen seien genannt.

Joseph Ratzinger beschrieb 1976, damals noch Theologieprofessor, seine Erwartungen zum katholisch-orthodoxen Verhältnis folgendermaßen:

37 „...Rom muß vom Osten nicht mehr an Primatslehre fordern, als auch im ersten Jahrtausend formuliert und gelebt wurde... Die Einigung könnte hier auf der Basis geschehen, daß einerseits der Osten darauf verzichtet, die westliche Entwicklung des zweiten Jahrtausends als häretisch zu bekämpfen und die katholische Kirche in der Gestalt als rechtmäßig und rechtgläubig akzeptiert, die sie in dieser Entwicklung gefunden hat, während umgekehrt der Westen die Kirche des Ostens in der Gestalt, die sie sich bewahrt hat, als rechtgläubig und rechtmäßig anerkennt."
(Vortrag in Graz, abgedruckt in: ders., Theologische Prinzipienlehre, München 1982, 209)

Im Jahre 1987 relativierte Kardinal Ratzinger seine frühere Aussage: daraus dürfe man kein ökumenisches Dogma machen; jedenfalls könnten die Dogmen des Ersten Vatikanum nicht nur als partikuläre Entwicklungen der lateinischen Kirche angesehen werden. „Was als Wahrheit auftrat, wäre dann als bloßer Brauch zu qualifizieren." (In: Kirche, Ökumene, Politik, 81)

Karl Rahner und *Heinrich Fries* lösten 1983 eine lebhafte Diskussion aus, als sie acht Thesen über „Einigung der Kirchen – eine reale Möglichkeit" aufstellten:

38 „I. Die Grundwahrheiten des Christentums, wie sie in der Heiligen Schrift, im Apostolischen Glaubensbekenntnis und in dem von Nicäa und Konstantinopel ausgesagt werden, sind für alle Teilkirchen der künftig einen Kirche verpflichtend.

II. Darüber hinaus gelte ein realistisches Glaubensprinzip: in keiner Teilkirche darf dezidiert und bekenntnismäßig ein Satz verworfen werden, der in einer anderen Teilkirche ein verpflichtendes Dogma ist. Im übrigen ist aber über These I hinaus kein ausdrückliches und positives Bekenntnis in einer Teilkirche zu einem Dogma einer anderen Teilkirche verpflichtend gefordert, sondern einem weitergehenden Konsens der Zukunft überlassen. Das gilt erst recht von authentischen, aber nicht definierten Lehrerklärungen der römischen Kirche. Das ist besonders bei ethischen Fragen zu beachten. Bei diesem Prinzip würde nur das getan, was jede Kirche heute schon ihren eigenen Angehörigen gegenüber praktiziert."

III. Konfessionen als Teilkirchen

„IV. a) Alle Teilkirchen erkennen Sinn und Recht des Petrusdienstes des römischen Papstes als konkreten Garanten der Einheit der Kirche in Wahrheit und Liebe an.
b) Der Papst seinerseits verpflichtet sich ausdrücklich, die damit vereinbarte Eigenständigkeit der Teilkirchen anzuerkennen und zu respektieren. Er erklärt (jure humano), daß er von seiner obersten, ihm vom Ersten Vatikanum her nach katholischen Prinzipien zustehenden Lehrautorität (ex cathedra) in einer Weise Gebrauch machen werde, die juristisch oder sachlich einem allgemeinen Konzil der ganzen Kirche entspricht, so wie ja seine bisherigen Kathedralentscheidungen in Übereinstimmung und Fühlungnahme mit dem katholischen Gesamtepiskopat ergangen sind."

V.-VIII.: Bischofsamt, Ämteranerkennung, Kanzel- und Altargemeinschaft
(Heinrich Fries und Karl Rahner: Einigung der Kirchen - reale Möglichkeit, Freiburg 1983, 5f.)

Die ausführlich kommentierten Thesen fanden bei all denen Zustimmung, die schon längst die bisher kirchentrennenden Gegensätze nur noch als legitime theologische Vielfalt innerhalb der einen Kirche Christi ansahen. Widerspruch gab es von einer Reihe katholischer und evangelischer Theologen vor allem gegen die zweite These, die Karl Rahner mit einer „erkenntnistheoretischen Toleranz" begründete. Evangelische Vorbehalte gab es auch besonders bei der vierten These über das Papstamt. (Vgl. die Darstellung der Reaktionen in der zweiten Auflage des Buches, Freiburg 1985, 157–189; und Beatus Brenner: Die Diskussion um das Rahner-Fries-Papier, in: Annäherung der getrennten Kirchen? Kirchliches Jahrbuch 1987, 61–74.)

Die Konzeptionen von Ratzinger ebenso wie die von Fries und Rahner gehen davon aus, daß nicht eine Kirchengemeinschaft organisatorisch getrennter Konfessionen das katholische Ziel ist (vergleichbar etwa der Leuenberger Konkordie lutherischer, reformierter und unierter Kirchen), sondern daß die Kirchengemeinschaft auch zu einer gemeinsamen kirchlichen Struktur führen muß, bei der der Papst das universale Einheitsamt wahrnimmt. Dabei soll die alte „Rückkehr-Ökumene" durch eine gemeinsame Erneuerung der Konfessionen und durch einen gemeinsamen Weg nach vorn in die Zukunft vermieden werden.

Werner Löser SJ brachte diesen Gedanken 1986 wohl repräsentativ für die römisch-katholische Kirche folgendermaßen zum Ausdruck:

39 „Damit dieses Ziel erreicht werden kann, sind Bewegungen sowohl in der römisch-katholischen Kirche als auch in den anderen Kirchen und Gemeinschaften unausweichlich... Die ‚dauernde Reform', zu der die Kirche gerufen ist, zielt nicht zuletzt dahin, daß soviel an Katholizität und Weite wie nur möglich zum Tragen kommt, damit die bisher getrennten Kirchen ohne Aufgabe ihrer vom Heiligen Geist gewirkten Traditionen innerhalb der erneuerten römisch-katholischen Kirche ihren Ort finden können. Das Konzil ermuntert zu dem Programm: Einheit im Notwendigen, Freiheit in allem anderen."
(Werner Löser: Das Einheits- und Ökumenismusverständnis der römisch-katholischen Kirche, in: ders. [Hg.], Die römisch-katholische Kirche [Die Kirchen der Welt Bd. 20], Frankfurt/M. 1986, 342 f.)

Der springende Punkt ist sicherlich die Formel „innerhalb der erneuerten römisch-katholischen Kirche ihren Ort finden". Dieser Gemeinschaft „mit und unter dem Papst" steht die ökumenische Absicht aller nicht-römisch-katholischen Kirchen gegenüber, „Gemeinschaft mit, aber nicht unter dem Papst" anzustreben.

Alles in allem herrscht unter dem Pontifikat Johannes Pauls II. (seit 1978) der Eindruck, 1. daß die römisch-katholische Kirche keinesfalls ihre ökumenische Öffnung zurücknehmen wird, 2. daß sie von den bilateralen theologischen Dialogen mit anderen Konfessionen eher ökumenische Fortschritte erwartet als vom multilateralen Dialog, und 3. daß sie keine weitergehende ökumenische Gemeinschaft (etwa bei der Frage der Abendmahlsgemeinschaft oder der rechtlichen Regelungen für konfessionsverschiedene Ehen) erlauben wird, bevor nicht die theologischen Fragen im Dialog völlig geklärt sind.

Dabei praktiziert die römisch-katholische Kirche mehr Geduld und denkt in längeren Zeiträumen, als es vielen römisch-katholischen und nichtkatholischen Ökumenikern lieb ist. Drei ökumenische Studienprojekte machen dies deutlich und werden den Weg des ökumenischen Gedankens in der römisch-katholischen Kirche in den nächsten Jahrzehnten bestimmen:

1. in Fortsetzung der Lima-Erklärungen umfassende Studien zum Kirchenbegriff, und zwar sowohl im multilateralen wie im bilateralen Dialog mit einzelnen Kirchen;

2. der römisch-katholisch/orthodoxe Dialog, bei dem die Orthodoxen mindestens ebenso langfristig denken wie Rom und keineswegs bereit zu sein scheinen, die römisch-katholischen Dogmen des zweiten Jahrtausends (betreffend Papst und Maria) hinzunehmen;

3. der römisch-katholisch/evangelische Dialog über die Lehrverurteilungen des 16. Jahrhunderts (Tridentinum und Bekenntnisschriften) und die Frage, ob sie den heutigen Partner noch treffen (vgl. Einzelheiten im Kapitel „Lehrbewegung und Lehrkonsens").

2. Orthodoxe Kirchen und ökumenische Bewegung

Als orthodoxe Kirchen bezeichnet man zum einen die Ostkirchen, die im ersten Jahrtausend nicht zum Patriarchat des Westens (= Rom) gehörten, bzw. die Kirchen, die aus ihnen in Osteuropa entstanden sind, und zum andern die Altorientalischen Kirchen, die auf die nestorianischen und monophysitischen Auseinandersetzungen des vierten und fünften Jahrhunderts zurückgehen und mit den orthodoxen Ostkirchen keine Kirchengemeinschaft haben (Koptische, Äthiopische, Syrische Kirche usw.). Davon zu unterscheiden sind die mit Rom unierten Ostkirchen, die nach der kirchlichen Ost-West-Spaltung 1054 von Rom aus im Osten errichtet wurden.

„Schwesterkirchen"

Seit der byzantinischen Zeit sind die einzelnen Ostkirchen selbständige „autokephale" bzw. „autonome" Kirchen, bei denen oft eine organische Einheit von Kirche, Volk und Staat prägend wurde. „Autokephal" heißen die Kirchen, die einen Patriarchen als Oberhaupt haben; „autonom" sind Kirchen, die rechtlich selbständig sind innerhalb eines Patriarchats (z. B. die griechische Kirche im Verhältnis zum Ökumenischen Patriarchen von Konstantinopel (Istanbul/Türkei). Die Zusammengehörigkeit der Ostkirchen ist durch ihre Orthodoxie (= Rechtgläubigkeit) bestimmt, die sich im Festhalten an der ungebrochenen Tradition der sieben Ökumenischen Konzile (von Nizäa 325 bis Nizäa 787) erweist. In diesem Sinn verstehen sich die orthodoxen Schwesterkirchen nicht als eine Konfession unter anderen innerhalb der gespaltenen Christenheit, sondern als die „eine, heilige, katholische und apostolische Kirche" des Glaubensbekenntnisses, als die einzige unteilbare Kirche Christi auf Erden. Allerdings haben die Orthodoxen stets anerkannt, daß es auch außerhalb ihrer Grenzen Gnade, Wirkungen des Heiligen Geistes und kirchliches Leben gibt, ohne daß sie über deren ekklesiologischen Wert etwas Endgültiges ausgesagt hätten. Hier liegt der theologische Grund, daß die orthodoxen Kirchen einerseits ihr exklusives Selbstverständnis bewahren und andererseits in eine Reihe von Dialogen und in die ökumenische Bewegung eintreten konnten. Dem Ökumenischen Patriarchen von Konstantinopel wird ein Ehrenvorsitz innerhalb der orthodoxen Schwesterkirchen zuerkannt.

Enzykliken zur Einheitsfrage (1902 und 1920)

Die geschichtlichen Voraussetzungen für ökumenische Beziehungen der orthodoxen Kirchen waren in der zweiten Hälfte des 19. und der ersten Hälfte des 20. Jahrhunderts nicht günstig. Die politischen Umgestaltungen auf dem Balkan und im Nahen und Mittleren Osten führten zu schweren Erschütterungen und Verlusten im kirchlichen Leben. Vor allem aber empfanden die orthodoxen Kirchen das Verhalten der westlichen Christen, der Katholiken wie der Protestanten, als aggressiv und feindselig. Die römisch-katholische Politik, überall mit Rom unierte Ostkirchen zu installieren und Christen aus den orthodoxen Kirchen abzuwerben („Proselytismus"), vergiftete die Atmosphäre; und bei den Protestanten erlebten die Orthodoxen häufig nur die Geringschätzung eines vermeintlich antiquierten und theologisch irrelevanten orthodoxen Christentums.

Erste Ansätze, auf die anderen Kirchen zuzugehen, finden sich in der Enzyklika des Ökumenischen Patriarchen von Konstantinopel, Joachims III., im Jahre 1902. Er fragte alle orthodoxen Bischöfe, ob nicht etwas für mehr Einheit unter den Orthodoxen und für die Beziehungen zu anderen Kirchen getan werden müsse (in: N. Thon [Hg.]: Quellenbuch, 1983, 480). Äußerst skeptisch beurteilte der russisch-orthodoxe Patriarch in seiner Antwort „die weltlichen Gelüste Roms" und auf seiten der Protestanten „die religiöse Exklusivität und sogar den Fanatismus - gemischt mit einer geringschätzenden Arroganz gegenüber der Orthodoxie" (Thon, 485). Daraufhin unterblieben zunächst weitere Initiativen.

Nach dem Ersten Weltkrieg unternahm das Ökumenische Patriarchat von Konstantinopel einen neuen Anlauf zu mehr ökumenischer Gemeinschaft. Es schrieb im Januar 1920 die (bereits oben zitierte) *Enzyklika „An die Kirchen Christi überall"* mit dem Vorschlag, in Analogie zum „Völkerbund" einen „Kirchenbund" aller Konfessionen (koinonia ton ethnon - koinonia ton ekklesion) zu gründen. Als Hauptautor gilt Metropolit *Germanos Strenopoulos*, der fortan der Sprecher der Orthodoxie bei ökumenischen Konferenzen und 1948 einer der ersten Präsidenten des ÖRK wurde. Das Rundschreiben konnte innerhalb der Orthodoxie natürlich nicht sofort alle Vorbehalte gegenüber dem „Westen" entkräften. Es war der ökumenische Vorstoß derjenigen, die durch Reisen und Studien in Kontakt mit nichtorthodoxen Christen und Kirchen gekommen waren, wozu die meisten Orthodoxen keine Gelegenheit hatten. Die Motive für eine ökumenische Öffnung konnten daher ganz unterschiedlich sein: Die einen glaubten an eine universale Sendung der Orthodoxie und wollten sie im Westen verbreiten, andere spürten hingegen, daß ihre Kirche von der Theologie und dem kirchlichen Engagement der westlichen Kirchen wohl auch lernen und profitieren könne. Auf jeden Fall aber mußten die orthodoxen Vertreter in der Ökumene stets jeden Anschein des dogmatischen Indifferentismus meiden, wenn sie zu Hause nicht als unzuverlässige Außenseiter gelten sollten. Häufig waren die im Westen lebenden Orthodoxen die ökumenischen Brückenbauer, sowohl ältere Auswanderer wie vor allem Exulanten (im Zusammenhang mit den neuen Machtverhältnissen in Rußland seit 1917). Seit den Genfer Vorkonferenzen der Bewegungen für Praktisches Christentum und für Glauben und Kirchenverfassung im Jahre 1920 waren jedenfalls die orthodoxen Kirchen - aus politischen Gründen jedoch nicht die russisch-orthodoxe Kirche - an der ökumenischen Bewegung beteiligt, und zwar durch ihre angesehensten Bischöfe und Theologen. Einige Namen seien genannt: Erzbischof *Chrysostomos von Athen*; Metropolit *Stefan von Sofia*; Professor *Stefan Zankow*, der führende bulgarische Theologe; Professor *Sergius Bulgakow*, der Dekan des Orthodoxen Theologischen Instituts in Paris; Professor *Hamilkar Alivisatos* von Athen; Professor *Nikolaus Arseniew* (russisch-orthodox, Königsberg); Professor *Nikolai Glubokowski* (russisch-orthodox, Petersburg, Uppsala, Sofia).

Von den *Altorientalischen Kirchen* beteiligten sich von Anfang an die Syrische Kirche (Jerusalem), die Assyrische Kirche des Ostens (Indien) und die Armenische Apostolische Kirche (durch Exulanten nach den Verfolgungen in der Türkei); die übrigen altorientalischen Kirchen stießen später zum ÖRK (ab 1948).

Lausanne 1927

Bei der ersten Weltkonferenz für Glauben und Kirchenverfassung in Lausanne 1927 standen die 22 orthodoxen Delegierten vor der schwierigen Frage, wie sie sich in ein theologisches Gespräch über Glaubensfragen einbringen können, das ihnen mit der demokratischen westlichen Geschäftsordnung weithin fremd war. Sie entschieden sich für das Einbringen gut vorbereiteter Voten, aber zur Stimmenthaltung bei allen Abstimmungen über Texte, welche großenteils kontroverse oder konvergente Standpunkte aus dem Bereich des westlichen theologischen Pluralismus enthielten. Erzbischof Germanos verlas im Namen der orthodoxen Delegation eine Erklärung, welche die orthodoxen Grundsätze für den ökumenischen Dialog erläuterte.

40 *Aus der orthodoxen Erklärung in Lausanne 1927*: „So haben denn wir unterzeichneten Delegierten der Orthodoxen Kirche, beseelt von dem aufrichtigen Gefühl der Liebe und von dem Wunsche, zu einer Verständigung zu gelangen, an jeder Sitzung teilgenommen, die hier stattgefunden hat, um eine engere brüderliche Gemeinschaft zwischen den Vertretern der verschiedenen Kirchen und damit das allgemeine Wohl der ganzen Christenheit zu fördern. Aber wenn wir auch das Gesamtwerk der Konferenz mitgetragen haben, wenn wir die im Programm vorgesehenen Reden gehalten und an den freien Aussprachen ebenso wie an der Arbeit der Sektionen teilgenommen haben, so haben wir doch mit Bedauern feststellen müssen, daß die Grundlagen für die Berichte, die der Konferenz zur Abstimmung vorgelegt werden sollen, mit den Grundsätzen der Orthodoxen Kirche, die wir vertreten, unverträglich sind …

So können wir Orthodoxen zum Beispiel uns eine vereinigte Kirche nicht denken, in der ein Teil der Glieder glaubt, daß es nur eine Quelle der göttlichen Offenbarung gibt, nämlich die Heilige Schrift allein, während andere behaupten, daß die apostolische Tradition die notwendige Ergänzung der Heiligen Schrift ist. Während die in dem betreffenden Bericht jeder einzelnen Kirche gewährte Freiheit, ihr eigenes Glaubensbekenntnis zu gebrauchen, den Wert, den diese Glaubensbekenntnisse an sich besitzen, sehr herabmindern würde, könnte andererseits nichts als Verwirrung darüber entstehen, was denn nun eigentlich der eine, gemeinsame Begriff des Glaubens der so vereinigten Kirche sei …

Da die Dinge so liegen, können wir den Gedanken einer Wiedervereinigung, die sich nur auf ein paar gemeinsame Punkte einer Erklärung in bloßen Worten gründet, nicht unterstützen; denn nach der Lehre der Orthodoxen Kirche kann es dort keine communio in sacris geben, wo die Totalität des Glaubens fehlt...

Wenn wir unterzeichneten orthodoxen Delegierten folglich davon absehen müssen, unsere Zustimmung zu anderen Berichten zu geben als zu dem über die Botschaft der Kirche, den wir annehmen und über den abzustimmen wir bereit sind, so möchten wir doch erklären, daß nach unserem Urteil das Weitestgehende, was wir jetzt tun können, das ist, daß wir mit anderen Kirchen in eine Arbeitsgemeinschaft auf dem Gebiet des Sozialen und Sittlichen auf der Grundlage christlicher Liebe treten." (In: Offizieller Bericht, 440–442)

Moskau und Amsterdam 1948

In den dreißiger Jahren und während des Zweiten Weltkriegs mußte sich der orthodoxe Beitrag zur Ökumene aufgrund der politischen Verhältnisse in Rußland und im Nahen Osten auf Initiativen einzelner, vor allem aus den Balkanstaaten, beschränken. Erst nach dem Kriege konnten die orthodoxen Kirchen wieder gemeinsam in Erscheinung treten. Die Initiative übernahm die russisch-orthodoxe Kirche, indem sie 1948 anläßlich ihres 500jährigen Patriarchatsjubiläums zu einer beratenden Konferenz nach Moskau einlud. Die Errichtung der kommunistischen Herrschaft in Rumänien, Bulgarien, Jugoslawien, Albanien, Polen und der Tschechoslowakei wirkte sich dabei in der Weise aus, daß mancherlei Informationsdefizite über die ökumenische Bewegung und die Absichten der Kirchen im Westen ein angemessenes Urteil über die Herausforderungen der Christenheit in der Welt von heute verhinderten. Die Moskauer Konferenz riet von einer Beteiligung an der ökumenischen Bewegung ab, weil diese die dogmatischen Bemühungen um Einheit aufgegeben habe und sich nur noch um politische und soziale Fragen kümmere.

41 *Aus der Moskauer Entschließung 1948*: „Die Richtung der Bestrebungen der ökumenischen Bewegung auf das soziale und politische Leben und auf die Schaffung einer ‚Ökumenischen Kirche' als einer einflußreichen internationalen Macht erscheint uns als der Sündenfall angesichts der Versuchung, die Christus in der Wüste abwies. Denn würde die Kirche diese Richtung einschlagen, würde sie durch den Versuch des Seelenfangs mit nichtchristlichen Mitteln von ihrem eigenen wahren Weg abweichen.

Im Verlauf der letzten elf Jahre (1937–1948) wurde die Frage der Wiedervereinigung der Kirchen auf dogmatischer und lehrmäßiger Grundlage nicht mehr erörtert. Ihr wurde eine zweitrangige, pädagogische Bedeutung für kommende Generationen zugewiesen. Da dies so ist, betreibt die gegenwärtige ökumenische Bewegung die Sache der Wiedervereinigung der Kirchen nicht mehr mit geistlichen Methoden und Mitteln." (In: Rouse-Neill II, 347)

Die Mißverständnisse sind offenkundig, hatten aber zur Folge, daß alle orthodoxen Kirchen aus dem Ostblock bei der Gründung des ÖRK in Amsterdam 1948 fehlten und nur die griechischsprechende Orthodoxie, die Orthodoxen in den USA sowie Exulanten vertreten waren. Bemerkenswert ist, daß die Moskauer Konferenz im Unterschied zu früheren Voten aus der griechischen Orthodoxie davon ausging, die Lehrunterschiede müßten zuerst gelöst werden, und die praktische Zusammenarbeit könne erst nach der Erfüllung dieser wichtigsten ökumenischen Aufgabe folgen – eine Haltung, die sonst nicht begegnete.

Neu Delhi 1961

In den fünfziger Jahren fanden mancherlei Informationsgespräche statt, so daß bei der Vollversammlung in Neu Delhi 1961 gleichzeitig mit dem Anbruch der politischen Koexistenz zwischen Ost und West die orthodoxen Kirchen aus den sozialistischen Ländern dem ÖRK beitraten. Alle orthodoxen Kirchen wirken seither bei sämtlichen Programmeinheiten des ÖRK mit. Wiederum (aber zum letzten Mal) gaben sie in der Sektion „Einheit" eine Sondererklärung ab und betonten bezüglich der Einheitsformel von Neu Delhi:

42 „daß die zersplitterten Denominationen die Einheit wieder entdecken können durch die *Rückkehr* zu ihrer gemeinsamen Vergangenheit". „Die Orthodoxe Kirche ist willens, an dieser gemeinsamen Arbeit mitzuwirken als der Zeuge, der das anvertraute Gut des apostolischen Glaubens und der apostolischen Tradition bewahrt und lebendig erhalten hat."
(In: Offizieller Bericht, 24; das Wort „Rückkehr" steht im Original kursiv.)

Panorthodoxe Konferenzen

In den sechziger Jahren wurden alte Pläne des Ökumenischen Patriarchats verwirklicht, durch gesamtorthodoxe Konferenzen die Einheit der Orthodoxie zu festigen, das Zeugnis in der Welt miteinander abzustimmen und die ökumenischen Beziehungen zu klären. Unter Federführung des Ökumenischen Patriarchats fanden von 1961 bis 1968 vier Panorthodoxe Konferenzen auf Rhodos statt, und seit 1976 wurden in Chambésy (bei Genf, dem orthodoxen Zentrum des Ökumenischen Patriarchats in der Schweiz) drei „Vorkonziliare Panorthodoxe Konferenzen" durchgeführt, die ein Konzil der Orthodoxie vorbereiten sollen. Hier wurde deutlich, daß bei strikter Wahrung der Selbständigkeit der einzelnen orthodoxen Kirchen dennoch eine gemeinsame Haltung möglich ist. Es setzte sich der Kurs des Ökumenischen Patriarchen Athenagoras durch, bei den ökumenischen Beziehungen zwischen einem „Dialog der Liebe", d. h. praktischer Zusammenarbeit, und einem „Dialog der Wahrheit", d. h. einem offiziellen theologischen Dialog, zu unterscheiden. Danach ist vielfältige Zusammenarbeit auf verschiedenen Ebenen möglich, während ein offizieller theologischer Dialog nur von einer panorthodoxen Kommission mit einer anderen Kirche auf Weltebene geführt wird.

Vor allem die russisch-orthodoxe Kirche wurde jetzt ökumenisch aktiv: Sie entsandte offizielle Beobachter zum Zweiten Vatikanischen Konzil, als die übrigen orthodoxen Kirchen noch zögerten, und sie begann bilaterale theologische Gespräche mit evangelischen Kirchen, bei denen seit 1959 die Dialoge mit der EKD und dem Bund Evangelischer Kirchen in der DDR besonders intensiv geführt wurden (vgl. die Beihefte zur Ökumenischen Rundschau).

Für den Beitrag der Orthodoxie zur ökumenischen Weltverantwortung sind die Grundsätze einer orthodoxen ökumenischen Sozialethik bedeutsam, die 1986 bei der III. Vorkonziliaren Konferenz entfaltet wurden: „Der Beitrag der Orthodoxen Kirche zur Verwirklichung des Friedens, der Gerechtigkeit, der Freiheit, der Brüderlichkeit und der Liebe zwischen den Völkern sowie zur Beseitigung der Rassen- und anderen Diskriminierungen" (in: Una Sancta 42, 1987, 15–24). Ausgehend von orthdoxer Theologie und Anthropologie finden sich hier deutliche Aussagen und Empfehlungen zum sozialen Handeln der Kirchen in der Welt. Konkrete politische Optionen werden freilich vermieden – und hier liegt wohl auch der Grund für einige orthodoxe Vorbehalte, wenn der ÖRK in Genf bisweilen den Orthodoxen zu einseitig erscheinende politische Stellungnahmen abgibt.

Lima 1982

Bei den Lima-Konvergenzerklärungen der Kommission für Glauben und Kirchenverfassung über Taufe, Eucharistie und Amt wirkten natürlich auch orthodoxe Theologen mit. Manche Beobachter sahen beim Eucharistieteil und bei der Empfehlung des altkirchlichen dreigliedrigen Amtes (Bischof, Priester, Diakon) einen besonderen orthodoxen Einfluß. Es gab auch durchaus ein positives Echo aus den orthodoxen Kirchen, die „Lima" als einen wichtigen Schritt in der Geschichte der ökumenischen Bewegung würdigten. Doch die Stellungnahme des Ökumenischen Patriarchats von Konstantinopel aus dem Jahre 1986 brachte die nüchterne Erkenntnis, daß sich dogmatisch und auch methodisch im Dialog seit Lausanne 1927 letztlich keine weitere ökumenische Annäherung zwischen den orthodoxen und den übrigen Kirchen ergeben hat.

43 *Aus der Antwort des Ökumenischen Patriarchats auf „Lima":*

(BEM = „Baptism, Eucharist and Ministry") „2. Auch unsererseits wird zunächst anerkannt, ‚daß der BEM-Text, der von dieser Kommission (Glauben und Kirchenverfasung) auch unter Teilnahme von orthodoxen Theologen erstellt wurde, einen bedeutenden ökumenischen Text grundlegender konvergierender theologischer Auffassungen darstellt, einen Text, der eine Erfahrung ausdrückt, die eine neue Phase in der Geschichte der Ökumenischen Bewegung eröffnet' (Beschluß der Interorthodoxen Vorbereitungskommission über ‚Orthodoxie und Ökumenische Bewegung', 7, Chambésy 15.–23. Februar 1986)."

„4. Dessen ungeachtet kann der BEM-Text in seiner heutigen Fassung in keiner Weise den gemeinsamen und einheitlichen Glauben und die Tradition der einen, Heiligen, Katholischen und Apostolischen Kirche, der Kirche des Glaubensbekenntnisses, der Ökumenischen Synoden und der Kirchenväter, mit denen sich unsere Orthodoxe Kirche als identisch fühlt, ausdrücken."

Positive Elemente

„13. Der BEM-Text stellt trotz seiner Unvollkommenheiten einen Beitrag zur Rückkehr in die von alters her überlieferte Lehre der ungeteilten Kirche dar, auf deren Boden auch die Einheit der Kirchen gründen muß. Zugleich werden die Hoffnung und der Wunsch ausgesprochen, daß dieser Einfluß auch auf die christliche Theologie im allgemeinen ausgeweitet und den Kirchen und Konfessionen, die den Text annehmen werden, helfen wird, ihre volle ekklesiologische Identität zu finden."

Negative Elemente

„17. Es muß als eine Schwäche des Textes angesehen werden, daß dieser keine sichere ekklesiologische Grundlage aufweist, die als Schlüssel die einzelnen Elemente des Textes zusammenhalten und zu einer Harmonie bringen würde... Für die Orthodoxe Kirche ist der Glaube ein Weg, der durch die Lehre und die kirchlichen Traditionen eingeschlagen wurde und der zur Erlösung und zur Gottwerdung des Menschen führt. Deshalb ist es für sie nicht möglich, eine ‚Übereinstimmung' (Konsensus) im Blick auf Taufe, Eucharistie und Amt anzustreben, bevor eine Übereinstimmung bezüglich des Weges, der zur Erlösung und Gottwerdung führt, erreicht wurde, was aber eine Übereinstimmung in der Ekklesiologie voraussetzt...

Wegen dieses grundlegenden ekklesiologischen Defizits kann der BEM-Text für die Kirche von Konstantinopel und seitens ihres Pleromas nicht als Mittel der Katechese oder des Kultes gebraucht werden."

Perspektiven und Vorschläge

„19. Zunächst werden die Auffassung und der Wunsch geäußert, daß die Ekklesiologie zu den unmittelbaren Prioritäten der Programme der Kommission für ‚Glauben und Kirchenverfassung' in den nächsten folgenden Jahren gemacht wird, in enger Verbindung mit den drei Sakramenten Taufe, Eucharistie und Amt. Andernfalls herrscht die Sorge, daß der BEM-Text seine Bedeutung und Aktualität verlieren und zu einem der vielen Texte des Ökumenischen Rates der Kirchen werden wird." (In: KNA-Dok. Nr. 1, 11.2.1987; Max Thurian [Hg.]: Churches respond to BEM, Vol. IV, Genf 1987, 1–5)

Die zurückhaltende orthodoxe Antwort auf Lima dokumentiert immerhin, wie ernst sich die Orthodoxie am theologischen Dialog im ÖRK beteiligen will. Manche sozialpolitischen Aktivitäten und das Dialogprogramm für die Beziehungen zu anderen Religionen haben wiederholt zur Kritik am Kurs des ÖRK geführt (vgl. zuletzt die Stellungnahme orthodoxer Teilnehmer in Canberra 1991, in: Offizieller Bericht, 280–282).

Bilaterale Dialoge

Die Haltung des Ökumenischen Patriarchats bekundet eine klare Erwartung an die nicht-orthodoxen Kirchen: Diese sollen den Nachweis erbringen, daß sie auf dem Boden des gemeinsamen Glaubens der alten Kirche der sieben ökumenischen Konzile stehen. Sowohl die römisch-katholische wie die meisten evangelischen Kirchen erheben diesen Anspruch, entfalten ihn aber in einer anderen geschichtlichen Denkweise und Dogmeninterpretation, als es orthodoxe Theologie und Spiritualität gewohnt sind. Die Frage, wie eine Theologie in die andere „übersetzt" werden kann, wie vielleicht bei verschiedener Denk- und Sprechweise doch derselbe Glaube zum Ausdruck kommen kann, wird sowohl in bilateralen Dialogen wie auch im multilateralen Dialog erörtert. Die Orthodoxie gibt jedoch, ähnlich wie die römisch-katholische Kirche, den bilateralen Dialogen mit anderen Konfessionen eine gewisse Priorität. Dafür hat sie gesamt-orthodoxe Dialogkommissionen eingerichtet; es führen aber auch einzelne Patriarchate mit anderen Kirchen ihre eigenen theologischen Gespräche.

Einen guten Überblick über die gegenwärtigen Beziehungen geben die Beschlüsse der Vorkonziliaren Panorthodoxen Konferenzen von Rhodos 1961 bis Chambésy 1986 (letztere abgedruckt in: Una Sancta 42, 1987, 4ff).

Mit Anglikanern: Nachdem über die Gültigkeit der anglikanischen Weihen wiederholt negativ geurteilt worden war und in den zwanziger Jahren ein verheißungsvolles Dialogergebnis erarbeitet (1930), aber nicht rezipiert wurde, führt seit 1964 eine Interorthodoxe Theologische Kommission einen offiziellen theologischen Dialog mit der Anglikanischen Gemeinschaft (vgl. Dok. wachsender Übereinstimmung, 80-101). Texte über die Trinitätslehre, die Ekklesiologie, den Gottesdienst und die Tradition liegen vor (1976). Die Orthodoxen sind enttäuscht, daß die Erklärung über das „Filioque" (die Ergänzung im 3. Art. des Glaubensbekenntnisses, daß der Heilige Geist vom Vater „und vom Sohn" ausgehe) noch keinen Widerhall gefunden hat und daß Anglikaner neuerdings auch Frauen ordinieren.

Mit Altkatholiken: 1987 wurde der Dialog mit 26 Texten über nahezu alle Lehrfragen abgeschlossen. Eine offizielle Kirchengemeinschaft steht ernsthaft zur Entscheidung an, wird aber aus orthodoxer Sicht durch die gegenseitigen Einladungen der Altkatholiken zur Eucharistie mit Anglikanern und mit den evangelischen Landeskirchen in Deutschland und Österreich sowie durch die Frauenordinationen bei Altkatholiken fragwürdig.

Mit Altorientalen: Eine Gemeinsame Kommission zwischen allen orthodoxen und orientalisch-orthodoxen Kirchen legte im September 1990 ein Konsensdokument zu den christologischen Themen vor, die im 5. Jahrhundert zur Spaltung geführt hatten. Die Kommission empfahl, daß beide Seiten alle Verurteilungen gegeneinander feierlich aufheben. Die Einigung erfolgte in ähnlicher Weise wie zwischen der römisch-katholischen und der altorientalischen syrisch-orthodoxen Kirche im Jahre 1984 (s. o.). Die Altorientalen stimmen hier der Formel des Konzils von Chalcedon 451 über die zwei Naturen Christi zu, weil der alte

Streit darüber Unterschiede in der Terminologie, aber nicht in der Sache betraf.

44 „Die Orthodoxen stimmen zu, daß die orientalischen Orthodoxen weiterhin an ihrer traditionellen, von Kyrillos geformten Terminologie von der ‚einen Natur des inkarnierten Logos' festhalten, da sie ja die doppelte Konsubstantialität des Logos anerkennen... Die orientalischen Orthodoxen ihrerseits stimmen zu, daß die Orthodoxen zu Recht die Formulierung von den beiden Naturen benutzen, da sie ja diese Unterscheidung nur in gedanklicher Hinsicht (theoria) machen". (IOK, NF Nr. 23, 1990/2; eigene Übersetzung)

Daß nach 1500 Jahren sich zwei Kirchenkörper, die sich häufig befehdet haben oder nebeneinander her lebten, auf diese Weise zur Gemeinschaft finden, ist ein kirchengeschichtlicher Höhepunkt der ökumenischen Bewegung.

Mit der römisch-katholischen Kirche: Nachdem der gegenseitige Bann des Jahres 1054 „aus dem Gedächtnis der Kirche getilgt" wurde (1965), wurde ein offizieller theologischer Dialog aufgenommen, der zunächst die gemeinsamen Glaubensgrundlagen in der Sakramentenlehre herausstellte: München 1982. Das Geheimnis der Kirche und der Eucharistie im Lichte des Geheimnisses der Heiligen Dreifaltigkeit (in: Una Sancta 37, 1982, 334–340); Bari 1987: Glaube, Sakramente und Einheit der Kirche (in: Una Sancta 42, 1987, 262–270). Jetzt wünschen die Orthodoxen, daß auch die trennenden Themen bearbeitet werden, vordringlich das Problem der mit Rom unierten Ostkirchen und des Proselytismus. Äußerst scharf verurteilen die Orthodoxen die römisch-katholischen Expansionen in den „orthodoxen Ländern" Osteuropas seit 1990, ja sie drohen mit dem Ende des theologischen Dialogs. Daneben gibt es freilich immer noch viele bilaterale Gespräche auf regionaler und nationaler Ebene: die von römisch-katholischer Seite initiierten Dialoge der Stiftung „Pro Oriente" (Wien) und die „Regensburger ökumenischen Symposien" seien hervorgehoben.

Mit Lutheranern und Reformierten: Die Gespräche mit den Weltbünden sind durch einige Dialoge zwischen einzelnen evangelischen Kirchen und orthodoxen Patriarchaten seit 1959 vorbereitet. Das Thema ist „Ekklesiologie". Rasche Einigungen werden nicht erwartet.

Die Evangelische Kirche in Deutschland führt seit 1959 mit dem russisch-orthodoxen Patriarchat, seit 1969 mit dem Ökumenischen Patriarchat Konstantinopel und seit 1979 mit dem rumänisch-orthodoxen Patriarchat fast jährlich theologische Gespräche. (Ein Großteil der Gespräche wurde in Beiheften zur Ökumenischen Rundschau dokumentiert.) Hinzu kommen der vom Bund evangelischer Kirchen in der DDR begonnene Dialog mit dem russisch-orthodoxen und mit dem bulgarisch-orthodoxen Patriarchat sowie die Konsultationen der EKD mit den altorientalischen Kirchen. Sie haben bisher keine konkreten Vereinbarungen zum Ziel, bereiten jedoch mit ihrer beispiellosen Gründlichkeit eine theologische Verständigung vor.

Die Themenliste erweckt den Eindruck, als behandelten die bilateralen Dialoge mit Orthodoxen ausschließlich das Aufarbeiten dogmatischer Lehrgegensätze. Der Eindruck täuscht; denn für die Orthodoxen ist Theologie oder Dogmatik stets das Bedenken kirchlicher Lebensvollzüge, vor allem der Liturgie. Darum geht es in den Dialogen auch stets um die gesamte kirchliche Existenz in Leben und Gottesdienst, bei der die Rechtgläubigkeit („Orthodoxie“) gemessen wird. Hier haben sich die orthdoxen Kirchen in einen ökumenischen Lernprozeß begeben.

3. Anglikanische Kirchen und ökumenische Bewegung

Die Mutterkirche aller anglikanischen Kirchen ist die Church of England, die sich im 16. Jahrhundert von Rom löste und sich seither als „katholisch“ und „reformatorisch“ zugleich versteht. Die heute nahezu 400 Diözesen mit 70 Millionen Mitgliedern fühlen sich in Gottesdienst und Lehre durch das Book of Common Prayer (Erstfassung 1549) und die 39 Glaubensartikel miteinander verbunden, die in der Form im wesentlichen katholisch, in der Theologie jedoch reformiert (calvinistisch) geprägt sind. Mit dieser „comprehensiveness“ (Umfassendheit) haben sich die Anglikaner stets als Mitte („via media“) zwischen Katholizismus und Protestantismus empfunden und auch bei sich selbst eine „anglocatholic“ und eine „evangelical“ Richtung bewahrt (diese Begriffe tauchen freilich erst im 19. Jahrhundert auf).

Organische Union

Für das anglikanische Selbst- und Ökumeneverständnis wurde das sogenannte Lambeth-Quadrilateral von 1888 kennzeichnend.

Es enthält vier Grundsätze für die „organische Union" der Anglikaner untereinander wie auch für die Wiedervereinigung der Kirchen, die schon bei der ersten Lambethkonferenz der anglikanischen Bischöfe 1867 als Ziel im Blick war.

45 *Lambeth-Quadrilateral von 1888*:
„1. Die Heilige Schrift Alten und Neuen Testaments als ‚Zusammenfassung dessen, was zum Heil notwendig ist' und als Regel und höchste Richtschnur des Glaubens.
2. Das Apostolikum als Taufsymbol und das Nicänum als hinreichende Darlegung des christlichen Glaubens.
3. Die beiden von Christus selbst eingesetzten Sakramente - Taufe und Heiliges Abendmahl -, verwaltet unter der obligatorischen Verwendung der Einsetzungsworte Christi und der von ihm verordneten Elemente.
4. Das historische Bischofsamt, das in den Methoden der Kirchenleitung den wechselnden Bedürfnissen der verschiedenen Nationen und Völker, die Gott zur Einheit seiner Kirche berufen hat, angepaßt sein muß." (In: Lausanne 1927, Offizieller Bericht, 14)

Die anglikanischen Vorstellungen waren historisch an dem Begriff der „alten ungeteilten Kirche" orientiert, und sie lenkten den Blick auf die „geeinte Kirche der Zukunft" (Lambeth, 1908). Ausdrücklich wurde dabei der Gedanke einer Absorption einer Kirche durch eine andere zurückgewiesen.

Das Lambeth-Quadrilateral hatte die kirchengeschichtlich bedeutsame Folge, daß die Anglikaner die Initiative zur Einigung der Kirchen in Glauben und Kirchenverfassung ergriffen. Wie oben dargestellt, gesellten sich zwar im angelsächsischen Raum von Anfang an andere Konfessionen hinzu, doch die Hauptideen kamen von der nordamerikanischen anglikanischen Episkopalkirche, mit der Charles Brent 1910 seine Pläne zur Geltung brachte und die auch bis Lausanne 1927 die Federführung bei der Weltkonferenz für Glauben und Kirchenverfassung hatte. Die starke und verdienstvolle Aktivität der Anglikaner hatte ungewollt allerdings auch zu Mißverständnissen geführt. Manchen Protestanten, vor allem in Deutschland, schien alles in der Ökumene auf das anglikanische Einigungsmodell hinauszulaufen, weil ja hier die Mitte zwischen katholischem und protestantischem Kirchentyp als „organische Union" angeboten wurde. Manchen anglokatholischen ökumenischen Pionieren gelang anfangs die Zurückhaltung nicht, nur Gemeinsamkeiten und Unterschiede feststellen zu wollen; sie wollten unbedingt die römisch-katholische und die orthodoxe Kirche gewinnen, und darum ging das

Interesse in Richtung Protestantismus dahin, eine Anerkennung des historischen Episkopats zu erreichen.

Toleranz und Heiligkeit

Das Ziel der organischen Union setzt die Fähigkeit voraus, verschiedenartige Theologien und kirchliche Richtungen zu vereinigen. Die Anglikaner haben darum die Grenzen des Dogmas nie allzu scharf gezogen. Nicht die Lehreinheit in formulierten Sätzen liegt ihnen am Herzen, sondern die Gemeinschaft im Geist, im Gottesdienst und im sozialen Handeln. Abgesehen von der Church of England leben die anglikanischen Kirchen überall eigentlich als Freikirchen ohne Bindungen an den Staat, und ihre Frömmigkeit ist neben der Liturgie stark vom Streben nach Heiligkeit erfaßt. Diese Wesenszüge des Anglikanismus ließen das ökumenische Interesse nicht auf die „Faith and Order"-Fragen begrenzt sein, sondern führten zur Mitarbeit in allen Zweigen der ökumenischen Bewegung.

Die unter anglikanischem Einfluß 1924 in Großbritannien entstandene ökumenische „Conference on Christian Politics, Economics and Citizenship" (COPEC) entwickelte Programme, die 1925 bei der Stockholmer Weltkonferenz für Praktisches Christentum wirksam und übernommen wurden. Die anglikanischen ökumenischen Führerpersönlichkeiten wie Charles Brent, William Temple und George Bell waren in der ersten Hälfte des 20. Jahrhunderts zugleich die treibenden Kräfte in der sozialen Bewegung und der Friedensbewegung. Ihre Stärke war nicht so sehr die Entwicklung von Theorien und Theologien, sondern der Mut, neue Wege in ökumenischer Partnerschaft zu gehen.

Bilaterale Dialoge

Schon die Lambethkonferenz 1888 faßte Gespräche mit der Orthodoxen, der Altkatholischen und der Schwedischen (lutherischen) Kirche sowie mit der Brüder-Unität ins Auge, weil man hier die Voraussetzung des historischen Episkopats bereits als erfüllt ansah. Nach längeren Dialogen wurde mit der *Altkatholischen Kirche* 1931 volle Abendmahlsgemeinschaft vereinbart. Mit den skandinavischen *lutherischen Kirchen* (seit 1920) und einigen weiteren nichtanglikanischen Kirchen in der Dritten Welt (z. B. der *Syrischen Mar-Toma-Kirche in Indien*) haben zumindest einige anglikanische Kirchen „Kirchengemeinschaft" geschlossen. Mit den *orthodoxen Kirchen*, zu denen es schon seit dem 17. Jahrhundert Kontakte gab, wurden seit den zwanziger Jahren dieses Jahrhunderts offizielle theologische Gespräche geführt, deren Ergebnisse (1930, 1976) jedoch noch nicht amtlich rezipiert sind und gegenwärtig an der Frage der Frauenordination zu scheitern drohen.

Eine ökumenisch einschneidende Erfahrung für die Anglikanische Gemeinschaft war die Gründung der *Vereinigten Kirche von Südindien*, wo sich die anglikanische Kirche mit Kirchen protestantischen Ursprungs auf der Grundlage des Lambeth-Quatrilaterals zusammenschloß - mit der Folge, daß nun die dortige anglikanische Kirche aufhörte zu existieren. Diese Erfahrung, daß Ökumene zum Verschwinden der anglikanischen Kirche führen kann, hat teilweise auch schockiert.

Die Beziehungen zur *römisch-katholischen Kirche* wurden im 19. Jahrhundert durch die anglokatholische Richtung intensiviert, aber 1896 durch die römische Entscheidung, daß die anglikanischen Weihen „null und nichtig" seien, erschüttert (Bulle „Apostolicae curae"). Die Mechelner Gespräche 1921–1926 endeten ergebnislos. Erst nach dem Zweiten Vatikanischen Konzil wurde ein offizieller Dialog eröffnet und 1981 mit einem Bericht über Eucharistie, Amt und Autorität in der Kirche abgeschlossen (ARCIC I; in: Dok. wachsender Übereinstimmung, 133–190). Die vatikanische Glaubenskongregation erklärte unmittelbar nach der Veröffentlichung, hier sei leider noch „keine substantielle Übereinstimmung" erreicht, weil die Anglikaner und der Bericht offensichtlich nicht das ganze römisch-katholische Dogma über Eucharistie, Priesteramt und Papstprimat bewahrten (vgl. MDdKI 33, 1982, 76–79). Nach der Ernüchterung über diese Erklärung folgten beschwichtigende Bitten um Geduld und ein neuer Anlauf, über andere theologische Fragen wie die Rechtfertigung den Dialog fortzusetzen. Im Jahre 1991 hat der Vatikan freilich die Stellungnahme der Glaubenskongregation von 1981 offiziell bestätigt.

Mit den *lutherischen Kirchen* in den USA hat die Episkopalkirche und mit der *EKD* und dem *Evangelischen Kirchenbund in der DDR* hat die Church of England 1988 Gespräche mit dem Ergebnis beendet, daß bis auf die bischöfliche Sukzession weitgehende Einigung erzielt wurde, daß man sich gegenseitig als Teile der Kirche Christi anerkennen und die Glieder der anderen Kirche zum Abendmahl einladen will („Meißener Erklärung" 1988).

4. Altkatholische Kirchen und ökumenische Bewegung

Die „Alt"-Katholiken konnten die Neuerungen der römisch-katholischen Dogmen des I. Vatikanum nicht mitvollziehen und bildeten ab 1871 „romfreie katholische Gemeinden" (Ignaz von Döllinger) in Deutschland, Österreich, Polen, der Schweiz und den Niederlanden. Sie verbündeten sich rasch mit der Anfang des 18. Jahrhunderts in den Niederlanden von Rom getrennten Kirche der „altbischöflichen Klerisei" (Jansenismus) zur „Utrechter Union". Die altkatholischen Kirchen in den USA haben etwas andere Ursprünge. Zahlreiche polnische Katholiken wehrten sich Ende des 19. Jahrhunderts gegen volksfremde Bischöfe und andere vatikanische Maßnahmen, so daß es zur Trennung und zum Anschluß an die Altkatholische Kirche von Utrecht kam (heute 300 000 Mitglieder in den USA, von insgesamt 500 000 Altkatholischen Christen).

Als romfreie katholische Kirchen suchten die Altkatholiken auch sogleich Kontakte zu anglikanischen und orthodoxen Kirchen, weil man sich ihnen in Dogma und bischöflicher Kirchenverfassung verbunden fühlte. 1874 und 1875 veranlaßte Döllinger in Bonn Unionskonferenzen, die erstmals in der neueren Geschichte Vertreter der verschiedenen Kirchen aus Ost und West zusammenführte. Daraus entwickelte sich das anglikanisch-altkatholische Interkommunionsabkommen von Bonn 1931 und ein ähnliches Gesprächsergebnis mit den Orthodoxen (1931), das jedoch von den Kirchen nicht rezipiert wurde.

Die altkatholischen Kirchen waren von Anfang an an der ökumenischen Bewegung beteiligt. (Ihre „Internationale Kirchliche Zeitschrift" ist eine Fundgrube für die ökumenische Geschichtsschreibung!) Hier wurden sie auch aufgeschlossen für reformatorische Theologie und Frömmigkeit. Daraus entstanden in jüngerer Zeit Vereinbarungen über die gegenseitige Einladung zum Abendmahl (1985 mit den evangelischen Kirchen in Deutschland und Österreich), was freilich bei den Orthodoxen ziemliche Irritation auslöste, weil die orthodox-altkatholischen Dialoge von anderen theologischen und ekklesiologischen Voraussetzungen ausgingen, bei denen weder die evangelischen Ämter noch das evangelische Abendmahl ohne weiteres als gültig erachtet werden (ganz abgesehen von der Einführung der Frauenordination, welche die orthodoxe und die römisch-katholische Kirche als antiökumenisch ansehen). Daß mit der altkatholischen Entscheidung sich eine grundsätzliche Wende zum reformatorischen Christentum und eine Abkehr vom „katholischen“ Kirchentyp vollziehen könnte, hoffen oder befürchten einige Beobachter, doch es wird wohl eher bei der erprobten Eigenständigkeit der Altkatholiken bleiben. Die altkatholisch/römisch-katholischen Dialoge auf Weltebene und auch in Deutschland brachten freundliches Verständnis füreinander, aber bisher keine Verständigung.

5. Lutherische Kirchen und ökumenische Bewegung

Die lutherischen Kirchen entstanden im 16. Jahrhundert, als die Reformation der mittelalterlichen Kirche nicht den angestrebten Erfolg hatte und als im Zusammenwirken von theologischen und politischen Kräften beim Augsburger Reichstag 1555 festgelegt wurde, daß die Fürsten das Bekenntnis in ihrem Lande bestimmen konnten. Es ergaben sich – gegen Luthers Intentionen – selbständige lutherische Landeskirchen, die theologisch durch Bekenntnisschriften (vor allem die Confessio Augustana und Luthers Kleinen Katechismus) geprägt und organisatorisch durch den Landesherrn regiert wurden („Landesherrliches Kirchenregiment“). Durch Auswanderungen und die Arbeit der Missionsgesellschaften kam es seit dem 19. Jahrhundert überall in der Welt zu lutherischen Kirchen, die sich als Minderheits- und Freikirchen eigenständig organisieren mußten und großenteils ein bischöflich-synodales System wählten.

„das Evangelium rein gepredigt“

Die theologisch-ökumenische Identität des Luthertums kommt in Confessio Augustana Art. 7 zum Ausdruck:

46 „Es wird auch gelehrt, daß alle Zeit müsse eine heilige christliche Kirche sein und bleiben, welche ist die Versammlung aller Gläubigen, bei welchen das Evangelium rein gepredigt und die heiligen Sakramente lauts des Evangelii gereicht werden.

Denn das ist genug zu wahrer Einigkeit der christlichen Kirchen, daß da einträchtiglich nach reinem Verstand das Evangelium gepredigt und die Sakrament dem göttlichen Wort gemäß gereicht werden. Und ist nicht not zur wahren Einigkeit der christlichen Kirche, daß allenthalben gleichförmige Zeremonien, von den Menschen eingesetzt, gehalten werden, wie Paulus spricht zu Ephesern am 4: ‚Ein Leib, ein Geist, wie ihr berufen seid zu einerlei Hoffnung eures Berufs, ein Herr, ein Glaube, eine Taufe.'"

Hier wird einerseits eine große ökumenische Offenheit bekundet, die lutherische Exklusivität ablehnt und Freiraum läßt für eine Vielfalt von Ämterstrukturen und Kirchenverfassungen, weil diese zu den variablen menschlichen Ordnungen gehören. Diese Weite ermöglichte es, unter bestimmten Bedingungen auch das Papstamt als universalen Dienst der Einheit nach menschlichem Recht anzuerkennen (vgl. Melanchthons Traktat „Von der Gewalt und Obrigkeit des Papstes", 1537, der zu den lutherischen Bekenntnisschriften zählt). Andererseits bedeutete die Aussage, daß die reine Predigt des Evangeliums (lat.: pura doctrina evangelii) als Ausdruck wahrer kirchlicher Einheit genügte, daß das Luthertum stets einen formulierten Lehrkonsens voraussetzte, oder es kam zur Spaltung. Lutheraner schlossen nie aus, daß es bei anderen auch christlichen Glauben und Christsein gibt, aber Kirchengemeinschaft war nur möglich bei „reiner Lehre" „in Wort und Sakrament". Die theologischen Richtungen der lutherischen Orthodoxie (17. Jahrhundert), der Aufklärungszeit mit ihrem Liberalismus und des Pietismus mit seinen Erweckungsbewegungen bescherten dann freilich auch einen breiten lutherischen Pluralismus, der bis heute zur Folge hat, daß man von einem konservativen ekklesial (bisweilen „hochkirchlich") bestimmten und einem mehr liberalen Luthertum spricht. Für die Entwicklung des ökumenischen Gedankens wurden diese Tendenzen bedeutsam, weil der eine Teil ökumenisch eher zu den „katholischen" Kirchen neigte und viel von Dialogen mit der römisch-katholischen, orthodoxen und anglikanischen Kirche erwartete, und der andere Teil eher zur rascheren Kirchengemeinschaft mit Reformierten und evangelischen Freikirchen tendierte.

„Ökumenizität des Luthertums"

Vom 19. Jahrhundert bis zur Mitte des 20. Jahrhunderts interessierte in den lutherischen Kirchen mehr die Ökumenizität des Luthertums als die interkonfessionelle ökumenische Gemeinschaft. Doch auch die innerlutherische Ökumene ging nur schleppend voran, weil ein gewisser landeskirchlicher Provinzialismus und ein Desinterese an zu viel überlandeskirchlicher Organisation und Institution vorherrschte. Während andere Konfessionsfamilien ihre Weltbünde gründeten, brachte das Luthertum nur auf europäischer Ebene die „Allgemeine Evangelisch-Lutherische Konferenz" (1868) und in den USA den „Nationalen Lutherischen Rat" (1918) als lockere Begegnungsforen hervor. Ein „Lutherischer Weltkonvent" kam 1923 in Eisenach, 1929 in Kopenhagen und 1935 in Paris zusammen, um die lutherische Ökumenizität und ein gemeinsames Vorgehen in der ökumenischen Bewegung abzusprechen.

In diesen Jahren wurde deutlich, daß wohl einzelne lutherische Persönlichkeiten im interkonfessionellen Sinn ökumenisch interessiert waren (z. B. die Bischöfe N. Söderblom, Uppsala, und L. Ihmels, Dresden), die lutherischen Kirchen insgesamt jedoch sich eher verschlossen verhielten. Die sogenannte Lutherrenaissance in den zwanziger Jahren förderte gleichzeitig ein konfessionelles lutherisches Bewußtsein. Die Bewegung für Praktisches Christentum unter Leitung Söderbloms fand breite Unterstützung, aber bei der Bewegung für Glauben und Kirchenverfassung gab es viel lutherische Skepsis bezüglich des vorherrschenden anglikanischen Einflusses mit dem Ziel einer organischen Union. Nur die amerikanischen Lutheraner sahen das anders; sie hielten teilweise die europäischen Zweige des Luthertums für noch intransingenter als die Missouri-Synode. Alle lutherischen Kirchen entsandten zwar Delegierte nach Lausanne 1927, doch die zurückhaltenden Erwartungen für eine Einigung in Glauben und Kirchenverfassung spiegelten sich in dem geflügelten Wort „Lehre trennt, Dienst eint" (Kapler und Söderblom).

Lutherische Sorge war es, die dogmatischen Einigungsbestrebungen könnten leicht dazu führen, daß die konfessionellen Besonderheiten der einzelnen Kirchengruppen in ihrer Bedeutung unterschätzt würden. Werner Elert betonte in Lausanne 1927, sicher mit Sympathie von orthodoxer und römisch-katholischer Seite, daß Glaube, Wahrheit und Einheit ein Ganzes bilden und daß dabei keine Kompromisse geschlossen werden dürfen. Die Konfessionalität galt hier nicht grundsätzlich als Hindernis für eine ökumenische Gemeinschaft, vielmehr hieß es immer wieder, jede Konfession müsse sich auf ihre Weise ihrer Verbundenheit mit der Heiligen Schrift und der Person Jesu Christi bewußt werden und sich bemühen, wahre Kirche Christi zu sein, dann würde sich die Einheit der Kirche von selbst erweisen; zu verhandeln und zu organisieren gäbe es eigentlich nichts.

Der Exekutivausschuß des Lutherischen Weltkonvents erklärte in einer Denkschrift von New York 1936, daß für Lutheraner zunächst das Luthertum „im wahrsten Sinne selbst eine ökumenische Bewegung" ist und daß es Aufgabe des Lutherischen

Weltkonventes sei, „durch gemeinsame Äußerungen und Handlungen gegenüber den ökumenischen Bewegungen der Gegenwart darzulegen, was an ihnen in den Augen der Lutheraner evangelisch und nicht evangelisch ist" (vgl. S. Grundmann, Der Lutherische Weltbund, Köln/Graz 1957, 358f.; engl. Original und vollständiger Text: Lutheran World Almanac 1934–1937, 36ff.).

Lutherischer Weltbund und Ökumene

Die Erfahrungen während des Zweiten Weltkrieges und der Nachkriegszeit mit mannigfachen großangelegten Hilfsaktionen lutherischer Kirchen führten 1947 zur Gründung des Lutherischen Weltbundes (LWB). Er ist eine „freie Vereinigung von lutherischen Kirchen", nicht etwa die Lutherische Weltkirche (104 Kirchen mit etwa 60 Millionen Mitgliedern). Er sollte den Kirchen helfen, gemeinsam in der Welt Zeugnis abzulegen und bei der Linderung von Nöten zusammenzuwirken. Dafür wurde in Genf in räumlicher Verbindung mit dem ÖRK ein Generalsekretariat eingerichtet, das mit Abteilungen für Kirchliche Zusammenarbeit, für Welt- und Entwicklungsdienst, für Studienarbeit und für Kommunikation im Laufe der Jahre eine enorme Aktivität entwickelte und in personeller Ausstattung immerhin fast die Hälfte der ÖRK-Mannschaft umfaßt. Diese Entwicklung hing mit dem Verständnis lutherischer Identität und Ökumenizität zusammen. Sie löste immer wieder Diskussionen aus, ob sich die lutherischen Dienste nicht besser direkt mit dem ÖRK verbinden ließen (wie es weithin der Reformierte Weltbund tut). Insbesondere durch die Studienabteilung und durch das Institut für Ökumenische Forschung in Straßburg (seit 1965) ist ein ökumenisches Sprachrohr des Luthertums entstanden, das durch zahlreiche bilaterale Dialoge mit anderen Konfessionsfamilien der Ökumene insgesamt dienen will.

Beim Dialog *mit der römisch-katholischen Kirche* wurden erstaunliche Konvergenzen in der Lehre über Rechtfertigung, Herrenmahl und geistlichem Amt festgestellt, die auch in den Kirchen auf Ortsebene die ökumenischen Beziehungen förderten. Als die Rom/LWB-Kommission jedoch Konsequenzen für eine „Einheit vor uns" formulierte und dabei die lutherischen Vertreter auf ein sakramental und hierarchisch verstandenes gemeinsames Bischofsamt mit und unter dem Papst zuzugehen bereit schienen, erhob sich auch Protest in den lutherischen Kirchen, weil solch eine Wiederherstellung der Einheit mit der römisch-katholischen

Kirche die Preisgabe lutherischer Grundanliegen und wohl das Zerbrechen der lutherischen Einheit zur Folge hätte.

Als ökumenische Zielvorstellung der Lutheraner begegnet immer wieder die Formel von einer *„versöhnten Verschiedenheit"*, d.h. in einem formulierten Lehrkonsens müßten die konfessionellen Unterscheidungen von der Mitte des Glaubens an Jesus Christus her so verstanden werden, daß sie ihren kirchentrennenden Charakter verlieren. Es müßte dann keine organisatorische Union zu einer einzigen Institution erfolgen, wohl aber volle Kirchengemeinschaft in Wort und Sakrament vollzogen werden – wie etwa in der „Leuenberger Konkordie" mit den Reformierten.

Die Konzentration der ökumenischen Dialoge des LWB auf Lehrfragen veranlaßt nun wieder neue Grundsatzfragen. Statt „Lehre trennt, Dienst eint" könnte jetzt ein umgekehrter Tatbestand erfolgen: In der Lehre bescheinigen sich die Kirchen versöhnte Verschiedenheit, und im gemeinsamen Leben als Kirchen, im Dienst usw. bleiben sie als selbständige Konfessionen getrennt. Der LWB weiß, daß er den reformatorischen Beitrag zur Ökumene bisher noch nicht befriedigend artikulieren konnte, und hat sich bei der Vollversammlung in Curitiba/Brasilien 1990 dieses Thema als bleibende Aufgabe gestellt.

6. Reformierte Kirchen und ökumenische Bewegung

Zu den „reformierten" Kirchen gehören seit dem 16. Jahrhundert Kirchen mit unterschiedlichen Selbstbezeichnungen. Ursprung ist die schweizerische Reformation durch Zwingli und Calvin („Calvinismus"). Auf dem europäischen Festland wurde der Begriff „reformiert" gebräuchlich. Vom Konfessionstyp her stießen die aus dem Mittelalter stammenden italienischen Waldensergemeinden und die böhmischen Brüder hinzu; in Frankreich machten die „Hugenotten" Geschichte. In Großbritannien wurde die Entwicklung vielschichtig. Bei gleicher Theologie entstanden in der Kirchenverfassung verschiedene Konfessionen („Denominationen", von den Gegnern pauschal mit anderen Freikirchen „Dissenters" oder „Nonkonformisten" genannt): zum einen die „Presbyterianer", weil bei ihnen die Kirche von Ältesten verwaltet wird, zum andern die „Kongregationalisten", die auf der Unabhängigkeit und Autonomie jeder Ortsgemeinde (= congregation) bestehen. Presbyterianer und Kongregationalisten wanderten wegen der Verfolgungen in England nach Amerika aus, wo sie in bestimmten Gegenden lange das religiöse und politische Leben bestimmten und auch dem säkularen Demokratieverständis Geltung verschafften.

Das Gemeindeprinzip hat nie ein einheitliches *reformiertes Bekenntnis* entstehen lassen, vielmehr waren jeweils die lokalen, nationalen oder territorialen Kirchen die Subjekte vielfältiger Bekenntnisse. Die wichtigsten sind: das Hugenottenbekenntnis von 1559 (Confessio Gallicana), der Heidelberger Katechismus von 1563, das Zweite Helvetische Bekenntnis von 1566 (Confessio Helvetica Posterior) und das Westminster-Bekenntnis von 1647. Versuche, zu einem einheitlichen Bekenntnis zu gelangen, sind fehlgeschlagen. Statt dessen lebt das Reformiertentum – und hier begann bei ihm der ökumenische Gedanke – von der gegenseitigen Anerkennung der Kirchen, auch mit ihren verschiedenen Bekenntnissen. Einheit wurde erfahren als Einheit im Glauben und im Geist, nicht im Buchstaben eines Bekenntnisses oder in einer institutionellen Einheitskirche. Alle reformierten Bekenntnisse betonen die persönliche Heilsgewißheit und Christusgemeinschaft des Gläubigen sowie für die Kirchenstruktur die Eckpfeiler, daß Christus das Haupt und die Heilige Schrift die Autorität der Kirche sei.

Im 19. Jahrhundert kam vor allem von den Missionsfeldern her der Wunsch nach engerer Zusammenarbeit der Reformierten auf. 1873 beschlossen die irischen und nordamerikanischen Presbyterianer, „einen ökumenischen Rat" derjenigen Kirchen zu gründen, die die Westminster Confession angenommen haben. Der 1875 in London gebildeten „Alliance of the Reformed Churches throughout the World Holding the Presbyterian Order" gehörten bald über 50 Kirchen an (in Europa meist kurz Reformierter Weltbund genannt). Die Kongregationalisten bildeten 1891 einen „Internationalen Kongregationalistischen Rat". Nachdem in etlichen Ländern im Laufe des 20. Jahrhunderts Vereinigungen beider Kirchen stattgefunden hatten, kam es 1970 zum Zusammenschluß des reformiert-presbyterianischen und des kongregationalistischen Weltbundes zum „*Reformierten Weltbund*". Ihm gehören gegenwärtig 161 Kirchen mit etwa 50 Millionen Mitgliedern an; das Generalsekretariat hat seinen Sitz (wie der ÖRK und der LWB) im Ökumenischen Zentrum in Genf (mit kleinem Stab im Vergleich zum LWB).

Daneben gibt es auf globaler Ebene die „*Reformierte ökumenische Synode*". Sie vereint etwa 40 kleine reformierte Kirchen, die der konservativen niederländischen „Gereformeerden Kerk" nahestehen und sich gegen einen Beitritt zum ÖRK ausgesprochen haben; die Mehrzahl gehört aber dem RWB an. Die Synode entfaltet eine eigene ökumenisch-theologische und missionarische Arbeit nach „evangelikalen" Vorstellungen.

Die Bekenntnishaltung der Reformierten war grundsätzlich gegenüber anderen Konfessionen aufgeschlossen. Doch faktisch gab es auch manche Zurückhaltung. Den Aufrufen der ökumenischen Bewegungen im 20. Jahrhundert leistete die große Mehrheit Folge, so daß auch von Anfang an prominente Reformierte die Weltkirchenkonferenzen mitgestalteten, zum Beispiel William A. Brown (New York), Adolf Keller und Jaques E. Choisy (Schweiz), W. A. Visser t'Hooft (Niederlande).

Die spezifisch reformierte Haltung in der Ökumene kommt in dreifacher Hinsicht zum Ausdruck: 1. im Einheitsziel einer gegenseitigen Anerkennung, 2. in der Abendmahlsgemeinschaft und 3. im Verzicht, eigene weltweite ökumenische Hilfswerke aufzubauen, diese Arbeit vielmehr voll in den ÖRK zu integrieren.

47 *RWB-Vollversammlung, 1954*: „Als reformierte und presbyterianische Kirchen bezeugen wir gegenüber unseren Mitchristen, daß wir das geistliche Amt, die Sakramente und die Mitgliedschaft aller Kirchen anerkennen, die gemäß der Bibel Jesus Christus als Herrn und Erlöser bekennen. Wir laden die Glieder dieser Kirchen zum Tisch unseres gemeinsamen Herrn ein und heißen sie daran herzlich willkommen. Die Kirche hat das Sakrament des Abendmahls von Christus empfangen, und in ihm teilt Er sich dem Glaubenden mit. Der Tisch des Herrn gehört ihm, nicht uns. Wir glauben daran, daß wir das Sakrament keinem Getauften, der Jesus Christus liebt und ihn als Herrn und Erlöser bekennt, verweigern dürfen. Es ist unsere feste Überzeugung, daß mangelnde Bereitschaft, eine solche Abendmahlsgemeinschaft zu üben, zumal heutzutage, der Sache der Einheit schweren Schaden zufügt und einen großen Teil unserer diesbezüglichen Gespräche in einem irrealen Licht erscheinen läßt. Wir können nicht das Evangelium der Versöhnung verkünden, ohne am Tisch des Herrn zu beweisen, daß wir miteinander versöhnt sind. Wir würden daher gern in direkte Gespräche mit unseren Mitchristen in anderen Kirchen eintreten und sehen hoffnungsvoll der Zeit entgegen, da alle aufrichtigen Christen an einem gemeinsamen Tisch willkommen geheißen werden."
(In: K. Halaski [Hg.], Die Reformierten Kirchen, Stuttgart 1977, 28)

Das *soziale ökumenische Engagement* der Reformierten wird unter anderem dadurch geprägt, daß die Kirchen in der Dritten Welt rasch wachsen (60 Prozent der Mitglieder leben dort) und daß deren Probleme in den Vordergrund treten. Der Rassismuskonflikt in Südafrika und der Ausschluß einzelner weißer reformierter Kirchen aus der ökumenischen Bewegung wegen der Apartheidpolitik veranlaßten den RWB zu besonderen Studien über die theologische Basis der Menschenrechte (1970).

Die *interkonfessionellen theologischen Dialoge* geschahen zunächst separat in den nordamerikanischen und in den europäischen Kirchen: in den USA mit den lutherischen Kirchen und mit der orthodoxen und römisch-katholischen Kirche, in Europa mit den lutherischen und unierten Kirchen in der „Leuenberger Konkordie" (1973). Der RWB hat seit 1971 offizielle Dialoge mit der römisch-katholischen Kirche, dem LWB und dem Baptistischen Weltbund eingeleitet. Während im Dialog mit Rom eine gewisse Zurückhaltung der Reformierten zu spüren ist, weil man die römisch-katholischen Prinzipien des Ökumenismus nicht akzeptieren kann, steht nach der Leuenberger Konkordie in Europa jetzt die weltweite Erklärung reformiert-lutherischer Kirchengemeinschaft auf der Tagesordnung.

7. Baptistische Kirchen und ökumenische Bewegung

„Baptisten", Täufer, war zuerst ein Spottname, weil die Anfang des 17. Jahrhunderts in England (unter dem Einfluß der Mennoniten?) gegründeten baptistischen Gemeinden kongregationalistischen Kirchentyps nur gläubige Erwachsene, nicht jedoch Kinder tauften. Die Baptisten haben ihren Ursprung im englischen Puritanismus, sind also nicht mit den deutschen Wiedertäufern der Reformationszeit zu verwechseln. Sie breiteten sich zunächst vor allem in Nordamerika und dann durch engagierte Missionstätigkeit in der ganzen Welt aus, ab 1834 auch in Deutschland. In den USA sind sie eine der größten Konfessionen, und von dort ging auch ihre ökumenische Wirkung aus, etwa durch so bekannte Persönlichkeiten wie den Bürgerrechtler Pastor Martin Luther King und den Evangelisten Billy Graham.

Die Baptisten sind eine „evangelische" Freikirche. Sie anerkennen als Glaubensautorität nur die Heilige Schrift, nicht jedoch irgendein historisches Bekenntnis. Jede Ortsgemeinde ist als der Leib Christi eine Gemeinschaft von Gläubigen, die sich ganz freiwillig und persönlich für Christus entschieden haben. Sie praktizieren konsequent das allgemeine Priestertum der Gläubigen, was nicht hauptamtliche Pastoren, wohl aber jegliche Hierarchie ausschließt. Ihr besonderes Merkmal sind neben der Gläubigentaufe die evangelisatorische Tätigkeit und ihr historisches Eintreten für Gewissens- und Religionsfreiheit und andere heute anerkannte Menschenrechte. Interne Spannungen gibt es in den USA wegen der politisch und spirituell konservativen Southern Baptist Convention und in Europa wegen der Konflikte zwischen Evangelikalen und Vertretern der modernen Theologie.

Der Baptistische Weltbund (seit 1905) koordiniert die missionarische Tätigkeit der Baptisten, hat aber kein ökumenisches Mandat. Ihm gehören 131 Kirchen in 87 Ländern mit mehr als 34 Millionen Getauften an (am Gemeindeleben beteiligen sich aber auch viele noch nicht getaufte Erwachsene und Kinder!) Für die ökumenische Haltung der Baptisten ist folgender Grundsatz bemerkenswert, den der Weltbund 1923 in Stockholm formulierte:

> „Alle, die wahrhaft mit Christus verbunden sind, sind unsere Brüder in dem gemeinsamen Heil, mögen sie zur katholischen oder zur protestantischen oder zu gar keiner Glaubensgemeinschaft gehören."

Dieser geistlichen Einheit steht ein Desinteresse an ökumenischen Organisationsstrukturen gegenüber. Vom Gemeindeprinzip her ist es verständlich, daß die Haltung der Baptisten zur Ökumene sehr unterschiedlich war und ist. Viele fühlen sich als Personen und als Gemeinden in der Evangelischen Allianz eher zu Hause als beim stark von kirchlichen Institutionen geprägten ÖRK, bei dem sie eine „Überkirche" befürchten. Nur 15 von über 100 baptistischen Unionen, die freilich etwa die Hälfte aller Baptisten ausmachen, gehören dem ÖRK an; eine Reihe Nicht-ÖRK-Mitgliedskirchen arbeitet allerdings voll in den nationalen ökumenischen Räten mit (in Deutschland in der Arbeitsgemeinschaft christlicher Kirchen).

Zweierlei erschwert weitere ökumenische Öffnungen der Baptisten: Zum einen wird jede engere organisatorische Gemeinschaft für die Baptisten unmöglich, solange die andern Kirchen die Mitgliedschaft in der Kirche nicht ausdrücklich vom persönlichen Bekenntnis des Glaubens abhängig machen. Zum andern spielt das evangelistische Moment bei den Baptisten eine so große Rolle, daß sie sich den ökumenischen Absprachen, keine Proselyten aus anderen Konfessionen abzuwerben, nicht strikt anschließen können. Die baptistischen Gläubigentaufe von Übertretenden, die bereits in einer andern Kirche getauft waren, führt immer wieder zu Konflikten in der Ökumene am Ort. Andererseits gibt es immer mehr baptistische Gemeinden, die auf Wiedertaufen verzichten, wenn der Übertretende selber seine Kindertaufe anerkennt.

Der Beitrag der Baptisten zur Ökumene ist bei den Problemen der Gerechtigkeit, des Friedens und der Bewahrung der Schöpfung eindrucksvoll. Und bei den theologischen Dialogen über Glauben und Kirchenverfassung sind die Baptisten zunehmend engagiert. Auf Weltebene führt der Baptistische Weltbund – und an dieser Tatsache mag sich eine Entwicklung innerhalb des Baptismus andeuten – offizielle theologische Dialoge mit dem Reformierten Weltbund (zwei Berichte bis 1983), mit der römisch-katholischen Kirche (seit 1984; vgl. Atlanta-Bericht 1989) und mit dem Lutherischen Weltbund (seit 1986).

8. Methodistische Kirchen und ökumenische Bewegung

Die methodistischen Kirchen entstanden aus einer Erweckungsbewegung innerhalb der anglikanischen Staatskirche im 18. Jahrhundert. Ihr Initiator John Wesley verband das anglikanische Erbe mit Luthers Rechtfertigungsbotschaft und mit freikirchlich-evangelisatorischen Bekehrungszielen. Ihre „Methode", die Rechtfertigung durch Christus und die durch den Heiligen Geist bewirkte Wiedergeburt sowie die bewußt als Antwort verstandene Bekehrung des Menschen zu verkündigen, die Gemeinden zu erneuern und zu sozialem Engagement zu motivieren, fand so großen Anklang, daß relativ rasch aus der ursprünglichen Erneuerungsbewegung sich in Amerika und in England selbständige methodistische Freikirchen bildeten (mit jetzt 25 Millionen Mitgliedern). Wesley sah, daß die Aufgabe des Christentums in der modernen Welt in der Mission liege und die Zeit „christlicher Nationen" vorbei sei. In dieser Hinsicht führte der angelsächsische Methodismus den deutschen Pietismus weiter, mit dem er im übrigen viele verwandte theologische, spirituelle und kirchliche Züge aufweist. Das allgemeine Priestertum der Gläubigen wird stark betont, die Kirchenverfassung ist großenteils bischöflich-synodal (in „Konferenzen" gegliedert).

Weil der Methodismus von Anfang an problemlos theologische Traditionen anderer Kirchen aufgenommen hat und nie eine abgrenzende Konfessionalisierung betrieb, hatte er vielleicht mehr als andere Kirchen gute Voraussetzungen für die Mitarbeit in der ökumenischen Bewegung. Überragender ökumenischer

Repräsentant der Methodisten war *John Mott* (1865–1955) als führende Persönlichkeit im YMCA/CVJM, beim Christlichen Studentenweltbund, in der Missionsbewegung (Präsident des IMR), bei den Bewegungen für Praktisches Christentum und Glauben und Kirchenverfassung und schließlich bei der Gründung des ÖRK.

Die „Methodistischen Ökumenischen Konferenzen" (ab 1881) trugen den Namen „ökumenisch" im internationalen, weltweiten Sinn. Doch recht bald beteiligten sich die methodistischen Kirchen an Unionen mit anderen Kirchen (z.B. in Kanada 1925, Südindien 1947, Nord-Australien 1956, Pakistan 1970, Italien 1979). Der „Weltrat Methodistischer Kirchen" (1951) hat in seiner Verfassung Art. 5 festgelegt, „nach Einheit auf allen Gebieten des kirchlichen Lebens zu streben", auch „durch Vereinigung mit anderen Kirchen".

Eine gewisse Ernüchterung bei Unionshoffnungen brachte freilich das Scheitern der Verhandlungen mit der Church of England mit sich, als diese 1972 nicht die nötige Zwei-Drittel-Mehrheit für eine methodistisch-anglikanische Union erreichte. Gespräche mit dem Lutherischen Weltbund erzielten hingegen eine so weitgehende Übereinstimmung im Verständnis des Evangeliums, daß 1987 in Deutschland in Analogie zur Leuenberger Konkordie volle Kirchengemeinschaft (= Kanzel- und Abendmahlsgemeinschaft bei bleibender organisatorischer Selbständigkeit) zwischen den lutherischen, reformierten und unierten Gliedkirchen der EKD und der Evangelisch-methodistischen Kirche in Deutschland geschlossen wurde. Schon lange sind die Methodisten Mitglieder beim Diakonischen Werk und Evangelischen Missionswerk.

Der Weltrat Methodistischer Kirchen führte seit dem Zweiten Vatikanischen Konzil auch offizielle Dialoge mit der römisch-katholischen Kirche. Die Themen bezogen sich anfangs stark auf das Zeugnis der Kirche in der Welt, ab 1981 stehen theologisch-ekklesiologische Fragen im Vordergrund.

Das Engagement der Methodisten beim ÖRK ist seit John Mott nicht geringer geworden. Die beiden letzten Generalsekretäre sind Methodisten: Philip Potter (aus Jamaika) und Emilio Castro (aus Uruguay). Sie suchen die theologische, evangelisatorische und sozialpolitische Arbeit des ÖRK zusammenzuhalten.

9. Übrige evangelische Freikirchen und ökumenische Bewegung

Wenn auf die Entwicklung des ökumenischen Gedankens bei einer Reihe evangelischer Freikirchen jetzt nur pauschal hingewiesen wird, so ist damit weder ein Werturteil über die einzelne Kirche verbunden, noch darf man eigentlich diese historisch und kirchlich ganz unterschiedlich geprägten Kirchen ineinssetzen. Da hier jedoch keine Kirchenkunde, sondern nur die entscheidenden ökumenischen Entwicklungen aufgezeigt werden sollen, mag dieses Vorgehen gerechtfertigt sein. Es handelt sich auf globaler Ebene hauptsächlich um:

Die *Mennoniten*: seit Mitte des 16. Jahrhunderts durch Menno Simons; den Täufer- und Brüdergemeinden verwandt; Mitglied im ÖRK und der ACK.

Die *Brüder-Gemeinden*: ausgehend von den Böhmischen Brüdern im 15. Jahrhundert (Hussiten) entwickelten sich Anfang des 18. Jahrhunderts die „Herrnhuter Brüdergemeine" oder „Brüder-Unität": insgesamt rund 500 000 Mitglieder, in Deutschland knapp 10 000; Mitglied des ÖRK und der ACK, der EKD angeschlossen; durch die täglichen Bibel-„Losungen" weit über den eigenen Bereich wirkend. Unter dem Namen Brüder-Gemeinden gibt es noch andere Gruppierungen wie die Hutterer, Church of Brethren und Darbysten.

Die *Quäker*: seit Ende des 17. Jahrhunderts vor allem in Amerika als „Religiöse Gesellschaft der Freunde" (George Fox, William Penn); Ablehnung von fixierten Glaubenssätzen, Sakramenten und Hierarchie; radikale Friedensethik; nur Gastmitglied beim ÖRK und der ACK, unter anderem, weil die Quäker dogmatische Schwierigkeiten mit der „Basisformel" des ÖRK haben.

Die *Kirche Christi (Disciples of Christ)*: Anfang des 19. Jahrhunderts aus der presbyterianischen Kirche in Amerika gelöst, um nur noch im urgemeindlichen biblischen Sinn „Kirche Christi" und „Jünger Christi" zu sein, ohne Bindung an traditionelle Konfessionen; an zahlreichen Unionen im 20. Jahrhundert beteiligt; Mitinitiator der Bewegung für Glauben und Kirchenverfassung (ab 1910); Gründungsmitglied des ÖRK; theologischer Dialog mit der römisch-katholischen Kirche (vgl. Dok. wachsender Übereinstimmung, 233–245); heute weltweit knapp 2 Millionen Mitglieder, in Deutschland nicht vertreten.

Die *Heilsarmee*: seit 1878 aus der methodistischen Kirche in

England hervorgegangen (William Booth); evangelistisch und diakonisch engagiert über Konfessionsgrenzen hinweg; biblisch konzentriert ohne weitere Dogmen; armeeähnliche Verfassungsstruktur; Gründungsmitglied des ÖRK 1948, aber 1981 als Vollmitglied wegen zu starker eucharistischer und politischer Tendenzen des ÖRK zurückgetreten, heute nur Status einer befreundeten Organisation; Gastmitglied in der ACK.

Die *Pfingstkirchen*: seit Anfang des 20. Jahrhunderts aus charismatischen und pfingstlerischen Bewegungen entstandene Kirchen; große Verbreitung und wachsende Ausdehnung in Nord- und Südamerika, Afrika und Asien; Bekehrung, Heiligung, Geisttaufe, Zungenreden, Heilungen, Erwartung der Wiederkunft Christi; als Bewegungen ökumenisch unterschiedlich aufgeschlossen; von den größeren Pfingstkirchen wurden zwei südamerikanische ÖRK-Mitglieder; in Deutschland „Bund freikirchlicher Pfingstgemeinden“ mit 22000 und „Christlicher Gemeinschaftsverband Mühlheim/Ruhr“ mit 3600 Mitgliedern, letztere ist Gastmitglied der ACK; auf Weltebene Dialog mit der römisch-katholischen Kirche 1972–76.

Der *Bund Freier Evangelischer Gemeinden*: seit Mitte des 19. Jahrhunderts in Deutschland durch missionarisches Wirken von Hermann Heinrich Grafe entstanden; verwandt mit baptistischer und kongregationalistischer Tradition; der Evangelischen Allianz stark verbunden; weltweit 300000 Mitglieder, in Deutschland 25000; nicht ÖRK-Mitglied, Gastmitglied in der ACK.

Die *Siebenten-Tags-Adventisten*: seit der ersten Hälfte des 19. Jahrhunderts mit Endzeiterwartungen ursprünglich eine Sekte, die auch heftig gegen die Kirchen polemisierte; seit dem Zweiten Weltkrieg Wandlung zu einer evangelischen Freikirche; Bibel und altkirchliche trinitarische Bekenntnisse werden anerkannt, ebenso Taufe und Abendmahl (mit eigenen theologischen Interpretationen); Mitarbeit in einigen ÖRK-Kommissionen; Gastmitglied in mehreren nationalen ACK (z.B. DDR), Verhandlungen über Anschluß beim ÖRK und ACK Deutschland; weltweit 5,5 Millionen Mitglieder, 25000 in Deutschland.

Wechselwirkungen von freikirchlicher Konfession und Ökumene

Alle evangelischen Freikirchen mit ihrer starken Betonung der Unabhängigkeit von Kirche und Staat (daher der Name „Freikirche“), mit ihrem Pochen auf Gewissens- und Religionsfreiheit, mit ihren zumeist demokratischen Verfassungen und dem Gemeindeprinzip scheinen nur auf den ersten Blick von ihren

Voraussetzungen her für eine ökumenische Gemeinschaft über die eigene Konfession hinaus nicht geeignet zu sein. In Wirklichkeit liegen jedoch ihrem Glaubens- und Kirchenverständnis Elemente zugrunde, die auch konstitutiv für die Ökumene wurden:

- Von der persönlichen Christusbeziehung her inspirieren sie immer wieder den „geistlichen Ökumenismus".
- Während die Großkirchen oft mühevolle christologische und ekklesiologische Studien benötigen, um darzulegen, ob und wie auch außerhalb der eigenen Institutionsgrenzen Christus wirkt und Christsein möglich ist, erkennen die Freikirchen jeden wahrhaft Christusgläubigen sofort als Christen an; die „katholische" Kirche zeigt sich im Glauben durch den Heiligen Geist; die sogenannte „vorgegebene Einheit in Christus" ist die wahre Einheit der Kirche Christi, die die Konfessionen nur entdecken und akzeptieren müssen.
- Durch die Heiligungsbewegungen geprägt betonen die Freikirchen ein ganzheitliches Verständnis von Heil und Wohl des Menschen, von Evangelisierung und Humanisierung, wie es heute die meisten ökumenischen Projekte prägt: Die Missions-, Friedens- und Sozialbewegungen als Antriebskräfte der ökumenischen Bewegung haben sich unter maßgeblichem Einfluß der Freikirchen entwickelt, bisweilen ist von ihnen aus - jedenfalls in der angelsächsischen Welt - der ökumenische Gedanke auf die Großkirchen übergesprungen.

Andererseits ist auch eine umgekehrte Beeinflussung festzustellen: Die ökumenische Bewegung hat die Freikirchen aus mancher Isolation, aus konfessioneller und gemeindlicher Selbstgenügsamkeit herausgeholt und ihnen die ökumenischen Verpflichtungen bewußt gemacht. Mancherlei Diasporakomplexe, welchen sie als Minderheitskirchen in Europa ausgesetzt sind, sind längst vorbei, seit sie sich in der Ökumene weltweit selber als große Kirchen entdeckt haben und seit sie in der AcK ihre unverwechselbaren Beiträge auch zum Wohle der Großkirchen einbringen.

10. Unierte Kirchen und ökumenische Bewegung

Als Unierte Kirchen werden ganz verschiedenartig vereinigte Kirchen bezeichnet:

1. So heißen Vereinigungen von Kirchen *derselben Konfession*, z.B. die Vereinigte Evangelisch-Lutherische Kirche Deutschlands; von ihnen kann in diesem Kapitel abgesehen werden.

2. Uniert werden auch die *mit Rom vereinten Ostkirchen* genannt, die nach der Ost-West-Spaltung 1054 durch römisch-katholische Initiativen auf dem Gebiet der orthodoxen Ostkirchen errichtet wurden. Für die orthodoxen Kirchen stellen die „Unierten Riten" ein bleibendes Ärgernis dar, weil sie darin nur „lateinische" Eingriffe in ihr Kirchengebiet und unerträgliche Proselytenmacherei sehen.

3. Sodann gibt es etliche Unionskirchen im Bereich des Protestantismus, bei denen *bisher getrennte Konfessionen* eine gemeinsame Institution bilden. Davon zu unterscheiden sind „Kirchenbünde", bei denen die Mitgliedskirchen ihre Autonomie behalten und der Bundesvorstand koordinierende Funktionen hat, aber nicht die Kirchenleitung ist (z. B. Schweizerischer Evangelischer Kirchenbund). Ebenso ist von einer Unionskirche die „Kirchengemeinschaft" bisher getrennter Konfessionen zu unterscheiden: Diese kann - wie bei der „Leuenberger Konkordie" - bei lutherischen, reformierten und unierten Kirchen in Europa volle Kanzel- und Abendmahlsgemeinschaft sowie die Anerkennung der Ämter beinhalten, wobei die Konfessionen aber selbständige Organisationen bleiben, oder es kann eine beschränkte Kirchengemeinschaft erfolgen, indem die Kirchen sich gegenseitig als Teile der Kirche Christi anerkennen und zum Abendmahl einladen, aber ansonsten noch getrennte Konfessionen sind (z. B. die Vereinbarungen zwischen EKD und Altkatholischer Kirche sowie Kirche von England).

In der ökumenischen Bewegung wird zumeist die dritte Gruppe gemeint, wenn von Unierten Kirchen die Rede ist. Sie sind ein Phänomen, das erst gleichzeitig mit der ökumenischen Bewegung begann. Im 19. Jahrhundert waren nur in Deutschland und Österreich Unionskirchen entstanden, und diese wieder verschiedenartig geprägt, obwohl es sich nur um bisher lutherische und reformierte Kirchen handelte. Die Kirche der Alt-Preußischen Union (heute: Evangelische Kirche der Union) schuf der König als eine *Verwaltungsunion* von lutherischen und reformierten Gemeinden (1817). Eine *Konsensus-Union*, in der alle Gemeinden die gleiche Bekenntnisgrundlage haben, entstand in Nassau (1817), der Pfalz (1818), in Baden (1821), im Großherzogtum Hessen (1817–22), in Kurhessen-Waldeck (1818–20) und in Anhalt-Dessau (ab 1820). In Österreich bildeten die Evangelische Kirche des Augsburgischen und des Helvetischen Bekenntnisses 1891 eine lockere Union, um die Beziehungen zum Staat und zu anderen Kirchen gemeinsam wahrnehmen zu können. Diese lutherisch-reformierten Unionen in einzelnen Fürstentümern haben faktisch eine dritte evangelische Konfession in Deutschland geschaffen. Es gab die Abspaltungen der Altlutheraner, und bei den anderen lutherischen und reformierten Kirchen lebte mit der Abwehr der Union eher ein neuer Konfessionalismus als Gegensatz zum liberalen Unionismus auf, als daß Bereitschaft zum lutherisch-reformierten Dialog geweckt wurde. Insbesondere die Lutheraner bekamen eine Art Unionstrauma, welches mit der strikten Betonung der „reinen Lehre" als Voraussetzung für Einheit bis heute keine weitere interkonfessionelle Union, sondern nur den Weg zur „Konkordie" zuließ. In den Unionskirchen war man jedoch zufrieden, weil man weniger im lutherisch-reformierten Gegensatz eine kirchliche Herausforderung des 19. Jahrhunderts sah, sondern sich jetzt gemeinsam den neuzeitlichen Problemen der Nachaufklärungszeit stellen wollte.

Die erste Unionskirche des 20. Jahrhunderts entstand 1925 in Kanada durch die Vereinigung von Presbyterianern, Methodisten, Kongregationalisten und kleinen lokalen Unionskirchen. Insgesamt folgten bis 1990 in etwa 30 Ländern mehr als 30 Unionen verschiedener evangelischer Konfessionen, bei denen über 100 Kirchen beteiligt waren (vgl. die Listen in Rouse-Neill II, 121 ff.; Groscurth, 99 ff.; Grant, 368 ff.). Dabei waren die Lutheraner und Anglikaner wenig beteiligt.

Die anglikanische Forderung nach Übernahme des Bischofsamtes in historischer Sukzession war für die anderen evangelischen Kirchen zumeist ein Hindernis für eine Union. Die Bildung der Church of South India durch Anglikaner, Methodisten und Reformierte (= vereinigte Presbyterianer, Kongregationalisten und Baseler Mission) im Jahre 1947 sollte ein Signal für „organische Union" sein, fand jedoch kaum Nachahmer. Die Anglikaner haben sich in den letzten Jahren aus acht Unionsverhandlungen wieder zurückgezogen.

Für laufende Verhandlungen bietet die ÖRK-Kommission für Glauben und Kirchenverfassung Hilfen und Vermittlungsdienste an, auch durch Konsultationen mit einem Erfahrungsaustausch über Grundfragen wie „Glaubenskonsens", „Übereinkunft in den Sakramenten", in den „Ämtern und Strukturen" usw. Gegenwärtig werden nahezu 40 Unionsverhandlungen in 25 Ländern geführt, an denen etwa 140 Kirchen beteiligt sind. Der Großteil davon sind Kirchen in der Dritten Welt.

Es hat sich gezeigt, daß Unionen verschiedener Konfessionen nur auf nationaler Ebene zustandekommen und daß die Konfessionsverwandten natürlich viel mehr Chancen zur Einigung haben als etwa Anglikaner und Kongregationalisten. Beim Abschluß einer Union wird häufig die Offenheit für den Anschluß weiterer Kirchen betont, man will die Union von zwei oder drei Konfessionen nicht als Endziel verstehen. Aber faktisch ist es bisher kaum zu erweiterten Unionen gekommen, vermutlich weil man zunächst die neue „unierte Identität" festigen wollte.

Union und Bund

Häufig wurden nichttheologische Faktoren (ethnische Herkunft usw.) als so ernst erachtet, daß man auf eine Union verzichtete und sich mit einer Konkordie, mit gegenseitiger Anerkennung oder mit einem Bund (covenant) zufrieden gab. Der erste Versuch, auf Weltebene die lutherischen und reformierten Kirchen und kirchlichen Werke und Verbände zu einigen, war der „*Protestantische Weltverband*" von 1923–1944; er wollte innerhalb der ökumenischen Bewegung das reformatorische Erbe wahren, wurde aber von manchen Ökumenikern als konfessionalistische protestantische Bremse empfunden (wozu freilich die jährlichen großen Versammlungen mit 400 Delegierten und die Zeitschrift „Protestantische Rundschau" [1924–1944] keinen Anlaß boten). Versuche, den Protestantischen Weltverband nach dem Zweiten Weltkrieg fortzusetzen, wurden nicht unternommen.

Es wurde gelegentlich erwogen, ob die Unierten Kirchen sich auch zu einem Weltbund zusammenschließen sollten. Darauf hat man jedoch zugunsten des ÖRK verzichtet.

Neuartige Wege, auf eine Union zuzugehen, werden in einigen Ländern durch Stufenpläne beschritten. In den USA gibt es seit 1962 die Consultation on Church Union (COCU) mit zehn Denominationen (Anglikaner, Presbyterianer, Methodisten, Unierte, Disciples – keine Lutheraner). Ziel ist eine „Uniting Church of Christ", eine sich vereinigende Kirche. In England wurde ein „Rat der Kirchen für einen Bundesschluß" gebildet, dem die anglikanische Church of England, die Methodistische Kirche, die Vereinigte Reformierte Kirche, die Kirchen Christi und die Herrnhuter Brüdergemeine angehören. In einem längeren Prozeß gottesdienstlicher Gemeinschaft und gegenseitiger Annahme verschiedener Traditionen (z.B. Mitwirkung bei Ordinationen, sei es in der bischöflichen oder sei es in der nichtbischöflichen Kirche) soll dieser Bundesschluß („covenanting") wachsen.

Für den Weg des ökumenischen Gedankens läßt sich bezüglich der Unionskirchen folgendes sagen: Die Union getrennter Konfessionen hat sich bei den Beteiligten offenbar bewährt; keine wurde bisher aufgelöst! Insofern sind sie „ein glaubwürdiges

Modell christlicher Gemeinschaft" (R. Groscurth). Als Ziel der Ökumene schlechthin erscheint das Unionsmodell jedoch als unrealistisch. Für die Gespräche mit der Orthodoxie und mit der römisch-katholischen Kirche sind, wie oben dargelegt, überhaupt andere Voraussetzungen und Ziele zu beachten.

11. Unabhängige Kirchen und ökumenische Bewegung

Während die evangelischen „Freikirchen" ihren Namen wegen der radikalen Trennung von Staat und Kirche im Kontext der europäischen Kirchengeschichte bekamen, haben sich in der zweiten Hälfte des 20. Jahrhunderts in der Dritten Welt „Unabhängige Kirchen" neuen Typs gebildet. Sie wollen unabhängig von den historischen Konfessionskirchen sein und nicht einfach in deren Denkweise und Spaltungen einsteigen. Bei den Quäkern, den Disciples of Christ und den Pfingstkirchen, auf die oben als Freikirchen hingewiesen wurde, begegneten schon ähnliche Gedanken. Tatsächlich sind die Grenzen vor allem von Pfingstkirchen, Pfingstbewegung und Unabhängigen Kirchen in Afrika und Lateinamerika fließend. Wegen des häufigen Desinteresses an Organisation und Institution sind die charismatischen, prophetischen, pneumatischen und enthusiastischen Gemeinschaften schwierig zu erfassen. Einige Bewegungen dieser Art sind so stark von nichtchristlichen Kulten geprägt, daß sie als synkretistische Sekten eingestuft werden müssen, die außerhalb der christlichen Ökumene stehen. Andere wiederum sind eindeutig der evangelikalen Bewegung zuzurechnen, was zwar zur Distanz zu den Traditionskirchen und zum ÖKR führte, aber doch auch klar zu neuartigen christlichen Konfessionen. Theodor Sundermeier spricht vorsichtig von „unabhängigen christlichen Bewegungen", Ernst Dammann nur von „nachchristlichen Bewegungen".

Die Unabhängigen Kirchen gewinnen an Bedeutung wegen ihrer großen Missionserfolge. In Lateinamerika schätzt man (Statistiken aufgrund von Zählungen gibt es nicht!), daß 90 Prozent aller Protestanten des Kontinents zur Pfingstbewegung mit ihren unzähligen kleinen Gemeinden und Kirchen gehören. Der Großteil davon pflegt keinerlei ökumenische Kontakte. Seit 1975 gehören jedoch eine brasilianische und zwei chilenische Pfingstkirchen zum ÖRK.

In Afrika wurde der Begriff „Unabhängige Kirchen" gebräuchlich. Die Unabhängigkeit von der weißen Beherrschung der Kirche, Krankenheilungen, Visionen, geistliche Verbindung mit Verstorbenen, afrikanische Symbolik usw. verbinden sich mit schlichter Bibelfrömmigkeit ohne Dogmatik. Man schätzt mehr als 6000 solcher separater Gruppen, Bewegungen und Kirchen mit 10-15 Millionen Mitgliedern, was 10 Prozent der afrikanischen Christen ausmacht - wobei die Wachstumsrate dieser Kirchen wesentlich höher liegt als bei den Traditionskirchen.

Die ökumenischen Kontakte sind gering, der Vollzug eigener Spiritualität und Mission füllt die Mitglieder voll aus; die theologisch-ökumenischen Debatten der historischen Kirchen gehen an ihnen vorbei. Einige unabhängige Kirchen sind evangelikal geprägt und haben auf dieser Ebene ökumenische Kontakte. Nur wenige dieser Kirchen gehören dem ÖRK an, am bekanntesten ist aus Zaire die L'église de Jésus-Christ sur terre par le prophète Simon Kimbangu (oft kurz Kimbanguisten genannt; nach Kimbangu, 1889–1951).

Auch die römisch-katholische Kirche mußte das Unabhängigkeitsstreben durch die Abspaltung einiger selbständiger romfreier katholischer Kirchen erleben.

In Asien ist die Entwicklung unabhängiger Kirchen nicht ganz so rasant wie in Afrika. Der religionsgeschichtliche Kontext mit den Traditionen alter Religionen ist anders als der noch stark stammesreligiös geprägte afrikanische Hintergrund. Dennoch ist das Auftreten von sektiererischen Gruppen und Pseudokirchen (von Amerika ausgehend) bemerkenswert; man schätzt 350 solcher Gruppen auf den Philippinen und in Indien.

Einen eigenständigen Weg gehen die Kirchen Chinas. Bedingt durch die politische und ideologische Lage spielt die patriotische „Drei-Selbst-Bewegung" für alle historischen Kirchen dort eine Rolle: „Selbstversorgung, Selbstverwaltung und Selbstverbreitung". Diese Haltung hat jedoch nicht zu grundsätzlicher ökumenischer Zurückhaltung geführt. Bei der Vollversammlung des ÖRK in Canberra 1991 wurde der Chinesische Christenrat feierlich in die ökumenische Gemeinschaft aufgenommen. Aber das Unabhängigkeitsstreben bekam etwa die römisch-katholische Kirche zu spüren, indem die chinesischen Diözesen ihre eigene Hierarchie ohne römische Zustimmung oder Mitwirkung installierten.

Er ist deutlich: Die „Unabhängigen Kirchen" können schwerlich ineinsgesetzt und beurteilt werden, das widerspräche total deren Selbstverständnis. „Unabhängig" muß jedoch keineswegs unökumenisch bedeuten. Auf Grund der Basis und der ekklesiologischen Neutralität des ÖRK (Toronto-Erklärung 1950) kann und muß mit ihnen der Kontakt gesucht werden. Es kann sich zeigen, daß ihr geistlicher und „einheimischer" Beitrag genauso eine Bereicherung der Christenheit ist wie die Erfahrungen anderer Konfessionen.

Zweiter Teil

Ökumenische Bewegung und ökumenische Theologie

Der erste Teil dieser Ökumenekunde beschrieb allgemein den Weg des ökumenischen Gedankens im 19. und 20. Jahrhundert: beim ÖRK, im ökumenischen Netzwerk zahlreicher Organisationen und in den einzelnen Kirchen. Der zweite Teil soll themenorientiert die Entwicklung des ökumenischen Gedankens in der Theologie nachzeichnen. Der Begriff „Ökumenische Theologie“ steht dabei nicht etwa für ein Harmonisierungskonzept, bei dem alte Kontroversen schlicht in Konvergenzen oder Konsense überführt werden, um dann eine umfassende Normaltheologie zu haben. „Ökumenische Theologie“ meint hier vielmehr, daß Theologie im ökumenischen Kontext getrieben wird, d.h. daß im Rahmen von Kontroversen, Konvergenzen und Konsensen die Pluralität im Christentum aufleuchtet und jeweils gefragt wird, wie das Evangelium von Christus auch in anderen Konfessionen und Theologien begegnet. „Ökumenische Theologie“ bedeutet also die Frage, ob und wie eine Theologie angemessen in eine andere Theologie übersetzt werden kann, so daß ein besseres gegenseitiges Verstehen vielleicht zu einer Verständigung führt.

„Theologie“ hat auf diese Weise stets eine kritische Funktion. Aber sie ist nicht allein eine Sache für hauptberufliche und akademisch gebildete Theologen. Sie ist auch nicht nur für die Köpfe da, sondern sie hat ihren Ort im Beziehungsgefüge von Evangelium und Leben, wobei „Leben“ sowohl das Individuelle wie das Kirchliche und das Gesellschaftliche umfaßt. Darum wird in den folgenden Kapiteln die Entwicklung der ökumenisch-theologischen Gedanken im Zusammenhang mit verschiedenen kirchlichen und säkularen „Bewegungen“ dargestellt.

I. Liturgische Bewegung und ökumenische Spiritualität

Als „Liturgische Bewegung“ wird der geistliche Neuaufbruch bezeichnet, der seit Ende des 19. Jahrhunderts in vielen Kirchen gleichzeitig gegen mancherlei Oberflächlichkeit und Aktivismus wieder das biblische Wort und das Gebet in die Mitte des christlichen Lebens rückte. Davon wurde sowohl die persönliche Frömmigkeit einzelner Christen als auch das gottesdienstliche Leben der Kirchen geprägt. Die Wurzeln der Liturgischen Bewegung liegen in den Erweckungsbewegungen (Pietismus, Oxfordbewegung in England, Evangelische Allianz) und in liturgischen Erneuerungen, die von katholischen Klöstern und etwa auch von der Evangelischen Kirche der Preußischen Union mit der Agendenreform 1826 ausgingen.

1. Erste Ansätze im 19. Jahrhundert

Die Entwicklung des ökumenischen Gedankens hat neben den im ersten Teil geschilderten säkularen Herausforderungen vorrangig in der gemeinsamen geistlichen Orientierung ihre Wurzel. Über kontroverstheologische, nationale und kulturelle Grenzen hinweg erfuhren Christen verschiedener Konfession ihre „Einheit in Christus“, wenn sie gemeinsam Gottes Wort hörten und gemeinsam beteten. Zu recht wird immer wieder gesagt: „Das gemeinsame Gebet ist das Herz der Ökumene.“ Die erste Anregung zu einer Gebetsvereinigung von Christen verschiedener Konfession machte 1837 der anglikanische Pfarrer Haldane Stewart (Liverpool). Er schlug dafür den ersten Montag eines neuen Jahres vor.

Evangelische Allianz

Sehr wirkungsvoll entfaltete sich die ökumenische Spiritualität bei der Gründung und Arbeitsweise der Evangelischen Allianz.

Einzelne Christen kamen hier seit 1846 zusammen, um ihre gemeinsame Überzeugung zum Ausdruck zu bringen, daß es unter Christen eine unzerstörbare Einheit im Glauben an Christus gibt und daß durch persönliche Begegnungen, vor allem durch das gemeinsame Gebet, Vorurteile abgebaut und Mißverständnisse korrigiert werden. Die von damals bis heute jährlich Anfang Januar durchgeführte Allianz-Gebetswoche erfaßte zwar nur den protestantischen, nicht den römisch-katholischen und orthodoxen Raum, darf aber als Geburtsstunde der ökumenischen Spiritualität angesehen werden.

Gesellschaft zur Förderung der Einheit des Christentums

Für den anglikanischen und römisch-katholischen Bereich wurde die 1857 in England gegründete „Gesellschaft zur Förderung der Einheit des Christentums" (Association for the Promotion of the Unity of Christendom, APUC) bedeutsam. Sie vereinigte anglikanische, römisch-katholische und einige orthodoxe Christen unter der Verpflichtung, täglich füreinander und für die Einheit der Kirche zu beten. In ihrer Zeitschrift „The Union" verbreitete sie die sogenannte Zweigtheorie („branch theory"), wonach die römisch-katholische, die anglikanische und die orthodoxe Kirche mit gleichem Recht den Namen „katholisch" für sich beanspruchen, gemeinsam die eine Kirche Christi bilden und sich also vereinigen sollten.

Diese Ansätze ökumenischer Spiritualität wies das römische Heilige Offizium 1864 zurück und verbot Katholiken die Teilnahme an der APUC. Dieses Verbot war noch 1919 Vorbild für die römische Absage an die moderne ökumenische Bewegung.

48 *Heiliges Offizium an die Bischöfe Englands, 16.9.1864:*
„Sicherlich kann einem katholischen Manne nichts willkommener sein, als daß unter Christen Schismen und Meinungsverschiedenheiten mit Stumpf und Stil ausgerottet werden und alle Christen ‚darauf bedacht' sind, ‚die Einheit des Geistes im Band des Friedens zu wahren' (Eph. 4,3) … Aber daß Christgläubige und Kirchenmänner unter Anleitung von Häretikern und, was noch schlimmer ist, gemäß einer in höchstem Maße von Häresie befleckten und angekränkelten Absicht für die christliche Einheit beten, kann in keiner Weise geduldet werden."
(Denz. Hün. 2887)

Das römische Dokument zeigt, daß die ökumenische Spiritualität im Sinne interkonfessioneller Begegnungen im katholischen Kirchenvolk Mitte des 19. Jahrhunderts durchaus lebendig war, daß aber der damalige lehramtliche Exklusivitätsanspruch Roms für einen geistlichen Ökumenismus noch keinen Raum ließ.

Jugend, Studenten- und Missionsbewegung

Die überkonfessionell orientierten Bewegungen des 19. Jahrhunderts lebten von einer ähnlichen Spiritualität wie die Evangelische Allianz. Bei der Gründung des CVJM/YMCA in Paris 1855 wurde die bis heute gültige christologische Grundlage der ökumenischen Bewegung formuliert: das Bekenntnis zu „Jesus Christus als Gott und Heiland" und der Bezug auf Jesu Gebet „daß alle eins seien" (Joh. 17, 20 f.). Die biblische Orientierung ist ein wesentlicher Bestandteil der ökumenischen Spiritualität (vgl. das folgende Kapitel „Bibelwegung und Bibelauslegung"). Zu erwähnen sind ferner: der Missionsgebetstag am St. Andreastag (30. November), der Gebetstag des Christlichen Studentenweltbundes (am 3. Sonntag im Februar), der Missionsgebetstag der Frauen (am 1. Freitag der Passionszeit, seit 1887; aus ihm entwickelte sich der heute verbreitete Weltgebetstag der Frauen) und die Gebets- und Weltbruderschaftswoche des CVJM und der CVJF (im November).

Diese ersten Ansätze ökumenischer Spiritualität im 19. Jahrhundert belegen die These, daß das gemeinsame Hören auf Gottes Wort und das gemeinsame Gebet den theologischen und organisatorischen Bemühungen in der ökumenischen Bewegung vorausgingen. Die Haltung, alles von Gott selbst zu erwarten und nicht selber die Einheit der Kirche oder das Reich Gottes machen zu wollen, wird seither als Voraussetzung für jede legitime Ökumene angesehen.

„Ökumenische Spiritualität" meint ganzheitlich die Offenheit für Gott und die Offenheit für die anderen Christen mit ihren Erfahrungen. Die Teilnahme am Gottesdienst einer anderen Konfession und der Gebrauch des gemeinsamen Traditionsgutes bei Gebeten, Liedern und liturgischen Gesängen wurde von vielen Christen als Bereicherung empfunden. Lernenwollen, statt selbstgenügsam und rechthaberisch zu sein, das kennzeichnet eine ökumenische Spiritualität. Menschen, die miteinander und füreinander beten, können nicht im Leben feindlich gegeneinander wirken.

Im folgenden können nicht alle Phasen der Liturgischen Bewegung mit ihren ökumenischen Auswirkungen nachgezeichnet werden. Eine Konzentration auf die Entwicklung der Gebetswoche für die Einheit und des „geistlichen Ökumenismus“ seit dem Zweiten Vatikanum muß genügen.

2. Gebete für die Einheit

Neben der *Allianz-Gebetswoche* ist die parellele Entwicklung in der Bewegung für Glauben und Kirchenverfassung und in der römisch-katholischen Kirche zu beachten.

Bewegung für Glauben und Kirchenverfassung

Aufgrund der Erfahrung der geistlichen Gemeinschaft bei ihren ersten Beratungen hat die Bewegung für Glauben und Kirchenverfassung von Anfang an Aufrufe zum Gebet für die Einheit erlassen. Die amerikanische Vorbereitungskommission bat bereits 1912 in einem ihrer Faith and Order Pamphlets, daß die Fürbitte wenigstens an jedem ersten Sonntag des Monats geschieht. Der Fortsetzungsausschuß der *Genfer* Vorkonferenz für Glauben und Kirchenverfassung beschloß am 20. August 1920,

> „einen Aufruf zu einer besonderen Gebetswoche für die Einheit der Kirche zu erlassen, die mit dem Pfingstsonntag – nach westlichem Kalender – abschließen soll“ (Faith an Order Pamphlet Nr. 33).

Dem Aufruf wurde lange Zeit freilich nicht gefolgt. Gebete für die Einheit gab es zwar regelmäßig und überall, aber die „Gebetswoche“ geriet in Vergessenheit. Daraus darf nicht geschlossen werden, das Gebet habe überhaupt nur eine geringe Rolle in der ökumenischen Bewegung gespielt. Alle Zweige der Bewegung – auch die mehr auf das soziale Tun ausgerichtete Bewegung für Praktisches Christentum – hatten stets im gemeinsamen Gebet und Gottesdienst ihre Mitte. Die Gemeinschaft im nicht-sakramentalen Gottesdienst war rasch allen nicht-römisch-katholischen Kirchen selbstverständlich geworden.

Römisch-katholische Gebetsoktav

Während es sich bei „Glauben und Kirchenverfassung“ und den anderen ökumenischen Arbeitszweigen stets um interkonfessionelle Gebete handelte, meinte das Gebet für die Einheit in der römisch-katholischen Kirche nach dem Verbot der APUC nur

das Gebet katholischer Christen für eine Wiedervereinigung der Getrennten mit der katholischen Kirche. Als erster Papst rief Leo XIII. in der Rosenkranz-Enzyklika „Fidentem piumque" von 1896 dazu auf, Katholiken sollten sich im Gebet für die Einheit insbesondere mit Maria verbinden, „die nun einmal die Einheit in der Kirche zu hüten und zu festigen hat".
Mit einer Gebetsoktav für die Einheit der Kirche begann 1907 die katholische Bruderschaft „Expiationis"; Papst Pius X. billigte sie im Jahre 1909. Papst Benedikt XV. führte sie 1916 offiziell ein für die Zeit vom 18. Januar (Festtag von St. Peter in Rom) bis zum 25. Januar (Festtag der Bekehrung des Paulus).

49 *Benedikt XV.: Gebetsoktav vom 18.-25. Januar, 1916*: „Allezeit war es ein Anliegen der Römischen Päpste, Unserer Vorgänger im Amt, und so ist auch Uns sehr viel daran gelegen, daß diejenigen Christen, die sich von der katholischen Religion schmerzlicherweise entfernt haben, zu ihr endlich als zu ihrer verlassenen Mutter zurückgerufen werden mögen... Damit zur leichteren Erlangung des erwünschten Ausgangs die erwähnten Gebete unter allen Völkern und mit reicher geistiger Frucht Gott dargebracht werden, erlauben wir gnädig im Herrn allen einzelnen Christgläubigen beiderlei Geschlechts, daß sie überall auf der Erde vom 18. Januar, dem Fest der Stuhlfeier des Heiligen Petrus, bis zum 25. desselben Monats, dem Tag der Bekehrung des Heiligen Paulus, alljährlich einmal täglich die nachstehenden Gebete sprechen. Wenn sie am letzten Tag dieser Oktav in wahrer Reue, nach Beichte und Kommunion, beim Besuch irgendeiner Kirche oder einer öffentlichen Gebetsstätte für die Eintracht der christlichen Herrscher, die Ausrottung der Häresien, die Bekehrung der Sünder und die Erhöhung der Heiligen Mutter Kirche fromme Bitten zu Gott verrichten, gewähren wir vollkommenen Ablaß und Vergebung aller ihrer Sünden." (In: Acta Ap. Sedis 9, 1917, 61 f.; eigene Übersetzung)

Diese im Geiste der „Rückkehr-Ökumene" konzipierte Gebetswoche bekam in den dreißiger Jahren neue überkonfessionelle Impulse durch den französischen Abbé *Paul Couturier*. Durch manche Kontakte mit orthodoxen und anglikanischen Christen inspiriert, plädierte er seit 1933 dafür, daß Christen aller Konfessionen sich begegnen und ihrer Gemeinschaft mit Christus eine Ausdrucksform geben, der jeder zustimmen kann, aus welcher Frömmigkeit oder Tradition oder aus welcher inneren Entwicklung er herkommen mag. „Das Problem der christlichen Einheit stellt sich nicht im Begriff der ‚Rückkehr', sondern in dem der ‚Integration' oder der ‚Wiederangliederung'" (in: M. Villain: L'Abbé Paul Couturier, 1959, 360).

Hier ist das Problem angesprochen, das allen Gebeten „für die Einheit" zugrundeliegt: Welche Einheit ist gemeint? Solange die Kirchen ganz unterschiedliche Einheitskonzeptionen haben, denkt sich wohl auch beim Beten für die Einheit konkret jeder etwas anderes. Auch die Bußgebete und Sündenbekenntnisse über die Schuld der Kirchenspaltung lassen die ökumenische Spiritualität verschwommen erscheinen: Sind die Sünden der Vorfahren gemeint, die auseinandergingen? Ist die eigene oder die andere Erkenntnis der Wahrheit über Christus oder die Kirche Sünde? Oder ist die eigene Lieblosigkeit gemeint?

Die Gebetsoktav von Couturier fand vor allem bei Katholiken und Anglikanern weltweite Zustimmung; die Protestanten waren zunächst zurückhaltend. Als die Gebetswoche Couturiers sich zu einer „Woche allgemeinen Gebetes von Christen für christliche Einigung“ weiterentwickelte, verschob im Jahre 1941 jedoch sogar der Exekutivausschuß der Bewegung für Glauben und Kirchenverfassung seinen bisherigen Termin in der Woche vor Pfingsten auf die Zeit der katholischen Gebetsoktav im Januar.

50 *Glauben und Kirchenverfassung, 1941*: „Die jährliche Gebetswoche für die Einheit der Kirche und für die Bewegung von Glauben und Kirchenverfassung soll in Zukunft im Januar durchgeführt werden, und zwar wo möglich, vom 18. bis 25. Januar; denn dies ist die Woche, die außerhalb der Bewegung für Glauben und Kirchenverfassung weitgehend als Gebetszeit für die Einheit der Christenheit gehalten wird. Wo sich dies jedoch nicht einrichten läßt, soll sie in der ersten Januarwoche durchgeführt werden, da diese Woche als allgemeine Gebetswoche der Evangelischen Weltallianz gilt.“ (Faith and Order Pamphlet Nr. 96, 21 f.)

Neuere Entwicklung

„Glauben und Kirchenverfassung“ suchte also einen Weg, um alle Kirchen zu umfassen, die katholische, die orthodoxen und die protestantischen. Und weil es hier um die Zusammenführung von Kirchen und nicht von einzelnen Christen ging, kam nicht eine Zusammenlegung mit der Allianz-Gebetswoche, sondern mit der katholischen Gebetsoktav in Frage. Die im Beschluß selber angesprochenen Vorbehalte gegen diesen Termin waren nicht unbegründet. Nach dem Kriege konnte sich die Arbeitsgemeinschaft christlicher Kirchen in Deutschland, die alle nicht-römisch-katholischen Kirchen vereinigte, mit dem Januartermin kaum anfreunden, und im Juli 1960 empfahl sie ihren Mitgliedskirchen, die Gebetswoche für die Einheit der Christen wieder an ihrem ursprünglichen Termin in der Woche vor Pfingsten zu halten.

So finden bis heute in Deutschland drei Gebetswochen für die

Einheit statt: die Allianz-Gebetswoche Anfang Januar, die Gebetsoktav vom 18. bis 25. Januar und die Woche vor Pfingsten.

Die Allianz-Gebetswoche hat ihre eigene Ordnung, sie findet in pietistischen und evangelikalen Kreisen, also auch über den eigentlichen Allianzkreis hinaus, immer noch großen Zulauf. Die beiden andern Gebetswochen werden nach einer Ordnung gehalten, die jährlich von der ÖRK-Kommission für Glauben und Kirchenverfassung und vom vatikanischen Rat für die Einheit der Christen vorbereitet wird (in Deutschland verbreitet durch die Ökumenische Centrale der AcK).

Neben diesen Gebetswochen haben noch drei weitere Entwicklungen Bedeutung für die ökumenische Spiritualität:

Aus dem seit 1887 durchgeführten Gebetstag der Frauen ergab sich nach dem Zweiten Vatikanischen Konzil der alle Konfessionen umfassende „*Weltgebetstag der Frauen*" zu Beginn der Passionszeit. In nahezu allen Gemeinden wird er von ökumenischen Frauengruppen vorbereitet und durchgeführt. Jedes Jahr bereiten Frauen eines Landes Material vor, und ein bestimmtes Land ist besonderer Gegenstand der Fürbitte.

In den großen Sprachgebieten haben die Kirchen für das Gebets- und Liedgut *einheitliche Textfassungen* vereinbart. In Deutschland beispielsweise können erstmals seit der Reformation katholische und evangelische Christen das Vaterunser, das Glaubensbekenntnis und viele bekannte Lieder im selben Wortlaut sprechen und singen. Für die ökumenische Verbundenheit bedeutet das mehr als nur eine Äußerlichkeit!

Damit die ökumenischen Gebete sich nicht nur allgemein im Loben, Danken und Bitten für die Einheit erschöpfen, sondern möglichst konkrete Anliegen vor Gott bringen, hat der ÖRK einen ökumenischen *Fürbittkalender* herausgegeben, der für jeden Tag bestimmte Personen, Kirchen und Länder dem Gebet empfiehlt. Regelmäßig für die anderen Kirchen im Gottesdienst zu beten, ist üblich geworden, oft freilich nur allgemein, seltener konkret für Ereignisse und Personen.

3. Hindernisse bei der ökumenischen Spritiualität

Der positiven Entwicklung zu mehr ökumenischer Spiritualität steht freilich die Tatsache gegenüber, daß es trotz des guten ökumenischen Willens immer noch mancherlei Berührungsängste und gegenseitiges Mißtrauen gibt. Die Frömmigkeit einer andern Konfession wird von vielen eben nicht als Bereicherung empfunden, sondern abgelehnt; jedenfalls möchten viele nicht durch die Ökumene die eigene religiöse Identität in Frage stellen.

Frömmigkeit und Lehre

Frömmigkeitsstile sind nicht einfach zufällige geschichtlich bedingte Gebräuche, sondern Ausdruck einer bestimmten Lehre. Von der Akzentuierung des „Wortes" oder des „Sakramentes" über liturgische Symbole, Heiligenverehrung, Kirchbau und Kirchenmusik bis hin zu persönlichen religiösen Gesten und Gebräuchen ist die Spiritualität konfessionell geprägt, so lange es eben das Christentum konfessionell gegliedert gibt. Diese religiösen Haltungen sind vielen Christen von Kindheit an eingeprägt. Hier gibt es religionspsychologische und religionssoziologische Voraussetzungen, welche die Reflexion des einzelnen und die Lehren der Konfessionen mitprägen, und umgekehrt. Es tauchte auch die Frage auf, ob die konfessionellen Gegensätze vielleicht weniger in streng theologischen Kontroversen als vielmehr in philosophischen Denkweisen oder in psychologisch klar erkennbaren anthropologischen Grunddaten liegen, so daß das konfessionelle Problem in verschiedenen Frömmigkeitstypen begründet liegt, die prinzipiell in allen Religionen und Weltanschauungsgruppen begegnen. Religionssoziologen und Anthropologen unterscheiden „idealtypisch" einen „urbanisierenden", einen „nomadisierenden" und einen „spiritualisierenden" Typ (vgl. Erwin Fahlbusch; Kirchenkunde der Gegenwart, Stuttgart 1979, 280 f.). Die Idealtypen gibt es nirgends in Reinkultur. Jede Konfession und wohl auch jeder Christ hat von allen Frömmigkeitstypen etwas in sich. Aber es ist aufschlußreich zu sehen, daß in den christlichen Konfessionen sich diese Typen wiederfinden, die sich eben nicht nur auf theologische Grundphänomene zurückführen lassen. Solche Erkenntnis muß nicht die theologische Wahrheitsfrage im Gespräch zwischen den Konfessionen relativieren. Aber sie kann den Dialog entkrampfen und eine Hilfe sein, Gottes Wort und menschliche Traditionen voneinander unterscheiden zu können. Sie kann ermutigen, andere religiöse Formen zu respektieren, statt sie zu verurteilen. Frühere furchtbare Kontroversen können so fruchtbare Konvergenzen werden. „Einheit in der Vielfalt" und „Vielfalt in der Einheit" sind alte ökumenische Formeln, welche diese Art ökumenischer Spiritualität kennzeichnen.

Zum Beispiel: Heiligenverehrung und Heiligengebete

An einem Beispiel seien die Chancen und Schwierigkeiten einer ökumenischen Spiritualität verdeutlicht: die Heiligenverehrung.

Die Verehrung verstorbener Christen als Vorbilder im Glauben und in der christlichen Lebensführung bedeutet kein Problem. Während Katholiken und Orthodoxe „Heilige" jedoch darüber hinaus um Fürbitte bei Gott anrufen und dies im Volksmund auch „Gebet" nennen, haben Protestanten zu dieser Spiritualität keinerlei Zugang. In der Vergangenheit haben gerade in diesem Bereich auch viele gegenseitige Mißverständnisse das Klima zwischen den Konfessionen vergiftet. Der evangelische Vorwurf „Katholiken beten Maria an" hat die katholischen Christen beleidigt; und die katholische Auffassung, die Protestanten seien hoffnungslose Rationalisten ohne Gespür für Transzendenz, konnten evangelische Christen nie akzeptieren. Der Weg des ökumenischen Gedankens hat hier im Laufe der letzten Jahrzehnte zu mehr Achtung voreinander geführt. Wie war das möglich?

Die katholische und die orthodoxe Kirche unterscheiden deutlich zwischen „Anbeten" und „Anrufen". Anbetung gebührt allein dem Dreieinigen Gott. Heilige anrufen und um Fürbitte bei Gott bitten, liegt auf derselben Linie wie das Gespräch mit einem jetzt lebenden Christen, der um Fürbitte gebeten wird. Der Glaube an die Einheit der irdischen und der himmlischen Kirche als des einen Leibes Christi ermöglicht diese Haltung. Die Heiligenverehrung gilt dabei eigentlich gar nicht einem historischen Menschen, sondern dieser steht als „Bild", „Ikone" oder „Symbol" für ein bestimmtes Wirken Gottes, das am Leben der Heiligen anschaulich wurde. Daß in der Volksfrömmigkeit diese Haltung nicht immer durchgehalten wurde und die Marienverehrung sogar die Christusverehrung überschatten konnte, wird heute offen zugegeben. Die katholische und die orthodoxe Kirche haben in der Ökumene hier von der evangelischen Konzentration auf „Christus allein" gelernt, und sie suchen Auswüchse zu beseitigen.

Evangelischen Christen ist es seit der Reformation völlig fremd, beim Beten neben der „Anbetung Gottes" noch Heilige „anzurufen". Ihr Gebet richtet sich ausschließlich an den dreieinigen Gott, so daß ein „Heiligengebet" ihnen als Verstoß gegen das erste Gebot erscheint. Das „Anrufen" von Heiligen unterbleibt, weil Christus als Mittler zu Gott genügt und weil Menschen weder über das Geschick Verstorbener in Gottes Nähe etwas Genaues wissen noch mit ihnen irgendwie persönlichen Kontakt haben.

Die Schwierigkeit, hier zu einer ökumenischen Spiritualität zu kommen, besteht in folgender Diskrepanz: Evangelische Christen meinen, der Heiligenkult rücke Menschen so ins Licht, daß Christus in den Schatten gerät. Christus und die Kirche gehören zwar zusammen, aber die Kirche ist nicht Sakrament des Heils, und den Menschen in ihr darf kein Kult gewidmet sein. Katholische und orthodoxe Christen beteuern hingegen, die Heiligenverehrung führe zu Christus, sie beleuchte sein Wirken in und durch die Seinen. Insofern sei die Kirche universales Heilssakrament, dem sich der einzelne anvertraut und das auch in der irdischen und himmlischen Gemeinschaft der Heiligen zum Ausdruck kommt und das Heiligenanrufen ermöglicht.

Je mehr es in den letzten Jahrzehnten gelungen ist, in der Heiligenverehrung und insbesondere in der Mariologie zu zeigen, daß es sich gewissermaßen nur um „Bilder" und „Sprachfiguren" handelt, mit denen christologische Anliegen zum Ausdruck gebracht werden, wird evangelischer Theologie zwar keine Anerkennung, wohl aber eine Toleranz möglich. In der Praxis bleibt freilich ein erheblicher Unterschied: evangelische Christen werden bei ökumenischen Gottesdiensten keine Heiligengebete ertragen, und katholische Christen werden darum in der ökumenischen Praxis eine ihnen liebe Frömmigkeitsform vermissen und die Ökumene als defizitäre Christlichkeit erfahren.

4. Entwicklungen seit dem Zweiten Vatikanum

Beim ÖRK wurde seit den 60er Jahren das Stichwort „Spiritualität" vor allem im Zusammenhang mit Grundsatzdebatten über das Verhältnis von vertikaler und horizontaler Dimension des Glaubens, von Wirken für das „Heil" und für das „Wohl" gebraucht. Bei der Vollversammlung in Nairobi 1975 wurde der Begriff „Spiritualität des Kampfes" („spirituality of combat", M. M. Thomas) geprägt. Damit sollte der Streit über das Missionsverständnis zwischen „Evangelikalen" und „Ökumenikern" geschlichtet werden, indem die Ganzheitlichkeit des Lebens mit Christus betont wurde. Die Entwicklung dieses Aspektes der ökumenischen Spiritualität kommt in den nächsten Kapiteln durchgängig zur Sprache, so daß sich hier jetzt der Blick auf die evangelisch-katholische Spiritualität konzentriert.

Die liturgische und die ökumenische Bewegung haben etliche Reformen des Zweiten Vatikanum beeinflußt. Die Einführung der Muttersprache, die stärkere Betonung der Predigt, die aktive Beteiligung der ganzen Gemeinde, der Trend zu mehr persönlicher Innerlichkeit statt eines etwas oberflächlichen Ritualismus – das war auch Frucht der Ökumene. Und umgekehrt gab der geistliche Ökumenismus in der katholischen Kirche der ganzen ökumenischen Bewegung neue Impulse. Viele Protestanten erkannten gewisse Einseitigkeiten in ihrer Frömmigkeit: Statt der „Verkopfung", wo die Verkündigung den Christen von einer Gewissensentscheidung zur andern treibt, wurde die „Ganzheitlichkeit" entdeckt. Die sakramentale Frömmigkeit blühte in den evangelischen Kirchen auf (neue Hochschätzung des Abendmahls!), und statt protestantischer Kargheit erwachte ein neues Gespür für Symbole und „heilige" Zeiten. Nicht repräsentativ für den Protestantismus, aber doch sehr wirkungsvoll über den eigenen Bereich hinaus, entstanden neue evangelische Kommunitäten, Bruder- und Schwesterschaften, in Deutschland eine ganze Reihe, in Frankreich mit weltweiter Ausstrahlung „Taizé".

Im Vergleich zur Zeit der „Rückkehr-Ökumene" und dem Verbot ökumenischer Gebete vollzog das Zweite Vatikanum eine enorme Wende. Das Wirken des Heiligen Geistes bei den andern Kirchen und in der ökumenischen Bewegung wurde anerkannt, und die Bereitschaft, geistliche Reichtümer der anderen, die in der katholischen Kirche verloren gegangen waren, nicht nur anzuerkennen, sondern wieder zu integrieren, war Kennzeichen des neuen geistlichen Ökumenismus. Vor allem in den konfessionell stark gemischten Regionen wie Mitteleuropa kam es zu einem ökumenischen Aktivitätsdrang, dem die nicht-katholischen Kirchen kaum gewachsen waren. Man ging nicht nur persönlich und von Gemeinde zu Gemeinde aufeinander zu, sondern geriet hier und da in einen ökumenischen Einheitsenthusiasmus, der alle konfessionellen Schranken hinter sich ließ und sich auch in gemeinsamen Abendmahlsfeiern niederschlug. Um dem „ökumenischen Wildwuchs" zu wehren, erließ das vatikanische Einheitssekretariat 1967 ein „Ökumenisches Direktorium" mit verbindlichen Regeln. Es ist bis heute im wesentlichen gültig und manchem Bischof eine Hilfe, zur Ordnung zu rufen, wo die ökumenische Praxis über diese Regeln längst hinausgegangen ist (z. B. beim „Kanzeltausch").

Wichtig ist die Unterscheidung von „Gemeinschaft im geistlichen Tun" (communicatio in spiritualibus) und „gottesdienstlicher Gemeinschaft" (communicatio in sacris), wobei letztere den sakramentalen Gottesdienst mit Eucharistie bzw. Abendmahl meint. Für die Gemeinschaft im geistlichen Tun werden vielfältige Anregungen gegeben (z.B. Gemeinsames Gebet und Bibelstudium, Ökumenische [Wort-]Gottesdienste, Nr. 25–37). Bei der Sakramentsgemeinschaft ist zunächst die *Taufe* als das sakramentale Band der Einheit unter allen Christen hervorzuheben. Seit dem altkirchlichen Ketzertaufstreit werden grundsätzlich auch die Taufen der Häretiker anerkannt. Die evangelischen Kirchen verhalten sich bis heute so; nur die Baptisten erkennen die Kindertaufe nicht an, vielmehr nur die Taufe von erwachsenen Gläubigen. Bis zum Zweiten Vatikanum praktizierte die römisch-katholische Kirche bei allen Konversionen eine „Konditionaltaufe", d.h. der Konvertit wurde unter der Bedingung getauft, daß vielleicht die frühere Taufe ungültig war; falls sie doch gültig war, galt die Konditionaltaufe als ungültig, war also keine Wiedertaufe. Mit dem Ökumenischen Direktorium kam eine Wende: eine Konditionaltaufe darf nur bei „begründetem Zweifel entweder an der Tatsache oder an der Gültigkeit der schon gespendeten Taufe" vollzogen werden (Nr. 14), d.h. die Gültigkeit wird vorausgesetzt, bei Zweifeln soll die andere Kirche konsultiert werden. Die volle gegenseitige Anerkennung der Taufe hat das geistliche Gemeinschaftsbewußtsein unter katholischen und evangelischen Christen sehr gestärkt. Die Lima-Erklärung über die Taufe (1982) dokumentierte eine weitgehende Übereinstimmung im Taufverständnis aller Kirchen.

Bei der *übrigen sakramentalen Gottesdienstgemeinschaft* unterscheidet die katholische Kirche ihre Beziehungen zu den orthodoxen Kirchen von denen zu den reformatorischen Kirchen (zur Abendmahlsgemeinschaft vgl. unten das Kapitel „Lehrbewegung und Lehrkonsens", Abschnitt B). Konflikte gibt es über den Stellenwert ökumenischer Gottesdienste, weil die katholische Kirche ökumenische Gottesdienste am Sonntagvormittag untersagt und weil für Katholiken der Besuch eines evangelischen oder eines ökumenischen Gottesdienstes noch nicht die Erfüllung der Sonntagspflicht bedeutet. Während die katholischen Bischöfe in dieser Ordnung eine Hochschätzung der Eucharistie und so einen Dienst für die Ökumene erblicken, sehen die nichtkatholischen Christen und viele Katholiken an der Basis und in konfessionsverschiedenen Familien hier nur eine Diskriminierung evangelischer und ökumenischer Gottesdienste, die noch aus dem Geist der exklusiven Rückkehr-Ökumene stammt. In Deutschland hat die katholische Kirche lediglich in Einzelfällen folgende ganz kleine Lockerung zugestanden:

51 „Ein katholischer Christ, der an einem Sonntag aus schwerwiegenden Gründen an einem nichtkatholischen Gottesdienst teilnimmt, ist dann nicht zum zusätzlichen Besuch einer Eucharistiefeier verpflichtet, wenn ihm das nur unter großen Schwierigkeiten möglich wäre."
(Gemeinsame kirchliche Empfehlungen für die Seelsorge an konfessionsverschiedenen Ehen und Familien, hg. von der Deutschen Bischofskonferenz und vom Rat der EKD [1981], in: Schöpsdau: Die Konfessionsverschiedene Ehe, 1987, 132)

Konfessionsverschiedene Ehe

Seit dem 19. Jahrhundert, als die konfessionelle Mischung der Bevölkerung zunahm, wurden immer mehr konfessionsverschiedene Ehen geschlossen. Die Kirchen haben vor dem Eingehen einer „Mischehe" gewarnt, weil sie zu Unkirchlichkeit und Glaubensverlust führe. Die römisch-katholische Kirche erkannte bis zum Zweiten Vatikanum prinzipiell nur katholisch getraute Mischehen an und belegte jeden Katholiken mit der Exkommunikation, der seine Kinder nichtkatholisch taufen und erziehen ließ.

Die evangelischen Kirchen haben als „Testfall für die Ökumene" stets die Abschaffung aller Ge- und Verbote für „Mischehen" gefordert und die Entscheidung über Trauung und Kindererziehung der Gewissensentscheidung beider Partner überlassen. Die ökumenische Spiritualität des Zweiten Vatikanum ebnete der katholischen Kirche den Weg in dieselbe Richtung, aber auch die neuen Mischehengesetze seit 1970 sind noch restriktiv (Motuproprio „Matrimonia mixta" von Papst Paul VI.; vgl. zur Entwicklung die Mischehen-Handbücher: W. Sucker, J. Lell, K. Nitzschke: Die Mischehe, Göttingen 1959; W. Schöpsdau: Konfessionsverschiedene Ehe. Ein Handbuch, Bensheimer Hefte 61, Göttingen 1987).

Von Katholiken wird weiter gesetzlich erwartet, daß sie ihre konfessionsverschiedene Ehe katholisch trauen und ihre Kinder katholisch taufen und erziehen lassen. Nur wenn diesem Grundsatz erhebliche Schwierigkeiten entgegenstehen, z. B. durch die Weigerung des evanglischen Ehepartners, können „Dispense" (= Befreiungen) erteilt werden. Für eine evangelische Trauung muß beim katholischen Bischof eine Genehmigung eingeholt werden. Voraussetzung ist, daß der Katholik schriftlich folgende Fragen positiv beantwortet:

„Wollen Sie in Ihrer Ehe als katholischer Christ leben und den Glauben bezeugen?

Als katholischer Christ haben Sie die Pflicht, Ihre Kinder in der katholischen Kirche taufen zu lassen und im katholischen Glauben zu erziehen.

Versprechen Sie, sich nach Kräften darum zu bemühen, dieses sittliche Gebot zu erfüllen, soweit das in Ihrer Ehe möglich ist?"

Mit bischöflicher Dispens ist die nichtkatholisch geschlossene Ehe dann katholisch gültig. Wird keine Dispens eingeholt, ist die Ehe nach katholischem Kirchenrecht „ungültig", der Katholik ist nicht zu den Sakramenten seiner Kirche zugelassen. (Allein in Deutschland jährlich etwa 48000 Ehen!)

Das Versprechen bezüglich der Kindererziehung bedeutet einen ökumenisch unerträglichen Gewissensdruck. Einigen sich die Eltern auf eine evangelische Kindererziehung, wird der Katholik zwar nicht mehr exkommuniziert, aber er muß sich wie ein kirchlicher Versager vorkommen. Entscheidet sich das Paar schon vor der Hochzeit für eine evangelische Kindererziehung, muß der Katholik trotzdem das obige Versprechen ablegen. Liberale Priester sehen es vorab als erfüllt an, wenn der Katholik wenigstens versucht hat, sich durchzusetzen; andere Priester leiten den Dispensantrag gar nicht an den Bischof weiter, wenn eine evangelische Kindererziehung vereinbart ist.

Nach übereinstimmender Auffassung fast aller konfessionsverschiedener Paare und nach klarem Votum der evangelischen Kirchen ist dieses Mischehenrecht in Verbindung mit den Bestimmungen über die Gottesdienst- und Eucharistiegemeinschaft ein schweres Hindernis für die ökumenische Spiritualität in konfessionsverschiedenen Ehen. Die Gesetze reiben sich sowohl mit der theologischen Aussage, die Ehe von Christen sei ein Sakrament, als auch mit dem Wunsch vieler konfessionsverschiedener Paare, ihre Gemeinschaft mit Christus und miteinander auch im Herrenmahl gemeinsam zu feiern. Die Bestimmungen stehen auch den mancherlei Komplimenten aus päpstlichem und bischöflichem Mund entgegen, die konfessionsverschiedenen Ehen sollten „konfessionsverbindend" eine Brücke zwischen den Kirchen sein. Eine ökumenische Lösung ist erst erreicht, wenn alle konfessionalistischen Einschränkungen wegfallen, wenn die Gewissensentscheidungen der Ehepartner anerkannt werden und wenn die Kirchen statt ängstlicher Gesetze mehr Hilfen für das gemeinsame christliche Leben in konfessionsverschiedenen Familien anbieten.

Bei der Seelsorge an konfessionsverschiedenen Ehen wird

wiederum ein konfessionelles und ökumenisches Grundproblem deutlich: Katholische Spritualität ist stark kirchenbezogen, und aus pädagogischen Gründen meint das Lehramt, hier möglichst klare Regeln vorgeben zu müssen, um Katholiken vor Unkirchlichkeit zu schützen. Daß im Gegenteil wegen dieser Gesetze viele katholische Christen und mit ihnen die evangelischen Partner verärgert ins kirchliche Niemandsland abwandern, wird nur von wenigen Bischöfen gesehen. Evangelische Frömmigkeit hingegen lebt zwar auch in der kirchlichen Gemeinschaft durch das Hören auf Gottes Wort, aber für den Glauben des einzelnen und seine Gewissensentscheidungen genügen wenig Gesetze. Daß solche evangelische Freiheit auch nachteilige Folgen haben und zur Unkirchlichkeit und zum uferlosen Pluralismus führen kann, ist offenkundig. Ökumenische Spiritualität muß wohl auch darin ihre Kraft erweisen, daß diese beiden Grundhaltungen mit ihren je berechtigten Anliegen und mit ihren Gefahren ernst genommen werden und freimütig jeder dem andern in Liebe und Deutlichkeit die Wahrheit sagt, wie er sie versteht.

II. Bibelbewegung und Bibelauslegung

Auf den ersten Blick ist die Bibel das Einheitsband der Christenheit. Denn die Schriften des Alten und Neuen Testamentes haben für das Leben und die Lehre aller Kirchen eine besondere Autorität. Andererseits spaltete sich das (abendländische) Christentum in verschiedene Konfessionen, weil es sich über die Autorität und die Auslegung der Bibel nicht einigen konnte. Seither ist es ein Kernproblem kirchlicher Einheit, ob die konfessionsspezifischen Zugänge zur Bibel durch die gemeinsame Arbeit mit der Bibel miteinander versöhnt werden können. Diese seit Jahrzehnten zu beobachtende ökumenische Hinwendung zur Heiligen Schrift wird hier als „Bibelbewegung" im allgemeinen Sinn verstanden; im engeren Sinn bezeichnet der Begriff die neubelebte Bibelfrömmigkeit im deutschsprachigen Katholizismus zwischen den beiden Weltkriegen.

1. Voraussetzungen

Zunächst verbindet alle Kirchen das altkirchliche Inspirationsverständnis: 1. Die Entscheidung der Alten Kirche, daß diese Schriften den „Kanon" bilden, war durch den Heiligen Geist geleitet; 2. auch die Abfassung der Schriften geschah durch den Beistand des Heiligen Geistes (wobei Einzelheiten des Verständnisses darüber zunächst offenblieben); und 3. der Sinn der Heiligen Schriften als Wort Gottes ist ebenfalls nur mit Hilfe des Heiligen Geistes zu erfassen. So ermöglichen die Schriften des Alten und Neuen Testaments den Empfang der göttlichen Offenbarung. Sie dienen im liturgischen Gebrauch (bei Lesungen oder Gebeten) und als Predigtgrundlage bei der Verkündigung des Wortes Gottes.

Die orthodoxen Ostkirchen und die römisch-katholische Kirche betonen, daß es neben dieser schriftlichen Tradition der Offenbarung noch weitere mündliche Überlieferungen der Apostel gab, und daß die Kirche unter Führung des Heiligen Geistes in Konzilsentscheidungen Lehren und Ordnungen irrtumsfrei festgelegt hat, die zwar über die Heilige Schrift hinausgehen, ihrem Wahrheitsgehalt aber nicht widersprechen. Während die Orthodoxie diese Wahrheitserkenntnis mit den altkirchlichen Konzilien für abgeschlossen hält, ist nach römisch-katholischer Lehre durchaus ein weiteres, tieferes Erfassen der Offenbarung möglich, über deren authentisches Verständnis jedoch allein das bischöfliche Lehramt, der Papst in letzter Instanz, wacht (Konzil von Trient, 1546, in: Neuner-Roos 88 und 93).

Bei den Lehrstreitigkeiten in der Reformationszeit stand zur Debatte, 1. ob über die Heilige Schrift hinausgehende kirchliche Traditionen verbindliche Autorität haben, und 2. ob das bischöflich-päpstliche Lehramt allein die Heilige Schrift verbindlich auslegt oder ob der Heilige Geist auch dem einzelnen Bibelleser in der Gemeinschaft der Glaubenden Gottes Wort verbindlich erschließt. Dogmatisch traten also die Problemkreise „Schrift und Tradition“ sowie „Wort Gottes und lebendiges Lehramt“ in den Vordergrund. Die Reformatoren lösten das eine Problem mit dem „Schriftprinzip“ (= allein die Heilige Schrift; „Suffizienz“ oder „Zulänglichkeit“) und das zweite Problem mit dem Hinweis auf die „viva vox evangelii“ (lebendige Stimme des Evangeliums) in der Predigt des Wortes Gottes, die als Schriftauslegung geschieht.

Im einzelnen gab und gibt es freilich in den reformatorischen Kirchen erhebliche Unterschiede in der Schriftauffassung: Während Luther Wort Gottes, Heilige Schrift und Heiligen Geist als Einheit und die Rechtfertigungsbotschaft als „Mitte der Schrift“ verstand, von der aus er alle Teile der Bibel las und auch einzelne Teile an den Rand rücken konnte, entwickelte sich in der späteren sogenannten lutherischen und reformierten Orthodoxie sowie im angelsächsischen Puritanismus ein mehr fundamentalistischer Biblizismus heraus. Hier wurde unter der Voraussetzung der Inspiration aller Bibeltexte die Offenbarung vorwiegend als Mitteilung von Lehre verstanden, der jeder Gläubige zustimmen muß. Mit Luthers Ansatz konnte nach der Aufklärung die historisch-kritische Erforschung der Bibel unbefangen aufgegriffen werden, ohne daß die Substanz des Rechtfertigungsglaubens und des Schriftprinzips preisgegeben werden mußte. Anhänger der „Verbalinspiration“ konnten hingegen in der historischen Bibelkritik nur eine Preisgabe biblischer Wahrheiten erkennen, weil die menschliche Vernunft und der jeweilige Zeitgeist sachfremde Kriterien der Glaubenswahrheit geworden seien. Diese innerprotestantische Diskrepranz spiegelt sich bis heute in den Positionen der sogenannten modernen und der evangelikalen Theologie wider. Ein gemeinsames Zeugnis wird dadurch in der Ökumene erschwert.

Die römisch-katholische Kirche sah im reformatorischen Umgang mit der Bibel einen die Wahrheit und den Glauben zerstörenden Subjektivismus. Gegen Luthers Rede von der „Mitte“ der Schrift setzte sie die „ganze Schrift“, gegen die Auffassung von der Klarheit des Wortes Gottes in der Heiligen Schrift und von ihrer „Suffizienz“ entfaltete sie die Notwendigkeit lehramtlicher traditionsgebundener Auslegung. Die unterschiedlichen evangelisch-katholischen Positionen bewirkten, daß die Bibel im Protestantismus und Katholizismus bis ins 20. Jahrhundert hinein eine ganz unterschiedliche Rolle spielte. Die moderne ökumenische Bewegung förderte sodann die Bibelbewegung (übrigens auch in den orthodoxen Ostkirchen!) und umgekehrt: Die Bibelbewegung verlieh der ökumenischen Bewegung eine theologische und geistliche Grundlage.

2. Bibelverbreitung

Das reformatorische Schriftprinzip führte dazu, daß seit Luthers Übersetzung die Bibel in allen evangelischen Kirchen ein vielgelesenes Hausbuch wurde, aus dem der einzelne Leser Gottes Wort vernahm. Im Zuge der Erweckungsbewegungen des 18. und 19. Jahrhunderts sowie der Missionsbewegung entstanden ab 1710 (von Canstein in Halle) zahlreiche Bibelgesellschaften mit dem Ziel, jedem den Besitz der Bibel in seiner Muttersprache preiswert zu ermöglichen. An der British and Foreign Bible Society (1804) waren die meisten protestantischen Kirchen (auch auf den Missionsfeldern) beteiligt, so daß sie gewissermaßen die erste ökumenische Organisation war. Bibelstunden, Bibelwochen, Bibelschulen haben seit den Erweckungsbewegungen des 18. Jahrhunderts den gesamten Protestantismus mit einer intensiven biblischen Frömmigkeit geprägt. Nach Zusammenschlüssen verschiedener Bibelgesellschaften wurde 1946 der „Weltbund der Bibelgesellschaften“ gegründet; er fördert neben Übersetzungen auch Kommentare und weitere Arbeitshilfen (vgl. die Statistik, in: TRE VI, 1980, Art. Bibel V, S. 104 ff.).

Die römisch-katholische Kirche war nach den Erfahrungen in der Reformationszeit äußerst zurückhaltend, den Gläubigen die Lektüre der Heiligen Schrift zu ermöglichen, solange nicht zugleich die authentische Auslegung der Kirche mitgeliefert wurde. Das Trienter Konzil legte die lateinische „Vulgata“ als allein maßgebliche Schriftausgabe fest. Offiziell genehmigte und kommentierte Bibelübersetzungen erzielten keine hohe Auflagen. Eine 1805 in Regensburg gebildete katholische Bibelanstalt erweckte lehramtliches Mißtrauen, so daß Pius VII. sie 1817 auflösen ließ. Unbegreiflich war, wie heftig Pius IX. im „Syllabus“ (1864) die evangelischen Bibelgesellschaften in einem Atemzug mit „Sozialismus, Kommunismus, Geheimbünden und Gesellschaften liberaler Priester“ als „Pest“ der Neuzeit verwarf. Erst Ende des 19. Jahrhunderts kam eine Wende: Leo XIII. gewährte für die private Bibellektüre Ablässe und gründete 1902 die Hieronymusgesellschaft zur Verbreitung des Neuen Testamentes. Pius X. empfahl 1907 allen Katholiken die tägliche Lesung des Neuen Testamentes in der Muttersprache. Daraufhin setzte im Katholizismus eine „Bibelbewegung“ ein, gefördert durch die Gründung zahlreicher Bibelgesellschaften. Diese Bibelwerke arbeiten pastoral im Rahmen der „Bestimmungen und Weisungen der Kirche“, so daß trotz mannigfacher Zusammenarbeit mit evangelischen Bibelgesellschaften sich eine Integration bisher nicht nahegelegt hat. Seit 1969 sind alle katholischen Bibelwerke in der World Catholic Federation for the Biblical Apostolate zusammengeschlossen.

Eine ökumenische Zusammenarbeit aller Bibelgesellschaften wurde 1968 in den „Guiding Principles for Interconfessional Cooperation in Translating the Bible“ verabredet. Danach soll, wo immer möglich, die Bibelübersetzung gemeinsam geschehen. In den jungen Kirchen der Dritten Welt geht das relativ problemlos. Wo evangelische Kirchen freilich in Jahrhunderten bewährte Bibelausgaben in Verkündigung und Unterricht benutzen, gibt es berechtigte Widerstände, wenn die katholische Kirche für ihre erstmaligen Einheitsübersetzungen in einem Sprachraum eine allgemeine und offizielle Übernahme erwartet. Die deutschsprachige „Einheitsübersetzung“ war ab 1962 dem Titel und der Sache nach ein zunächst rein katholisches Unternehmen. Nach dem Zweiten Vatikanischen Konzil wurden die evangelischen Kirchen zur Mitwirkung eingeladen. Das Neue Testament und die Psalmen wurden sodann 1979 gemeinsam von den katholischen Bischöfen des deutschen Sprachraums sowie vom Rat der EKD und vom Evangelischen Bibelwerk herausgegeben, nachdem die EKD jederzeit klargestellt hatte, daß in den evangelischen Kirchen die Lutherübersetzung der offizielle liturgische Text bleiben werde. In den katholischen Kirchen ist seitdem die „Einheitsübersetzung“ des Alten Testamentes (an der die EKD nicht mitwirkte) und des Neuen Testamentes der amtliche deutsche Text.

3. „Völlige Zuverlässigkeit und höchste Autorität“: Der Beitrag der Evangelischen Allianz

Bei der Gründung der Evangelischen Allianz 1846 war klar, daß die Bibel Fundament und Richtschnur dieser ökumenischen Bewegung sein sollte. In den beschlossenen neun Lehrpunkten, die jedes Mitglied anerkennen mußte, hieß es:

52 „1. Die göttliche Eingebung, Autorität und Zulänglichkeit der Heiligen Schrift (Divine Inspiration, Authority and Sufficiency of the Holy Scriptures). 2. Das Recht und die Pflicht des eigenen Urteils bei der Interpretation der Heiligen Schriften“ (of Private Jugdement). (Vgl. Hans Hauzenberger, 1986, 455)

Obwohl die meisten Gründungsdelegierten eine Verbalinspiration voraussetzten, verzichtete die Evangelische Allianz auf die Festlegung einer bestimmten Inspirationstheorie. So wurde Raum gelassen für einen biblizistischen Fundamentalismus wie für ein offenes Hören auf die Heilige Schrift. Die historisch-kritische Exegese wurde freilich in Allianzkreisen weithin nicht als rechtmäßiges eigenes Urteil bei der Interpretation verstanden, weil dort der Inspirationsgedanke methodisch ausgeklammert erschien. Die beiden Lehrpunkte grenzten sich in ihrem Wortlaut eindeutig gegen die römisch-katholische Lehre von Schrift „und Tradition“ und von der Bindung an ein allein zuständiges autoritatives Lehramt ab. Die Freiheit des einzelnen im Hören auf die Heilige Schrift und die Freiheit des Wirkens des Heiligen Geistes wurden in der Evangelischen Allianz allerdings stets in der Gemeinschaft der Christen erfahren; von einem radikalen Subjektivismus kann keine Rede sein.

Spannungen zwischen biblizistischen Fundamentalisten und anderen „Evangelikalen“ blieben in der Allianzgeschichte nicht aus. Als 1951 der Zusammenschluß der nationalen Allianzzweige in der „*World Evangelical Fellowship*“ (WEF) beschlossen wurde, lautete der erste Satz des neuen Glaubensbekenntnisses:

53 „Wir glauben an die Heiligen Schriften als original von Gott gegeben, göttlich inspiriert, unfehlbar (infallible), und als oberste Autorität in allen Angelegenheiten des Glaubens und der Lebensführung.“ (TRE 10, 654)

Die Allianzzweige in der Bundesrepublik Deutschland, der Schweiz, Dänemark und Schweden hatten gegen die Formulierung „unfehlbar“ theologische Bedenken, traten (neben kirchenpolitischen Gründen) der WEF nicht bei und gründeten eine Europäische Evangelische Allianz. Erst 1968 wurde der Bruch geheilt, als die WEF zugestand, statt „infallible" „entirely trustworthy", völlig zuverlässig, zu sagen. Diese Formulierung ging auch in die 1972 formulierte neue *Basis der Deutschen Evangelischen Allianz* ein:

„2. Die göttliche Inspiration der Heiligen Schrift, ihre völlige Zuverlässigkeit und höchste Autorität in allen Fragen des Glaubens und der Lebensführung."

Diese Haltung zur Bibel bestimmt im wesentlichen das, was man heute „evangelikal" nennt. Die acht Punkte der Allianz-Basis halten „biblische Leitsätze" fest und sind zugleich ein methodischer Schlüssel, wie vom Sünden- und Rechtfertigungsverständnis her die Bibel ausgelegt wird. Dabei ist sowohl Raum für einen biblischen Fundamentalismus (Verbalinspiration) wie für andere Meinungen zur Inspiration der Heiligen Schrift und sogar in neuerer Zeit für eine Offenheit gegenüber der historisch-kritischen Exegese. Eine Grenzüberschreitung sieht die Evangelische Allianz stets dann als gegeben an, wenn das Evangelium mit unbiblischen Gedanken vermischt erscheint. Das kann innerprotestantisch der Fall sein, wenn man meint, der Zeitgeist, die kritische Vernunft oder sonst ein Vorverständnis verkürze oder verfälsche die biblische Heilsverkündigung, aus durchaus berechtigter historisch-kritischer Lektüre sei eine „Bibelkritik" geworden, welche zentrale Inhalte des biblischen Glaubens eliminiere. Hier liegt auch der Grund für die evangelikale Abgrenzung gegenüber dem ÖRK, dem eine Vermischung von biblischem Evangelium mit falschen missionarischen und politischen Zielen vorgehalten wird. Die evangelikale Abgrenzung gegenüber der römisch-katholischen und orthodoxen Kirche ist in deren Verständnis von Schrift und Tradition begründet, was nach evangelikaler Auffassung vor allem zu einem unbiblischen Verständnis vom kirchlichen Amt und von der Kirche als Institution geführt habe.

4. „Gemäß der Heiligen Schrift": Entwicklungen beim Ökumenischen Rat der Kirchen

In der ökumenischen Bewegung des 20. Jahrhunderts wurde erstaunlich wenig über die Bibel und ihre Autorität reflektiert, aber ebenso erstaunlich intensiv mit der Bibel gearbeitet. Bei allen ökumenischen Konferenzen wurden von den Teilnehmern stets die Bibelarbeiten und die Gottesdienste als die ökumenisch bedeutsamsten Ereignisse empfunden. Beim Hören auf die Botschaft der Heiligen Schrift trat zumeist nicht ein konfessionsspezifisches Dogma in den Vordergrund, sondern das gemeinsam Christliche. Selbst wo konfessionell geprägte Auslegungen nicht zu verkennen waren, schien die Bibel die Ökumenizität des Christentums zu garantieren, indem trotz bzw. in der konfessionellen Vielfalt sich die Klarheit der Heiligen Schrift in dem einenden Zeugnis von Christus als einzigem Heilsmittler erwies (was Luther als „was Christum treibet" bezeichnete).

Bei der *Genfer Vorkonferenz* der Bewegung für Glauben und Kirchenverfassung griffen 1920 die Teilnehmer spontan außerhalb der vorgesehenen Tagesordnung das Thema „Die Bedeutung der Heiligen Schrift und des Bekenntnisses für die Einheit der Kirche" auf. Dabei wurde man schnell einig, die Bibel als Norm zu akzeptieren. Doch über eine Norm der Schriftauslegung und über die Notwendigkeit eines autoritativen Bekenntnisses gingen die Auffassungen weit auseinander. Schon damals bahnte sich eine Entwicklung an, die bis heute in den ökumenischen Dialogen festzustellen ist: Das Thema „Heilige Schrift als Norm" wird rasch als Konsens abgehakt, und das Interesse richtet sich auf das „Bekenntnis" der Kirche, auf „den Glauben der Kirche durch die Jahrhunderte" (wie es bei den Lima-Erklärungen 1982 hieß).

Bei der ersten Weltkonferenz für Glauben und Kirchenverfassung in *Lausanne 1927* wurde auf dringenden Wunsch von deutscher Seite aus als zweites Sektionsthema „das Evangelium" aufgegriffen. Erhofft wurde eine Grundsatzdebatte über Wort Gottes und Heilige Schrift, über die hermeneutische Grundfrage, was konstitutiv für die Kirche und was variabel ist. Leider gelang dies nicht, vielmehr einigte man sich nur auf eine allgemein gehaltene Erklärung, bei der die Rezeption biblischer Terminologie die verschiedenen Grundauffassungen verdeckte.

Für den ökumenischen Dialog und insbesondere für den Beitrag der reformatorischen Kirchen hatte diese „Problem-Verschleierungs-Methode" bemerkenswerte Konsequenzen: Die ökumenischen Konferenzen klammerten durch Jahrzehnte hindurch die hermeneutischen Grundfragen von Exegese und heutiger Schriftauslegung thematisch aus, obwohl hierüber in den meisten Kirchen brisante theologische Auseinandersetzungen stattfanden. Ökumenische Texte wurden häufig mit biblischen Belegstellen „garniert" in der Hoffnung, somit das ökumenisch Einigende zu artikulieren, während tatsächlich auf diese Weise oft nur ein exegetischer und theologischer Dissens verschleiert wurde. Für die reformatorische Theologie stellte sich bei dieser Methode die Frage, ob solcher Umgang mit der Bibel und mit dem Thema „Schrift und Bekenntnis" dem reformatorischen Schriftprinzip überhaupt noch entsprach, oder ob hier schleichend eine „katholische" Position von Schrift und Tradition sich ökumenisch durchzusetzen begann.

Freilich ist auch zu beobachten, daß die Vertreter der historisch-kritischen Exegese in der ersten Hälfte dieses Jahrhunderts eine biblische Grundlegung der ökumenischen Bewegung nicht gerade erleichterten. Zunächst schien die historisch-kritische Arbeit das Schriftprinzip selber aufzuheben, indem die Bibel als ein Stück Tradition, als Produkt der Kirche, gesehen wurde. Sodann irritierte Orthodoxe und Pietisten die Bibelkritik, welche vermeintlich klare Dogmen relativierte. Rudolf Bultmanns Konzept der „Entmythologisierung" und der existentialen Interpretation etwa waren längere Zeit unverständlich und inakzeptabel für Theologen, die nicht durch die deutsche Aufklärung und die Existenzphilosophie geschult waren. Ökumeniker klammerten darum diese brisanten bibeltheologischen Fragen aus dem Dialog aus. Bultmanns Kritik an der christologischen Basisformel des ÖRK, Jesus Christus als „Gott und Heiland" zu bekennen, verstärkte die Zurückhaltung etlicher Ökumeniker gegenüber der historisch-kritischen Theologie, und umgekehrt schien Bultmanns Kritik die Skepsis zu belegen, daß beim ÖRK theologisch fragwürdige Positionen unkritisch rezipiert würden und daß auf solcher Basis kirchliche Einigung erzielt werden solle (vgl. R. Bultmann: Das christologische Bekenntnis des Ökumenischen Rates, Vortrag 1951, abgedruckt in: Glauben und Verstehen, Bd. II, Tübingen 1952, 246–261).

Beliebt war es bei den Ökumenikern der Anfangsphase, in der Bibel eine konfessionelle Typologie zu erkennen: der Katholizismus repräsentiere den „petrinischen", der Protestantismus den „paulinischen" und die Orthodoxie den „johanneischen" Typos von Kirche (vgl. z. B. die Predigt von N. Söderblom in Stockholm 1925; Offizieller Bericht, 729). Zumeist wurde auf diese Weise die Vielfalt der Konfessionen und die ökumenische Einheit der Kirche biblisch begründet. Diese harmonische Konzeption verzichtete freilich auf zweierlei: zum einen auf eine genauere Bestimmung von institutionalisierter Einheit der Kirche, und zum anderen auf eine Reflexion des eigentlichen konfessionellen Problems, daß nämlich – anders als die „Typen" im Neuen Testament – die Konfessionen in einigen Fragen sich das wahre Kirchesein gegenseitig absprechen und darum Kirchengemeinschaft in Wort und Sakrament nicht praktizieren.

Im Jahre 1951 griff *Ernst Käsemann* die Typologisierung auf und formulierte als Exeget und Historiker:

54 „Der neutestamentliche Kanon begründet als solcher nicht die Einheit der Kirche. Er begründet als solcher dagegen ... die Vielzahl der Konfessionen. Die Variabilität des Kerygmas im Neuen Testament ist Ausdruck des Tatbestandes, daß bereits in der Urchristenheit eine Fülle verschiedener Konfessionen nebeneinander vorhanden war, aufeinander folgte, sich miteinander verband und gegeneinander abgrenzte." Die „Einheit der Kirche" gebe es wie das Evangelium „nie vorfindlich und immer nur für den Glauben". (In: Exeg. Versuche und Besinnungen I, Göttingen 1960, 214–223)

Käsemanns Votum wirkte wie Sprengstoff in einer Ökumene, die mit der Bibel im Rücken auf die sichtbare, irgendwie zu institutionalisierende Einheit der einen Kirche Christi zugehen wollte. Käsemann hatte wohl auch artikuliert, was viele evangelische Theologen im deutschsprachigen Raum zu mancherlei Skepsis gegenüber der ökumenischen Suche nach einer Kirche ohne Konfessionen veranlaßt hatte. Kritiker Käsemanns bemängelten, daß er in unzulässiger Weise den heutigen Konfessionsbegriff ins Neue Testament hineingetragen habe.

Immerhin veranlaßte die Diskussion um Käsemanns Thesen die ÖRK-Kommission für Glauben und Kirchenverfassung, die biblisch-hermeneutischen Grundfragen bei der 4. Weltkonferenz in *Montreal 1963* (erstmals seit 1920!) zu thematisieren und Käsemann selbst zu Wort kommen zu lassen. Dieser spitzte seine These von 1951 zu und bezeichnete die Pluralität neutestamentlicher Kirchenauffassungen als „eine antik-ökumenische Konföderation ohne Ökumenischen Rat" (abgedr. in: ÖR 13, 1964, 58–63), während die meisten übrigen Delegierten am Konzept einer harmonischen „Biblischen Theologie" festhielten und vor Übertreibungen der Gegensätze warnten. Manche Orthodoxe und Evangelikale sahen die Gefahr, daß die neuen exegetischen Entwicklungen den Sinn und Zweck der ökumenischen Bewegung untergraben könnten, anderen verhalf das Bewußtsein der Unterschiede innerhalb der Bibel zu einem tieferen Verständnis der Kirchenspaltungen und zu der Hoffnung, die Konfessionen als mögliche und legitime Interpretationen ein und desselben Evangeliums zu verstehen.

Die Kommission für Glauben und Kirchenverfassung erstellte nun nach Montreal 1963 verschiedene Studien zum Themenbereich „Schrift und Tradition", wobei die „Bedeutung des hermeneutischen Problems für die ökumenische Bewegung" eine besondere Rolle spielte (Bristol 1967, in: Beiheft 7/8 zur ÖR). Die Kommissionssitzung in *Löwen 1971* brachte einen vorläufigen Abschluß der Diskussion (seit 1968 übrigens unter Beteiligung einiger offizieller römisch-katholischer Delegierter). Eine vorbereitete Studie „Die Autorität der Bibel" erläuterte, „daß in den Grundfragen der Exegese heute eine weitgehende Übereinstimmung herrsche, indem die Exegeten verschiedener konfessioneller Herkunft mit den Texten ähnlich umgehen und sich dabei derselben hermeneutischen Regeln bedienen". Dennoch wurde nüchtern gesehen, daß die Frage der Autorität der Heiligen Schrift davon noch unberührt sein kann und daß hier ein schweres ökumenisches Problem liegt.

Löwen 1971

55 „*Konfessionelle Unterschiede*": „Die Konfessionen haben ein verschiedenes Verständnis der Bedeutung der Schrift. Die alte Auseinandersetzung über Schrift und Tradition ist zwar im Laufe der letzten Jahre in mancher Hinsicht überwunden worden. Die vierte Weltkonferenz für Glauben und Kirchenverfassung in Montreal war in der Lage, folgenden Konsensus zu formulieren: ‚So können wir sagen, daß wir als Christen durch die TRADITION des Evangeliums (die Paradosis des Kerygmas) existieren, wie sie in der Schrift bezeugt und in und durch die Kirche kraft des Heiligen Geistes übermittelt worden ist'. So bedeutsam diese Übereinstimmung ist, ist doch offenkundig, daß sie verschiedene Betonungen zuläßt. Das Gewicht kann z. B. auf die Schrift als autoritatives Zeugnis der Tradition gelegt werden. Es kann aber auch in erster Linie die Bedeutung der Überlieferung in und durch die Kirche hervorgehoben werden. Der Umgang mit der Schrift ist je nach der Betonung ein anderer. Während im ersten Falle die Neigung bestehen wird, die Schrift als Maßstab in allen Fragen anzusehen, wird im zweiten Fall die Tendenz bestehen, der überlieferten Lehre der Kirche größere Bedeutung beizumessen. Die konfessionellen Faktoren treten aber noch deutlicher hervor, wenn es um die gegenwärtige Auslegung der Schrift geht."

„*Zum Gebrauch der Bibel*": „Die Bibel darf nicht in erster Linie als Norm verstanden werden, der wir uns in allen Fragen des Lebens unterzuordnen haben. Sie ist das Zeugnis von dem Gott, der uns in Christus Freiheit schenkt. Die Kirche ist berufen, in der Gemeinschaft mit Christus zu leben. Das schriftliche Zeugnis, das diesen Gott bezeugt, darf darum nicht zum Gesetz werden. Der Inhalt der Schrift muß immer neu entfaltet werden. Ihr innerer Zusammenhang muß deutlich werden. Sie darf aber nicht unmittelbar zur Norm für jedes Problem und jede Situation gemacht werden. Sie wäre damit überfordert. Dies gilt nicht nur gegenüber dem Fundamentalismus, sondern auch gegenüber dem Versuch, die biblische Sicht zu jedem Problem zu formulieren, das gerade zur Diskussion steht. Die Schrift ist nicht eine uns von außen auferlegte

Norm. Sie will vielmehr in der Gemeinschaft des Zeugnisses, d. h. in der Kirche gelesen und gehört werden. Die Auslegung wird durch die Gegebenheiten der Situation mitbestimmt. Sie ist mit den verschiedenen und oft weit auseinandergehenden Interpretationen, die sie selbst umfaßt, eine Einladung, die Botschaft, die sie bezeugt, nun in eigenen Worten zu bezeugen." (Löwen 1971, Beih. 18/19 zur ÖR, S. 9 und 20)

Als sachlich weiterführend wurde an dieser Studie die bewußte Reflexion des Zusammenhangs zwischen Ereignis und Interpretation empfunden. „Denn damit wird die verengte Fragestellung nach der Historizität der biblisch bezeugten Ereignisse einerseits und ihrer davon abgelösten Bedeutsamkeit andererseits verlassen. Lebhaft begrüßt wurde insbesondere der Begriff der *Interpretation*, der auf den lebendigen Prozeß von Auslegung und Aneignung durch die Kirche von Anfang an verweist." (Bericht des Ausschusses I, in: Löwen, 213)

Der ÖRK richtete 1971 ein *Referat für biblische Studien* ein (Direktor Hans-Ruedi Weber), welches fortan Methoden gemeinsamer Bibelarbeit entwickelte und die verschiedenen „kontextuellen" Schriftauslegungen ökumenisch auswertete. Als die Kommission für Glauben und Kirchenverfassung in den siebziger Jahren die Studie „Wie lehrt die Kirche heute verbindlich?" erarbeitete, war jedoch von der „Autorität der Heiligen Schrift" kaum die Rede. Das Fazit der hermeneutischen Bibeldebatte bestand in dem Satz: „Kontinuierliches verbindliches Lehren, das sich auf das apostolische Zeugnis stützt, ist für die Kirchen schwieriger geworden, die damit die Vielfalt der Zeugnisse im Neuen Testament eingestehen." (Studie der Kommissionssitzung in *Odessa 1977*, in: Verbindliches Lehren der Kirche heute, Beih. 33 zur ÖR, 208–227, hier 213)

Hier stellt sich den reformatorischen Kirchen erneut die Frage, ob ihr „Schriftprinzip" durch die historisch-kritische Forschung wie durch die ökumenische Lerngemeinschaft mit anderen Kirchen sich erledigt hat, oder ob es ihre bleibende Aufgabe ist, zu betonen, daß das Wort Gottes allein in der Heiligen Schrift als Kriterium und Norm der Kirche vorgeordnet ist.

5. „Schrift, Tradition und Lehramt": Der Beitrag der römisch-katholischen Kirche

Im 19. Jahrhundert kapselte sich die katholische Bibelwissenschaft zunächst von den exegetischen Forschungen in den anderen Kirchen ab. Erst in der Enzyklika „*Providentissimus Deus*" (18.

11. 1893) legte Papst *Leo XIII.* großen Wert auf gründliches Schriftstudium unter Anwendung der profanwissenschaftlichen Hilfsmittel. Dieses Zugeständnis an die moderne Exegese wurde freilich eingebunden in die alten katholisch-dogmatischen Prämissen: 1. Es muß stets die Schrift als Ganzes angenommen werden – nicht etwa nur eine hermeneutische Mitte oder ein irgendwie vermuteter normativer Ursprung, von dem aus spätere Entwicklungen abgewichen sein könnten. 2. Die Heilige Schrift ist in der „Analogie des Glaubens" zu lesen, d.h. sie ist nicht einfach ein historischer Text, sondern sie enthält irrtumlos das Gotteswort, welches nur im Glauben angenommen werden kann. 3. Die Glaubensanalogie orientiert sich am unfehlbaren Glaubenssinn der Gläubigen, den bei der Schriftauslegung authentisch allein das bischöfliche Lehramt, in letzter Instanz der Papst, formuliert.

Die Enzyklika von 1893 bekundete die Zuversicht, daß ein richtiger Gebrauch der historischen Wissenschaft nicht in Gegensatz zur jahrhundertelangen Lehre der römisch-katholischen Kirche treten könne. Gewarnt wurde jedoch vor einer rationalistischen und subjektivistischen Auslegung, wie sie bei den „Andersgläubigen" beobachtet wurde; insofern war 1893 vom „Ökumenismus" noch nichts zu spüren. Mit dem *„Antimodernisteneid"* (1910) mußten sich alle katholischen Amtsträger an das Lehramt binden und gegen „Rationalisten" abgrenzen:

56 „Gleicherweise verwerfe ich jene Art, die Hl. Schrift zu beurteilen und auszulegen, welche die Überlieferung der Kirche, die Analogie des Glaubens und die Norm des apostolischen Stuhls hintansetzt, sich den Erfindungen der Rationalisten anschließt und die Textkritik gleichsam als einzige und oberste Regel ebenso unerlaubt wie unbesonnen anerkennt" (vgl. Neuner-Roos 68).

Das 1909 gegründete Päpstliche Bibelinstitut belebte das Bibelstudium in der katholischen Kirche, obwohl seine interkonfessionellen Kontakte durch Entscheidungen der 1902 gegründeten Bibelkommission eingeschränkt wurden. Die sogenannte *Hieronymus-Enzyklika „Spiritus Paraclitus"* von Papst *Benedikt XV.* (15.9.1920) unterstützte die Bibelbewegung im Kirchenvolk. Wenn auch dogmatisch alles beim alten blieb, so bewirkte die Hinwendung zur Bibel doch faktisch ein neues Bewußtsein ökumenischer Verbundenheit mit evangelischen Christen.

Ein bedeutsamer Einschnitt für die katholische Bibelwissenschaft war die Bibelenzyklika *Pius' XII. „Divino afflante Spiritu"* (30.9.1943), mit der der Papst sich zum Anwalt der modernen

Exegese machte und das Tor zur ökumenischen Zusammenarbeit öffnete. Erstmals wurde der Urtext über die Vulgata (die lateinische Bibelübersetzung) gestellt, und die historische Textkritik wurde akzeptiert. Die Exegeten sollen zuerst den „Literalsinn" erheben und sodann bei der theologischen Auslegung den „geistigen Sinn" in Treue zur lehramtlichen Tradition darlegen. Den Inspirationsgedanken verknüpfte die Enzyklika mit moderner historischer Erkenntnis; sie ermutigte, die Redeweisen der Alten genau zu studieren und so die „Wahrhaftigkeit und geschichtliche Treue der Heiligen Bücher" gegen Einwürfe zu verteidigen.

In der Enzyklika „*Humani generis*" (12. 8. 1950) schränkte *Pius XII.* einige fortschrittliche Äußerungen der Bibelenzyklika von 1943 wieder ein, bzw. er rückte einige Folgerungen zurecht, die insbesondere in der französischen „Nouvelle Théologie" gezogen wurden: es dürfe keine Herabsetzung des Dogmas und des Lehramtes zugunsten der Heiligen Schrift geben. Das folgende Zitat aus dieser Enzyklika zeigt, wie katholiche Exegeten sich evangelischer Hermeuneutik näherten, wie jedoch die lehramtliche Position den alten Konflikt über Schrift, Tradition und Lehramt markiert.

57 „Manche vermessen sich, den Sinn der Definition des Vatikanischen Konzils über Gott als den Urheber der Heiligen Schrift zu verfälschen, und vertreten von neuem die schon mehrmals von der Kirche verworfene Ansicht, die Irrtumslosigkeit der Heiligen Schrift beziehe sich nur auf das, was über Gott sowie über die sittliche und religiöse Ordnung ausgesagt wird. Fälschlich sprechen sie sogar von einem menschlichen Sinn der heiligen Bücher, unter dem der göttliche Sinn verborgen liege, dem allein sie die Irrtumslosigkeit zuerkennen. Bei der Auslegung der Heiligen Schrift wollen sie keinerlei Rücksicht genommen wissen auf die ‚Analogie des Glaubens' und auf die kirchliche Überlieferung. Daher ist ihrer Ansicht nach die Lehre der heiligen Väter und des kirchlichen Lehramts gewissermaßen am Maßstab der Heiligen Schrift, und zwar so wie diese von den Exegeten nach rein menschlicher Methode ausgelegt wird, zu bemessen, und nicht umgekehrt eben diese Heilige Schrift auszulegen im Geiste der Kirche, die Christus der Herr zur Hüterin und Erklärerin der Hinterlage der von Gott geoffenbarten Wahrheit bestellt hat" (vgl. Neuner-Roos 136).

Das *Zweite Vatikanische Konzil* (1962–1965) war insgesamt von einer bis dahin nicht gekannten Hinwendung zur Heiligen Schrift gekennzeichnet. Alle Verlautbarungen zeigen das Bemühen, die katholische Lehre „schriftgemäß" vorzutragen. Obwohl dabei (wie in Texten anderer Kirchen auch) Bibelzitate bisweilen nur „Garnierung" waren und eine sachgemäße Exegese zu kritischen Rückfragen führen müßte, ist die große Wiederentdeckung der

Bibel ein bedeutsames ökumenisches Ergebnis des Zweiten Vatikanum. Hier und da war sogar ab Mitte der 60er Jahre in Mitteleuropa eine gegenläufige Bewegung in den Kirchen festzustellen: Während die katholischen Christen sich die Bibel im persönlichen Gebrauch, im Religionsunterricht, in Predigt und Pastoral neu aneigneten, kam es in evangelischen Gemeinden zu einer erschreckenden Bibelvergessenheit, wobei erst seit Mitte der 80er Jahre sich eine Wende abzuzeichnen scheint.

Thematisiert wurde das Bibelthema beim Zweiten Vatikanum im Zusammenhang mit der *Offenbarungskonstitution „Dei verbum"* (18.11.1965). Über drei Hauptfragen wurde heftig gestritten, bis mühsam ein Kompromiß zwischen Traditionalisten und Progressiven gefunden wurde: 1. über die „Tradition" und hier die Frage, ob sie ein Plus gegenüber der Heiligen Schrift habe, 2. die „Irrtumslosigkeit" der Heiligen Schrift und hier das Recht und die Grenze der historisch-kritischen Forschung, und 3. über die „Historizität" der in der Bibel geschilderten Heilsereignisse. Während die Traditionsfrage in spezifischer Weise römisch-katholisch geklärt wurde, wiesen die Debatten über Irrtumslosigkeit und Historizität Parallelen zu den Auseinandersetzungen zwischen „Evangelikalen" und „moderner Theologie" auf (weshalb an dieser Stelle auf eine Entfaltung dieser Aspekte verzichtet werden kann).

Zum Thema „Schrift und Tradition" stellte das Konzil ökumenisch bedeutsam klar, daß beide Größen nicht etwa „zwei Quellen der Offenbarung" darstellen, sondern daß es vielmehr nur eine Quelle der göttlichen Offenbarung gibt, nämlich Jesus Christus als das eine Wort Gottes. Diesem offenbarenden Gott sei der „Gehorsam des Glaubens" zu leisten, indem der Mensch als ganzer sich Gott in Freiheit überantwortet (Offb.-Konst. Nr. 5). Dieser christozentrische Ansatz und das personale Glaubensverständnis schlugen bisher nicht gekannte Brücken zum evangelischen Glaubens- und Bibelverständnis. Dieser ökumenische Fortschritt im ersten Kapitel der Offenbarungskonstitution wurde freilich im zweiten Kapitel über „Die Weitergabe der göttlichen Offenbarung" wieder gebremst. Hier erscheinen Schrift, Tradtion und Lehramt als ein organischer Dreiklang. Das „Wort Gottes" ist der Oberbegriff, so daß selbstverständlich „das Lehramt nicht über dem Wort Gottes steht, sondern ihm dient". Doch bei strittigen Fragen der Auslegung des Wortes Gottes, wie es in Schrift und Tradition bezeugt ist, kommt allein dem bischöflichen Lehramt mit dem Papst als letzter Instanz „Authentizität" zu. Auf diese Weise versuchte das Konzil, ökumenische Christozentrik, historisch-kritische Forschung und den alten römisch-katholischen Dogmenbestand über Kirche und Wort Gottes zusammenzufassen, so daß die Chancen und die Schwierigkeiten einer ökumenischen Verständigung evident sind.

Nach dem Zweiten Vatikanischen Konzil stellte sich rasch heraus, daß im Vergleich mit den anderen theologischen Disziplinen in der Bibelwissenschaft die intensivste ökumenische Arbeit geleistet wurde, so daß von einem Grundkonsens evangelischer, katholischer und mit Zögern auch orthodoxer Exegeten gesprochen werden kann. Das gilt für die Ausarbeitung und Übernahme der historisch-kritischen Methode wie sogar für die exegetische Verständigung über alte kontroverstheologische Probleme. Hervorzuheben sind zwei ökumenische Kommentarreihen: *Evangelisch-katholischer Kommentar zum Neuen Testament* (hg. von Josef Blank, Rudolf Schnackenburg, Eduard Schweizer und Ulrich Wilckens) und *Ökumenischer Taschenbuchkommentar zum Neuen Testament* (hg. von Erich Gräßer und Karl Kertelge). Unter den ökumenisch-kontroverstheologischen Einzelstudien ragen zwei ökumenische Untersuchungen der katholisch-lutherischen Dialogkommission in den USA heraus: *Der Petrus der Bibel*, Stuttgart 1976, und *Maria im Neuen Testament*, Stuttgart 1981. Ferner: *Das kirchliche Amt im Neuen Testament* (hg. von Karl Kertelge, Darmstadt 1977).

Die ökumenischen Studien zeigen, daß sich die Exegeten bei der Erhebung des „Ursprungssinnes" der neutestamentlichen Texte relativ leicht einigen konnten, daß jedoch bei der Bestimmung des „Richtungssinnes" unter Berücksichtigung der Wirkungsgeschichte die alten konfessionellen Kontroversen begegnen, so daß der exegetische Konsens an sich noch nicht zu lehrmäßigen Konsequenzen insgesamt führen muß. Unter den Exegeten wurde dieser Sachverhalt Ende der 70er, Anfang der 80er Jahre besonders deutlich bei der Debatte über den sogenannten „Frühkatholizismus" im Neuen Testament. Die Arbeitsgemeinschaft Ökumenischer Universitätsinstitute in Deutschland erlebte 1973 einen Schock, als ihr Memorandum zur „Reform und Anerkennung kirchlicher Ämter" vom römisch-katholischen Lehramt mit dem Hinweis zurückgewiesen wurde, von einer „Normativität des Ursprungs" dürfe keine Rede sein, weil so der Glaube der „historischen Vernunft" untergeordnet werde, während doch die Heilige Schrift in ihrer Zusammengehörigkeit mit dem Glauben der Kirche durch die Jahrhunderte gelesen werden müsse (in: MdKI 24, 1973, 34; S. 28–31 die Thesen des Memorandums).

6. „Neulesen": Kontextuelle Bibelauslegungen

Seit einiger Zeit ist in allen Kirchen ein neues Nachdenken über den eigenen „Kontext" und seine Bedeutung für den angemessenen Zugang zur biblischen Botschaft festzustellen. Angesichts der Vielzahl von „Kontexten" haben sich konsequenterweise auch vielfältige und in den Intentionen teilweise gegensätzliche Bibelauslegungen entwickelt, was die einen als ökumenischen Reichtum empfinden und andere als Gefahr für die christliche Glaubenssubstanz wahrnehmen.

In den von der europäischen Aufklärung geprägten Kirchen hat die Einsicht in die Geschichtlichkeit aller Glaubensaussagen zu einer Art Versöhnung von biblischem (und traditionell dogmatischem) Glauben einerseits und kritischer Rationalität andererseits geführt. Die Hoffnung, durch geschichtliches Denken und Interpretieren der Glaubenskrise und Säkularisierung heute begegnen zu können, war und ist groß. In anderen geistesgeschichtlichen Kontexten wurde eine Versöhnung von Glauben und Denken nicht als vordringliches Problem empfunden. In den Jungen Kirchen der Dritten Welt etwa geht es seit Jahrzehnten weniger um Befreiung von Glaubenskrisen in den Köpfen als vielmehr um Befreiung von elementaren Nöten wie Hunger und Unterdrückung. In solchem Kontext wurde die historisch-kritische Forschung keineswegs begeistert aufgenommen, weil sie zu den Texten einen historischen Abstand aufdeckte, der für das unmittelbare Hören der biblischen Botschaft im eigenen Kontext hinderlich war. Diese kontextuellen Zusammenhänge bedürfen eigener gründlicher Studien; gemeinsam ist ihnen, daß sie konfessionsübergreifend ein ökumenisches Phänomen sind. Einige Hinweise müssen hier genügen.

Befreiungstheologisch

In der lateinamerikanischen Befreiungstheologie führte der heutige „Sitz im Leben" quer durch die Konfessionen zu einem „Neulesen" (re-lectura) der Bibel von den Armen her zu einer perspektivischen Umorientierung, konkret zu einer ganzheitlichen personalen wie gesellschaftspolitischen Sicht der Bibel, mit dem Ziel der Befreiung vom Elend, statt – wie man es an der Tradition ablas oder unterstellte – die Heilige Schrift zur Befriedigung religiöser und seelischer Bedürfnisse und zur Stabilisierung des gesellschaftlichen Status quo zu gebrauchen. Es kam zu einer gewissermaßen vorwissenschaftlichen Unmittelbarkeit und

Vergegenwärtigung des Textes. Allegorisierungen und Typologisierungen, wie sie aus der Kirchengeschichte bekannt sind, lebten auf; heilsgeschichtliche Personen und Ereignisse wurden in die Gegenwart übertragen; ähnlich wie die bildende Kunst schon längst Jesus als Asiaten oder als Neger darstellte. Zum Beispiel: Die „Armen“ der Heiligen Schrift sind die armen Indios und die Bewohner der Elendsviertel, denen Jesu bevorzugte Liebe gilt, denen das Evangelium der Befreiung verkündigt wird, während (mit dem Magnificat) die Gewaltigen von Gott vom Thron gestürzt werden. Das „Volk“ der Bibel, welches Gott aus der ägyptischen Knechtschaft führte, kann rasch mit dem „Volk“ in Lateinamerika identifiziert werden, zumindest wird in den Bibelarbeiten der Basisgemeinden Gottes befreiendes Handeln unmittelbar als sein Wille auch für diese konkrete Gemeinde ausgelegt. Dem historisch-kritisch geschulten Exegeten mögen sich die Haare sträuben, aber es ist faszinierend, zu erleben, wie hier für eine Gemeinde von großenteils Analphabeten der alte Text neu zu einer frohen Botschaft als Gotteswort wird.

Materialistisch

Eine spezifische Art, von den Unterdrückten her die Bibel neu zu lesen, wurde die materialistische Exegese. Sie entstand in Europa Anfang der siebziger Jahre unter dem philosophischen Einfluß des Neomarxismus (Fernando Belo: Lecture matérialiste de l’Evangile de Marc, Paris 1973) und wurde von den „Christen für den Sozialismus“ (in Lateinamerika und anderswo) übernommen. Sie begnügte sich nicht befreiungstheologisch mit der Erhebung eines „subversiven Evangeliums“, sondern setzte bewußt in marxistischer Weise die Klassenkampf-Antagonismen voraus und las unter diesem Vorzeichen Jesu Leben und Lehre und seine Konflikte mit den Mächtigen. Das mit Jesus anbrechende Reich Gottes und der Aufbau des Sozialismus heute konnten so ineinanderfließen. Dem Vorwurf der Einseitigkeit begegneten die materialistischen Exegeten mit der Gegenthese, eine „idealistische“ und „bürgerliche“ Exegese habe über Jahrhunderte hindurch ebenso einseitig den subversiven Sinn des Evangeliums verdeckt.

Große Verbreitung hatte die materialistische Exegese freilich nicht erfahren. In der Literatur begegnete sie weniger als eigener Entwurf, sondern vielmehr in der kritischen Auseinandersetzung mit ihr, wobei sie als Feindbild für politische und theologische Verirrungen diente. In den achtziger Jahren, als der real existierende Sozialismus seinen visionären Reiz zu verlieren begann, verschwand auch die materialistische Exegese als kurzlebige Modeerscheinung im linken Spektrum des Christentums, während die befreiungstheologischen exegetischen Anliegen durchaus noch präsent sind.

Feministisch

Ein anderer hermeneutischer Zugang zum biblischen Text wurde seit den siebziger Jahren durch die feministische Theologie erschlossen, welche in allen Kirchen rasch an Einfluß gewann. Abgesehen von Extrempositionen, bei denen eigene spezifisch weibliche Erfahrungen wie neue Offenbarungen gewertet wurden, entwickelten sich verschiedenartige feministische Theologien, die darin jedoch eine Gemeinsamkeit aufwiesen, daß sie die aus der Frauenerfahrung kommende Sensibilität für die Bereiche der Sinne, der Psyche und des Körpers wiederentdeckten und sie in die Theologie mit ihren Gottes-, Welt- und Menschenbildern einbrachten. Ausgangspunkt ist zumeist wie in der Befreiungstheologie die Erfahrung von Unterdrückung.

Feministische Bibelauslegung deckte zunächst mit den Mitteln historisch-kritischer Forschung auf, wie das Zeugnis der Bibel patriarchalisch geprägt ist, d.h. wie die patriarchalischen Gottesbilder eine Parallele in der patriarchalischen Gesellschaftsordnung haben. Sodann richtete sich das Augenmerk auf die in der Bibel und besonders in der Jesusbotschaft begegnenden „feministischen“ Anliegen bzw. auf die Intention, daß das eigentliche Gottesverhältnis geschlechtlich unabhängig ist. In einem dritten Schritt – nachdem also das patriarchalische Gottes- und Gesellschaftsbild relativiert war – wurde sodann nach den christlichen Konsequenzen für die Gemeinschaft von Frauen und Männern in Kirche und Gesellschaft heute gefragt.

Als Erfahrungs- und Kontexttheologie gibt es bei der feministischen Bibelauslegung durchaus konfessionell, kulturell und kontinental geprägte Varianten; z.B. ist die orthodoxe und römisch-katholische Theologie mehr an einer Eva-Maria-Typologie interessiert als die evangelische Exegese. Doch alles in allem ist die feministische Theologie ein ökumenisches Phänomen quer durch alle Kirchen und Konfessionen, wie ebenso auch die Vorbehalte gegen sie kirchenübergreifend sind. Ausdiskutiert ist sie noch längst nicht. Angesichts der wachsenden Emanzipation von Frauen sind von ihr vermutlich noch weitere ökumenische Impulse zu erwarten. Ihre Vertreterinnen hoffen, von feministischen Ansätzen her vielleicht auch die dogmatisch verhärteten Positionen in der Ämterfrage aufbrechen zu können, während gerade in der Frage der Frauenordination die traditionelle orthodoxe und römisch-katholische Theologie neue ökumenische Hindernisse erkennt.

Tiefenpsychologisch

Die feministische Bibelauslegung verursachte weitere Studien zu einer „tiefenpsychologischen“ Exegese, die in den achtziger Jahren besonders durch den römisch-katholischen Theologen *Eugen Drewermann* bekannt wurde und rasch quer durch die Konfesionen an Boden gewann. Sie trat zunächst wie eine postmoderne Kritik an der historisch-kritischen Exegese auf, die mit ihrem Interesse am Historischen als rationale Einseitigkeit empfunden wurde. Demgegenüber sollten mit Hilfe tiefenpsychologischer Erkenntnisse die Texte neu gelesen und die alten Mythen, Symbole, Träume und Visionen mit ihren Hoffnungen und Ängsten neu erschlossen werden. Dabei zeigte sich bald, daß diese Methode keineswegs ein Gegensatz zur historisch-kritischen Bibelwissenschaft sein muß, sondern im Gegenteil die historische Arbeit mit ihren religionsgeschichtlichen Vergleichen eine unerläßliche Voraussetzung dafür ist. Schon R. Bultmann hatte aus seinem philosophischen Kontext heraus mit der existentialen Interpretation in diese Richtung gewiesen.

Was E. Drewermann für den hiesigen europäischen Kontext tiefenpsychologisch am Bibeltext erschließt, begegnet übrigens oft unreflektiert beim „Neulesen“ der Bibel und in der „narrativen“ Theologie vor dem Hintergrund einer afrikanischen Bantu- oder einer indischen Vedanta-Philosophie bzw. Religion. Der Vorwurf, gerade dieser Hinweis zeige, daß eine tiefenpsychologische Exegese in einen allgemeinen religiösen Synkretismus abgleite, bei dem die Einzigartigkeit Jesu Christi und seiner Vermittlung des Heils relativiert werde, liegt auf der Hand, muß aber keineswegs stichhaltig sein, müßte auf jeden Fall an konkreten Aussagen verifiziert werden. Brisant wird für alle Konfessionen eine Anwendung der tiefenpsychologischen Exegese auf die christologischen und ekklesiologischen Dogmen der kirchlichen Tradition. Dabei könnte es zu einer wichtigen Entkrampfung konfessioneller Exklusivitätsansprüche kommen, wenn die mit den Dogmen zusammenhängenden anthropologischen Grunddaten tiefenpsychologisch erkannt werden. Hier steht die konfessionelle und ökumenische Theologie noch an einem Anfang.

Die neuen kontextuellen Bibelauslegungen sind ein integraler Bestandteil des ökumenischen Gedankens. Sie tragen zu einem neuen Verständnis von „Einheit" bei: nicht im klassischen Sinn der kirchlichen Institution, sondern als Gemeinschaft von Armen und Reichen, von Unterdrückten und Unterdrückern, von Männern und Frauen, von Menschen unterschiedlicher ideologischer, philosophischer, kultureller und religiöser Prägung. Wie jede Bibelauslegung sind sie von einem bestimmten erkenntnisleitenden Interesse geprägt; im Unterschied zu anderen benennen sie dies jedoch von vornherein, so daß ihre „Einseitigkeit" offenkundig ist.

Die Kritik an den kontextuellen Bibelauslegungen setzt zumeist bei dieser Einseitigkeit an. Aus ihr folge eine „Verkürzung des Evangeliums", häufig im Sinne einer „Horizontalisierung" auf rein menschliche Bedürfnisse hin, seien sie politischer, kultureller oder religiöser Art. Jedenfalls gehe eine kontextuelle Auslegung häufig am eigentlichen Sinn einer Bibelstelle vorbei, so daß oft ein „Zerfall von Interpretation und Hermeneutik" die Folge sei (J. Ratzinger, in: Schriftauslegung im Widerstreit, Freiburg 1989, 18). Daß biblische Fundamentalisten mit kontextuellen Exegesen nichts anfangen können, liegt auf der Hand und braucht nicht weiter erläutert zu werden; inwiefern der fundamentalistische Gebrauch der Bibel ebenfalls einem bestimmten engen geistesgeschichtlichen Kontext entspringt, wird von Fundamentalisten konstant als Frage ignoriert - gerade dies kennzeichnet den Fundamentalismus.

In den Reaktionen fallen ferner einige konfessionell geprägte Reaktionen auf. Die *orthodoxe* Theologie lebt vor allem vom liturgischen Gebrauch der Bibel und von den Exegesen der Kirchenväter. Das geschichtliche Denken und die skizzierten hermeneutischen Fragestellungen sind den meisten Orthodoxen noch fremd. Sie stehen oft ratlos vor den als typisch westlich empfundenen exegetischen Problemen. Die *katholisch-lehramtliche* Position ist durchaus offen für eine „theologische Exegese", welche den eigenen Sitz im Leben mitreflektiert; insofern können kontextuelle Bibelauslegungen durchaus ihre Berechtigung haben. Aber jeder individuelle „Sitz im Leben" ist für katholisches Verständnis davon umschlossen, daß der eigentliche Existenzort der Bibel und des Bibellesers die Kirche ist: der Glaube der Kirche ist der eigentliche hermeneutische Schlüssel, und dieser Glaube wird in dem oben beschriebenen Dreiklang von Heiliger

Schrift, Tradition und Lehramt authentisch festgestellt. Es kann und darf keinen Gegensatz geben zwischen der kontextuellen und der lehramtlich-dogmatischen Bibelauslegung; wenn also beispielsweise eine tiefenpsychologische Exegese der lehramtlich-dogmatisch konstatierten „Historizität" der Jungfrauengeburt und der Auferstehung Jesu widerspricht, ist der Rahmen legitimer katholischer Bibelauslegung verlassen.

Die *evangelischen* Kirchen haben es mit der Pluralität kontextueller Bibelauslegungen leichter, weil sie von vornherein auf eine autoritative Auslegungsinstanz außerhalb der Bibel verzichtet haben und das individuelle Hören der biblischen Botschaft unter Führung des Heiligen Geistes mehr betonten. Das „Schriftprinzip" muß sich bei allen Auslegungen von der Mitte der Schrift her erweisen, nämlich von der Rechtfertigung des Gottlosen allein durch Christus. Diese Rechtfertigungsbotschaft ist nach evangelischem Verständnis der biblische und kritische Maßstab für alle kontextuellen Bibelauslegungen. Wer also der Jungfrauengeburt und der Auferstehung ihre „Historizität" abspricht, muß nachweisen, wie die Rechtfertigungsbotschaft in seiner Interpretation dieser biblischen Texte als Grund des Glaubens sich artikuliert.

III. Lehrbewegung und Lehrkonsens

Die Frage, ob es in der Lehre einer Kirche Bewegung geben kann, ohne daß die Kirche ihre in der Lehre zum Ausdruck kommende Identität verliert, ist seit Beginn der ökumenischen Bewegung umstritten. Sie hängt vor allem vom jeweiligen Verständnis der Autorität von Dogmen, Glaubensbekenntnissen und Bekenntnisschriften ab. Die römisch-katholische Kirche kennt „unfehlbar" formulierte Dogmen, „authentische", aber noch „nicht definitive" Lehraussagen und zugleich einen legitimen theologischen Pluralismus bei der Auslegung zahlreicher Dogmen. Die orthodoxen Kirchen berufen sich auf die altkirchlichen Beschlüsse der Ökumenischen Konzilien als bleibend gültige „Orthodoxie" (= richtige Lehre). Die reformatorischen Kirchen verstehen die Lehraussagen in ihren Bekenntnisschriften und Grundordnungen als jeweiligen geschichtlichen Ausdruck des gemeinsamen Evangeliumsverständnisses und als Hilfe zur Auslegung der Heiligen Schrift.

Bei diesen konfessionell bedingten Unterscheidungen gibt es jedoch eine formale Gemeinsamkeit: Alle Kirchen kennen – als Lehre formuliert oder auch nicht formuliert – etwas Unaufgebbar-Konstantes, was für sie die Einheit im Glauben ausmacht, und etwas Variables, bei dem Christen ihren Glauben auf unterschiedliche Weise zum Ausdruck bringen dürfen.

Eine „Bewegung" in der Lehre der Kirchen dreht sich also innerhalb der Konfessionen selbst und im Lehrgespräch der Konfessionen um diese Kernfrage: Was ist konstant, was ist variabel? Was ist konstitutiv für die Einheit im Glauben, was ist konsekutiv für die Einheit der Kirche? Die unterschiedlichen Antworten auf diese Fragen machen das bis heute ungelöste konfessionelle und ökumenische Problem aus. Der Weg des ökumenischen Gedankens im multilateralen Dialog beim ÖRK sowie in zahlreichen bilateralen Lehrgesprächen wird im folgenden *beispielhaft* an den Themen „Glaubensbekenntnis", „Abendmahlsgemeinschaft", „Amt" und „Einheitskonzeptionen" nachgezeichnet.

A. Gemeinsam glauben und bekennen

Im Gegensatz zum Geist der Ketzerprozesse und der gegenseitigen konfessionellen Polemik bezog sich die moderne ökumenische Bewegung auf drei grundlegende Gemeinsamkeiten quer durch die Konfessionen:

Es gibt eine „vorgegebene Einheit in Christus". Sie besteht im Heilshandeln Gottes am Menschen, in der Taufgnade und im Glauben an Christus als einer Gabe des Heiligen Geistes. Diese geistliche Einheit im Glauben geht jeder kirchlichen und theologischen Feststellung der Einheit im Glauben voraus. Erst kontroverse Feststellungen in Dogmen und Bekenntnissen begründen das konfessionelle Problem.

Die ökumenische Bewegung übernahm die Basisformel des CVJM von 1855: „die unsern Herrn Jesus Christus als Gott und Heiland anerkennen". Damit war nicht ein Minimalkonsens gemeint, über den hinaus jeder glauben kann, was er will; vielmehr ein christologischer Grundkonsens, der Sekten und andere Religionen von der ökumenischen Bewegung ausschloß.

Die altkirchlichen Glaubensbekenntnisse, nämlich das Nizänum und das Apostolikum, wurden grundsätzlich als ökumenische Grundlage anerkannt, obwohl ihre Autorität und der liturgische Gebrauch in den Kirchen unterschiedlich geregelt sind.

1. Die „vorgegebene Einheit in Christus" (Lausanne 1927, Edinburgh 1937)

Die erste Weltkonferenz für Glauben und Kirchenverfassung in Lausanne 1927 nahm in der Sektion IV „Das gemeinsame Glaubensbekenntnis der Kirche" Bezug auf das gemeinsame Erbe der Heiligen Schrift und der altkirchlichen Bekenntnisse.

58 *Lausanne 1927:* „2. Ungeachtet der zwischen uns bestehenden Lehrunterschiede sind wir einig in dem gemeinsamen christlichen Glauben, wie er in der Heiligen Schrift verkündet wird, wie er in dem gemeinhin als Nizänum bezeichneten ökumenischen Bekenntnis sowie im Apostolikum bezeugt und bewahrt ist und wie er zu allen Zeiten in der geistlichen Erfahrung der Kirche Christi seine Bestätigung gefunden hat.

3. Wir glauben, daß der Heilige Geist, der die Kirche in alle Wahrheit leitet, sie auch befähigen kann, an dem Zeugnis dieser Bekenntnisse, die unser aller gemeinsames Erbe von der Alten Kirche her sind, festzuhalten und nichtsdestoweniger die Wahrheiten der Offenbarung in neuen Formen auszusprechen, wenn solche durch neu auftauchende Probleme von Zeit zu Zeit notwendig werden.

4. Zum Schluß möchten wir feierlich ein einmütiges Zeugnis dafür ablegen, daß äußere, geschriebene Glaubensnormen unzulänglich sind, wenn nicht die innere, persönliche Erfahrung des Christen von seiner Verbundenheit mit Gott in Christus hinzukommt."
(In: Offizieller Bericht, 536.)

Kurz nach der Lausanner Weltkirchenkonferenz legte Papst Pius XI. in der Enzyklika „Mortalium animos" (6.1.1928) das damalige römisch-katholische Verständnis von Einheit im Glauben vor. Er schockierte die übrige Christenheit mit der Feststellung, alle Christen müßten „mit dem gleichen Glauben, den sie dem Geheimnis der heiligen Dreifaltigkeit zollen", auch den Glauben an die unbefleckte Empfängnis Mariens und an die Unfehlbarkeit des Papstes bekennen. Solches konfessionalistische Verständnis des Glaubens als Für-wahr-halten aller römisch-katholischen Dogmen wurde freilich gleichzeitig von römisch-katholischen Theologen kritisch hinterfragt (vgl. das Kapitel „Die römisch-katholische Kirche und die ökumenische Bewegung").

Auf dem Weg zur nächsten Weltkirchenkonferenz in Edinburgh 1937 kam es zu einer sogenannten christologischen Konzentration in der ökumenischen Bewegung. „Je näher wir Christus kommen, um so mehr kommen wir einander näher", war ein vielzitierter Satz. Aber was heißt das konkret? Die Ökumeniker merkten, daß die Suche nach gemeinsamen Kompromißformeln, die jede Seite anders interpretiert, nicht ausreicht. Umgekehrt erfuhren die Teilnehmer ökumenischer Tagungen, daß hinter unterschiedlichen Formulierungen des Glaubensbekenntnisses dennoch ein gemeinsamer Glaube an den einen Herrn Jesus Christus stecken kann. „Einheit in der Vielfalt" und „Vielfalt in der Einheit" wurden ökumenische Zauberformeln, die guten ökumenischen Willen, aber keinen gemeinsamen Ausdruck des apostolischen Glaubens zum Ausdruck brachten.

Vor allem im Gespräch zwischen anglikanischer und reformatorischer Theologie gelang dann ein konkreter Schritt nach vorn, als das Christusbekenntnis auf die Frage zugespitzt wurde, was *„die Gnade unseres Herrn Jesus Christus"* bedeutet. Die Orthodoxen hielten sich bei dieser westlichen Debatte über „Rechtfertigung und Heiligung" zurück. Doch einmütig bekundete Edinburgh 1937, „daß die Fragen dieses Verhandlungsgegenstandes keinen Grund bieten, die Scheidung zwischen den Kirchen aufrecht zu erhalten" (Offizieller Bericht, 297). Für etliche innerprotestantische Unionsverhandlungen bis hin zur Leuenberger Konkordie lutherischer, reformierter und unierter Kirchen sowie zur Kirchengemeinschaft zwischen reformatorischen und anglikanischen und methodistischen Kirchen war der Edinburgh-Text eine wichtige Voraussetzung. Der letzte Abschnitt behandelt die Alleinwirksamkeit der Gnade Gottes („allein aus Gnaden, sola gratia").

59 *Edinburgh 1937:* „18. Einige Kirchen legen auf den Ausdruck ‚Sola gratia' großen Wert, während andere ihn vermeiden. Die Formel ist häufig Gegenstand des Streites gewesen; doch können wir alle der folgenden Erklärung zustimmen:

19. Unser Heil ist die Gabe Gottes und die Frucht seiner Gnade. Es ist nicht auf das Verdienst des Menschen gegründet, sondern hat seine Wurzel und seinen Grund in der Vergebung, die Gott in seiner Gnade dem Sünder gewährt, den er annimmt, um ihn zu heiligen. Wir glauben jedoch nicht, daß das Handeln der göttlichen Gnade die menschliche Freiheit und Verantwortlichkeit außer Kraft setzt; echte Freiheit wird vielmehr dann allein erlangt, wenn man der göttlichen Gnade im Glauben antwortet. Widerstand gegenüber Gottes überströmender Liebe bedeutet nicht Freiheit, sondern Gebundenheit, und vollkommene Freiheit wird nur in der völligen Übereinstimmung mit dem guten, wohlgefälligen und vollkommenen Willen Gottes gefunden."
(In: Offizieller Bericht, 300).

2. Christus und seine Kirche (Lund 1952)

Das Bewußtsein einer „vorgegebenen Einheit in Christus" trotz aller Spaltungen beherrschte auch die Gründungsversammlung des ÖRK in Amsterdam 1948. Doch nun wollte man gern über das Anfangsstadium der ökumenischen Bewegung, nämlich die Gemeinsamkeiten und Unterschiede nur festzustellen, hinausgehen und konkreter nach Möglichkeiten suchen, die Einheit im Glauben durch Überwindung der Differenzen sichtbar zu machen. Bei der Dritten Weltkonferenz für Glauben und Kirchenverfassung in Lund 1952 wurde das Problem thematisiert, daß einige Kirchen für die Einheit im Glauben „bestimmte Formen der Lehre, der Sakramente und des Amtes" voraussetzen, die in den altkirchlichen Glaubensbekenntnissen nicht erwähnt sind. Das Nizänum bekennt beispielsweise nur „die eine Taufe zur Vergebung der Sünden", nicht jedoch das Abendmahl und das Amt, geschweige ein bestimmtes Verständnis darüber.

60 *Lund 1952:* „Wir erklären, daß es in der ganzen Christenheit trotz aller Spaltungen bereits eine Einheit gibt, von Gott in Christus geschenkt ... Wir unterscheiden uns jedoch im Verständnis des Verhältnisses unserer Einheit in Christus zur sichtbaren heiligen, katholischen und

apostolischen Kirche. Wir sind einhellig der Meinung, daß es nicht zwei Kirchen gibt, die eine sichtbar und die andere unsichtbar, sondern *eine* Kirche, die hier auf Erden sichtbar werden muß. Wir sind jedoch uneins in unserer Meinung darüber, ob bestimmte Formen der Lehre, der Sakramente oder des Amtes zum Wesen der Kirche gehören. Dementsprechend unterscheiden wir uns auch im Verständnis der Art, wie die Einheit der Kirche auf Erden, die wir erhoffen, beschaffen sein soll."
(In: Offizieller Bericht, 36)

Die Weltkonferenz in Lund suchte, „von der Einheit der Person Christi her die Einheit der Kirche auf Erden zu verstehen" (Bericht der Sektion I, Kap. II,5). Doch in Lund wie bei späteren Konferenzen gelang es nicht, eine gemeinsame Sprache zu finden, wie Christus und seine Kirche sich zueinander verhalten. Identifikationsformulierungen, wie sie sich vom Bild der Kirche als „Leib Christi" nahelegen könnten und in der Enzyklika „Mystici Corporis" von Papst Pius XII. (1943) noch begegneten („quasi eine zweite Person Christi"), wurden vermieden (vgl. auch Bonhoeffer: „Christus als Gemeinde existierend", in: Sanctorum Communio, 1930). Die Vorstellungen einer „Analogie" von Christus und Kirche und einer „Partizipation" der Kirche am Heilshandeln Christi führten auch nicht zur Lösung des konfessionellen Problems, welche Autorität der Kirche bei der Vermittlung des Heils zukommt und welche Konsequenzen sich für die Autorität in der Kirche ergeben.

Protestanten hielten beispielsweise den Katholiken vor, die Einheit des Glaubens durch geschichtlich bedingte dogmatische Hinzufügungen zu erschweren: hier müsse zu viel „geglaubt" werden, was geschichtlich variabel sein könne. Und Katholiken hielten den Protestanten vor, sie glaubten zu wenig vom geschichtsmächtigen Handeln Christi in der Kirche und durch die Amtsträger, die „in der Person Christi handeln".

Zugespitzt formuliert: Die Konfessionen waren und sind sich einig darüber, was sie von Christus glauben, aber uneinig darüber, was sie von sich selber glauben; indem sie jedoch den Kirchenglauben jeweils vom Christusglauben ableiten, folgern sie, nicht ganz einig im Christusglauben zu sein.

3. Die „Hierarchie der Wahrheiten" (Zweites Vatikanum)

Die nächsten Vollversammlungen des ÖRK in Evanston 1954, Neu Delhi 1961 und Uppsala 1968 haben das Thema „Gemeinsames Glaubensbekenntnis" nicht mehr als solches aufgegriffen. Das Zweite Vatikanische Konzil gab dann neue Impulse, über die „Einheit im Glauben" und die „Einheit der Kirche" nachzudenken. Bedeutsam wurde insbesondere die römisch-katholische Korrektur am Glaubensverständnis von „Mortalium animos" 1928: statt der pauschalen Zustimmung zu allen römisch-katholischen Dogmen wurde jetzt gefordert, beim ökumenischen Dialog „eine Rangordnung oder ‚Hierarchie' der Wahrheiten innerhalb der katholischen Lehre" zu beachten, „je nach der verschiedenen Art ihres Zusammenhangs mit dem Fundament des christlichen Glaubens" (Ökumenismusdekret Nr. 11). Mit diesem Prinzip hat die katholische Kirche ihrem neuen geistlichen und praktischen Ökumenismus zum Durchbruch verholfen. Als Ergebnis einer Reihe von ökumenischen Dialogen mit evangelischen Kirchen stimmte der Papst 1980 dem Urteil der katholischen Deutschen Bischofskonferenz zu:

61 *Papst Johannes Paul II. (1980):* „Freuen wir uns, daß wir nicht nur einen Teilkonsens in einigen Wahrheiten entdecken können, sondern eine Übereinstimmung in zentralen Glaubenswahrheiten. Das läßt uns die Einheit auch in den Bereichen unseres Glaubens und Lebens erhoffen, in denen wir bis zur Stunde noch getrennt sind."
(Ansprache bei der Begegnung mit Vertretern des Rates der EKD in Mainz am 17.11.1980, in: Verl.d.Ap.St.Nr.25 A, Bonn 1980, 81)

Seither wird von einem „Grundkonsens" zwischen den Konfessionen gesprochen. In der Sache ist er identisch mit dem, was in der ökumenischen Bewegung längst mit der „vorgegebenen Einheit in Christus" und mit den gemeinsam anerkannten altkirchlichen Glaubensbekenntnissen gemeint war. Das konfessionelle Problem bleibt jedoch bestehen, weil es nach römisch-katholischem Verständnis auch im Rahmen der „Hierarchie der Wahrheiten" auf „unteren" Rangstufen wie etwa dem Kirchen-, Sakraments- und Amtsverständnis um „Wahrheiten" geht und nicht um eine beliebige Vielfalt.

4. Eine gemeinsame Rechenschaft von der Hoffnung

Mit dem stärkeren Einfluß der Kirchen aus der Dritten Welt bekam seit Ende der sechziger Jahre das ökumenische Bemühen um gemeinsames Glauben und Bekennen neue Akzente. Das Aufarbeiten der dogmatischen Traditionen und das Ringen um einen formulierten Lehrkonsens interessierte die Christen der

Dritten Welt weniger als das aktuelle Bekennen Jesu Christi inmitten der ideologischen und sozialen Herausforderungen der Zeit. Manche sagten schlicht, für das Aufarbeiten der Tradition und für dogmatisch richtige Lehrsätze seien vor allem die „alten" Kirchen zuständig, selber habe man jedoch andere Sorgen. Es geht hier nicht um das alte Gegenüber von „Praktischem Christentum" und „Glauben und Kirchenverfassung". Es zeigt sich vielmehr ein kultureller Unterschied mit verschiedenen Denkweisen und theologischen Interessen.

Ein kleiner Sprach- und Übersetzungsunterschied mag das schlaglichtartig verdeutlichen. Die Sektion I der ÖRK-Vollversammlung in Nairobi 1975 hatte im englischen Original das Thema „Confessing Christ today" (Christus heute bekennen) und sollte von der Bekehrung zu Christus und von seiner Nachfolge heute handeln. Im Deutschen hieß es „Bekenntnis zu Christus heute", womit viele im abendländischen Kulturkreis den Gedanken verbanden, es ginge um einen ökumenischen Lehrkonsens mit gemeinsamen dogmatischen Formulierungen, welche die Kontroversen der Tradition überwinden.

Die Kommission für Glauben und Kirchenverfassung befaßte sich seit 1971 mit dem Studienprojekt „Rechenschaft von der Hoffnung, die in uns ist". Gruppen in aller Welt wurden eingeladen, über ihre „Hoffnung in Christus" in vielfältigen Zeugnissen zu berichten. Nach mehreren Konsultationen verfaßte ein Kommissionsausschuß in Bangalore 1978 eine vorläufige „Gemeinsame Erklärung über unseren Glauben". Sie lud in Anlehnung an Eph. 1, 3–14 dazu ein, „in eine Doxologie einzustimmen", d.h. das Bekenntnis in Form einer Anbetung Gottes zu vollziehen statt mit dogmatischen Konvergenz- oder Konsensformeln (in: Bangalore 1978, 276f.). Der Text fand jedoch wenig Echo.

5. „Gemeinsam den einen Glauben bekennen"

Das „Hoffnungsprojekt" hatte dazu beigetragen, die teilweise heftigen Debatten über die „vertikale" und die „horizontale Dimension des Glaubens" zu versachlichen. Doch kamen auch grundsätzliche Rückfragen auf, wie denn bei solcher Vielfalt von heutigen Zeugnissen die Kontinuität und Identität mit dem „apostolischen" Glauben deutlich würde. Anläßlich des 1600-jährigen Gedenkens des Nizäno-Konstantinopolitanischen Glaubensbekenntnisses von 381 begannen darum sowohl im multilateralen Dialog beim ÖRK wie in zahlreichen bilateralen Dialogen Überlegungen, in welcher Weise das Nizänum als das am meisten anerkannte ökumenische Glaubensbekenntnis eine Grundlage für heutiges Bekennen und für einen Lehrkonsens über die Einheit im Glauben werden könne.

Die ÖRK-Kommission für Glauben und Kirchenverfassung legte nach zehnjährigen Konsultationen im Jahre 1991 das Studiendokument „Gemeinsam den einen Glauben bekennen“ vor. Es trägt den Untertitel „Eine ökumenische Auslegung des apostolischen Glaubens, wie er im Glaubensbekenntnis von Nizäa-Konstantinopel (381) bekannt wurde“ (Frankfurt/M. und Paderborn 1991). Es wird jeweils bei den einzelnen Aussagen des Bekenntnisses ein Dreischritt vorgenommen: 1. eine „Auslegung“ mit biblischen und historischen Kommentaren, 2. die Frage der „Anerkennung“ durch die Kirchen heute wird erörtert, und 3. erfolgt jeweils ein „Bekennen“ oder eine „Auslegung für heute“.

Zu dem Studienprojekt werden Reaktionen der Kirchen erbeten, damit die Weltkonferenz für Glauben und Kirchenverfassung 1993 darüber beraten kann. Es ist nicht etwa beabsichtigt, ein neues ökumenisches Glaubensbekenntnis zu formulieren, wohl aber soll die Vergewisserung über die Gemeinschaft im Fundamentalen des apostolischen Glaubens den Weg zur Einheit der Kirchen ebnen helfen. Eine wichtige Frage wird sein, welchen Stellenwert diese Auslegung des Nizänums bekommen soll und welche ökumenischen Konsequenzen die Kirchen ziehen werden. Prognosen sind verfrüht.

6. Weitere Dialoge

Das ÖRK-Projekt wird von einigen weiteren Dialog-Ergebnissen zum apostolischen Glauben begleitet. Auf die bedeutsamsten Texte sei hingewiesen.

Die *Arbeitsgemeinschaft christlicher Kirchen* in der Bundesrepublik Deutschland gab 1981 eine Erklärung zum Jubiläum des Glaubensbekenntnisses von Nizäa-Konstantinopel heraus. Es war in Deutschland das erste gemeinsame orthodox-katholisch-evangelische Wort zu zentralen Glaubensfragen.

62 „Diese gemeinsam bezeugte Wahrheit des Evangeliums zeigt, daß die Trennung unserer Kirche nicht bis in die Wurzel gegangen ist. Die Gemeinsamkeit im Bekenntnis zum dreieinigen Gott ist unaufgebbare

Bedingung für die Einheit der einen, heiligen, katholischen und apostolischen Kirche." (In: ÖR 30, 1981, 471)

Die römisch-katholische Kirche ist nicht nur bei der Arbeit von „Glauben und Kirchenverfassung" beteiligt, sie hat auch im offiziellen Dialog mit dem ÖRK und auf europäischer Ebene mit der Konferenz Europäischer Kirchen nachdrücklich an die altkirchlichen Bekenntnisse angeknüpft. Sie versucht, dem bisweilen verwirrenden theologischen Pluralismus von der altkirchlich formulierten Einheit im Glauben her zu begegnen. Die *Gemeinsame Arbeitsgruppe zwischen dem ÖRK und Rom* legte 1981 das Studiendokument „Gemeinsames Zeugnis" vor, in dem theologisch und praktisch der Rahmen abgesteckt ist für das gemeinsame Zeugnis der Christenheit in der heutigen Welt. Konzentriert auf das Nizänum erarbeiteten auf europäischer Ebene die Konferenz Europäischer Kirchen und der Rat der Europäischen Bischofskonferenzen das Dokument „Unser Credo – Quelle der Hoffnung". Zwischen all diesen Texten gibt es kaum theologisch gewichtige Gegensätze, so daß sie alles in allem einen Grundkonsens im Glauben der Kirchen bestätigen.

Bedeutsame Schritte zu einer evangelisch-katholischen Lehrverständigung wurden 1980 beim 450-jährigen Jubiläum des Augsburger Bekenntnisses unternommen. (vgl. die Erklärung „Alle unter einem Christus", in: Gemeinsame römisch-katholische/evangelisch-lutherische Kommission, Wege zur Gemeinschaft, 53–63). Ähnlich konvergierend verlief das Lutherjahr 1983: Die Gemeinsame Erklärung „Martin Luther, Zeuge Jesu Christi" würdigte Luthers Theologie als Vermächtnis und Auftrag für eine Gemeinschaft im Fundamentalen des Glaubens (in: MdKI 34, 1983, 55–57).

Das für die künftigen evangelisch-katholischen Beziehungen wohl wichtigste Dokument erarbeitete in den Jahren 1980 bis 1985 die *Gemeinsame Ökumenische Kommission* zwischen der EKD und der katholischen Deutschen Bischofskonferenz. Sie untersuchte die *Lehrverurteilungen* des 16. Jahrhunderts, wie sie sich in den evangelischen Bekenntnisschriften und in den Dogmen des Trienter Konzils niedergeschlagen hatten, und fragte unter Berücksichtigung der heutigen Auslegung der Heiligen Schrift und der vorliegenden ökumenischen Studiendokumente, ob die damaligen Verwerfungen den heutigen Partner noch treffen. Das Ergebnis war nicht ein umfassender Lehrkonsens, wohl aber ein gemeinsames Verständnis bei zentralen Problemen der Rechtfertigungs-, Sakramenten- und Ämterlehre. Über die Rechtfertigungslehre, die nach evangelischem Verständnis der Artikel ist, mit dem die Kirche steht und fällt, heißt es:

63 *Gemeinsame ökumenische Kommission in Deutschland, 1985:* „Beiden Kirchen geht es darum, daß der Mensch Gott gegenüber in keiner Weise auf seine eigenen Bemühungen blicken kann, daß er jedoch gleichwohl ganzheitlich von der Rechtfertigung betroffen ist. Die Antwort des Glaubens ist vom Heiligen Geist gewirkt durch das auf den Menschen zukommende Wort der Verheißung. Mitwirkung in dem Sinne, daß das Herz beim Glauben dabei ist, wenn das Wort es trifft und den Glauben schafft, kann nicht strittig sein. Andererseits nimmt der Glaube, von dem gesagt wird, er rechtfertige das ganze Leben des Menschen, in die vertrauensvolle Annahme der Verheißung Gottes in Christus hinein. Weil heute darüber Übereinstimmung zwischen den Kirchen besteht, ist zu fragen, ob Verwerfungssätze, die im 16. Jahrhundert von jeder der beiden Seiten gegen die Lehre der Gegenseite über die Rechtfertigung formuliert worden sind, heute noch mit kirchentrennender Wirkung aufrechterhalten werden müssen."
(Schlußbericht, in: K. Lehmann und W. Pannenberg [Hg.]: Lehrverurteilungen – kirchentrennend? S. 193 f.)

Im Rechtfertigungsglauben sind die Kirchen einig. Beim Verhältnis des Rechtfertigungsglaubens zum Kirchen-, Sakraments- und Amtsverständnis steht freilich ein Lehrkonsens noch aus. Die Gemeinsame Ökumenische Kommission schloß mit dem Satz: „Was uns miteinander verbindet, ist stärker als das, was uns noch trennt."

B. Abendmahlsgemeinschaft

Von Beginn der Kirche an bis zu den Anfängen der modernen ökumenischen Bewegung war es klar, daß die Kirchengemeinschaft sich in der Abendmahlsgemeinschaft äußert. Ausgeschlossen waren stets 1. Ungetaufte, 2. Irrlehrer, die sich von der Kirche getrennt haben oder die ausgeschlossen wurden, und 3. Christen, die durch eine Maßnahme der Bußdisziplin (Kirchenstrafe) eine Zeitlang nicht teilnehmen durften. Es handelte sich also um eine „geschlossene Kommunion". Eine Abendmahlsgemeinschaft mit anderen Lokalkirchen war selbstverständlich, sofern der Glaube gemeinsam bekannt und die Ämter gegenseitig anerkannt wurden. Mit irrig lehrenden, sich christlich nennenden Kirchen gab es keine Kommunion. Dabei war es gleichgültig, ob sich die Irrlehre auf den Abendmahlsglauben selbst oder auf einen oder mehrere andere Lehrpunkte bezog.

1. Geschlossene und offene Kommunion

Diese „geschlossene Kommunion" praktizieren bis heute die orthodoxen Kirchen, die römisch-katholische Kirche und einige Teile des Protestantismus. Bei der Weltkonferenz für Glauben und Kirchenverfassung in Montreal 1963 wurde sie folgendermaßen begründet:

64 „(Viele) Christen sind der Überzeugung , daß die eucharistische Gemeinschaft als ein Ausdruck für die Bejahung des ganzen Christus die völlige Einheit in der Fülle seiner Wahrheit voraussetzt, daß es keine Interkommunion zwischen Christen geben kann, die in anderer Hinsicht getrennt sind, daß Gemeinschaft in den Sakramenten notwendig Übereinstimmung in Lehre und Amt voraussetzt und daß wir darum nicht durch ‚Interkommunion' der Einheit im Glauben, die wir noch suchen, vorgreifen können."
(In: Montreal 1963, Offizieller Bericht, 70f.)

Im Protestantismus wurde die „geschlossene Kommunion" durchbrochen, als es im 19. Jahrhundert zu Unionen zwischen lutherischen und reformierten Kirchen kam. Für eine Konsens-Union war das von vornherein klar. Bei der sogenannten Verwaltungsunion, mit der etwa in Preußen lutherische und reformierte Gemeinden ihren Bekenntnisstand behielten, wurde jedoch ebenfalls die Abendmahlsgemeinschaft praktiziert. Darüber hinaus hat erst die ökumenische Bewegung Möglichkeiten der *„offenen Kommunion"* (= eine Kirche weist Glieder einer anderen Konfession nicht vom Abendmahl zurück), der *„Interkommunion"* (= zwei Kirchen vereinbaren die gegenseitige Einladung zum Abendmahl) und der *„Interzelebration"* (= zwei Kirchen erlauben gemeinsame Feiern mit Amtsträgern beider Konfessionen) eröffnet.

Der Gedanke einer „offenen Kommunion" entwickelte sich nicht einfach aus Toleranz oder Laschheit bei Lehrfragen heraus, sondern aufgrund der erfahrenen Glaubensgemeinschaft bei ökumenischen Veranstaltungen und auch – zunehmend im 20. Jahrhundert – in konfessionsverschiedenen Familien. Die Erfahrung der „vorgegebenen Einheit in Jesus Christus" ließ die Kirchenspaltungen, die wegen einzelner Lehrdifferenzen entstanden waren, in ein neues Licht rücken: wo die Lehrdifferenz nicht als Spaltung der einen Kirche Christi, sondern als Unterscheidung *in* der einen Kirche bewertet wurde, war genügend Konsens gegeben, um die Abendmahlsgemeinschaft zu praktizieren. Seit Beginn der ersten Weltkirchenkonferenzen begleitet diese Frage die ökumenische Bewegung. Die Haltung der „offenen Kommunion" wurde in Montreal 1963 so begründet:

65 „Manche Christen sind der Auffassung, daß das Maß kirchlicher Gemeinschaft, wie sie uns im Leib Christi durch die Taufe und durch die gemeinsamen Grundlagen unseres Glaubens gegeben ist, uns trotz der Unterschiede, die uns noch trennen, dazu drängt, das heilige Abendmahl miteinander zu feiern und die Interkommunion zwischen den Kirchen zu erweitern. Christus selbst ist im Abendmahl gegenwärtig, und er lädt alle Christen zu seinem Tisch ein. Diese unmittelbare Einladung Christi darf nicht durch kirchliche Ordnungen behindert werden. Die voneinander getrennten Christen haben darum die Pflicht, durch die Gemeinschaft an dem einen heiligen Tisch ihre umfassende, sichtbare und organische Einheit in Erscheinung treten zu lassen."
(In: Montreal 1963, Offizieller Bericht, 70)

Bei diesen beiden Grundhaltungen zur Abendmahlsgemeinschaft – als ein Schritt auf dem Weg zur vollen Einheit der Kirchen *oder* als Endziel auf dem ökumenischen Weg zur Besiegelung der vollen Einheit – hat sich im Laufe der ökumenischen Bewegung nichts bewegt. Anders sieht es in der Abendmahlslehre selbst aus. Hier gab es solche Kontroversen, daß darüber etwa die Kirchengemeinschaft zwischen Luther und Zwingli scheiterte und daß Luther insbesondere wegen der römisch-katholischen Meßopferlehre sagte: „Wir sind und bleiben ewiglich geschieden und wider einander" (Schmalkaldische Artikel II, 2, 5). Hier hat der ökumenische Dialog zwar noch keinen vollen Lehrkonsens zwischen allen Kirchen gebracht, aber doch zumindest teilweise zu dem Urteil geführt, daß das Abendmahl in der andern Kirche trotz unterschiedlicher theologischer Aussagen als das Mahl des Herrn erkannt wird. Der Weg dieses ökumenischen Gedankens soll hier kurz nachgezeichnet werden.

2. Die Abendmahlslehre (Von Lausanne 1927 bis Lima 1982)

Die Lausanner Weltkonferenz für Glauben und Kirchenverfassung 1927 beschrieb die Gemeinsamkeiten und Unterschiede in der Abendmahlslehre:

66 *Lausanne 1927:* „Wir glauben, daß im Heiligen Abendmahl unser Herr gegenwärtig ist und wir Gemeinschaft mit Gott, unserem Vater, haben in seinem Sohne Jesus Christus, unserem lebendigen Herrn, der unser eines Brot ist für das Leben der Welt, der das Leben seines Volkes erhält, und daß wir zugleich Gemeinschaft haben mit allen anderen, die mit ihm verbunden sind. Wir stimmen darin überein, daß das Sakrament des Heiligen Abendmahls die heiligste gottesdienstliche Handlung der Kirche ist, eine Feier, in welcher der erlösende Tod des Herrn ins Gedächtnis gerufen und verkündigt wird, und daß dieses Sakrament zugleich ein Lob- und Dankopfer ist und ein Akt feierlicher Selbstdarbringung.

Es gibt unter uns verschiedene Anschauungen besonders über folgende Punkte: 1. die Art und Weise der Gegenwart unseres Herrn, 2. den Gedächtnis- und den Opfergedanken, 3. das Verhältnis der Elemente zu der Gnade, die übermittelt wird, 4. die Beziehung zwischen dem Geistlichen, der das Sakrament verwaltet, und der Gültigkeit und Wirksamkeit der heiligen Handlung."
(In: Offizieller Bericht, 542.)

Bei diesen Aussagen ist freilich zu beachten, daß den Orthodoxen solche Suche nach gemeinsamen theologischen Formeln fremd war; sie stimmten nicht mit ab und legten in Sondererklärungen ihre Lehre dar. Da auch die römisch-katholische Kirche sich noch nicht beteiligte, spiegelte das Ergebnis von Lausanne die Konvergenz zwischen anglikanischen, reformatorischen und freikirchlichen Delegierten wider.

Die nächsten Weltkirchenkonferenzen äußerten sich ebenfalls zur Abendmahlslehre, doch in den drei entscheidenden Sachfragen, nämlich „Art der Gegenwart Christi", „Opferverständnis" und Rolle des „ordinierten Amtsträgers", wurde nichts Neues formuliert. Immer leidenschaftlicher diskutierte man das Problem der „Interkommunion". In *Lund 1952* erregte die Bemerkung Aufmerksamkeit, daß „die Verweigerung der Eucharistie gegenüber denen, die in Christus Jesus getauft sind, entweder die Verleugnung der transzendenten Realität der Taufe oder den Versuch eines Schismas innerhalb des Leibes Christi bedeutet". Doch konnte auch diese Beziehung von Taufe und Abendmahl die Position der „geschlossenen Kommunion" nicht erschüttern.

Lima-Erklärung 1982

Große ökumenische Bedeutung erlangte dann erst wieder die Konvergenz-Erklärung von Lima 1982. Sie galt als vorläufiger Abschluß eines 50-jährigen Abendmahlsgesprächs; jetzt hatten freilich die orthodoxen Kirchen und die römisch-katholische Kirche durch offizielle Delegierte an der Formulierung der Texte mitgewirkt.

Der gemeinsame Abendmahlsglaube wurde in diesem Text ausführlicher als in allen früheren Texten entfaltet. Die biblische Grundlegung spielte dabei eine entscheidende Rolle. Unter orthodoxem Einfluß wurde das ganze Abendmahlsgeschehen als ein Wirken im Heiligen Geist beschrieben: von der Gemeinde her gesehen erscheint die Anrufung des Heiligen Geistes als konstitutiv („Epiklese"), und es ist der Heilige Geist, der den gekreuzigten und auferstandenen Christus beim Abendmahl gegenwärtig macht. Von diesem „epikletischen Charakter" des Abendmahls her konnten die alten Kontroversen gemeinsam neu bedacht und einige Konvergenzen formuliert werden.

67 *„Die Bedeutung der Eucharistie:* 2. Die Eucharistie ist vor allem das Sakrament der Gabe, die Gott uns in Christus durch die Kraft des Heiligen Geistes schenkt. Jeder Christ empfängt diese Gabe des Heils durch die Gemeinschaft am Leib und Blut Christi. Im eucharistischen Mahl, im Essen und Trinken des Brotes und Weines, gewährt Christus Gemeinschaft mit sich selbst. Gott selbst handelt, indem er dem Leib Christi Leben schenkt und jedes Glied erneuert. Gemäß Christi Verheißung empfängt jedes getaufte Glied des Leibes Christi in der Eucharistie die Zusage der Vergebung der Sünden (Mt 26,28) und das Unterpfand des ewigen Lebens (Joh 6,51–58)."

„Die Eucharistie als Anamnese oder Gedächtnis (Memorial) Christi

5. Die Eucharistie ist das Gedächtnis (Memorial) des gekreuzigten und auferstandenen Christus, d.h. das lebendige und wirksame Zeichen seines Opfers, das ein für allemal am Kreuz vollbracht wurde und das weiterhin für alle Menschheit wirksam ist."

8. „Kommentar: Im Licht der Bedeutung der Eucharistie als Fürbitte können vielleicht die Verweise auf die Eucharistie als ‚Sühnopfer' in der katholischen Theologie verstanden werden. Damit ist gemeint, daß es nur eine Sühne gibt, das einmalige Opfer am Kreuz, das in der Eucharistie vergegenwärtigt und in der Fürbitte Christi und der Kirche für die ganze Menschheit vor den Vater gebracht wird. Im Licht der biblischen Vorstellung des Gedächtnisses (Memorial) könnten alle Kirchen die historischen Kontroversen über das ‚Opfer' neu überdenken und ihr Verständnis der Gründe vertiefen, warum die jeweils anderen christlichen Traditionen diesen Begriff entweder verwendet oder abgelehnt haben."

„Die Art der Gegenwart Christi"

13. „Kommentar: Viele Kirchen glauben, daß durch diese Worte Jesu und durch die Kraft des Heiligen Geistes Brot und Wein der Eucharistie in einer wirklichen, wenngleich geheimnisvollen Weise der Leib und das Blut des auferstandenen Christus werden, d.h. des lebendigen Christus, der in seiner ganzen Fülle gegenwärtig ist. Unter den Zeichen von Brot und Wein ist die tiefste Wirklichkeit das ganze Sein Christi, der zu uns

kommt, um uns zu speisen und unser gesamtes Sein zu verwandeln. Einige andere Kirchen bejahen zwar eine wirkliche Gegenwart Christi bei der Eucharistie, doch sie verbinden diese Gegenwart nicht so bestimmt mit den Zeichen von Brot und Wein. Den Kirchen ist die Entscheidung überlassen, ob dieser Unterschied innerhalb der im Text selbst formulierten Konvergenz Raum finden kann."

Ordinierte Amtsträger

29. „In der Feier der Eucharistie sammelt, lehrt und nährt Christus die Kirche. Es ist Christus, der zu dem Mahl einlädt und ihm vorsteht... In den meisten Kirchen wird dieser Vorsitz durch einen ordinierten Amtsträger zum Ausdruck gebracht. Wer der Eucharistiefeier im Namen Christi vorsteht, macht deutlich, daß der Ritus nicht Schöpfung oder Besitz der Versammlung ist; die Eucharistie wird als Gabe von Christus empfangen, der in seiner Kirche lebt. Der Diener (minister) der Eucharistie ist der Botschafter, der die göttliche Initiative repräsentiert und die Verbindung der Ortsgemeinde zu den anderen lokalen Gemeinschaften in der universalen Kirche zum Ausdruck bringt."
(In: Dokumente wachsender Übereinstimmung, 558–566)

Die Formulierungen zeigen, daß es sich wirklich um „Konvergenztexte", nicht um „Konsenstexte" handelte. Der ÖRK erbat von den Kirchen „auf der höchsten hierfür zuständigen Ebene der Autorität" offizielle Stellungnahmen. Die meisten evangelischen Antworten fielen ziemlich positiv aus. Die Realpräsenz Christi zu betonen, aber auf genauere Definitionen wie etwa die römisch-katholische Wandlungslehre (Transsubstantiation) zu verzichten, halten Protestanten für angemessen. Die Unwiederholbarkeit des Kreuzesopfers Christi zu lehren und von einer Vergegenwärtigung und Wirksamkeit des Opfers Christi „im Heiligen Geist" zu sprechen, ist etwas anderes als das, was die Reformatoren von der mittelalterlichen Meßopferlehre her kannten, nach der die Kirche das blutige Opfer Christi unblutig wiederholt und selber Gott ein sühnendes Opfer darbringt. Und einen ordinierten Amtsträger als Vorsitzenden der Abendmahlsfeier zu haben, der als Botschafter Chrsti „die göttliche Initiative repräsentiert", entspricht durchaus dem evangelischen Amtsverständnis. Auf dieser Grundlage ist eine „offene Kommunion" möglich.

Weitaus schwieriger hatten es die orthodoxen Kirchen und die römisch-katholische Kirche mit ihrem Urteil. Sie begrüßten zwar die vielen Gemeinsamkeiten und hofften, daß tatsächlich alle evangelischen Kirchen zumindest die Lima-Erklärung mittragen. Doch für sich selbst mußten sie offen bekennen, daß sie im Lima-Text nicht den vollen Glauben der Kirche durch die Jahrhunderte wiederfinden. Wo Protestanten eine dogmatische Offenheit in Einzelfragen begrüßen, beklagen die orthodoxe und die römisch-katholische Kirche wesentliche Defizite. Die offiziellen Stellungnahmen Roms und des Ökumenischen Patriarchats von Konstantinopel stimmten auch darin überein, daß eine klare und einmütige Auffassung von der Kirche nötig ist, welche erst die einzelnen Elemente des Limatextes zusammenhalten würde und sicherstellen könnte, daß hier der Glaube der Kirche bekannt wird.

Die römisch-katholische Kirche vermißte ein Bekenntnis zur Transsubstantionslehre, damit wirklich klar bleibt, was mit den Elementen Brot und Wein geschieht; für Katholiken sei dies „ein zentrales Geheimnis des Glaubens“. Den Opfergedanken von der Fürbitte her zu verstehen, sei ein bemerkenswerter Akzent, doch dürfe es nicht völlig offen bleiben, was die Kirche denn in der Eucharistie als Opfer Christi Gott darbringt. Beim Amtsträger müsse klar sein, daß er gültig geweiht ist und in der hierarchischen bischöflichen Ämternachfolge steht. Eucharistiegemeinschaft (offene Kommunion) sei jedenfalls erst möglich, „wenn wir auch volle Gemeinschaft im Glauben haben“. (In: Verl. d. Ap. St. Nr. 79, Bonn 1987, 50) Die Antwort des Ökumenischen Patriarchats verzichtete auf eine Einzelanalyse des Textes. Im Vergleich zur orthodoxen Lehre sei jedenfalls klar, daß nicht von einem Konsens gesprochen werden könne; Konvergenzen reichen nicht. (In: MDdKI 38, 1987, 38)

Die Antworten auf Lima zeigen, daß bei den Fragen des Abendmahlsverständnisses und der Abendmahlsgemeinschaft seit Lausanne 1927 zwar der Grundkonsens sich vertiefte und daß er auf breiterer Basis katholisch-orthodox-evangelisch zum Ausdruck kam, daß jedoch bei den entscheidenden dogmatischen Kontroversen, deren Überwindung zur Abendmahlsgemeinschaft führen soll, noch keine wesentlichen Fortschritte erzielt werden konnten. Solange die eigene Lehre zum einzig richtigen Maßstab für einen ökumenischen Lehrkonsens genommen wird – diese Tendenz zeigte sich in Voten aller konfessionellen Richtungen –, ist auch kein Ausweg aus der Sackgasse zu erwarten. Mehr Bewegung in der Lehre und im gegenseitigen Verstehen geschah freilich in einigen bilateralen Dialogen.

3. Bilaterale Dialoge

Der multilaterale Dialog auf ÖRK-Ebene hat vor allem für den gesamtprotestantischen Bereich allgemeine theologische Klärungen erbracht und insofern auch den Weg zur Abendmahlsgemeinschaft zwischen einzelnen bisher getrennten Kirchen geebnet. In direkten bilateralen Lehrgesprächen hat es in den letzten Jahrzehnten einige Lehrkonsense gegeben.

Lutherisch-reformierte Gemeinschaft: Leuenberger Konkordie

Beim Marburger Religionsgespräch 1529 hatten Luther und Zwingli nach vierzehn Konsensartikeln und einigen gemeinsamen Aussagen über das Abendmahl im 15. Artikel keine Einigung darüber erzielt, „ob der wahre Leib und das wahre Blut Christi leiblich in Brot und Wein seien". Daraufhin haben sich künftig die „Lutheraner" und die „Reformierten" gegenseitig nicht zum Abendmahl zugelassen; getrennte Kirchen waren die Folge. Erst 1973 stellten die lutherischen, reformierten und unierten Kirchen in Europa in der Leuenberger Konkordie untereinander die volle Kirchengemeinschaft her. Ein bestimmtes Verständnis der „leiblichen" Gegenwart Christi in den Elementen Brot und Wein ist in dieser Konkordie nicht mehr die Voraussetzung für die Einheit im Glauben. Daß Christus sich uns *in* seinem Leib und Blut *durch* sein verheißendes Wort *mit* Brot und Wein schenkt, ist die gemeinsame Glaubensaussage und begründet die Abendmahlsgemeinschaft.
Der Abschnitt über das Abendmahl lautet:

68 „18. Im Abendmahl schenkt sich der auferstandene Jesus Christus in seinem für alle dahingegebenen Leib und Blut durch sein verheißendes Wort mit Brot und Wein. So gibt er sich selbst vorbehaltlos allen, die Brot und Wein empfangen; der Glaube empfängt das Mahl zum Heil, der Unglaube zum Gericht.

19. Die Gemeinschaft mit Jesus Christus in seinem Leib und Blut können wir nicht vom Akt des Essens und Trinkens trennen. Ein Interesse an der Art der Gegenwart Christi im Abendmahl, das von dieser Handlung absieht, läuft Gefahr, den Sinn des Abendmahls zu verdunkeln.

20. Wo solche Übereinstimmung zwischen Kirchen besteht, betreffen die Verwerfungen der reformatorischen Bekenntnisse nicht den Stand der Lehre dieser Kirchen."
(In: Wenzel Lohff [Hg.]: Die Konkordie reformatorischer Kirchen in Europa: Leuenberger Konkordie, Frankfurt 1985, 17)

Katholisch-orthodoxer Dialog

Eine ökumenisch bedeutsame Lehrentwicklung geschah beim Zweiten Vatikanischen Konzil, als die römisch-katholische Kirche eine Eucharistiegemeinschaft mit den orthodoxen Ostkirchen grundsätzlich für möglich erklärte, obwohl ja die orthodoxen Kirchen nicht den ganzen römisch-katholischen Glauben teilen, sondern einige Lehren – z. B. die Dogmen über das Papstamt (1870) und über Maria (1854, 1950) – zurückweisen.

69 *Ökumenismusdekret Nr. 15:* „Da nun diese Kirchen trotz ihrer Trennung wahre Sakramente besitzen, vor allem aber in der Kraft der apostolischen Sukzession das Priestertum und die Eucharistie, wodurch sie in ganz enger Verwandtschaft bis heute mit uns verbunden sind, so ist eine gewisse Gottesdienstgemeinschaft unter gegebenen geeigneten Umständen mit Billigung der kirchlichen Autorität nicht nur möglich, sondern auch ratsam."

Im Eucharistieglauben selbst bescheinigte Rom den Orthodoxen also Glaubensgemeinschaft, obwohl die Ostkirchen sich auf kein bestimmtes Verständnis der „Wandlung" von Brot und Wein festlegen, wie es die römisch-katholische Transsubstantiationslehre tut, und obwohl die in der katholischen Liturgie als wesentlich zum Ausdruck kommende Gemeinschaft mit dem Papst in der orthodoxen Liturgie fehlt. Die römisch-katholische Kirche hat hier also das alte Prinzip der „geschlossenen Kommunion" verlassen und votierte für eine offene Kommunion, sofern beide Kirchen darüber ein Einvernehmen erzielen. Diese Zustimmung gaben freilich die orthodoxen Kirchen nicht, weil sie dem Prinzip treu bleiben wollten, die eucharistische Gemeinschaft erst als Besiegelung der vollen dogmatischen Kircheneinheit zu gewähren.

Für den römisch-katholischen Ökumenismus ist jedenfalls bemerkenswert, daß hier mit konziliarer Autorität Eucharistiegemeinschaft ohne die sonst geforderte „Einheit im vollen Glauben der Kirche" (vgl. Roms Antwort auf die Lima-Erklärung) als möglich erschien. Dieser Aspekt mag für weitere bilaterale Dialoge mit der römisch-katholischen Kirche Hoffnungen erwecken.

Katholisch-anglikanischer Dialog

Die Anglikanisch/Römisch-Katholische Internationale Kommission (ARCIC) erklärte 1971 in der Windsor-Erklärung, daß sie „eine substantielle Übereinstimmung in der Lehre von der Eucharistie" erreicht habe. Beim Opfercharakter gelang dies durch die Feststellung, daß das Kreuzesopfer Christi weder wiederholt werden noch ihm etwas hinzugefügt werden kann. Die Beziehung von Opfer Christi und Eucharistie wurde mit dem Begriff des „Gedächtnisses" (Anamnese, Memorial) hergestellt: Das eucharistische Gedächtnis ruft nicht nur das vergangene Ereignis in Erinnerung, sondern ist „die wirkungsvolle Verkündigung der großen Taten Gottes durch die Kirchen". Zur Gegenwart Christi in der Eucharistie wurde betont, daß Christus auf verschiedene Weise gegenwärtig und wirksam ist. Bei den Elementen Brot und Wein wurde der Transsubstantiationsbegriff vermieden.

Als 1981 das Gesamt-Ergebnis des Dialogs vorgelegt wurde, hat die römische Glaubenskongregation jedoch sogleich vor übertriebenen Hoffnungen gewarnt. Sie sah im Vergleich zur ganzen römisch-katholischen Lehre gerade nicht eine substantielle Übereinstimmung gegeben.

70 *Römische Glaubenskongregation, 1982:* „Eucharistie als Opfer". „Um den Katholiken zu ermöglichen, ihren Glauben an diesem Punkt vollständig ausgedrückt zu sehen, wäre die Klarstellung hilfreich gewesen, daß die reale Präsenz des Opfers Christi, wie sie durch die sakramentalen Worte bewirkt wird, d.h. durch das Amt des Priesters, der ‚in persona Christi' die Worte des Herrn spricht, eine Teilnahme der Kirche als des Leibes Christi am opfernden Handeln ihres Herrn einschließt; in dem Sinn, daß sie in ihm und mit ihm sein Opfer auf sakramentale Weise darbringt. Darüber hinaus beruht der Sühnecharakter, der vom katholischen Dogma der Eucharistie zugesprochen wird und den ARCIC nicht erwähnt, gerade auf dieser sakramentalen Darbringung (vgl. Konzil von Trient, DS 1743, 1753; *Johannes Paul II.,* Schreiben „Dominicae coenae", Nr. 8, Par. 4)."

„Realpräsenz". „Diese Formulierungen können so gelesen werden, daß nach dem Eucharistischen Hochgebet Brot und Wein in ihrer ontologischen Substanz erhalten bleiben, obwohl sie zur sakramentalen Vermittlung von Leib und Blut Christi werden... Im Lichte dieser Beobachtungen muß notwendigerweise festgestellt werden, daß die substantielle Übereinstimmung, die ARCIC so sorgfältig aufzuweisen bemühte, noch weiterer Klärung bedürfte."

(In: MDdKI 33, 1982, 76.96)

Der Weg von der Lehrbewegung zum Lehrkonsens ist im anglikanisch-katholischen Dialog noch weit, wie die Ende 1991 veröffentlichte offizielle Antwort Roms auf das Dialogergebnis zeigt; sie bestätigte im wesentlichen die Erklärung der Glaubenskongregation von 1982.

Katholisch-lutherischer Dialog

Neben einer Reihe katholisch-lutherischer Dialoge auf nationaler Ebene, vor allem in Deutschland und den USA, hat die Arbeit der Gemeinsamen Kommission zwischen dem Vatikan und dem

Lutherischen Weltbund besondere Bedeutung. Das Ergebnis liegt in der Studie „Das Herrenmahl“ (1978) vor. Beim Problem der Art und Weise der *Gegenwart Christi* wurden die unterschiedlichen Akzente aufgezählt (auch bezüglich der Dauer der eucharistischen Gegenwart in den Elementen), doch zugleich bekundet: „Die ökumenische Diskussion hat gezeigt, daß diese beiden Positionen nicht mehr als trennende Gegensätze betrachtet werden müssen.“ (In: Dokumente wachsender Übereinstimmung, 286 f.). Beim *Opfercharakter* konnten die unterschiedlichen Auffassungen nur zitiert werden. Als Konvergenz wurde vorsichtig formuliert: „Zunehmend erkennen wir die Auffassungen des anderen als eine Anfrage an unsere eigene Position und als eine Hilfe, diese zu verbessern, zu vertiefen und zu verlebendigen.“ (289)

Bei der *Amtsfrage* konnte die Studie keine neuen Gesichtspunkte vortragen. Die römisch-katholische Seite erläuterte lediglich das Ökumenismusdekret des Zweiten Vatikanum:

71 „Ordination zum Bischof bzw. zum Priester [ist] die unerläßliche Vorbedingung für den Vorsitz beim Herrenmahl; daher gibt es auch im Ausnahmefall keine Eucharistiefeier ohne einen ordinierten Priester. Soweit das Sakrament der Ordination fehlt, sieht die Katholische Kirche somit bei den von ihr Getrennten ‚die ursprüngliche und vollständige Wesenheit (substantia) des eucharistischen Mysteriums nicht bewahrt‘ (Ökumenismusdekret Nr. 22).“ (291)

Offizielle Antworten Roms und des Lutherischen Weltbundes liegen zur Herrenmahl-Studie nicht vor.

Einen Schritt weiter im gemeinsamen Verständnis des Herrenmahls (ohne die Amtsfrage) kam im Jahre 1985 die *Gemeinsame Kommission zwischen der Evangelischen Kirche in Deutschland und der römisch-katholischen Kirche*, welche die gegenseitigen Lehrverurteilungen im 16. Jahrhundert im Lichte der heutigen Theologie und unter Berücksichtigung etwa der Lima-Erklärung untersuchte.

72 *Gemeinsame Ökumenische Kommission, 1985:* „Durch den Rückgriff auf die Aussagen des Neuen Testaments ist in der Lehre von der Eucharistie in beiden Kirchen ein gemeinsames Verständnis von der Feier des Herrenmahls gewonnen worden, durch das diese alten Unterschiede und Gegensätze überwunden werden können. Dabei handelt es sich besonders um ein vertieftes Verständnis des Herrenmahls als Anamnese (Gedächtnis) des Opfers Jesu Christi am Kreuz. Von daher ist heute ein neues Verständnis des Zusammenhangs von Gegenwart Christi und Teilnahme an seinem Opfer möglich. Beide Kirchen bekennen, daß Jesus Christus selbst in der Feier des Herrenmahls real gegenwärtig ist.

Historische Untersuchung zeigt, daß in unterschiedlicher Entfaltung dieser biblischen Aussage sowohl in der Transsubstantiationslehre wie auch in den Lehren der reformatorischen Kirchen das gemeinsame Grundanliegen verfolgt wurde, das Geheimnis der wirklichen Gegenwart Jesu Christi in der Eucharistie auszusagen... Angesichts der gemeinsamen Glaubensüberzeugung von der wahren und wirklichen Gegenwart des Herrn in der Eucharistie stellt sich die Frage, ob die verbleibenden, durch die konfessionellen Traditionen geprägten unterschiedlichen Akzentuierungen in der Theologie und Spiritualität der Eucharistie noch als kirchentrennend zu bezeichnen sind."
(In: K. Lehmann und W. Pannenberg [Hg]: Lehrverurteilungen - kirchentrennend?, 192f.)

Bisher vorliegende Äußerungen aus der EKD zeigen, daß die evangelischen Kirchen bei dieser Interpretation des Herrenmahls trotz bleibender theologischer Unterschiede in der römisch-katholischen Eucharistiefeier das Mahl des Herrn wiedererkennen und daß sie die alten Lehrverurteilungen so nicht wiederholen (vgl. die Stellungnahmen des VELKD-Ausschusses, in: Texte aus der VELKD 42/1991, und des Ausschusses der Kirchen der Arnoldshainer Konferenz, Berlin 1991). Die römisch-katholische Kirche muß nun sagen, ob sie dem GÖK-Ergebnis zustimmt und auch die evangelischen Abendmahlsfeiern als gültige Eucharistiefeiern anerkennt. Die Antwort Roms auf das anglikanisch-katholische Dialogergebnis veranlaßt zu Skepsis.

Während die evangelischen Kirchen durchwegs die „offene Kommunion" praktizieren, gelten in der römisch-katholischen Kirche bis heute folgende Bestimmungen:

73 *Ökumenisches Direktorium 1967:* „55. Die Feier der Sakramente ist eine heilige Handlung der feiernden Gemeinschaft, die in der Gemeinschaft selbst vollzogen wird und deren Einheit im Glauben, Gottesdienst und Leben zum Ausdruck kommt. Wo diese Einheit des Glaubens bezüglich der Sakramente fehlt, soll die Mitfeier der getrennten Brüder mit den Katholiken, besonders bei den Sakramenten des Altars, der Buße und der Krankensalbung untersagt sein. Weil aber die Sakramente sowohl Zeichen der Einheit wie auch Quellen der Gnade sind (vgl. Ökumenismusdekret Nr. 8), kann die Kirche wegen ausreichender Gründe den Zutritt zu diesen Sakramenten einem getrennten Bruder gestatten. Dieser Zutritt kann erlaubt sein bei Todesgefahr oder in schwerer Not (Verfolgung, Gefängnis), wenn der getrennte Bruder einen Amtsträger seiner Gemeinschaft nicht aufsuchen kann und aus eigenem Antrieb vom katholischen Priester die Sakramente verlangt, sofern er nur im Hinblick auf diese Sakramente seinen Glauben im Einklang mit dem Glauben der Kirche zum Ausdruck bringt und in der rechten inneren Verfassung ist. In anderen dringenden Notfällen soll der Ortsoberhirte oder die Bischofskonferenz entscheiden.

Ein Katholik aber, der sich in derselben Lage befindet, darf diese Sakramente nur von einem Amtsträger, der die Priesterweihe gültig empfangen hat, verlangen.

56. Bei der Feier der heiligen Eucharistie soll einem von uns getrennten Bruder das Amt des Lektors der Heiligen Schrift oder des Predigers nicht gewährt werden. Das gleiche gilt auch für einen Katholiken bei der Feier des Heiligen Abendmahls oder beim eigentlichen liturgischen Gottesdienst (Hauptgottesdienst) der von uns getrennten Christen. Bei den übrigen Gottesdiensten, auch bei liturgischen Feiern, kann mit vorheriger Erlaubnis des Ortsoberhirten und Zustimmung der Autorität der anderen Gemeinschaft der Vollzug einiger Teile gestattet werden.“

Würzburger Synode 1975: „Es kann jedoch nicht ausgeschlossen werden, daß ein katholischer Christ – seinem persönlichen Gewissensspruch folgend – in seiner besonderen Lage Gründe zu erkennen glaubt, die ihm seine Teilnahme am evangelischen Abendmahl innerlich notwendig erscheinen lassen. Dabei sollte er bedenken, daß eine solche Teilnahme dem inneren Zusammenhang von Eucharistie und Kirchengemeinschaft, besonders im Hinblick auf das Amtsverständnis, nicht entspricht. Bei der Entscheidung, vor die er sich gestellt sieht, darf er weder das Beheimatetsein in der eigenen Kirche gefährden, noch darf seine Entscheidung der Verleugnung des eigenen Glaubens und der eigenen Kirche gleichkommen oder anderen eine solche Deutung nahelegen.“
(Gemeinsame Synode der Bistümer in der Bundesrepublik Deutschland [Würzburger Synode 1975], Beschluß „Gottesdienst“ Nr. 5.5)

4. Abendmahlsvereinbarungen der EKD

Als Ergebnis der erfahrenen ökumenischen Gemeinschaft innerhalb des ÖRK und auf anderen Ebenen hat die EKD in den 80er Jahren bilaterale Vereinbarungen zur Abendmahlsgemeinschaft mit der Altkatholischen Kirche, der Evangelisch-Methodistischen Kirche und der Kirche von England getroffen. Im einzelnen gab es dabei feine Unterschiede, welche verdeutlichen, wie differenziert das Verhältnis von Abendmahlsgemeinschaft und Kirchengemeinschaft praktiziert werden kann. Hinweise müssen hier genügen.

Die *EKD-Altkatholische „Vereinbarung über eine gegenseitige Einladung zur Teilnahme an der Feier der Eucharistie“* (29. März 1985) basiert auf einigen gemeinsam formulierten „grundlegenden Übereinstimmungen“. Es handelt sich um eine „offene Kommunion“, aber nicht um eine „volle Gemeinschaft“. (Wortlaut in: MDdKI 36, 1985, 77)

Nach Vorarbeiten im Dialog zwischen Lutherischem und Methodistischem Weltbund sowie der Vereinigten Evangelisch-Lutherischen Kirche Deutschlands und der Evangelisch-Methodistischen Kirche in Deutschland vereinbarten im Jahre 1986 alle Gliedkirchen der *EKD und die methodistische Kirche in Deutschland die „Kanzel- und Abendmahlsgemeinschaft“* und somit volle Kirchengemeinschaft bei bleibender organisatorischer Selbständigkeit (in Analogie zur Leuenberger Konkordie lutherischer, reformierter und unierter Kirchen). Die Vereinbarung basiert auf einem Lehrkonsens im „gemeinsamen Verständnis des Evangeliums und in allen wesentlichen Fragen des Abendmahlsverständnisses“. (In: Vom Dialog zur Kanzel- und Abendmahlsgemeinschaft, Hannover und Stuttgart 1987)

Die Lehrgespräche mit der *Kirche von England* führte die EKD gemeinsam mit dem Bund der Evangelischen Kirchen in der DDR. In der Meißener Erklärung „Auf dem Weg zu sichtbarer Einheit“ (18. März 1988) beschreiben die Kirchen ihre „Einigkeit im Glauben“ mit nur einem Vorbehalt, daß nämlich die evangelischen Kirchen in Deutschland die bischöfliche Amtssukzession nicht als eine notwendige Bedingung für die volle sichtbare Einheit anerkennen. Dieser Vorbehalt hinderte jedoch nicht, daß beide Kirchen gegenseitig ihre Sakramente und Ämter sowie überhaupt sich als Kirchen anerkennen. Die Meißener Erklärung, die von den Kirchen feierlich rezipiert wurde, sprach die gegenseitige Einladung zum Abendmahl aus. Volle Kirchengemeinschaft soll jedoch erst sein, wenn die Kirchen ein gemeinsames, in vollem Einklang befindliches Amt haben. (Meißener Erklärung 1988 „Auf dem Weg zu sichtbarer Einheit“, Berlin und Hannover 1988)

C. Amt

Bei der ökumenischen Amtsdebatte ist vor Einzelfragen der theologische Stellenwert von Ämter- und Kirchenverfassungsfragen umstritten. Als unter anglikanischem Einfluß die Bewegung für Glauben und Kirchenverfassung entstand, haben die reformatorischen Kirchen sogleich Bedenken gegen eine mögliche Gleichrangigkeit von „faith“- und „order“-Fragen angemeldet.

Tatsächlich liegt hier das größte bis heute ungelöste Problem: Für Orthodoxe, Katholiken und Anglikaner geht es beim Verständnis und bei der Struktur des geistlichen Amtes um Glaubensfragen, die von den altkirchlichen Konzilien verbindlich geregelt sind, während die reformatorischen Kirchen zwar ein Amt in der Kirche voraussetzen, aber die Autorität und Struktur des Amtes als geschichtlich bedingte Entscheidungen unterschiedlich regeln. Das theologische Kriterium für diese umstrittene Frage liegt im Kirchenverständnis: im jeweiligen Verhältnis von Christus bzw. Heiligem Geist und Kirche. Wie ist Christus in seiner Kirche gegenwärtig und wer oder was „repräsentiert" ihn?

Im einzelnen sind ökumenisch vor allem vier Problembereiche zu klären.

1. Allgemeines Priestertum und besonderes Amt in der Kirche: Unterscheiden sie sich nur in den Funktionen des Dienstes in der Kirche oder dem Wesen nach, indem der Amtsträger als Repräsentant Christi einen besonderen ontologischen Status hat?

2. Ordination: Wird durch den Akt der Ordination ein besonderes Amtscharisma vermittelt?

3. Apostolische Skuzession: Ist die bischöfliche Amtsnachfolge Voraussetzung für ein gültiges geistliches Amt? Und folgt aus dem historischen Bischofsamt eine hierarchische Kirchenverfassung, oder gibt es keinen theologisch qualifizierten Rangunterschied zwischen Pfarrern und Bischöfen?

4. Papstprimat: Gehört er unerläßlich zur Kirchenverfassung?

1. Multilateraler ÖRK-Dialog (Von Lausanne 1927 bis Lima 1982)

Die *Lausanner* Weltkonferenz für Glauben und Kirchenverfassung legte in einer erstaunlich klaren Sicht die Gemeinsamkeiten und Unterschiede im Amtsverständnis dar und wagte sogar einen Vorschlag, wie „in der Lebensordnung einer wieder geeinten Kirche" die verschiedenen Traditionen „ihren angemessenen Platz" finden können. Freilich waren damals nur die anglikanische, die reformatorische und die freikirchliche Richtung miteinander im Gespräch. Der Bericht der Fünften Sektion von Lausanne berücksichtigte jedoch in der Sache auch römisch-katholische und orthodoxe Positionen. Die Orthodoxen gaben in einer Sondererklärung ihre Auffassung von der Geistlichkeit als ein „durch ein besonderes Charisma ausgerüstetes Organ" zu Protokoll und stellten klar, daß nach ihrer Auffassung „das geistliche Amt der Bischöfe, Presbyter und Diakone keine andere Grundlage hat als die ununterbrochene apostolische Sukzession". Nach fünf Punkten allgemeiner Übereinstimmung hieß es:

74 *Lausanne 1927*: „Die Unterschiede betreffen das Wesen des geistlichen Amtes – ob es aus einem oder mehreren ordines besteht –, das Wesen der Ordination und der in der Ordination übertragenen Gnade, die Funktion und die Autorität der Bischöfe und das Wesen der apostolischen Sukzession. Wir glauben, daß der erste Schritt zur Überwindung dieser Schwierigkeiten darin besteht, sie offen anzuerkennen und ihr Wesen klar zu bestimmen."

„In Anbetracht 1. der Stellung, die die Bischöfe, die Kollegien der Presbyter und die Gemeinde der Gläubigen in der Verfassung der alten Kirche gehabt haben, 2. des Umstandes, daß alle drei Verfassungsformen, die bischöfliche, die presbyterale und die kongregationale, heute wie seit Jahrhunderten in großen Gemeinschaften innerhalb der Christenheit Annahme gefunden haben, und 3. der Tatsache, daß jede der drei Verfassungsformen, die bischöfliche, die presbyterale und die kongregationale, von ihren vielen jeweiligen Anhängern als notwendig und als die richtige Verfassung der Kirche betrachtet wird, geben wir unserer Überzeugung Ausdruck, daß alle diese verschiedenen Elemente unter Bedingungen, die im einzelnen noch geklärt werden müssen, ihren angemessenen Platz in der Lebensordnung einer wieder geeinten Kirche finden müssen und daß jede einzelne Kirchengemeinschaft in dem Bewußtsein des reichen Segens, den Gott ihrem Amt in der Vergangenheit gewährt hat, freudig die ihr eigenen geistlichen Schätze dem gemeinsamen Leben der geeinten Kirche zuführen muß."
(In: Offizieller Bericht, 537 f., hier zitiert nach L. Vischer, Material, 37 f.)

Die Weltkirchenkonferenzen der nächsten Jahrzehnte erbrachten kaum neue Gesichtspunkte. Neue Akzente gab es, als man seit den fünfziger Jahren die Amtsdebatte nicht mehr isoliert führte, sondern im Kontext der allgemeinen Studien über das Verhältnis von Christus und Kirche (Lund 1952) und später auch von Heiligem Geist und Kirche.

Die Weltkonferenz für Glauben und Kirchenverfassung in *Montreal 1963* behandelte das Thema „Das Erlösungswerk Christi und das Amt seiner Kirche". Der Konsensgehalt des relativ umfangreichen Sektionsberichtes beeindruckt auf den ersten Blick, doch verschleiert er, was „repraesentatio Christi" im Blick auf das besondere Amt bedeutet. Immer wo es konkret und praktisch wurde, konnte der Bericht nur die unterschiedlichen konfessionellen Standpunkte nebeneinander aufzählen.

Neue Probleme kamen hinzu: „Kirchen, die sich rasch wandelnden Situationen gegenübersehen, ringen darum, Formen des

Amtes zu finden, die in ihrer Situation sinnvoll sind" (Montreal 1963, Offizieller Bericht, 59). Vor allem die Ordination von Frauen, die seit den fünfziger Jahren zunehmend in den evangelischen Kirchen praktiziert wurde, sorgte für Sprengstoff, da für die orthodoxe und die römisch-katholische Kirche dies ein unökumenischer Bruch mit der jahrhundertelangen Tradition der Kirche ist. Aber auch das Diakonenamt kam neu zur Diskussion: Ist es ein liturgisches Amt im Rahmen des ordinierten Amtes oder haben die sozial tätigen Diakone und Diakonissen am ordinierten Amt Anteil?

Ende der sechziger Jahre kam es auch methodisch zu einem neuen Ansatz: Hatte man bisher versucht, von allgemeinen Aussagen über das Wesen der Kirche her dogmatisch zum Verständnis des Amtes zu gelangen, so ging man jetzt empirisch von den bestehenden Ämtern aus, beschrieb ihre Rolle in der Kirche und für die Gesellschaft, fragte nach notwendigen Reformen und befragte in diesem umfassenden Kontext die theologische Legitimität des Amtes bzw. der Ämter.

Ordinationsstudie 1968

Im Jahre 1968 legte die Kommission für Glauben und Kirchenverfassung die Studie „Die Bedeutung der Ordination" vor (in: Ökumenische Diskussion IV, Nr. 4, Genf 1968). Sie dokumentierte sowohl den Stand der ökumenisch-theologischen Auseinandersetzungen über die strittigen Probleme wie auch einige konstruktive Fragen, wie die Kirchen sich näher kommen könnten. Auch römisch-katholische Theologen waren an dieser Arbeit beteiligt.

Die klassische Konfrontation zwischen funktionalem und ontologischem Amtsverständnis suchte man zu überwinden, indem das Amt in die doppelte Bewegung von Sammlung und Sendung der Kirche gestellt wurde. Diese Grundstruktur sei allen gemeinsam, doch die Gewichte seien unterschiedlich verteilt. Wenn der Akzent mehr auf der Sammlung der eucharistischen Gemeinde liegt oder wenn er mehr die Sendung in der Welt betont, seien jeweils Wesen und Funktion des Amtes anders bestimmt. Freilich lassen sich das Meßpriesteramt und das Predigtamt nicht so auf „Sammlung" und „Sendung" verteilen; doch wir sehen hier den Beginn der ökumenischen Konvergenztheologie. Es wurden allgemeine gemeinsame Anliegen und konfessionelle Akzente formuliert, um von daher zu fragen, ob die Unterschiede sich gegenseitig ausschließen müssen.

Eine gewisse Klärung brachte die Ordinationsstudie beim Begriff der „repraesentatio", der Stellvertretung Christi durch den Amtsträger. Eine christologische und pneumatologische Einbindung des Amtes soll sicherstellen, daß stets Christus oder der Heilige Geist die eigentlich handelnden Subjekte bei Amtshandlungen sind. Das Amt steht nicht „anstelle" Gottes, es repräsentiert nicht den abwesenden Christus, sondern der gegenwärtige Herr der Kirche braucht einen besonders beauftragten Menschen als Instrument seines Handelns. Solche Definitionen haben auch die Protestanten mitgetragen. Doch bei der Frage, ob daraus ein besonderer ontologischer Status des Amtsträgers abzuleiten sei, der wesentlich mehr bedeutet als eine Funktion, bestand der alte Dissens.

Lima 1982

Die „Konvergenzerklärungen" von Lima behandelten die Themen „I. Die Berufung des ganzen Volkes Gottes, II. Die Kirche und das ordinierte Amt, III. Formen des ordinierten Amtes, IV. Sukzession in der apostolischen Tradition, V. Ordination, VI. Auf dem Weg zu gegenseitiger Anerkennung der ordinierten Ämter".

Der Einstieg bei der Berufung des ganzen Gottesvolkes fand beim ÖRK und später in den Antworten der Kirchen zwar allgemeine Zustimmung, aber leider enthält der Text keine Aussagen über das Amt des allgemeinen Priestertums. Die Vielfalt von Charismen wurde anerkannt, doch im übrigen konzentrierte sich Lima ganz auf das ordinierte Amt. Wo sah Lima nun bei den klassischen Kontroversfragen einen Weg zum Konsens, eine Konvergenz?

Das ordinierte Amt wurde als „*konstitutiv* für das Leben und Zeugnis der Kirche" bezeichnet:

75 „8. Um ihre Sendung zu erfüllen, braucht die Kirche Personen, die öffentlich und ständig dafür verantwortlich sind, auf ihre fundamentale Abhängigkeit von Jesus Christus hinzuweisen, und die dadurch innerhalb der vielfältigen Gaben einen Bezugspunkt ihrer Einheit darstellen. Das Amt solcher Personen, die seit sehr früher Zeit ordiniert wurden, ist konstitutiv für das Leben und Zeugnis der Kirche."

Diese theologische Begründung des ordinierten Amtes erwies sich im weiteren Rezeptionsprozeß eher als eine Kompromißformel denn als eine Konvergenz in der Sache, weil jede Konfession sie anders interpretieren kann. Evangelische Theologie sagt programmatisch, daß das Wort Gottes und die Sakramente die Kirche „konstituieren“ und daß das Amt ihnen dienend zugeordnet ist. Die Lima-Formel „konstitutiv für das Leben und Zeugnis der Kirche“ soll diesem funktionalen Anliegen gerecht werden. Für die katholische Kirche hat das Wort „konstitutiv“ eine tiefere Bedeutung, weil damit zugleich der wesenhafte Unterschied zwischen besonderem und allgemeinem Priestertum gemeint ist und bei einem Fehlen des Weihesakraments überhaupt nicht von Kirche im vollen Sinn gesprochen werden kann. Die meisten Freikirchen können kaum anerkennen, daß ein ordiniertes Amt „konstitutiv“ für die Kirche ist. Die Baptisten etwa berufen zwar auch Prediger als ordinierte Pastoren, doch gilt ihnen das Gemeindeprinzip mehr: Die Ortsgemeinden nehmen gewissermaßen konstitutiv und kollektiv das Amt wahr.

Die Limakonvergenz im *Ordinationsverständnis* wurde durch strenge christologische und pneumatologische Intentionen erreicht: Der auferstandene Christus ist es, „der der wahre Ordinator ist und der die Gabe verleiht“ (Nr. 39). Unter Eingebung des Heiligen Geistes ruft die Kirche den Heiligen Geist an, und „die Handauflegung ist das Zeichen der Gabe des Geistes“ (Nr. 39).

76 Nr. 41: „Der Akt der Ordination durch Handauflegung der dazu Ernannten ist zugleich Anrufung des Heiligen Geistes (epiklesis); sakramentales Zeichen; Anerkennung der Gaben und Verpflichtung.“

Die Formulierungen lassen alles in der Schwebe, was die Kirchen seit langem kontrovers diskutieren. Es wird nicht deutlich, was konkret „die Gabe“ beim Ordinationsakt ist und wie sie sich im Wirken und Leben des Ordinierten auswirkt. Ähnliches gilt für den Begriff „sakramentales Zeichen“. Die Antworten der Kirchen auf den Limatext dokumentieren ein bleibendes Dilemma: Den Protestanten gehen Begriffe wie Ordinationsgabe und sakramentales Zeichen zu weit, weil sie darin die stets abgelehnte Verleihung eines besonderen Charakters an die Person des Ordinierten im Sinne eines ontologischen Status sehen. Katholiken und Orthodoxen wiederum sind die Aussagen zu unscharf, weil sie nicht präzise zum Ausdruck bringen, wie die Ordination eine besondere Teilhabe am Priestertum Christi bewirkt. Der römisch-katholischen Kirche ist beispielsweise der Wechselbezug von Amts- und Meßopferverständnis wichtig: Die Kirche bringt durch den Priester auf sakramentale Weise das Opfer Christi dar; dafür ist die Ordination (das „Weihesakrament“) mit seinen Gaben eine konstitutive Voraussetzung.

Für die *Amtsstruktur* empfahl der Limatext, die altkirchliche Ordnung des dreigliedrigen Amtes wieder einzuführen: Bischöfe, Presbyter (= Pfarrer) und Diakone, wobei vorausgesetzt wurde, daß nur die bischöfliche Ämternachfolge durch Handauflegung die Nachfolge im Apostelamt bewirkt.

77 „22. Obwohl es keine einheitliche neutestamentliche Struktur gibt, obwohl der Geist die Kirche oftmals dazu gebracht hat, ihre Ämter den kontextuellen Bedürfnissen anzugleichen und obwohl andere Formen des ordinierten Amtes mit den Gaben des Heiligen Geistes gesegnet worden sind, könnte dennoch das dreifache Amt des Bischofs, Presbyters und Diakons heute als ein Ausdruck der Einheit, die wir suchen und auch als ein Mittel, diese zu erreichen, dienen..."

Diese Konvergenz ging davon aus, daß die katholische und orthodoxe Kirche schlechterdings nicht auf ihre festgelegte Ämterlehre verzichten können und daß die evangelischen Kirchen prinzipiell offen sind für verschiedene Ämterstrukturen. Doch auch diese Konvergenz erwies sich im Rezeptionsprozeß als ein nicht tragfähiger Kompromiß, weil das dreigliedrige Amt für die einen einen Wesensbestandteil der Kirche darstellt und eine hierarchische Kirchenleitung voraussetzt, während es für die anderen keinen theologischen Rangunterschied zwischen Pfarrern und Bischöfen gibt und das Amt der Lehre und Leitung auch gemeinsam von Ordinierten und Nichtordinierten wahrgenommen wird. Aus dem dreifachen Amt folgt im katholischen und orthodoxen Sinn, daß ein Konzil (eine Synode) nur mit Bischöfen besetzt ist, während in den evangelischen Synoden (Konzilen) die Gesamtheit des Gottesvolkes durch Ordinierte und durch Laien repräsentiert wird. Hier forderte der Limatext unausgesprochen eine Preisgabe des evangelischen Verständnisses von Kirchenverfassung, wozu jedoch keine evangelische Kirche sich in ihren Antworten auf Lima bereit gefunden hat. Es geht nämlich nicht nur um das Ordinationsrecht von Bischöfen (das „Zeichen der bischöflichen Sukzession"), sondern um die Frage, ob die hierarchische Struktur der Kirche und geschichtlich gewordene Strukturfragen zu wesentlichen Glaubensfragen erklärt werden dürfen. Die Vision von Lausanne 1927, die geeinte Kirche der Zukunft müsse die drei konfessionell bedingten Verfassungsformen, nämlich die bischöfliche, die presbyteriale und die kongregationale, unter noch zu klärenden Bedingungen integrieren, wurde jedenfalls von Lima nicht aufgegriffen.

Obwohl römisch-katholische Theologen als offizielle Delegierte beim Limatext mitwirkten, ist vom *Papstamt* hier überhaupt nicht die Rede. Das war vermutlich eine weise Entscheidung, die den evangelischen und orthodoxen Kommissionsmitgliedern sympathisch war. Doch ist klar, daß im Dialog mit der römisch-katholischen Kirche ein Lehrkonsens über das Amt auch das Papstamt umfassen muß. In bilateralen Dialogen ist dazu einiges gesagt worden.

2. Bilaterale Dialoge

In der ersten Hälfte des 20. Jahrhunderts hat es kaum bilaterale Dialoge der Kirchen über das Amt gegeben. Im innerprotestantischen Bereich und bei Unionsverhandlungen ging man zumeist von einer gegenseitigen Anerkennung der Ämter aus, auch wenn im einzelnen theologische Unterschiede beim Verständnis von Amt und Ordination sowie bei der Ämterstruktur begegneten.

Weil die Anglikaner sich stets als Bindeglied zwischen „katholischen" und „evangelischen" Kirchen verstanden haben, sind ihre Dialoge mit beiden Seiten aufschlußreich. Bereits 1931 kam es zwischen den Altkatholischen Kirchen und den Kirchen der Anglikanischen Gemeinschaft zu einem „Interkommunionsabkommen", welches auf der gegenseitigen Anerkennung der Weihen und des historischen Episkopats beruhte.

Seit 1930 gab es eine Reihe von *anglikanisch-orthodoxen* Gesprächen, die dazu führten, daß einige orthodoxe Kirchen das geistliche Amt in den anglikanischen Kirchen anerkannten. Diese ökumenische Gemeinschaft sahen die Orthodoxen freilich zunichte gemacht, als die Anglikaner begannen, auch Frauen zu ordinieren (vgl. die Stellungnahmen dazu in der Athen-Erklärung 1978, in: Dokumente wachsender Übereinstimmung, 91–94).

Im *anglikanisch-evangelischen Dialog* kam die Empfehlung von Lima Nr. 53 zum Zuge, gegenseitig die Ämter anzuerkennen, obwohl noch kein Konsens über den historischen Episkopat erreicht ist und somit noch nicht volle Kirchengemeinschaft besteht.

78 *Meißener Erklärung 1988* zwischen der Kirche von England und den evangelischen Landeskirchen in Deutschland

„3. Wir erkennen unsere ordinierten Ämter gegenseitig als von Gott gegeben und als Werkzeuge seiner Gnade an und freuen uns auf die Zeit, wenn sich unsere Kirchen in vollem Einklang befinden werden und damit die volle Austauschbarkeit der Geistlichen möglich sein wird;

4. wir erkennen an, daß personale und kollegiale geistliche Aufsicht (Episkope) in unseren Kirchen in einer Vielfalt von bischöflichen und

nichtbischöflichen Formen als ein sichtbares Zeichen der Einheit der Kirche und der Kontinuität des apostolischen Lebens, der apostolischen Sendung und des apostolischen Amtes verkörpert und ausgeübt wird."
(Meißener Erklärung „Auf dem Weg zu sichtbarer Einheit", hg. vom Kirchenamt der EKD, Berlin und Hannover 1988, 21)

Der *anglikanisch-römisch-katholische* Dialog über das Amt mußte zunächst berücksichtigen, daß Rom 1896 die anglikanischen Weihen für ungültig erklärt hatte. Nach dem Zweiten Vatikanischen Konzil erarbeitete eine gemeinsame Kommission zum Amtsthema zwei Berichte und stellte sie öffentlich zur Diskussion, bevor im Jahre 1981 ein Schlußbericht vorgelegt wurde (Texte in: Dokumente wachsender Übereinstimmung, 125–190). Über „Amt und Ordination" (sakramentaler Charakter, Ordinationsgabe, dreigliedriges Amt) glaubte die Kommission, daß sie einen Konsens erreicht habe, der eine gegenseitige Anerkennung der Weihen ermöglichte (S. 158).

Beim Thema „Autorität in der Kirche" hieß es einvernehmlich, die Grundstruktur der episkopé (Aufsicht) müsse die gegenseitige Ergänzung des primatialen und konziliaren Aspektes bewahren (S. 168). Die Anglikaner erklärten ausdrücklich, daß sie es im Blick auf den Verlauf der Kirchengeschichte für angemessen halten, „daß in jeder kommenden Einheit ein universaler Primat von diesem (= römischen) Bischofssitz ausgeübt wird" (S. 168). Sie redeten bewußt nicht von einem „Primat aufgrund göttlichen Rechts" (iure divino), sondern vom „Primat aufgrund göttlicher Vorsehung" (divina providentia). Anglikanische Vorbehalte gegenüber dem Unfehlbarkeitsdogma und dem päpstlichen Jurisdiktionsprimat wurden nicht verschwiegen, doch schließlich hieß es einvernehmlich, bei einem universalen Primas sei es „mit seinem Amt gegeben, daß er eine eindeutig umschriebene Verantwortlichkeit der Lehre hat wie auch die entsprechenden Gaben des Geistes, die ihn zu ihrer Wahrnehmung befähigen" (S. 188).

Während die römisch-katholischen Kommissionsmitglieder froh waren, solch eine erstaunliche Übereinstimmung mit den Anglikanern erreicht zu haben, gab es innerhalb der anglikanischen Gemeinschaft viele kritische Stimmen, ob hier nicht einseitig der anglo-katholisch-hochkirchliche Flügel dominiert habe und zu große Zugeständnisse an Rom gemacht wurden. Eine kolossale Ernüchterung setzte ein, als bald nach der Veröffentlichung des Schlußberichts 1981 die römische Glaubenskongregation die von der Kommission behauptete „substantielle Einigung" bestritt. Die katholische Lehre vom päpstlichen Primat „göttlichen Rechts" besage eindeutig, daß Christus selber den universalen Primat „eingesetzt“ habe und daß somit dieses Amt „ein konstitutiver Teil des Wesens der Kirche selber“ sei und daß dieses Einheitsverständnis „zur innersten Struktur des Glaubens“ gehöre (Wortlaut in: MDdKI 33, 1982, 76–79, hier 78). Die offizielle Antwort Roms im Jahre 1991 bestätigte dieses Urteil.

Im *evangelisch-katholischen* Dialog über das Amt seit dem Zweiten Vatikanischen Konzil gab es ganz unterschiedliche Akzente und Ergebnisse. Als gemeinsame Linie zeichnete sich zunächst folgende Methode ab: Von den christologischen und pneumatologischen Begründungen des Amtes her wurde nach den jeweiligen *Intentionen* der Ämterordnung gefragt und von daher wurden auch die *Funktionen* des Amtes beschrieben, während die Fragen des ontologischen Status des Amtsträgers und der Ämterordnung nach göttlichem oder menschlichem Recht nur zurückhaltend gestreift wurden. Unterschiedliche Zielvorstellungen begegneten mit den Formeln „Anerkennung der Ämter“ und Integration zu einem „gemeinsamen Amt“.

Großes Aufsehen erregte 1973 das *Memorandum der Arbeitsgemeinschaft ökumenischer Universitätsinstitute in Deutschland* zu „Reform und Anerkennung kirchlicher Ämter“ (München/Mainz 1973). Statt eines rein dogmatisch-kontroverstheologischen Vergleichs wurde der ökumenische Weg zueinander durch gemeinsame Reformen der Ämter gesucht, „die am christlichen Ursprungszeugnis orientiert sind und den heutigen gesellschaftlichen Bedingungen funktional gerecht werden“ (Nr. 2). Ämterstrukturen wie die bischöfliche und presbyteriale Ordination hätten sich geschichtlich entwickelt, aufgrund der Normativität des Ursprungs und der Erkenntnisse der ökumenischen Theologie heute ließe sich eine Verweigerung der Anerkennung der Ämter nicht mehr rechtfertigen (Nr. 22).

Während die evangelischen Kirchen sogleich bereit waren, dieses Memorandum zu rezipieren, erhob die katholische Deutsche Bischofskonferenz scharfen Einspruch: Der Glaube werde hier der historischen Vernunft untergeordnet; „nicht das Ganze des gewordenen Glaubens der Kirche“ sei im Memorandum die Norm, sondern ein vermuteter normativer Ursprung (Text in: MDdKI 24, 1973, 34). Das Memorandum wurde daraufhin von katholischer Seite derart boykottiert, daß es in künftigen Dialogen keine Rolle mehr spielte; evangelisch-theologische Ansätze – das muß man so sagen – gingen zugunsten römisch-katholischer Integrationstheologie unter.

Beim offiziellen *lutherisch-katholischen Dialog (Rom/LWB)* kamen erstaunliche Konvergenzen zutage, bei denen jedoch das römisch-katholische Lehramt in Analogie zum katholisch-anglikanischen Dialog wohl kaum eine „substantielle Übereinstimmung" erkennen wird (eine offizielle Stellungnahme liegt nicht vor) und bei denen ein erheblicher Teil des Luthertums und erst recht anderer evangelischer Kirchen nicht folgen wird. Die LWB-Kommission war sicherlich nicht repräsentativ für das Luthertum.

In der 1981 veröffentlichten Studie *„Das geistliche Amt in der Kirche"* (Paderborn/Frankfurt 1981; auch in: Dokumente wachsender Übereinstimmung, 329–357) sagten Katholiken und Lutheraner gemeinsam, bei der Ordination werde dem Amtsträger durch Handauflegung und Gebet „die Gabe des Heiligen Geistes zur Ausübung seiner Sendung zugesprochen und zuteil" (Nr. 32).

79 „Wo gelehrt wird, daß durch den Akt der Ordination der Heilige Geist den Ordinierten mit seiner Gnadengabe für immer zum Dienst an Wort und Sakrament befähigt, muß gefragt werden, ob nicht in dieser Frage bisher kirchentrennende Unterschiede aufgehoben sind" (Nr. 33)

Für die römisch-katholische Kirche treffen diese Voraussetzungen zu. Aber wo wird im Luthertum solche „Befähigung" „für immer" als „Gnadengabe" gelehrt, die durch „den Akt der Ordination" verliehen wird? Die meisten evangelischen Ordnungen besagen, daß die Kirche mit der Bitte um den heiligen Geist und unter Handauflegung den Ordinanden zum öffentlichen Dienst am Wort und Sakrament beauftragt und daß so die innere Berufung und die Begabung des Ordinanden bestätigt wird.

Bei der Amtsstruktur, insbesondere bei der Unterscheidung zwischen Bischof und Pfarrer, stellte die Kommission „eine bemerkenswerte strukturelle Parallelität" fest (Nr. 45). Vorsichtig schlug sie vor, „von einer gegenseitigen Achtung der Ämter über eine praktische Zusammenarbeit zur gegenseitigen Anerkennung der Ämter der anderen Kirche" zu gelangen (Nr. 83).

80 „Der nächste Schritt könnte darin bestehen, daß gegenseitig anerkannt wird, daß das Amt in der anderen Kirche wesentliche Funktionen des Amtes ausübt, das Jesus Christus seiner Kirche eingestiftet hat und das man in der eigenen Kirche in voller Weise verwirklicht glaubt. Diese zunächst noch nicht volle gegenseitige Anerkennung würde die Aussage einschließen, daß der Heilige Geist in der anderen Kirche auch durch deren Ämter wirkt und diese in Verkündigung, Sakramentenspendung und Gemeindeleitung als Mittel des Heils benützt" (Nr. 85).

Ziemlich rasch entwickelte die Rom/LWB-Kommission ihre eigenen Vorschläge weiter und legte 1985 in der Studie *„Einheit vor uns"* ein Integrationsmodell für ein gemeinsames Amt vor, das bewußt über eine bloße gegenseitige Anerkennung der Ämter hinausgeht. Die Kommission setzte aufgrund der eigenen Arbeitsergebnisse voraus, daß im Blick auf den Glauben, das sakramentale Leben und das ordinierte Amt ein Grundkonsens erreicht sei, den die Kirchen in einem „initialen Akt gegenseitiger Anerkennung" offiziell feststellen müßten. Daraus ergebe sich dann die allmähliche „Hinführung zu einem gemeinsam ausgeübten Amt der Gemeinschaft".

Die Kommission dachte an einen allmählichen Prozeß, bei dem in der ersten Stufe jeweils „eine einzige Episkopé in kollegialer Gestalt" aufgebaut wird, d. h. die katholischen Diözesen und die evangelischen Landeskirchen (oder Bischofsbereiche) bleiben rechtlich selbständig, bilden jedoch eine Art Bischofskonferenz zur Leitung der Kirchen. Daraus erwächst dann „das gemeinsame kirchliche Amt", indem bei allen künftigen Ordinationen Bischöfe beider Kirchen mitwirken und so im Laufe von dreißig bis vierzig Jahren der Anschluß der evangelischen Amtsträger an die bischöfliche Sukzessionskette erfolgt. Um sicherzustellen, daß die Ausübung des gemeinsamen kirchlichen Amtes nicht eine Absorption oder Rückkehr meint, könne der gemeinsame Episkopat wenigstens drei Formen haben: „eine einzige Episkopé in kollegialer Gestalt", „ein einziger Bischof für unter sich verschieden geprägte Pfarrgemeinden", oder eine „Verschmelzung". Welche Rolle das Papstamt für die gemeinsame lutherisch-katholische Episkopé haben soll, wird nicht ausgeführt, allerdings wird für die katholische Seite betont, daß der Jurisdiktionsprimat selbstverständlich zu beachten sei (Nr. 100–102).

Während die römisch-katholischen Reaktionen auf dieses Programm freundlich waren und nur leichtes Unbehagen aufkam, weil dogmatisch und kirchenrechtlich vieles in der Schwebe blieb, waren die lutherischen Reaktionen, vor allem im europäischen Bereich, zumeist ablehnend. Solche „Einheit vor uns" erschien als ein eindeutiges Redintegrationsmodell in die römisch-katholische Kirchenstruktur, die vermutlich für das Luthertum und die Leuenberger Kirchengemeinschaft „Spaltung vor uns" zur Folge hätte. Es wurde rasch still um diesen Vorschlag. Die Amtsdebatte steckt in der Sackgasse.

3. Papstamt

Der evangelisch-katholische Dialog über das *Papstamt* ist seit der Reformation durch Luthers hartes Urteil „Antichrist" und durch die Dogmen des Ersten Vatikanischen Konzils über die Unfehlbarkeit und den Jurisdiktionsprimat belastet. Im offiziellen Dialog der Kirchen wurde das Thema erst zaghaft angefaßt. Katholische Ökumeniker spielen das Papstamt in seiner dogmatischen Relevanz gern herunter und betonen seine Einbindung in die Kollegialität der Bischöfe sowie die Notwendigkeit der Reform des Papstamtes unter juridischen und pastoralen Aspekten. Doch am „Petrusamt des Bischofs von Rom als sichtbares Zeichen der Einheit der Gesamtkirche" festzuhalten, steht für Katholiken unerschütterlich fest (Das geistliche Amt in der Kirche, Nr. 73). In den gemeinsamen Texten konnten Lutheraner zugestehen, daß das Papstamt kein Hindernis für die Einheit zu sein braucht, „soweit es durch theologische Reinterpretation und praktische Umstrukturierung dem Primat des Evangeliums untergeordnet wird" (ebd.).

Solche Kompromißformeln besagen für die ökumenische Praxis freilich gar nichts, solange jeder etwas anderes darunter versteht. Katholiken freuen sich, wenn Protestanten nicht mehr grundsätzlich protestieren und wenn sich die Möglichkeit ihrer Integration in die päpstlich-hierarchische Kirchenverfassung abzeichnet. Und Protestanten setzen voraus, daß die zitierte Formel entweder zu einer Aufhebung der Dogmen des Ersten Vatikanum führt oder zumindest zu der offiziellen Erklärung, daß der Primat sich auf die Grenzen der römisch-katholischen Kirche beschränkt. Eine solche Selbsteinstufung der römisch-katholischen Kirche ins Partikuläre und Konfessionelle ist jedoch nicht in Sicht. Eine Ausnahme war die Bereitschaft der römisch-katholischen Kirche zur eucharistischen Gemeinschaft mit den orthodoxen Kirchen, bevor ein Konsens über das Papstamt erreicht ist (s. o.). Die römische Antwort auf das anglikanisch-katholische Dialogergebnis bestätigte die dogmatische Fixierung Roms.

81 Den oft zitierten Satz des Theologieprofessors Joseph Ratzinger, es müsse für die Einheit dogmatisch nicht mehr verlangt werden als im ersten Jahrtausend, hat der Kardinal Ratzinger als Präfekt der Glaubenskongregation längst klargestellt: Die römisch-katholischen Dogmen des zweiten Jahrtausends können nicht ins Partikuläre zurückgestuft werden, weil hier die Wahrheit der universalen Kirche Christi ausgesprochen ist. „Was als Wahrheit auftrat, wäre dann als bloßer Brauch zu qualifizieren." (J. Ratzinger: Kirche, Ökumene, Politik. Einsiedeln 1987, 81; vgl. ausführlicher im Kapitel „Die römisch-katholische Kirche und die ökumenische Bewegung"). Diese dogmatische Festlegung unterstreicht freilich in tragischer Weise den Satz von Papst Paul VI. vor dem römischen Einheitssekretariat am 28.4.1967: „Wir sind uns vollkommen bewußt, daß

der Papst das größte Hindernis auf dem Weg zum Ökumenismus ist" (AAS 59, 1967, 418).

Bemerkenswert neue Akzente in der Diskussion setzte die katholisch-lutherische Dialogkommission in den USA mit ihrer Studie „*Der Petrus der Bibel*" (Stuttgart 1976). Sie entfaltete im Neuen Testament die Entwicklung vom historischen Petrus zur typologischen Petrusgestalt. Vorsichtig hieß es, von daher könnte man vielleicht „Petrus" als „Typus für die Einheit des Amtes" verstehen. Die Studie vermied jedoch die sonst im katholischen Bereich gebräuchlich gewordene Sprachregelung, von „petrinischen Funktionen" auf einen „Petrusdienst" oder gar auf ein „Petrusamt" zu schließen, das dann im Papstamt seine Fortsetzung findet.

82 *Katholisch-lutherische Kommission in den USA, 1974:* „Es wird weder den Gegnern noch den Verteidigern des Papsttums etwas nützen, wenn sie bei der Rolle des Petrus das Modell des späteren Papsttums vor Augen haben." „Das Papsttum kann in seiner entfalteten Gestalt nicht in das Neue Testament zurückprojiziert werden."
(R. Brown u.a., Der Petrus der Bibel, Stuttgart 1976, 18)

Dennoch konnten die katholischen Kommissionsmitglieder in der weiteren nachbiblischen Entwicklung von der Petrustypologie zum universalen Amt des römischen Bischofs eine Führung des Heiligen Geistes sehen, d. h. die „einzige" gottgewollte Möglichkeit für die Kirche, während die Lutheraner darin nur „eine" Möglichkeit sahen: Konzile, einzelne Kirchenführer oder Bekenntnisaussagen könnten ebenso eine Fortführung der „petrinischen Funktion" in der Kirche sein.

Hier stellt sich aufs Neue das Problem von „Schrift und Tradition". Immerhin lösten die ökumenischen Befunde in der Exegese bei zahlreichen römisch-katholischen Theologen historische Untersuchungen aus, welche die Entwicklung des Papsttums differenzierter als bisher sahen und gründliche Reformen unter dem Leitgedanken des „Kollegialitäts-" und „Subsidiaritätsprinzips" anstrebten. Dreißig Jahre nach dem Zweiten Vatikanum scheint freilich jeder Reformwille in dieser Richtung gebremst zu sein. Alle jüngeren Dokumente aus Rom betonen immer wieder die notwendige Einheit „mit und unter dem Papst". Alle übrigen Konfessionen jedoch können von ihren theologischen Voraussetzungen her sich nur eine Gemeinschaft „mit, nicht unter dem Papst" als ökumenisches Ziel vorstellen. (Vgl. ausführlicher R. Frieling: Mit, nicht unter dem Papst. Eine Problemskizze über Papstamt und Ökumene, in: MDdKI 28, 1977, 52–60.)

4. Frauenordination

Seit den fünfziger Jahren begannen evangelische Kirchen, auch Frauen zu ordinieren. Die anglikanischen Kirchen und die Altkatholische Kirche sind nachgezogen, teilweise überall mit heftigen Kontroversen innerhalb jeder Kirche.

Die offiziellen Dialogkommissionen haben dieses Problem zunächst ausgeklammert und sich nur grundsätzlich theologisch zu Amt und Ordination in der Hoffnung geäußert, eine gegenseitige Anerkennung der Ämter sei trotz einer unterschiedlichen Praxis der Frauenordination möglich. Es zeigt sich jedoch, daß diese Hoffnung typisch protestantisch ist, die römisch-katholische Kirche und die orthodoxen Kirchen hier jedoch ein ökumenisches Hindernis sehen, das im Gewicht der episkopalen Sukzession gleichzusetzen ist.

83 *Lima, 1982:* 54. „Einige Kirchen ordinieren Männer und Frauen, andere ordinieren nur Männer. Unterschiede in dieser Frage werfen Hindernisse für die gegenseitige Anerkennung der Ämter auf. Aber diese Hindernisse dürfen nicht als unüberwindliche Hürden für weitere Bemühungen um gegenseitige Anerkennung angesehen werden. Offenheit füreinander trägt die Möglichkeit in sich, daß der Geist sehr wohl zu einer Kirche durch die Einsichten einer anderen sprechen kann. Ökumenische Erwägungen sollten daher die Erörterung dieser Frage fördern und nicht hemmen."
(In: Dok. wachsender Übereinstimmung, 584)

84 *Anglikanisch-katholischer Dialog, 1979:* „Gewiß erkennt die Kommission, daß die Ordination von Frauen der Versöhnung unserer beiden Gemeinschaften für die Römisch-Katholische Kirche ein neues und schweres Hindernis in den Weg gelegt hat (vgl. Brief von Papst Paul VI. an Erzbischof Donald Coggan, 23. März 1976, AAS 68); sie meint jedoch, daß die Grundsätze, auf denen ihre lehrmäßige Übereinstimmung beruht, durch solche Ordinationen nicht angetastet werden; denn hier ging es um den Ursprung und das Wesen des ordinierten Amtes und nicht um die Frage, wer ordiniert werden kann und wer nicht."
(In: ebd. 158)

85 *Lutherisch-katholischer Dialog, 1981:* „Die katholische Kirche sieht sich gemäß ihrer Praxis und Lehre nicht berechtigt, Frauen zur Priesterweihe zuzulassen. Gleichwohl ist es ihr möglich, einen Konsens über das Wesen des Amtes und seine Bedeutung zu erstreben, ohne daß die unterschiedliche Auffassung hinsichtlich der zu ordinierenden Personen einen solchen Konsens und seine praktischen Konsequenzen für eine werdende Einheit der Kirche grundsätzlich in Frage stellen würde."
(Das geistliche Amt in der Kirche, Nr. 25)

Die orthodoxe Haltung kam eindeutig im orthodox-anglikanischen Dialog zum Ausdruck: Frauenordinationen bedeuten einen „verheerenden Rückschlag“; ein Dialog mit dem Ziel voller Kirchengemeinschaft erschien den Orthodoxen künftig als zwecklos. (In: Dokumente wachsender Übereinstimmung, 92)

Die offizielle *römisch-katholische Haltung* entspricht der orthodoxen Position. In der römischen Antwort auf die Limaformulierung, viele Kirchen seien der Meinung, „daß die Tradition der Kirche in diesem Punkt nicht geändert werden darf“ (Nr. 18), heißt es:

86 „Nach unserer Sicht wäre es genauer zu sagen, daß wir nicht die Autorität haben, sie zu ändern, da wir überzeugt sind, daß sie zur apostolischen Tradition der Kirche gehört.“
(Verl. d. Ap. St. Nr. 79, Bonn 1987, 40)

Ergebnis der Amtsdebatte

Die ökumenisch entscheidende Frage zur gesamten Amtsproblematik begegnete im Limatext: Wie weit sind die Kirchen so offen füreinander, daß der Heilige Geist auch zu neuen Erfahrungen führen kann? Wie gehen sie mit der Aporie um, daß die einen Offenbarungswahrheiten berührt sehen, wo andere von Ordnungen menschlichen und kirchlichen Rechts sprechen?

Der Weg des ökumenischen Gedankens geht nach 70 Jahren immer noch nicht in dieselbe Richtung; an etlichen Kreuzwegen gehen die Kirchen in verschiedene Richtungen.

Während den einen eine gegenseitige Anerkennung der Ämter genügen würde, wollen die andern eine Integration zu einer gemeinsamen Amtsstruktur. Die einen sagen, auf dem Grundkonsens im Christusglauben ist eine Pluralität in der Ämterordnung durchaus legitim. Die andern sehen in solcher Pluralität nur ein Festschreiben der Kirchenspaltung, die Christus nicht gewollt hatte und die die Einheit in Christus stört.

Es tun sich gegenwärtig in der Amtsfrage keine neuen Horizonte auf. Es bleibt vorerst bei dem Dilemma: Die Kirchen sind sich im Glauben an Christus im wesentlichen eins, aber sie sind uneins über das, was sie von sich selbst und ihren Ämtern glauben.

D. Einheitskonzeptionen

Im Abschnitt „Gemeinsam glauben und bekennen“ wurde beschrieben, wie die ökumenische Bewegung von dem Bewußtsein lebt, daß es eine „vorgegebene Einheit in Christus“ gibt. Als ökumenische Aufgabe wurde es weithin angesehen, diese geistlich-unsichtbare Einigkeit in Beziehung zu setzen zur Uneinigkeit der Christenheit in Gestalt konkurrierender Konfessionskirchen. Das Thema „Einheit der Kirche“ ist so das entscheidende Thema der Ökumene. Es läßt sich nun zeigen, daß die unterschiedlichen Vorstellungen von der Einheit der Kirche vielleicht das größte Hindernis für die Einheit der Kirche sind.

Es hat stets viele Christen gegeben – und es gibt sie auch heute –, denen die vorgegebene Einheit in Christus völlig genügt, die darüber hinaus vielleicht an einer Aktionseinheit interessiert sind, um die Welt besser zu gestalten, denen aber an einer „sichtbaren Einheit der Institution Kirche“ kaum gelegen ist. Diese Haltung begegnet vor allem im Protestantismus, wo der evangelische Christ Kirche primär als seine Ortsgemeinde erlebt, die mit anderen Gemeinden in größeren Verbundsystemen steht; die Verfassungsfragen haben sekundären Stellenwert.

Bei katholischen Christen ist Kirche primär die (römisch-katholische) Gesamtkirche, die auch in ihrer Ortskirche zur Geltung kommt. Zwar gibt es bei ihnen auch viel Kirchen- und Institutionenkritik und Anspruch auf Pluralität, doch im Prinzip ist ihnen die Einheit im Sinne einer Einheitsinstitution etwas Selbstverständliches.

1. Wiedervereinigung: Organische Union oder Föderation? (Lausanne 1927)

In der ersten Epoche begegnete sehr häufig der Begriff „Wiedervereinigung der Kirchen“. Er suggerierte, daß es einmal eine Einheit der Kirche gab, die durch Aufspaltungen in Konfessionen verloren ging und die es nun wiederzufinden galt. Doch sogleich setzte der Disput darüber ein, ob es denn je solche Einheit gegeben habe, zu der die Konfessionen zurückgehen könnten. Frühe römisch-katholische Ökumeniker sprachen lieber von der „Wiedervereinigung im Glauben“, weil sie die eine Kirche ungeteilt im Prinzip in der römisch-katholischen Kirche bewahrt sahen, zu der die anderen „zurückkehren“ müßten.

In der Bewegung für Glauben und Kirchenverfassung standen sich vor allem zwei Konzeptionen gegenüber: die „organische Union“ und die „Föderation“. Die Anglikaner verstanden unter „organischer Union“, daß auf der Grundlage ihres Lambeth-Quadrilaterals sich bisher getrennte Konfessionen zu einer gemeinsamen organisatorischen Struktur zusammenschließen. Dagegen stellten die meisten reformatorischen Kirchen und die Freikirchen das Ziel einer „Föderation“, eines Bundes selbständiger Kirchen. Etlichen Protestanten war dafür die Bildung eines Ökumenischen Rates eine völlig ausreichende Form kirchlicher Einheit.

In Lausanne 1927 prallten diese Auffassungen wie schroffe Gegensätze aufeinander. Als die Orthodoxen ihre Vorstellung von der Rückkehr der anderen Konfessionen zur altkirchlichen und orthodoxen Konzeption auf der Grundlage der ersten sieben Ökumenischen Konzilien vortrugen und als Roms „Rückkehr-Ökumene“ voll ins Bewußtsein der Ökumeniker kam, gab es bereits in den zwanziger Jahren eine kolossale ökumenische Ernüchterung.

2. Confederation, Intercommunion, Corporate Unity (Edinburgh 1937)

Im Jahrzehnt bis zur nächsten Weltkonferenz für Glauben und Kirchenverfassung wurde in verschiedenen theologischen Kommissionen deutlich, daß die Einheitskonzeptionen jeweils von theologischen Grundentscheidungen über das Verhältnis von Christus bzw. Heiligem Geist und Kirche und auch von Wort Gottes und Sakrament abhängen. Wo die Institution Kirche als Leib Christi in enger Analogie zur Christologie und zur Inkarnation Christi gesehen wird, hat die institutionelle Einheit einen hohen Wert. Wo mehr der Unterschied zwischen dem Haupt Christus und den Christen als Gliedern am mystischen Leib Christi betont und die Kirche als Werk des Heiligen Geistes mit vielen Charismen gesehen wird, ist eine kirchliche Einheitsinstitution weniger im Blick (vgl. Faith and Order Paper 82: Was verstehen wir unter Einheit?, deutsche Ausgabe April 1937).

Die Edinburgher Weltkonferenz stellte drei verschiedene Auffassungen von kirchlicher Einheit gegenüber:

87 1. „*Praktische Zusammenarbeit*“ (cooperative action), womit eine „confederation or alliance“ gemeint war. Der Text betonte freilich zugleich, daß solch ein Bund nicht das letzte Ziel der Ökumene sein solle.

2. „*Abendmahlsgemeinschaft*“ (intercommunion): „Sie ist der vollste Ausdruck gegenseitiger Anerkennung, die sich zwei oder mehrere Kirchen zuteil werden lassen. Solche Anerkennung kommt auch in der Austauschbarkeit von Mitgliedern und kirchlichen Verrichtungen zum Ausdruck.“

3. „*Körperschaftliche Vereinigung*“ (Corporate Unity) wurde ein neuer Name für eine „organische Union“ als Zusammenschluß zweier oder mehrerer Konfessionen. „In einer so geeinten Kirche würde ein jedes Glied sich letztlich der Gemeinschaft als ganzer und nicht irgendeinem Teil gegenüber verpflichtet wissen. Ihre Glieder würden in Freiheit von einem Teil der Kirche zu einem anderen übergehen können und alle Rechte als Mitglieder dort gewährt bekommen. Die Sakramente würden die Sakramente der Kirche als ganzer sein. Das geistliche Amt würde von allen als ein Amt der gesamten Körperschaft anerkannt werden.“
(In: Offizieller Bericht, 32f.)

3. „Alle an jedem Ort“ (Einheitsformel von Neu Delhi 1961)

Mit der Bildung des ÖRK wurde das föderative Anliegen nahezu erfüllt. Die Toronto-Erklärung des Zentralausschusses stellte 1950 klar, daß der ÖRK keine Welt- oder Superkirche ist, sondern als Gemeinschaft selbständiger Kirchen theologisch-ekklesiologisch „neutral“ ist. Inzwischen hatte sich auch im Protestantismus immer mehr die Auffassung durchgesetzt, über die Verbundenheit im Glauben und Handeln hinaus zu einer verbindlichen ökumenischen Kirchengemeinschaft gelangen zu wollen.

Als die globalen Perspektiven, wie die großen Konfessionen insgesamt zur Einheit finden könnten, wenig Erfolgsaussichten brachten, lenkte der ÖRK bei der Vollversammlung in Neu Delhi 1961 den Blick auf die kirchliche Einheit an einem Ort. Alle Kirchen lehren nämlich, daß in der zu Gottesdienst und Abendmahl versammelten Gemeinde die Kirche Jesu Christi verwirklicht ist. Die Einheitsvision von Neu Delhi bezog sich auf diese „local church“, in der es nicht mehr getrennte Konfessionen, sondern allenfalls vielfältige Richtungen gibt. Die kurze Einheitsformel wurde im Neu-Delhi-Bericht ausführlich kommentiert.

88 „Wir glauben, daß die Einheit, die zugleich Gottes Wille und seine Gabe an seine Kirche ist, sichtbar gemacht wird, indem alle an jedem

Ort, die in Jesus Christus getauft sind und ihn als Herrn und Heiland bekennen, durch den Heiligen Geist in eine völlig verpflichtete Gemeinschaft geführt werden, die sich zu dem einen apostolischen Glauben bekennt, das eine Evangelium verkündigt, das eine Brot bricht, sich im gemeinsamen Gebet vereint und ein gemeinsames Leben führt, das sich in Zeugnis und Dienst an alle wendet. Sie sind zugleich vereint mit der gesamten Christenheit an allen Orten und zu allen Zeiten in der Weise, daß Amt und Glieder von allen anerkannt werden und daß alle gemeinsam so handeln und sprechen können, wie es die gegebene Lage im Hinblick auf die Aufgaben erfordert, zu denen Gott sein Volk ruft."
(In: Offizieller Bericht, 130)

4. „Konziliare Gemeinschaft"
(Uppsala 1968)

Die nächste Vollversammlung in Uppsala 1968 lenkte wieder ergänzend den Blick auf ein „Verständnis der Einheit aller Christen an allen Orten" und wählte dafür die Formel „Konziliare Gemeinschaft". Der Begriff hatte sich nicht etwa unter dem Eindruck des Zweiten Vatikanischen Konzils nahegelegt, sondern von biblischen und altkirchlichen Erfahrungen her. Immerhin war der erste große Streit in der Christenheit über die juden- und heidenchristlichen Gemeinden „konziliar" beim sogenannten Apostelkonzil in Jerusalem gelöst worden (Apgsch. 15).

89 „Die ökumenische Bewegung trägt dazu bei, diese Erfahrung der Universalität zu erweitern, und ihre regionalen Räte sowie der Ökumenische Rat der Kirchen können als eine Übergangslösung bis zu einer schließlich zu verwirklichenden wahrhaft universalen, ökumenischen, konziliaren Form des gemeinsamen Lebens und Zeugnisses angesehen werden. Die Mitgliedskirchen des Ökumenischen Rates der Kirchen, die einander verpflichtet sind, sollten auf die Zeit hinarbeiten, wenn ein wirklich universales Konzil wieder für alle Christen sprechen und den Weg in die Zukunft weisen kann."
(In: Offizieller Bericht, 14)

Mit diesen wenigen Sätzen schien zunächst eine hilfreiche ökumenische Zauberformel gefunden zu sein. Allerdings begegneten bald verschiedene Interpretationen und auch Vorbehalte. Die einen dachten an eine konziliare Gemeinschaft selbständiger Konfessionskirchen; andere identifizierten Konziliare Gemeinschaft mit „organischer Union" oder „körperschaftlicher Vereinigung". Die Orthodoxen machten deutlich, daß über die in der

Einheitsformel von Neu Delhi genannten Punkte (Glaube, Sakramente, Amt) Einmütigkeit erzielt sein müsse, bevor ein Konzil als Organ kirchlicher Einheit zusammentreten kann. Protestanten dachten an ihre evangelischen Synoden, wo ordinierte und nichtordinierte Gemeindeglieder das Leitungsamt der Kirche wahrnehmen; bei Orthodoxen und auch in der römisch-katholischen Kirche jedoch ist ein Konzil nur die Versammlung der Bischöfe.

Die ÖRK-Vollversammlung in *Nairobi* 1975 griff das Ziel „Konziliare Gemeinschaft" noch einmal positiv auf, erklärte aber auch eindeutig, daß Konziliarität die Einheit der Kirche voraussetzt und nicht erst schafft. So rückte sowohl die Idee der konziliaren Gemeinschaft der Ortsgemeinden ohne Konfessionen wie die Idee eines universalen Konzils aller Christen in weite Ferne.

In Nairobi gab sich der ÖRK eine neue Satzung, in der seine Funktionen und Ziele theologisch inhaltsreicher als 1948 formuliert wurden. Danach ist es seine erste Aufgabe,

90 „die Kirchen aufzurufen zu dem Ziel der sichtbaren Einheit im einen Glauben und der einen eucharistischen Gemeinschaft, die ihren Ausdruck im Gottesdienst und im gemeinsamen Leben in Christus findet, und auf diese Einheit zuzugehen, damit die Welt glaube" (In: Offizieller Bericht, 327).

Hier ist offiziell von der „sichtbaren" Einheit die Rede. Doch von einer Einheitsinstitution oder einem Einheitsamt steht nichts da – was die einen begrüßen, während andere es stillschweigend voraussetzen.

5. „Versöhnte Verschiedenheit" (LWB in Dar-es-Salam 1977)

Aus den bilateralen Dialogen, insbesondere dem zwischen Lutherischen Weltbund und römisch-katholischer Kirche, erwuchs die Einheitskonzeption „Versöhnte Verschiedenheit". Sie geht über eine bloße gegenseitige Anerkennung und einen lockeren Kirchenbund hinaus und soll das Ziel der Konziliaren Gemeinschaft durch die Betonung des konfessionellen Aspektes ergänzen. Es bleiben also konfessionell geprägte Gemeinschaften bestehen, aber von einem Grundkonsens im Glauben her werden bisher unversöhnliche Gegensätze jetzt versöhnte Verschiedenheiten, d. h. sie verlieren ihren kirchentrennenden Charakter. Der Lutherische Weltbund formulierte bei seiner Vollversammlung in Dar-es-Salam 1975 das Ziel so:

91 „Das Konzept christlicher Einheit ‚versöhnte Verschiedenheit' soll zum Ausdruck bringen, daß die konfessionellen Ausprägungen christlichen Glaubens in ihrer Verschiedenheit einen bleibenden Wert besitzen, daß diese Verschiedenheiten aber, wenn sie gemeinsam auf die Mitte der Heilsbotschaft und des christlichen Glaubens bezogen sind und diese Mitte nicht in Frage stellen, ihren trennenden Charakter verlieren und miteinander versöhnt werden können zu einer verpflichteten ökumenischen Gemeinschaft, die in sich auch konfessionelle Gliederungen bewahrt."
(In: Offizieller Bericht, 205)

Die Konzeption als solche läßt offen, welche Struktur die „verpflichtete ökumenische Gemeinschaft" haben soll. Sie ähnelt dem anglikanischen Modell einer „Organischen Union" und will kein Gegensatz, sondern eine Ergänzung zur „Konziliaren Gemeinschaft" sein. Als Vergleich kann auch das Modell von „*Schwesterkirchen*" dienen, wie es innerhalb der Orthodoxie in der Gemeinschaft autokephaler Kirchen praktiziert wird und auch im orthodox-katholischen Dialog zur Diskussion steht. Innerhalb des Protestantismus sind die Erklärungen zur vollen *Kirchengemeinschaft* („Kanzel- und Abendmahlsgemeinschaft") Beispiele für „Versöhnte Verschiedenheit", z. B. die Leuenberger Konkordie.

Keine Antwort gibt das Konzept „Versöhnte Verschiedenheit" auf die Frage, wie die Konfessionen mit unversöhnlichen Gegensätzen umgehen sollen, die es trotz eines Grundkonsenses vielfach gibt. Auf dem Weg zu voller Kirchengemeinschaft gibt es auch Zwischenstufen, eine „Ökumene in Gegensätzen", bei der – zumindest nach verbreiteter protestantischer Auffassung – Interkommunion möglich ist, ohne schon einen vollen Konsens in allen Lehrfragen zu haben.

6. Gemeinschaft mit dem Papst

Die römisch-katholische Kirche erkennt in den Zielvorstellungen „Konziliare Gemeinschaft" und „Versöhnte Verschiedenheit" wesentliche Elemente ihrer eigenen Prinzipien des Ökumenismus. Allerdings wird sie von ihren Voraussetzungen her die so beschriebene Einheit in die dogmatisch festgelegte Gemeinschaft „mit und unter dem Papst" integrieren wollen. Umgekehrt fällt bei den evangelischen Einheitsmodellen auf, daß übereinstimmend eine hierarchisch gegliederte Einheitsinstitution abgelehnt wird. Die Parole „Vorwärts nach Rom" statt des früheren „Zurück nach Rom" ist jedenfalls keine annehmbare Lösung für evangelische Christen. (Vgl. die Kapitel „Römisch-katholische Kirche und ökumenische Bewegung" und „Lehrbewegung und Lehrkonsens", C 3.)

7. „Die Einheit der Kirche als Koinonia" (Canberra 1991)

Die Vollversammlung des ÖRK in Canberra 1991 bündelte in der Erklärung „Die Einheit der Kirche als Koinonia: Gabe und Aufgabe" die bisherigen Zielvorstellungen in der Ökumene. Sie ging von der vorgegebenen Einheit in Christus aus und bedauerte, daß die Kirchen es bisher unterlassen haben, daraus praktische ökumenische Konsequenzen zu ziehen. „Sie sind es zufrieden, weiterhin in Spaltung zu ko-existieren."

Als angemessenes Einheitsziel ist eine „Koinonia" (= Gemeinschaft) im Blick, in welche die Einheitsfaktoren der Neu-Delhi-Formel von 1961 und von Nairobi 1975 integriert sind. Die frühere Alternative zwischen „Union" oder „Föderation" soll so als überwunden gelten. Freilich ist hier erst theoretisch das Ziel beschrieben, wobei offen bleibt, wie jede Konfession - bisher kirchentrennend - das „gemeinsame Leben" versteht, „in dem Glieder und Ämter gegenseitig anerkannt und versöhnt sind". Die Koinonia-Vision läßt noch zu viel offen und löst kein kirchentrennendes Problem.

92 „Die Einheit der Kirche, zu der wir berufen sind, ist eine Koinonia, die gegeben ist und zum Ausdruck kommt im gemeinsamen Bekenntnis des apostolischen Glaubens, in einem gemeinsamen sakramentalen Leben, in das wir durch die eine Taufe eintreten und das in der einen eucharistischen Gemeinschaft miteinander gefeiert wird, in einem gemeinsamen Leben, in dem Glieder und Ämter gegenseitig anerkannt und versöhnt sind, und in einer gemeinsamen Sendung, in der allen Menschen das Evangelium von Gottes Gnade bezeugt und der ganzen Schöpfung gedient wird. Das Ziel der Suche nach voller Gemeinschaft ist erreicht, wenn alle Kirchen in den anderen die eine, heilige, katholische und apostolische Kirche in ihrer Fülle erkennen können. Diese volle Gemeinschaft wird auf der lokalen wie auf der universalen Ebene in konziliaren Formen des Lebens und Handelns zum Ausdruck kommen. In einer solchen Gemeinschaft sind die Kirchen in allen Bereichen ihres Lebens

auf allen Ebenen miteinander verbunden im Bekennen des einen Glaubens und im Zusammenwirken in Gottesdienst und Zeugnis, Beratung und Handeln."
(In: Offizieller Bericht, 174)

8. „Konsens-Ökumene“ und „Ökumene in Gegensätzen“

Das ökumenische Gespräch über das Ziel der Ökumene ist wichtig, damit die Christen auf dem ökumenischen Weg die Orientierung nicht verlieren. Andererseits haben die großen Einheitsvisionen in den Gemeinden ihren Reiz verloren, weil man sich nüchtern auf ein längeres Existieren verschiedener Konfessionen eingestellt hat. Vielen Christen erscheinen die Dispute nur als Funktionärsprobleme, die mit ihrem alltäglichen Christsein nichts zu tun haben.

Lebhafte Diskussionen lösten 1983 die Thesen der katholischen Theologen Heinrich Fries und Karl Rahner aus: „Einigung der Kirchen - reale Möglichkeit“ (vgl. den Wortlaut im Kapitel „Die römisch-katholische Kirche und die ökumenische Bewegung“). Von evangelischer Seite sind folgende weitere Voten hervorzuheben, die mehr ökumenische Gemeinschaft anstreben, ohne damit ein Endziel der kirchlichen Einheit im Blick zu haben: 1. Oscar Cullmanns Plädoyer für „Einheit durch Vielfalt“, und 2. die Leitsätze des Evangelischen Bundes „Evangelisch und Ökumenisch“, welche eine „Konziliare Gemeinschaft der Konfessionen“ beschreiben (in: W. Fleischmann-Bisten und H. Grote, Bensheimer Hefte 65, 235). Solche evangelischen Modelle sind freilich nach römisch-katholischer Auffassung unzulänglich, weil sie eher die Koexistenz der Konfessionen als die Einheit der Kirche beschrieben.

Einige Ökumeniker haben in einer kritischen Analyse vom „Ende der Konsens-Ökumene“ gesprochen. Wer auf einen schriftlich formulierten Lehrkonsens warte, bis eine katholisch-orthodox-evangelische Kirchengemeinschaft möglich sei, der verschiebe die ökumenische Aufgabe auf den Jüngsten Tag.

Hier müßte der ökumenische Dialog noch einmal methodisch neu ansetzen und nach der Relation von vorgegebener Einheit in Christus und dogmatisch festgestellter Einheit der Kirche fragen. Es gibt eine Konsens-Ökumene, die dem schriftlichen Lehrkonsens vorausliegt und in geistlichen Vollzügen beim Hören und Bewahren des Wortes Gottes sichtbar wird - eine sichtbare

Einheit ohne dogmatisch formulierten Konsens. Die Dauerproduktion von ökumenischen Konvergenz- und Konsenstexten ist wohl unvermeidlich, aber etwas mehr Askese dabei wäre gut. Predigten, Beten, Gottesdienstfeiern – das ist der eigentliche Ort für Christen, um sich der Einheit im Glauben und der Einheit der Kirche zu vergewissern. Je mehr hier Konsens als Einheit in Christus erfahren wird, um so eher kann es geschehen, daß die verbleibenden Gegensätze in der Lehre nicht die Ökumene töten. Wenn keine kirchliche Einheitsinstitution in Sicht ist, ist noch nicht die Ökumene am Ende! (Vgl. das Memorandum der Ökumenischen Institute in Bensheim, Bern, Straßburg, Kopenhagen und Prag „Reformatorische Kirchen und ökumenische Bewegung" (1985), in: Erich Geldbach, Ökumene in Gegensätzen [Bensheimer Hefte 66] Göttingen 1987, 129–177. – Deutscher Ökumenischer Studienausschuß: Theologie der Ökumene – Ökumenische Theoriebildung. Eine fragende und anfragende Problembeschreibung, in: ÖR 37, 1988, 205–221.)

IV. Missionsbewegung und Missionstheologien

Wie die neuzeitliche Missionsbewegung und die ökumenische Bewegung eng zusammengehören, wurde bereits erläutert. Mission (=Sendung) gehört von Anfang an zum Wesen der Kirche: „Gehet hin und macht zu Jüngern alle Völker“ (Matth. 28,19). Die Verkündigung des Anbruchs des Gottesreiches durch Kreuz und Auferstehung Jesu Christi, der Ruf zur Bekehrung einzelner, die Gründung von christlichen Gemeinden und der evangeliumsgemäße soziale Einsatz in der Gesellschaft waren seit der Urgemeinde Inhalt der Mission. Der Begriff „Mission“ für die Ausbreitung des christlichen Glaubens kam freilich erst im 16./17. Jahrhundert auf. Die neuzeitliche „Missionsbewegung“ hängt eng mit der beginnenden Weltpolitik der europäischen Staaten zusammen.

Obwohl die genuin religiösen Motive der Missionswerke und der Missionare nicht zu leugnen sind, hängt der Missionsbewegung auf tragische Weise die Mitschuld am brutalen Imperialismus und an der Kolonisation der „überseeischen“ Gebiete an, auch an der Zerstörung fremder Kulturen, am europäischen und weißen Überlegenheitsbewußtsein und an der Intoleranz gegenüber anderen Religionen und damit verbunden an der oft zwangsweisen Überstülpung des Christentums und der sogenannten christlich-abendländischen Kultur.

1. Von der Westmission zur Weltmission

Für die katholische Kirche übernahmen im päpstlichen Auftrag zunächst die Regierungen von Spanien und Portugal die Aufgabe, das Christentum in den eroberten Gebieten einzupflanzen. Diese „Patronatsmission“ wurde 1622 in die römische Kongregation zur Verbreitung des Glaubens („de propaganda fide“) als zentrale Leitungsinstanz der katholischen Mission integriert. Auch die zahlreichen Missionsorden unterstanden deren Leitung. Während die orthodoxen Ostkirchen in der Neuzeit kaum missionarische

Aktivitäten in „Übersee" entwickelten, entstanden in den evangelischen Kirchen vor allem aus der Erweckungsbewegung in England (Ende 18. Jahrhundert) und später in Deutschland und den USA freie Missionsgesellschaften, welche unabhängig von den meist desinteressierten Großkirchen die „Heidenmission" betrieben. Die persönlich erfahrene Bekehrung inspirierte dazu, das Heil allen Menschen bezeugen zu wollen. Ein christlicher Absolutheitsanspruch wurde bewußt oder unbewußt mit der weltweiten wirtschaftlich-kulturellen Expansion des christlichen Europa verknüpft.

Die Missionsgesellschaften waren über hundert Jahre lang faktisch die Kirchenleitungen der überseeischen Gemeinden und sorgten für eine abendländische Prägung des Christentums in der ganzen Welt. Ausnahmen waren die Bestrebungen zu „eigenständigen" Kirchen bei John Eliot (in Neu-England bei den „betenden Indianern" im 17. Jahrhundert), bei der Dänisch-Hallischen Mission (in Südindien seit 1706), bei dem Amerikaner R. Anderson und dem Anglikaner Henry Venn (der Mitte des 19. Jahrhunderts die „Euthanasie" der westlichen Mission forderte!) und bei Karl Graul (lutherische Missionsbewegung des 19. Jahrhunderts). In der römisch-katholischen Kirche war es im 17. und 18. Jahrhundert aufgrund der Missionsmethoden von Roberto de Nobili in Indien und Matteo Ricci in China zu einem „Ritenstreit" über die Erlaubtheit und Verwendbarkeit einheimischer religiöser Gebräuche und Gottesbegriffe gekommen. Die römischen Verbote von 1742 und 1744, die nachhaltig die „Europäisierung" des Christentums festlegten, wurden erst 1940 aufgehoben.

Exportiert nach Asien, Afrika und Lateinamerika wurde auch die konfessionelle Zersplitterung des Christentums. Da am selben Ort häufig verschiedene Konfessionen konkurrierten und gegenseitiges Abwerben („Proselytismus") an der Tagesordnung war, entstanden im 19. Jahrhundert auf dem Missionsfeld aus der Not geboren überkonfessionell-ökumenische Einigungsbestrebungen, zumindest im gesamtprotestantischen Bereich. Die Erweckungsbewegungen führten einerseits über die konfessionellen und denominationellen Grenzen hinweg zu einem christlichen Einheitsbewußtsein, andererseits verhielten sich auch einige bekehrte Einheimische konfessionell unbeugsamer als die Missionare. Es entstanden auch etliche neue Spaltungen, die von Neubekehrten aufgrund ihrer kulturellen und religiösen Verwurzelung oder aus mancherlei anderen Gründen herrührten.

Insgesamt war der missionarische Elan bei den Erweckten am Ende des 19. Jahrhunderts so groß, daß man von einer „Evangelisation der Welt in dieser Generation" überzeugt war. Hierfür wurde jedoch die konfessionelle Zersplitterung als Hindernis erfahren. Darum wurde aus der Missionsbewegung einer der großen Zweige der ökumenischen Bewegung des 20. Jahrhunderts.

Bei der ersten Weltmissionskonferenz in Edinburgh 1910 standen noch nicht Grundsatzfragen der Missionstheologie auf der Tagesordnung, sondern praktische Fragen der Zusammenarbeit bei der Evangelisierung in Wort und Tat (Schulen, Krankenhäuser usw.). Die „Botschaft" forderte einen „neuen Geist" missionarischen Elans in einer weltgeschichtlich bedeutsame Zeit.

93 *Edinburgh 1910:* „Nicht nur von einzelnen Christen oder von der Gemeinde wird dieser neue Geist gefordert. Es ist eine unausweichliche geistliche Forderung, daß das gesamte Leben und die gesamte Ausstrahlung der Völker christianisiert wird, so daß der gesamte Einfluß, einschließlich Handel und Politik, des Westens auf den Osten und der stärkeren Völker auf die schwächeren die Botschaft in der Mission bekräftigt und nicht schwächt."
(Margull [Hg.], Zur Sendung der Kirche, 14f.)

Nach dem Ersten Weltkrieg wurde das Zerbrechen der Synthese von Christentum und westlicher Kultur deutlich. Es kam zwangsläufig zu heftiger Kritik an der „Westmission", sowohl von außen wie von innen: *Von außen*, weil zunehmender Säkularismus, vorherrschende nichtchristliche Ideologien und die Renaissance nichtchristlicher Religionen eher einen „Untergang des Abendlandes" (O. Spengler) anzeigten als eine bleibende christliche Identität Europas mit entsprechendem Sendungsauftrag. *Von innen* kam die Kritik aus der Missionswissenschaft, die seit Ende des 19. Jahrhunderts an den Universitäten die Missionsbewegung theologisch reflektierte, kritisch begleitete und von verschiedenen theologischen Ansätzen her die westliche Einbahnstraße hinterfragte. Die Frage nach Subjekt und Objekt der Mission führte zu einer Missionstheologie, wonach nicht einzelne Christen oder Kirchen das Evangelium und Jesus Christus zu den Nichtchristen bringen, sondern wonach Mission eigentlich eine Sache Gottes ist („missio dei"), der auf vielfältige Weise in Christus durch seinen Heiligen Geist unter den Menschen und Völkern in Natur und Geschichte wirkt. Ein trinitarisches Missionsverständnis konnte die „Westmission" überwinden helfen, bescherte andererseits jedoch neue, bis heute nicht ausgestandene Grundsatzkontroversen über die „Weltmission".

Die Jerusalemer Weltmissionskonferenz 1928 formulierte „eine unnachsichtige, gewissenhafte Selbstkritik" an der bisherigen Missionspraxis und zugleich als Ziel „eine Christus gleichgestaltete Welt", „in der Christus nicht gekreuzigt wird, sondern in der sein Geist regiert". Das setzte ein ganzheitliches Missionsverständnis voraus, welches die Bekehrung einzelner wie auch soziale Dienste zur Veränderung der Welt umfaßt.

94 *Jerusalem 1928:* „Von seinem Wesen her und in seiner Aussage über die Heiligkeit der menschlichen Person widersetzt sich unser Evangelium jeder Ausbeutung des Menschen durch den Menschen. Darum können wir kein Verlangen dulden, das bewußt oder unbewußt diese Bewegung dazu benutzen möchte, wirtschaftlichen, politischen oder sozialen Zwang auf ein Volk auszuüben.

Mehr noch, wir wollen unsererseits jeden Zug eines religiösen Imperialismus zurückweisen, der anderen Menschen Glaubenssätze und Verhaltensweise aufzwingen möchte, um so zu ihrem angeblichen Besten ihre Seelen zu führen. Wir gehorchen einem Gott, der unseren Willen respektiert, und wollen darum selbst den der anderen respektieren. Wir möchten unser Evangelium auch nicht an feste kirchentümliche Formen binden, die ihre Bedeutung aus der Erfahrung der westlichen Kirche herleiten. Das Ziel sollte vielmehr sein, unsere gesammelte historische Erfahrung den jungen Kirchen aller Länder zur Verfügung zu stellen."
(Margull [Hg.], Zur Sendung der Kirche, 21 f.)

Mit der nun einsetzenden Entkolonialisierung und dem antikolonialen Nationalismus in „Übersee" kam es zur Bildung von selbständigen „Jungen Kirchen", die sich selbst leiten, erhalten und ausbreiten wollen (die „Drei-Selbst-Bewegung"). Die traditionelle „Mission" der Missionswerke geriet in eine Identitätskrise; Mutterkirchen und Missionsgemeinden mußten lernen, jetzt „Partner" zu werden. Die Weltmissionskonferenz in Ghana 1958 machte endgültig Schluß mit einer Art qualitativer Unterscheidung von „alten" und „jungen" Kirchen, so daß 1961 die Integration des Internationalen Missionsrates in den ÖRK (als „Kommission für Weltmission und Evangelisation") eine logische Konsequenz war.

Den Wandel von der West- zur Weltmission brachte die Weltmissionskonferenz in Mexico-Stadt 1963 mit der Formel „Mission in sechs Kontinenten" zum Ausdruck. Damit war freilich nicht bloß eine geographische oder kirchlich-strukturelle Sache gemeint. Es verbanden sich damit vielmehr grundlegende theologische Probleme, die seit Anfang der 50er Jahre zu neuen missionarischen Konzeptionen für den „Welt"-Auftrag der Kirche geführt hatten. „Mission" geschah nun in einem Kontext des wachsenden Gefühls weltweiter Interdependenz aller Menschen.

In der sogenannten Dritten Welt trat das Armuts- und Entwicklungsproblem in den Vordergrund; der weiße Missionar, der persönlichen Glauben wecken und Kirche ausbreiten wollte, schien in den Jungen Kirchen weniger gefragt zu sein als der Entwicklungshelfer. „Zwischenkirchliche Hilfe“ war eine völlig neue Form im Vergleich zu früheren Prioritäten der Missionsgesellschaften. Gleichzeitig tauchte ein neuer missionstheologischer Horizont auf: Was bedeutet es für die Theologie der Mission, daß es die alte geographische Trennung in „christliche Länder“ und „Missionsländer“ nicht mehr gab? Daß etwa Frankreich und Deutschland „Missionsländer“ geworden sind, war in der römisch-katholischen Kirche schon längere Zeit ein geflügeltes Wort. Mehr und mehr setzte sich in allen Kirchen ein Bewußtsein für die „Evangelisierung“ der getauften, aber kaum glaubenden Christen durch. „Weltmission“ war also eine komplexe Aufgabe für alle Kirchen und in allen Kirchen geworden. Die „missionarische Struktur der Gemeinde“ wurde ein Langzeitprojekt des ÖRK in den sechziger Jahren. Es trug jedoch alles in allem nicht zu einem einmütigen Missionskonzept bei, sondern es kam im Gegenteil seit der ÖRK-Vollversammlung in Uppsala 1968 zu heftigen Spannungen, die sich in den folgenden Jahrzehnten in Parallelstrukturen von „Evangelikalen“ und „Ökumenikern“ (gemeint sind Vertreter des ÖRK-Konzepts) niederschlugen. In der römisch-katholischen Kirche begegnen seit dem II. Vatikanum ähnliche Spannungen zwischen sogenannten Konservativen und Progressiven, insbesondere im Streit um die lateinamerikanischen Befreiungstheologien.

2. Evangelisierung und Humanisierung

Grob skizziert gibt es seit Jahrzehnten zwei missionstheologische Modelle: das *„heilsgeschichtliche“*, das bei der Sendung in die Welt den einzelnen Christen und die Kirche im Blick hat (Gott – Kirche – Welt), und das *„verheißungsgeschichtliche“*, das die Welt als Ziel des umformenden Heilshandelns Gottes in den Blick nimmt, wobei die Christen und die Kirche Funktionsträger der Sendung Gottes in der Geschichte sind (Gott – Welt – Kirche).

„Heilsgeschichtliche“ Methode

Die traditionelle evangelische wie katholische Missionstheologie ist „heilsgeschichtlich“ geprägt: Zwischen Himmelfahrt und Wiederkunft Christi geht es darum, die Herrschaft Christi durch

Bekehrung einzelner Menschen zum Glauben sowie durch Pflanzung und Wachstum der Kirche in aller Welt aufzurichten. Soziales Wirken für das „Wohl“ der Menschen ist Ausdruck des Liebesgebotes Jesu, hat aber als solches nichts mit dem ewigen „Heil“ zu tun. Im einzelnen gibt es bei diesem Missionsmodell unterschiedliche Akzente, wenn zum einen die Konversion der Nichtchristen (Konversionsmodell) und zum anderen die Einpflanzung der Kirche (Plantationsmodell) die Missionsmethode bestimmt. In jedem Fall ist Mission verkündigende, sakramentale und diakonische Bezeugung des ewigen Heils.

Theologisch bedeutsam ist hier der Ansatz beim Missionsauftrag Christi an seine Kirche. Die heilsgeschichtliche Konzeption führt von Christus zur Kirche, von der Christologie zur Ekklesiologie. Konstitutiv ist allein die bibelgemäße Verkündigung des Heils in Jesus Christus, die persönliche Bekehrung und durch die Taufe die Eingliederung in die Kirche als den Leib Christi. Die Veränderung der Ordnungen dieser Welt ist nicht die eigentliche Mission der Kirche, sondern eine aus dem Evangelium resultierende Konsequenz christlichen Lebens.

Diese heilsgeschichtlich-ekklesiologische Konzeption begegnet in den päpstlichen Missionsenzykliken und in der neueren katholischen Literatur beispielsweise bei Josef Amstutz (Kirche der Völker, Skizze einer Theorie der Mission, Freiburg 1972). Von hervorragender Bedeutung sind die Bischofssynode in Rom 1974 über „Die Evangelisation in der heutigen Welt“, das nachfolgende Apostolische Schreiben Papst Pauls VI. „Evangelii nuntiandi“ (1975) und die Missionsenzyklika „Redemptoris missio“ von Papst Johannes Paul II. (1990). Die Päpste bestimmten hier die Verkündigung eines transzendenten, eschatologischen Heils als wesentlichen Inhalt der Evangelisierung. Die innere Umwandlung des Menschen in der Zustimmung zu den Wahrheiten des Glaubens führt in die Gemeinschaft der Kirche, mit der alle Christen gemäß der Soziallehre der Kirche daran mitwirken, „die menschliche Gesellschaft allmählich in die Familie Gottes umzugestalten“ (Pastoral-Konstitution des II. Vatikanum „Gaudium et spes“, Nr. 40).

Im protestantischen Raum liegen einige Verlautbarungen der Weltmissionskonferenzen auf dieser Linie, ferner einflußreiche Missionstheologen von Gustav Warneck (Evangelische Missionslehre, 5 Bände, 1892–1905) bis Walter Freytag und Georg Vicedom, und heute vor allem die „Evangelikalen“ wie etwa John R. W. Stott (Gesandt wie Christus. Grundfragen christlicher Mission und Evangelisation, Wuppertal 1976) und Peter

Beyerhaus (Krise und Neuaufbruch der Weltmission, Bad Liebenzell 1987).

P. Beyerhaus ist der Hauptautor der „Frankfurter Erklärung zur Grundlagenkrise der Mission“, in der 1970 der Theologische Konvent der Bekenntnisbewegung gemeinsam mit anderen evangelikalen Gruppen sieben Bekenntnisaussagen und Abgrenzungen formulierte. Während die Abgrenzungen zeitbedingt relativ sind, ist in den Positionen das evangelikale Missionsverständnis bis heute eindeutig ablesbar.

95 *Frankfurter Erklärung 1970:*
„8. Wir erkennen und bezeugen:
Die christliche Mission erfährt ihre Begründung, Zielsetzung, Arbeitsaufgabe und den Inhalt ihrer Verkündigung allein aus dem Auftrag des auferstandenen Herrn Jesus Christus und aus seinem Heilswerk, wie uns beides im Zeugnis der Apostel und der Urchristenheit im Neuen Testament berichtet wird. Mission liegt im Wesen des Evangeliums begründet.“

„21. Mission ist verkündigende, sakramentale und diakonische Bezeugung und Darbietung des ewigen Heiles in der Stellvertretung Jesu Christi durch seine Gemeinde und Seine bevollmächtigten Sendboten. Dieses Heil beruht auf dem ein für alle Male geschehenen Kreuzesopfer Jesu Christi für die gesamte Menschheit.

22. Die Zueignung dieses Heiles an die einzelnen Menschen geschieht jedoch erst durch die in die Entscheidung rufende Verkündigung und durch die Taufe, die die Glaubenden in den Dienst der Liebe stellen. Ebenso wie der Glaube in Buße und Taufe das ewige Leben empfängt, führt der Unglaube durch seine Ablehnung des Heilsangebotes in die Verdammnis.“

„26. Die missionarische Verkündigung soll überall zur Pflanzung der Kirche Jesu Christi führen, die eine neue, ausgegrenzte Wirklichkeit als Salz und Licht in ihrer gesellschaftlichen Umwelt darstellt.“ (In: G. Gaßmann u. a. [Hg.]: Neue Transkonfessionelle Bewegungen, 74–79). Weitere bedeutsame evangelikale Dokumente sind die „*Lausanner Verpflichtung*“ (beim Internationalen Kongreß für die Weltevangelisation in Lausanne 1974, abgedruckt bei Gaßmann aaO. 88–97) und „*Das Manifest von Manila*“, 1989, in: Offizieller Bericht, 329–349).

Alle Missionstheologien enthalten irgendwie etwas vom heilsgeschichtlich-ekklesiologischen Modell. Aber es werden auch Einseitigkeiten und Verkürzungen gesehen: Die Welt und ihre Geschichte sind hier als Ort des Handelns Gottes nahezu ausgeblendet. Bei der radikalen Trennung von Heils- und Weltgeschichte sind vom christlichen Glauben her nur Israel und die Kirche im Blick, die Welt und die Nichtchristen gelten eigentlich nur als verloren und als Objekte christlicher Mission.

Seit Anfang der fünfziger Jahre gingen *„verheißungsgeschichtliche"* (Th. Sundermeier) oder *„geschichtlich-eschatologische"* Entwürfe (Thomas Kramm) über das heilsgeschichtliche Modell hinaus, indem nicht die Sendung des Gottessohnes Christus und der Kirche im Vordergrund steht, sondern allein die Sendung Gottes selbst. „Eschatologisch" (endzeitlich) heißt hier, daß Gott sein Reich mit Christus in der Geschichte dieser Welt beginnt. Mission wird als ein Prädikat Gottes verstanden, der in seinem umfassenden Heilshandeln in Christus seine Verheißungen erfüllt und „die Welt" mit sich versöhnen will. Die Diastase von Heils- und Weltgeschichte wird aufgehoben, weil die Theologie von der Menschwerdung Gottes her die Welt als den Bezugsrahmen göttlichen Heilshandelns begreifen muß.

Die Kirche wird in dieser Konzeption eine Funktion der Mission Gottes – statt daß die Mission eine Funktion der Kirche ist. In der Nachfolge Christi ist die Kirche also nicht eine Heilsanstalt, die durch Verkündigung und Sakramente den Gläubigen das Heil austeilt, sondern sie nimmt selber teil am Exodus (Auszug) Gottes in die Welt. Ihre missionarische Struktur besteht darin, „Kirche für andere" zu sein (Bonhoeffer). Als eschatologische Gemeinschaft tritt die Kirche für das umfassende Heil des Menschen innerhalb der Geschichte ein, indem sie auch an den säkularen Humanisierungsprozessen der Menschheit gegen Armut und für mehr Gerechtigkeit teilnimmt.

Die Entwicklung dieser „verheißungsgeschichtlichen" Missionstheologie begann beim ÖRK mit dem Wirken des Niederländers Johannes C. Hoekendijk als Sekretär der Abteilung „Evangelisation". Als „Ökumene" begriff er konsequent die Welt als Horizont christlichen Denkens, und von da her begann er die traditionelle Kirche und Mission kritisch zu hinterfragen. Diese Theologie prägte in den sechziger Jahren die ÖRK-Studie über die missionarische Struktur der Gemeinde. Der „verheißungsgeschichtliche" Ansatz begegnete sodann – etwas moderater und ausgewogener – zumindest in einigen Abschnitten der Missionstexte der Vollversammlungen des ÖRK in Uppsala 1968 und Nairobi 1975 sowie bei der Weltmissionskonferenz in Bangkok 1972/73 („Das Heil der Welt heute"), was den erbitterten Widerstand der Evangelikalen hervorrief.

96 *ÖRK: Die missionarische Struktur der Gemeinde, 1967*: „Der Gott der Bibel ist ein sendender Gott – er sendet seine Propheten, er sendet

seinen Sohn, er sendet durch den Sohn seinen Geist, er sendet durch den Sohn und den Geist die Apostel. Aber der Kontext dieser Sendung ist immer die Geschichte, da Gott in der aktuellen Lebenslage jedes Menschen gegenwärtig sein möchte. In seiner Teilnahme an Gottes Mission tritt der Mensch daher in Partnerschaft mit Gott in die Geschichte ein, weil unsere Kenntnis Gottes in Christus uns zu dem Bekenntnis nötigt, daß Gott sein Ziel mitten in der Welt und ihren geschichtlichen Prozessen verwirklicht."
(ÖRK [Hg.]: Die Kirche für andere. Die Kirche für die Welt im Ringen um Strukturen missionarischer Gemeinden, Genf 1967, 16)

Diese Offenbarungs- und Geschichtstheologie gewann nicht nur bei der ÖRK-Abteilung für Weltmission und Evangelisation Einfluß, sondern vor allem auch bei der Abteilung „Kirche und Gesellschaft", die 1966 in Genf auf ihrer Weltkonferenz sich mit der „Theologie der Revolution" befaßte, freilich in höchst kontroversen Debatten, so daß man den ÖRK nicht pauschal auf eine bestimmte Theologie festlegen kann. Weitere Konsequenzen dieses geschichtstheologischen Denkens betrafen dann natürlich den ökumenischen Einsatz für Gerechtigkeit und Frieden, also auch das Verhältnis von Mission und Entwicklungshilfe; ferner das Dialog-Programm des ÖRK über das Verhältnis zu den anderen Religionen.

Den Zusammenhang von Evangelisierung und Humanisierung als ein integrales Missionsgeschehen brachte der Bericht der Sektion II „Erneuerung in der Mission" in Uppsala 1968 zum Ausdruck.

97 *ÖRK-Vollversammlung in Uppsala 1968*:
Der missionarische Auftrag:
„3. Jesus Christus, der Fleischgewordene, der Gekreuzigte und Auferstandene, ist der neue Mensch ... In der Auferstehung Jesu wurde eine neue Schöpfung geboren. In ihr ist das letzte Ziel der Geschichte – Christus als das neue Haupt der Menschheit, in dem alle Dinge zusammengefaßt werden – zugesichert worden.

4. Das neue Menschsein ist aber nicht nur ein Ziel. Es ist auch eine Gabe, und wie alle Gaben Gottes muß man es sich in der Antwort des Glaubens aneignen... Oft erscheint der Wendepunkt überhaupt nicht als religiöse Entscheidung. Dennoch ist er eine neue Geburt, die zu einem Rhythmus des ständig sich wiederholenden Sterbens und Auferstehens führt. Wir müssen aus dem begrenzten und pervertierten Leben des ‚alten Menschen' herausgerissen werden und ‚den neuen Menschen anziehen'. Eine solche Veränderung ist immer eingebettet in irgendeinen tatsächlichen Wandel der Einstellung und der Beziehungen. Denn es gibt keine Hinwendung zu Gott, die den Menschen nicht gleichzeitig seinen Mitmenschen auf neue Weise zuwendet. Das neue Leben befreit Menschen zur Gemeinschaft und befähigt sie, rassische, nationale, religiöse

und andere Schranken zu durchbrechen, die die Einheit der Menschheit zerteilen."

Bereiche der Mission:

„Die Kirche in der Mission ist für alle da. Sie hat eine unabänderliche Verantwortung dafür, die Hunderte von Millionen, die das Evangelium von der Vergebung Gottes in Christus noch nicht gehört haben, damit bekannt zu machen... Die Bereiche der Mission sind mannigfaltig und vielerorts: wo menschliche Not, Bevölkerungszuwachs, Spannungen herrschen, wo Kräfte in Bewegung sind, wo starre Institutionen bestehen, wo Entscheidungen über Prioritäten und den Gebrauch von Macht gefällt werden und wo offene menschliche Konflikte ausgetragen werden."
(Offizieller Bericht, 27, 29, 35).

Bei der Weltmissionskonferenz in Bangkok 1972/73 untersuchte die Sektion II mit dem Titel „Heil und soziale Gerechtigkeit" die Frage der Gewalt, des revolutionären Umbruchs und der wirtschaftlichen Ausbeutung. Vorangestellt wurden Aussagen über den umfassenden Heilsbegriff.

98 *Weltmissionskonferenz in Bangkok 1972/73*: „In dem umfassenden Heilsbegriff erkennen wir vier soziale Dimensionen des Erlösungswerkes:

1. Das Heil wirkt im Kampf um wirtschaftliche Gerechtigkeit gegen die Ausbeutung des Menschen durch den Menschen.
2. Das Heil wirkt im Kampf um die Menschenwürde gegen politische Unterdrückung durch Mitmenschen.
3. Das Heil wirkt im Kampf um Solidarität gegen die Entfremdung der Menschen.
4. Das Heil wirkt im Kampf um die Hoffnung gegen die Verzweiflung im Leben des einzelnen.
5. Im Erlösungsprozeß müssen wir diese vier Dimensionen zueinander in Beziehung sezten."

(Offizieller Bericht, 198)

In der *römisch-katholischen* Kirche hat das „verheißungsgeschichtliche" Missionskonzept vor allem in der Dritten Welt Fuß gefaßt. Insbesondere in Lateinamerika ist seit der Bischofskonferenz (CELAM) von Medellín 1968 die Evangelisationsperspektive „die einer ganzheitlichen Befreiung des Menschen", bei der die Evangelisierung der „Überwindung ungerechter Strukturen, die ihre Ursache in der Sünde finden", dienen soll.

Von den katholischen Missionstheologen bearbeiteten den „Welt"-Horizont insbesondere *Ludwig Rütti* (Zur Theologie der Mission, 1972) und *Josef Schmitz* (Die Weltzuwendung Gottes, 1971). Diese Arbeiten zeigen, daß in der theologischen Problemstellung die Auffassungen heute quer durch die Konfessionen gehen.

Im protestantischen Raum haben die beiden skizzierten missionstheologischen Modelle seit Mitte der sechziger Jahre zu einer heftigen Auseinandersetzung zwischen „Evangelikalen“ und „Ökumenikern“ geführt. Zu diesen vor allem in Deutschland gebräuchlich gewordenen Namen ist freilich sogleich zu bemerken, daß sie insofern irreführend sind, als nicht nur die „Evangelikalen“ die „heilsgeschichtliche“ Missionslinie vertreten, sondern zahlreiche andere Evangelische und Orthodoxe auch. Und wenn in evangelikalen Kreisen „ökumenisch“ ein Sammelbegriff wurde für ein verweltlichtes Heils-, Missions- und Kirchenverständnis, so ist das ungerecht gegenüber den Ökumenikern, die auch beim ÖRK durchaus das skizzierte heilsgeschichtliche Missionsverständnis vertreten. Wegen des sonst allgemein üblich gewordenen Gebrauchs des Begriffs „ökumenisch“ für die interkonfessionellen Beziehungen mit Orthodoxen und Katholiken ist diese einseitige und negative Verwendung des Begriffs völlig unsachgemäß und schädlich.

Der theologische Ernst der Kontroverse liegt freilich klar zutage und kann – zieht man einmal frühere Konfessionsbildungen als Vergleich heran – durchaus zu Parallelstrukturen oder zu neuen Konfessionen führen. Andererseits fällt auf, daß das jeweilige theologische Interesse aus einem bestimmten Kontext mit eigenen Erfahrungen herrührt und daß es einseitige und mißverständliche Aussagen hervorgebracht hat, aber nicht einen grundlegenden Glaubenskonsens zerbricht.

Keine Seite bestreitet die Zusammengehörigkeit von vertikaler und horizontaler Dimension des Glaubens, aber in den theologischen Texten und in der kirchlichen Praxis werden die Akzente oft unterschiedlich gesetzt, ohne daß das weniger Betonte gering geachtet wird.

Die „weltbezogenen“ Missionsleute halten den Evangelikalen vor, bei ihnen sei die Sozialethik zu wenig entwickelt. In Wirklichkeit haben jedoch auch die aus den Erweckungsbewegungen stammenden Christen stets das soziale Engagement betont und praktiziert, allerdings entweder wenig politisch oder politisch konservativ und damit faktisch die politischen Verhältnisse stabilisierend.

Die Evangelikalen wiederum werfen den weltbezogenen Ökumenikern vor, sie verwechselten das ewige Heil mit dem irdischen Wohl. Dabei wird übersehen, wie intensiv bei allen Ökumenikern das Heil in Christus verkündigt und geglaubt wird, bevor von den säkularen Wirkungen des Heils gesprochen wird. In den Konferenztexten geht man sicherlich oft pragmatisch und wohl auch theologisch mißverständlich vor, aber nie ist bisher die Häresiegrenze überschritten, nämlich durch unser soziales Wirken das Heil bewirken zu wollen. Bangkok 1973 formulierte „Das Heil wirkt ..." und brachte so die soziale Dimension des Evangeliums zum Ausdruck. Das Heil in Christus wird in dieser Formulierung vorausgesetzt, nicht an sich entfaltet, wohl aber in seinen Wirkungen beschrieben. So kann man die Verkündigung in Wort und Tat, in Zeugnis und Dienst begreifen, ohne Heil und Wohl ineins zu setzen oder zu verwechseln. Die freilich oft „links" orientierten politischen Entscheidungen für „revolutionäre" Veränderungen, für „Befreiungsbewegungen", für einen christlichen „Sozialismus" erscheinen den konservativen Evangelikalen als unerträglich.

Die verschiedenen Geschichtstheologien wurzeln in den unterschiedlichen trinitarischen und christologisch-ekklesiologischen Ansätzen. Hier muß der Dialog darüber weitergehen, wie sich eine Art Herrschaftschristologie und eine Kreuzeschristologie zueinander verhalten. Ferner müssen deutlich die kontextuellen Voraussetzungen der jeweiligen Theologie bedacht werden. Die gegenseitige Abhängigkeit von politischen Gesellschaftsanalysen und theologischen Ansätzen ist ja bei den sogenannten „Ökumenikern" und „Evangelikalen" frappierend, wie etwa die Diskussionen um das Antirassismusprogramm des ÖRK und die Entwicklungskonzeptionen gezeigt haben. Eine Annäherung der Missionstheologien bahnt sich an, wenn man die Texte der Weltmissionskonferenz von San Antonio 1989 (Offiz. Bericht, 142, 278) und des Zweiten Kongresses für Weltevangelisation in Manila 1989 („Lausanne II", Offiz. Bericht 336 f.) miteinander vergleicht.

3. Mission und Dialog

Die Missionsbewegung als integraler Bestandteil der modernen ökumenischen Bewegung hat auch zu der Frage geführt, ob nicht eine „größere Ökumene" der Weltreligionen im Blick sein müßte. Dies ist jedoch im allgemeinen verneint worden: Der Begriff „ökumenisch" bezeichnet in der ökumenischen Bewegung die Beziehungen der christlichen Kirchen untereinander, während für die Beziehung der Christenheit zu den anderen Religionen die Begriffe „Mission" und „Dialog" gebraucht werden.

Über das Dialogprogramm des ÖRK gibt es seit den 60er Jahren heftige Kontroversen. Um sie und die neueren „kontextuellen“ Theologien verstehen und bewerten zu können, ist ein kurzer Blick auf die Geschichte angebracht.

Traditionell hat sich das Christentum als Religion unter Religionen verstanden, wobei die Fremdreligionen als falsche, widergöttliche und dämonisch verzerrte Religionen galten. Erst mit der Aufklärung im 18. Jahrhundert änderte sich das Bild. Die Gedanken der Religionsfreiheit und Toleranz wurden bestimmend (vgl. z. B. Lessings Ringparabel in „Nathan der Weise“), freilich mehr im allgemeinen säkularen Bewußtsein und in den Religionswissenschaften als in der Theologie, wo erst mit der liberalen Theologie des 19. Jahrhunderts Ansätze zu einer neuen Theologie der Religionen aufkamen. Im 20. Jahrhundert war die ökumenische Bewegung bald mit dem Problem konfrontiert, daß die christlichen Länder sich immer mehr säkularisierten, während andere Religionen aufblühten und ihrerseits Mission trieben. Die kleiner werdende Welt brachte neuartige Begegnungen, und insbesondere beim Zusammenbruch der Kolonialstaaten und bei der Suche nach nationaler und kultureller Identität in den jungen Staaten Asiens und Afrikas entstand die Frage, ob nicht die Religionen gemeinsam herausgefordert seien, die Menschheitsprobleme anzugehen. Das in der Christenheit lange vorherrschende Bewußtsein, Kultur, Menschlichkeit und Christentum seien identisch, wurde durch die zwei Weltkriege so erschüttert, daß Mitte des 20. Jahrhunderts in allen Konfessionen die „Theologie der Religionen“ neu durchdacht wurde und ein Streit über „Mission oder Dialog“ die ökumenische Bewegung mitbestimmte.

Zwei theologische Positionen stehen sich gegenüber, die mit „Kontinuität“ und „Diskontinuität“ zu kennzeichnen sind. Die einen sehen im christlichen Glauben die Erfüllung all dessen, was in den anderen Religionen an Erkenntnissen göttlicher Offenbarung und an geistlichen Werten, wenn auch unvollkommen, vorhanden ist. Die anderen erkennen in den Religionen eher etwas Falsches und Widergöttliches, dem die christliche Offenbarung strikt gegenübersteht.

Katholische Entwicklung

Die römisch-katholische Theologie knüpft an ihre traditionelle Lehre von der natürlichen Erkennbarkeit Gottes an. Ihre Bestimmung des Verhältnisses von Natur und Gnade hat es prinzipiell ermöglicht, die positiven Werte in anderen Religionen anzuerkennen und die Fremdreligionen als Vorbereitungen für das Evangelium zu werten. Karl Rahner stellte die These von der Existenz eines „anonymen Christentums" außerhalb der Kirche auf (Schr. z. Theol. V, 1962, 136 ff.).

Das II. Vatikanum hat 1965 in der Erklärung über die Religionsfreiheit („Dignitatis humanae"), im Missionsdekret („Ad gentes") und in der Erklärung über das Verhältnis zu den nichtchristlichen Religionen („Nostra aetate") sich mehrfach und grundsätzlich zu diesem Problemkreis geäußert. Es argumentierte dabei theologisch vom allgemeinen Heilswillen Gottes und anthropologisch von der Sehnsucht aller Menschen her, Antwort auf die ungelösten Rätsel des menschlichen Daseins zu finden. Mit Hochachtung ging das Konzil auf einige Werte im Hinduismus, Buddhismus und Islam ein; das Kapitel über das Verhältnis zu den Juden war heftig umstritten, sowohl grundsätzlich (zuerst sollte „Israel" im Ökumenismusdekret behandelt werden!) wie in Einzelaussagen. „Zum erstenmal in der Geschichte spricht hier ein Konzil mit Anerkennung vom Tasten der Menschen, Stämme und Völker nach dem Absoluten, zum erstenmal beugt es sich in Ehrfurcht vor dem Wahren und Heiligen anderer Religionen als dem Werk des einen, lebendigen Gottes." (Johannes Oesterreicher, in der Einleitung zu Nostra aetate, LThK 13, 406)

99 *II. Vatikanum: Nostra aetate:* „1... Alle Völker sind ja eine einzige Gemeinschaft, sie haben denselben Ursprung, da Gott das ganze Menschengeschlecht auf dem gesamten Erdkreis wohnen ließ, auch haben sie Gott als ein und dasselbe letzte Ziel."

„2... Die katholische Kirche lehnt nichts von alledem ab, was in diesen Religionen wahr und heilig ist. Mit aufrichtigem Ernst betrachtet sie jene Handlungs- und Lebensweisen, jene Vorschriften und Lehren, die zwar in manchem von dem abweichen, was sie selber für wahr hält und lehrt, doch nicht selten einen Strahl jener Wahrheit erkennen lassen, die alle Menschen erleuchtet. Unablässig aber verkündet sie und muß sie verkündigen Christus, der ist ‚der Weg, die Wahrheit und das Leben' (Jo 14,6), in dem die Menschen die Fülle des religiösen Lebens finden, in dem Gott alles mit sich versöhnt hat."

Ein Schlüsselwort des II. Vatikanum wurde für die katholische Kirche der Begriff „Dialog": mit der Welt, mit den anderen Kirchen, mit den Religionen. Papst Paul VI. hatte in seiner Antrittsenzyklika „Ecclesiam suam" (1964) das bis heute gültige Dialogprogramm mit dem Selbstverständnis der römisch-katholischen Kirche verknüpft und im Bild „konzentrischer Kreise" zum Ausdruck gebracht: Mittelpunkt ist die katholische Kirche, umgeben vom Kreis der getrennten Christen, der monotheistischen Religionen, der übrigen Religionen und schließlich aller Menschen als Geschöpfe Gottes (deutscher Text in: Herd. Korr. 18, 1963/64, 567–583).

In der nachkonziliaren Entwicklung führte die römisch-katholische Kirche unter Leitung des eigens eingerichteten Vatikanischen Sekretariats für die Nichtchristen zahlreiche Dialoge mit den anderen Weltreligionen. In den Diözesen der Dritten Welt und in der römisch-katholischen Missionstheologie gab es freilich auch Verunsicherungen über das Verhältnis von Verkündigung und Dialog. Papst Johannes Paul II. ging in der Enzyklika „Redemptoris missio" (Die Mission des Erlösers) 1990 ausführlich darauf ein. Er hob wie das Konzil die Unerläßlichkeit des Dialogs hervor, warnte jedoch vor einigen theologischen Gefahren, wenn im Dialog nicht mehr das unverkürzte Evangelium bezeugt werden sollte. Dazu sei es notwendig, die Botschaft vom Reich Gottes von der ganzen Christuswahrheit her zu verstehen und sie auf die Notwendigkeit der Kirche als den eigentlichen Weg des Heils zu beziehen (Nr. 17 und 55). Zu kurz greifen hingegen Vorstellungen von Heil und Sendung, die das universale Gottesreich „anthropozentrisch" auf die sozio-ökonomische, politische und kulturelle Befreiung der Menschen ausrichten und bei denen die Kirche im Dialog und in der Gemeinschaft mit anderen Religionen nur noch „Kirche für andere" ist, um die allgemeinen Werte wie Friede, Gerechtigkeit und Brüderlichkeit zu fördern. Im Dialog müsse vielmehr deutlich werden, daß die Kirche „allein im Besitz der Fülle der Heilsmittel ist" (Nr. 55; in: Verl. d. Ap. St. Nr. 100, Bonn 1991, 57. Vgl. ergänzend dazu das gemeinsame Dokument des Päpstlichen Rates für den Interreligiösen Dialog und der Kongregation für die Evangelisierung der Völker: Dialog und Verkündigung, in: OR (Deutsch) 21, 1991, Nr. 31/32, Beil. 30 Dokumente).

Evangelische Entwicklung

Die Entwicklung evangelisch-theologischer Aussagen über die Religionen verlief im 20. Jahrhundert dramatischer als in der katholischen Theologie. Versuche (wie etwa bei Ernst Troeltsch), ein „religiöses Apriori" auszumachen (= etwas, was von vornherein da ist) oder von „natürlicher" und „Ur-Offenbarung" (Paul Althaus) zu sprechen, waren der katholischen, orthodoxen und anglikanischen Vorstellung von „logos spermatikos" (Same des Wortes bei anderen) verwandt. Gegen sie erhob sich in den zwanziger Jahren in der „dialektischen Theologie" Karl Barths heftiger Protest. Barths theologische Religionskritik legte die Religionen einseitig anthropologisch als Bemühungen der Menschen fest, zu Gott zu kommen. Dagegen verstand er die Botschaft vom Reich Gottes nicht als Religion. „Welt ist Welt. Aber Gott ist Gott." Die Entgegensetzung von Religion und Reich Gottes kam gleich zu Beginn seines berühmten Römerbriefkommentars (1919) zum Ausdruck: „Botschaft von Gott ... keine menschliche Religionslehre"; „nicht *eine* Wahrheit, sondern *die* Wahrheit." (Vgl. auch K. Barth, Kirchliche Dogmatik I/2, Paragraph 17.)

Hendrik Kraemer, von Karl Barth und Emil Brunners dialektischer Theologie beeinflußt und ein führender Missionstheologe beim Internationalen Missionsrat und beim frühen ÖRK, schrieb den Vorbereitungsband für Tambaram 1938 („Das christliche Evangelium in einer nichtchristlichen Welt", Zürich 1940), wo er zwar die „unzerstörbare Bezogenheit" aller Menschen auf Gott betonte, dem Weg der Religionen jedoch den des christlichen Heils als einzig richtigen Weg gegenüberstellte. Er sprach von einer Diskontinuität zwischen „biblischem Realismus", der in der Offenbarung gründet, und allen menschlichen Versuchen einer Erfassung der Wirklichkeit, die er als Kern und Wesen der anderen Religionen ansah. Die dialektische Theologie teilte diese Position mit den Erben der Erweckungsbewegungen, die ja theologisch bisher in der Missionsbewegung bestimmend gewesen waren.

Nach dem Zweiten Weltkrieg kam dann sowohl in der Dritten Welt durch die Begegnung mit anderen Religionen als auch im Osten beim Zusammenleben mit den Marxisten wie im Westen in der Konfrontation mit verschiedenen Ideologien das Bewußtsein auf, neben „Mission" müsse auch „Dialog" eine Sache der Kirchen werden. Aber welche theologische Konzeption konnte sich dafür anbieten?

Ein Dialog, der nur im Austausch von Informationen und in der Beseitigung von Mißverständnissen besteht, ist kein Problem. Schwieriger ist ein interreligiöser Dialog als Begegnung von Überzeugungen. Vorbedingung soll die Anerkennung der Freiheit des anderen sein, seine Überzeugung zu bewahren; sonst ist „Dialog" nur eine Form von „Mission". Ist dann von vornherein die Wahrheitsfrage relativiert, indem alle zugeben müssen, gemeinsam auf der Suche zu sein? Ist Synkretismus gewollt oder ungewollt das realistisch zu erwartende Ziel? Diese Grundsatzfragen bestimmen das Dialogprogramm des ÖRK und den heftigen Streit mit den Evangelikalen.

Das Dialogprogramm des ÖRK

Auf der 3. Vollversammlung des ÖRK in Neu Delhi 1961 versuchten einige Redner, mit einer „kosmologischen Christologie" das Verhältnis zu den nichtchristlichen Religionen neu zu definieren. Der Inder Paul Devananden spitzte die Frage zu:

100 „Zielt die Verkündigung des Evangeliums auf die völlige Vernichtung aller übrigen Religionen ab? Oder werden Religionen und Völker als solche in ihrer Eigenschaft weiter bestehen in der Fülle der Zeiten, wenn ‚Gott alle Dinge zusammenfaßt in Christus, beides, was im Himmel und auf Erden ist' (Eph. 1, 10)?"
(Offizieller Bericht, 497).

Die Rede vom „kosmischen Christus", wie sie in der orthodoxen Theologie schon längst gebräuchlich war und in der römisch-katholischen Prägung eines Teilhard de Chardin lebhaft diskutiert wurde, sollte die Christozentrik der dialektischen Theologie und der „Pietisten" miteinander verknüpfen und zugleich auch eine Brücke schlagen zu der humanisierenden Evangelisation, weil Christus zugleich Grundlage und Ziel unseres „gemeinsamen Menschseins" ist. Theologische Grundlage des Dialogs mit Menschen anderer Religionen war also das Missionsverständnis, Christus dort zu entdecken, wo er bereits ist und die Dinge in seinen Händen hält.

Dieser christologische Universalismus vermochte heftige Kontroversen jedoch nicht aufzuhalten. Bei verschiedenen ÖRK-Konsultationen (vgl. H. J. Margull und S. J. Samartha [Hg.]: Dialog mit anderen Religionen, 1972), kamen nicht repräsentativ die Vertreter verschiedener Missionstheologien zusammen, sondern hauptsächlich Leute, die in der Begegnung mit Menschen anderen Glaubens und mit neuen Formen der Spiritualität bereits Erfahrung hatten. Dialog implizierte hier als Voraussetzung, eine positive Beziehung zu anderen „lebendigen Glaubensweisen" (living faiths) zu haben. Das war eine andere Grundhaltung als in der dialektischen Theologie und unter den „Pietisten". Jetzt kam es zu einer Theologie der Religionen, bei der die anderen Religionen der christlichen Theologie ihre Fragen stellten. Von da aus mußten dann neu die Absolutheit des Christentums, die

Toleranzfrage und die Universalität der christlichen Botschaft theologisch durchdacht werden. Das Dialogprogramm umfaßte sowohl die Beziehung zu den anderen Religionen als zu den Vertretern der verschiedenen Ideologien in Ost, West und Süd. Bei einer ÖRK-Konsultation in Zürich 1970 hieß es im Kommuniqué:

101 *ÖRK-Konsultation in Zürich 1970:* „Alle Christen glauben, daß Gott in der Welt am Werk ist, und erwarten Zeichen und Wirkungen dieses Handelns." „Alle augenblicklichen Lebensbedingungen auf der Erde zwingen uns, eine Weltgemeinschaft anzustreben, in der Menschen miteinander leben und handeln können. Der Dialog zwischen Christen und anderen Glaubenden unserer Zeit – verstanden als ein Miteinander-Reden, ein Mit-Teilen bezüglich des Weges auf ein Zusammenleben hin – ist eine unausweichliche, dringliche und verheißungsvolle Weise herauszufinden, wie man Gottes Angebot der Gemeinschaft in Christus und unsere verschiedenen Arten menschlichen Gemeinschaftslebens zusammenbringen kann." (Margull und Samartha [Hg.], aaO., 36 und 42).

Das Stichwort „Weltgemeinschaft" löste bei den Evangelikalen großen Protest aus. Peter Beyerhaus sah hier „die Umrisse einer synkretistischen Universalreligion, in der der Mensch in einem humanistischen Spiritualitätsbegriff seine innerweltliche Begrenzung zu überschreiten sucht", also das Gegenteil von der Botschaft vom Reich Gottes (in: W. Künneth/P. Beyerhaus: Reich Gottes oder Weltgemeinschaft?, 222). In der Berliner Ökumene-Erklärung 1974 haben Bekennende Gemeinschaften aus verschiedenen europäischen Kirchen in neun Thesen gegen die Theologie des ÖRK Stellung genommen.

102 *Berliner Ökumene-Erklärung 1974:*
„These 8: Keine Welteinheitsreligion!
Der Weltkirchenrat steht an einem schicksalhaften Wendepunkt: Die anfängliche Ökumene der Kirchen droht heute zur Ökumene der Religionen gemacht zu werden. Wir warnen vor der Gefahr einer synkretistischen (die Religionen vermengenden) Welteinheitsreligion.

These 9: Keine Welteinheitsgemeinschaft!
Die ökumenische Leitidee gipfelt heute in der ‚utopischen Vision' (Wunschbild) einer mit vereinten menschlichen Kräften zu schaffenden Weltfriedensgemeinschaft aller Rassen, Religionen und Ideologien. Sie verkennt damit die heilsgeschichtliche Aussage über das Kommen des Reiches Gottes. Eine weltverhaftete Kirche, die diese Gabe der Wiederkunft eigenmächtig vorwegnehmen will, wird dem Antichrist den Weg bahnen."
(W. Künneth/P. Beyerhaus: Reich Gottes oder Weltgemeinschaft?, 29, 31)

Bei dieser Gegenüberstellung „Reich Gottes oder Weltgemeinschaft?“ wurde der ÖRK in zweifacher Hinsicht mißverstanden: Zunächst sind Pilotprojekte des ÖRK-Stabes nicht „der ÖRK“. Die Vollversammlungen und zwischenzeitlich der Zentralausschuß haben sich weitaus zurückhaltender geäußert als die Kommuniqués von Konsultationen. Und auch hier wurden fair gegenteilige Auffassungen zitiert und die eigene Dialogkonzeption als Anregung vorgetragen. Von einer „Welteinheitsreligion“ als Ziel war freilich nirgends die Rede! Sodann gehen die Texte von der Realität der jetzigen Menschheit aus, in einer religiös und ideologisch pluralistischen Welt zu leben. Zielvorstellung ist, daß die Menschen – konkret die Religionen und Weltanschauungsgruppen – als „Gemeinschaft“ leben und nicht in Polemik gegeneinander oder beziehungslos. Der Heidelberger Missionswissenschaftler Theo Sundermeier gebraucht dafür den Begriff „Konvivenz“ (Konvivenz als Grundstruktur ökumenischer Existenz heute, in: Ökumenische Existenz heute, 1986). Solche Weltgesellschaft ist tatsächlich nicht das Reich Gottes. Hier ging die Kritik der Evangelikalen am ÖRK vorbei.

Das Thema wurde beim ÖRK immer wieder aufgegriffen und präzisiert. Im Jahre 1977 erarbeitete die Konsultation von Chiang Mai (Thailand) „Leitlinien zum Dialog“, die 1979 vom Zentralausschuß und 1983 von der Vollversammlung in Vancouver angenommen wurden.

103 *Chiang Mai 1977: Dialog in der Gemeinschaft:* „Der christliche Glaube an den dreieinigen Gott ... ruft uns Christen zu menschlicher Gemeinschaft mit unseren vielen Nachbarn. Solche Beziehung schließt den Dialog ein: unsere tiefsten Überzeugungen vorzutragen und auf die der andern zu hören. Der christliche Glaube macht uns frei, offen zu sein für die Glaubensweisen anderer ... Im Dialog werden Überzeugung und Offenheit im Gleichgewicht gehalten.“
(Guidelines on Dialogue, Geneva, WCC 1979, 16).

Beim Versuch, die Menschheit als eine „Gemeinschaft von Gemeinschaften“ theologisch zu erfassen, gehen die Dialogrichtlinien also trinitarisch vor: vom gemeinsamen Menschsein als Geschöpfe Gottes, von der Königsherrschaft Christi und vom Wirken des Heiligen Geistes in der Geschichte. Die 1977 auftauchende Aussage, die „Gemeinschaft der Gemeinschaften“ könnte vielleicht als ein „Abbild der Königsherrschaft Gottes über alle menschlichen Gemeinschaften“ verstanden werden, ist allerdings ein Schritt in eine Reich-Gottes-Vorstellung, welche die Evangelikalen zu Recht kritisieren. Aber diese Formulierung wurde glücklicherweise nicht wieder aufgegriffen.

Nachdem die Vollversammlung des ÖRK in Vancouver 1983 sich zu einem spannungsvollen Miteinander von Mission und Dialog geäußert hatte (Offizieller Bericht, 67), griff die Weltmissionskonferenz in San Antonio 1989 die Formulierung vom „Zusammenleben mit Menschen anderen Glaubens und anderer Weltanschauungen" als ein „Aufeinandertreffen von Loyalitäten" auf (vgl. Offizieller Bericht, 143). Auch die Evangelikalen kamen zu ähnlichen Positionen in Manila 1989 (Offizieller Bericht, 334 f.).

Ein Unterschied zwischen der römisch-katholischen Position und den ÖRK-Texten wird beim Kirchenbegriff deutlich. Die römisch-katholische Kirche geht in den Dialog mit den Weltreligionen nicht nur mit der Gewißheit, daß die Offenbarung Gottes in Jesus Christus *die* Wahrheit ist; sie ist auch überzeugt, daß die Kirche allein die Fülle der Heilsmittel besitzt und sie selber *der* Weg zum Heil ist. In der „Missio dei" oder „Missio filii" ist die Kirche selbst so ebenfalls Subjekt der Mission: Missio ecclesiae. Die ÖRK-Erklärungen reden hier vorsichtiger von der Kirche, im Bewußtsein, „daß wir die Wahrheit Gottes in der Gefangenschaft unserer sakralen, denkerischen wie ethnischen Bedürfnisse halten" und daß der Platz der Kirche im Dialog mit anderen bei aller Heils- und Glaubensgewißheit von der „tiefen Angefochtenheit durch die Brüchigkeit und Zweifelhaftigkeit unserer kirchlichen und theologischen Positionen" mitbestimmt ist. In dieser Dialektik von eigener Gewißheit über Gottes Offenbarung und eigener Ungewißheit über die geschichtliche Darstellung von Kirche kann dann Dialog auch als „gemeinsamer Weg zur Wahrheit" verstanden werden (die Zitate stammen aus der Studie der VELKD und der Arnoldshainer-Konferenz-Kirchen: Religionen, Religiosität und christlicher Glaube, Gütersloh 1991, 124 f.).

Die Religionen werden zweifellos in der enger zusammenrükkenden Menschheit ein bedeutsamer Faktor der Kultur und Zivilisation bleiben. Aber die Unterschiede, etwa zwischen einem islamischen Fundamentalismus, einer buddhistischen Anthropologie und Heilslehre und dem christlichen Verständnis von Kirche und Sozialethik sind so groß, daß mit einem gemeinsamen Wirken bei den Menschheitsproblemen nur punktuell zu rechnen ist. Für den Beitrag der Christenheit wäre dafür zunächst mehr ökumenische Einheit der Christen untereinander nötig. Solange die römisch-katholische Kirche nur unter der Voraussetzung des päpstlichen Primats und der ÖRK nur mit umstrittenen Missions-, Dialog-, Friedens- und Befreiungskonzeptionen in diese größere „Gemeinschaft der Gemeinschaften“ hineingehen, wird leider das christliche Zeugnis vom dreieinigen Gott schwer beeinträchtigt. Nur eine Christenheit, die radikal das Evangelium von Jesus Christus und nicht sich selbst als Heil der Welt verkündigt, hat der Menschheit etwas zu sagen. (Vgl. unten das Kapitel „Sozio-kulturelle Bewegungen und Kontexttheologien“.)

V. Sozialbewegungen und Sozialethik

Die soziale Frage hat die Christenheit stets beschäftigt, und permanent hat es verschiedenartige soziale Bewegungen zur Linderung der Not in der Welt gegeben. Die christliche Theologie hat freilich nur sporadisch und allmählich Soziallehren entwikkelt, welche die Ordnung der menschlichen Gesellschaft konzipieren.

1. Die Kirchen und die soziale Frage

Im 19. Jahrhundert kam ein soziales Problem zu einer prinzipiellen Lösung, bei welchem durch Jahrhunderte hindurch die christlichen Kirchen eine erstaunliche Zurückhaltung praktiziert hatten: die Sklaverei und der Sklavenhandel. Die gesetzliche Abschaffung in fast allen Staaten hatte gewiß in den Menschenrechtskonzeptionen seit der Aufklärung ihre Wurzel; aber neben weiteren wirtschaftlichen und politischen Interessen des Liberalismus war zweifellos auch ein Aufstand des christlichen Gewissens damit verbunden, vor allem in den vom Pietismus geprägten evangelischen Missionen. Nach einem Verbot des Negerhandels 1839 hatte katholischerseits Papst Leo XIII. 1888 systematisch zur Bekämpfung der Sklaverei aufgerufen.

Dem Aufkommen der „Sozialen Frage" in den industrialisierten Staaten des 19. Jahrhunderts waren die Kirchen im allgemeinen ziemlich hilflos ausgesetzt. Zwar fehlte es nicht an Werken der Barmherzigkeit und Hilfen bei individuellem Leid („Innere Mission", Diakonie, Caritas), aber eine sozialpolitische Dimension, wie eine gerechte Ordnung herzustellen und wie institutionalisiertes Unrecht zu bekämpfen sei, wurde weithin weder als kirchliche noch als theologisch-ethische Aufgabe erkannt. Die gesellschaftlichen Konflikte wurden ideologisch zwischen den beiden Extremen des „Sozialismus/Kommunismus" und des „Liberalismus/Kapitalismus" ausgetragen. Die antireligiöse und antikirchliche Haltung der meisten Sozialisten verhinderte, daß sich

„christlich-soziale“ oder „evangelisch-soziale“ Bewegungen größere Geltung verschafften (Kaiser Wilhelm II.: „Christlich-sozial ist Unsinn!“). Der ökonomische Liberalismus, der den staatlichen Institutionen nur die Aufgabe zuschrieb, die Freiheitsrechte des Individuums zu sichern und sich jeglicher Eingriffe in den wirtschaftlichen und sozialen Ablauf zu enthalten, wurde zwar kirchlich-theologisch nicht legitimiert, aber die Kirchen hatten auch keine christliche Sozialethik als Korrektur parat.

Die sozialen Bewegungen und Theorien zu Beginn des 20. Jahrhunderts - auch die sozialethischen Ansätze in der frühen ökumenischen Bewegung - hingen mit den sozialen Evolutionstheorien der damaligen Zeit zusammen. Inspirierend und lähmend zugleich wirkte der „Sozialdarwinismus“, auf den sich Konservative und Sozialisten berufen konnten. Die Darwinsche Theorie von der Entstehung der Arten durch einen „Kampf ums Dasein“ aufgrund natürlicher Auslese wurde dabei auf die Geschichte der menschlichen Gesellschaft übertragen. Marxistische Sozialisten konnten mit dieser Idee ihren Fortschrittsglauben untermauern, durch den Klassenkampf zur paradiesischen klassenlosen Gesellschaft zu gelangen; außerdem unterstützte der Sozialdarwinismus die sozialistische Auffassung, es gebe keine überzeitlich gültigen Wirtschaftsordnungen oder politische Institutionen. Die Konservativen wiederum konnten mit einer sozialdarwinistischen Evolutionstheorie ihr gesellschaftliches Selektionsprinzip vom „Überleben des Tüchtigen“ rechtfertigen und ihren ökonomischen und sozialen Liberalismus begründen. Diese Haltung führte in der Ethik zu einem sogenannten Laissez-Faire-Kapitalismus, bei dem man sich vom ökonomischen Fortschritt automatisch auch eine soziale Besserung versprach; aber faktisch wurden die bestehenden Ungleichheiten in der Gesellschaft ideologisch legitimiert.

Die in der frühen ökumenischen Bewegung einflußreiche amerikanische Lehre vom „Social Gospel“ enthielt einerseits mit dem Reich-Gottes-Gedanken auch ein Evolutionsdenken, andererseits bestritt sie aber energisch die Fortschrittsthese beim „Kampf ums Dasein“ und setzte die soziale Verantwortung und das gegenseitige Dienen sowohl gegen die marxistische wie gegen die liberale kapitalistische Konzeption.

104 Hauptvertreter war Walter Rauschenbusch (Die religiösen Grundlagen der sozialen Botschaft, Zürich 1922, engl. 1917), der die Entwicklung der Menschheit als einen Prozeß verstand, in dem sich die Menschheit nach dem Willen Gottes auf sein Reich hin organisiert; er nannte dieses Ziel „Republik der Arbeit und des gegenseitigen Dienens“ (144, 185).

Der „Religiöse Sozialismus“ im kontinentalen Europa war zu Beginn des 20. Jahrhunderts der Versuch, auf der Grundlage der von Marx gegebenen Analyse der kapitalistischen Gesellschaft in Erwartung des Reiches Gottes die Gesellschaft zu gestalten. Hier wurden sozialethische Modelle entwickelt, die bei den ökumenischen Konferenzen und später etwa bei den „Christen für den Sozialismus“ in der Dritten Welt eine Rolle spielten.

Die Kirchen vertraten zu Beginn der modernen ökumenischen Bewegung Anfang des 20. Jahrhunderts konfessionell unterschiedlich geprägte sozialethische Grundhaltungen. Die *orthodoxen* Ostkirchen haben weithin die Auffassung vertreten, daß sie die Liebe verkündigen und daß sie deshalb keiner besonderen Soziallehre bedürfen. Die *römisch-katholische* Soziallehre berief sich traditionell auf das Naturrecht und auf philosophisch-anthropologisch begründete Prinzipien („Person“, „Solidarität“, „Subsidiarität“), mit denen sie das Verhältnis von Christ und Gesellschaft, Kirche und Staat oder andere Ordnungsinstitutionen regelte. Mit der Sozialenzyklika „Rerum novarum“ schaltete sich Papst Leo XIII. 1891 in die soziale Frage, speziell die Arbeiterfrage ein. Er betonte gegenüber einem totalen liberalistischen Kapitalismus das Recht und die Pflicht der Staatsintervention, und er erklärte die Koalitionsfreiheit der Arbeiter (Gewerkschaften) als Menschenrecht.

Im *Protestantismus* entwickelten sich vielfältige Typen der Sozialethik: Im Luthertum berief man sich auf eine sogenannte Zwei-Reiche- oder Zwei-Regimenten-Lehre, wonach Gott im geistlichen Regiment (der Kirche) durch sein Wort den Glauben weckt, der in der Liebe tätig wird, und wonach es beim weltlichen Regiment im Schöpferwillen Gottes begründete Ordnungen menschlichen Zusammenlebens gibt, die alle Menschen betreffen (Staat, Ehe, Beruf). Diese Lehre hatte seit der Reformation den Klerikalismus überwunden, aber auch – sicherlich gegen Luthers Intentionen! – zwei Mißverständnisse hervorgerufen: (a) einen liberalen Dualismus, bei dem ein individualistisches Privatchristentum einer eigengesetzlichen Welt des Staates, der Wirtschaft usw. gegenüberstanden, und (b) eine idealistische Theologie der „Schöpfungsordnungen“, welche geschichtlich gegebene Ordnungen christlich verklären und geradezu mit dem Schöpferwillen identifizieren konnte (Völker, Rassen, Stände usw.) und somit die Kirche entweder aus der Politik zurückdrängte oder sie zur Integrationskraft des sozialen Status quo machte.

Im calvinistisch geprägten Protestantismus wurde die Alleinwirksamkeit Gottes in der Weise betont, daß Gott einen „Bund“

mit den Menschen gemacht habe und daß der Christ und die Kirche ihre Weltauffassung in diese Bundestheologie einzuordnen haben. Die Ethik hat sowohl die Heiligung der Christen und die Kirchenzucht zum Thema als auch die Aufgabe, auf der Grundlage des Bundesgedankens und der Kirchenzucht die politische Ordnung des Gemeinwesens mitzugestalten. Im 20. Jahrhundert hat diese theologisch-ethische Tradition in der Formel „Königsherrschaft Christi" eine neue Gestalt gefunden: Der in Christus geoffenbarte Wille Gottes betrifft auch das menschliche Zusammenleben; die Weltgestaltung ist dem Christen und der Kirche in der „analogia fidei" (Glaubensanalogie) aufgetragen (Karl Barth). Die kritische Rückfrage an das „reformierte" Verständnis betrifft das Problem, inwiefern das Evangelium ein Programm der Gesellschaftsgestaltung enthält und wann bei ethisch-politischen Entscheidungen ein „status confessionis" geboten ist, das heißt wann sich die „Bekenntnisfrage" stellt, die Geister sich scheiden und eine Kirchenspaltung die Folge ist.

Grob skizziert bestimmten seit der Aufklärung zwei Frömmigkeitstypen die christliche Sozialethik: „ein mehr individualistisch-eschatologischer", der das Heil des einzelnen, seine Nächstenliebe und die Diakonie der Kirche zum Inhalt hat, und „ein mehr universal-sozialer", der – mit unterschiedlichen theologischen Begründungen und Zielen – einen weltweiten christlichen Aktivismus anstrebte. Es läßt sich zeigen, daß manche heutige Polarisation zwischen sogenannten „Evangelikalen" und „Ökumenikern" gar nicht neu ist.

2. Diskussionen um die Reich-Gottes-Ethik

Edinburgh 1910

Bei der Edinburgher Weltmissionskonferenz 1910 kann man zwar noch nicht von einer „ökumenischen Sozialethik" sprechen, aber die Konferenz behandelte die sozialen Fragen in einem bemerkenswerten Zusammenhang mit dem missionarischen Bewußtsein, daß das Christentum einen geistigen und ethischen Eroberungsfeldzug zur Christianisierung der nichtchristlichen Nationen unternehmen müsse. Die Reich-Gottes-Botschaft wurde mit einer Reich-Gottes-Ethik in einem evolutiven Denken verknüpft: In den Kirchen und in der christlichen Zivilisation des Westens konnte man einen „übermenschlichen Faktor" entdecken, den es über die ganze Welt auszubreiten galt (Bericht der Kommission I, Vorsitzender John Mott).

Den Erweis für die Überlegenheit der christlichen Ethik und Kultur erblickte man im bisherigen Entwicklungsprozeß der christlichen Nationen. Es gab freilich auch Vorbehalte gegenüber einer simplen Identifizierung von christlicher Zivilisation des Westens und Reich Gottes, aber alles in allem prägte das abendländische Bewußtsein, gegenüber den anderen Religionen einen ethischen Endgültigkeitsanspruch geltend machen zu müssen, die ethischen Konzeptionen in den ökumenischen Entwicklungsdebatten der folgenden Jahrzehnte. Die Kapitalismus-Sozialismus-Kontroverse spielte bei dieser missionarisch-zivilisatorischen Reich-Gottes-Ethik noch keine Rolle.

Die gesellschaftspolitischen Konsequenzen (insbesondere waren Asien und Afrika im Blick) waren im Detail unterschiedlich: Die angelsächsische Reich-Gottes-Ethik und Missionstheorie befolgte im allgemeinen eine kritische Haltung gegenüber der Kolonialpraxis der „christlichen Regierungen", während die kontinentaleuropäischen Missionen sich sowohl mit Kritik gegenüber den Kolonialregierungen zurückhielten als auch sich revolutionären sozialen Reformbewegungen gegenüber verschlossen.

Stockholm 1925 und Jerusalem 1928

Die Weltkonferenz für Praktisches Christentum in Stockholm 1925 und die Weltmissionskonferenz in Jerusalem 1928 griffen das Thema „Reich-Gottes-Ethik" wieder auf. Die angelsächsischen Vertreter vor allem verknüpften die Reich-Gottes-Botschaft mit den in Amerika vorherrschenden Vorstellungen des „Social Gospel" und entwarfen ein Sozialkonzept, das sich als Gegensatz zum dogmatischen Sozialismus wie zum liberalen Kapitalismus verstand. Es argumentierte nicht wie die katholische Soziallehre von philosophisch-anthropologischen Prinzipien her, sondern betonte mit der „Arbeit" die Mitarbeit des Menschen am göttlichen Plan.

Gegen diese Reich-Gottes-Ethik wandten sich in Stockholm und Jerusalem vor allem die europäischen Lutheraner. Sie sahen hier eine unbiblische Ethisierung des Evangeliums, weil aus dem Evangelium keine eindeutige und spezifische Theorie für das Zusammenleben der Menschheit zu entwickeln sei. Es sei „nichts als Schwärmerei", wenn „man das Reich Gottes sich innerhalb dieses Äons in allmählicher Entwicklung vollenden läßt" (Landesbischof L. Ihmels, Dresden, in: Stockholm, Offizieller Bericht, 134). Solche theologischen Vorbehalte sollten weder das soziale Engagement der Kirchen noch Sozialappelle an die Verantwortlichen in der Gesellschaft beschneiden, aber sowohl die theologische Begründung für soziales Handeln wie die eigentlichen Subjekte gesellschaftlichen Gestaltens waren anders bestimmt als etwa beim Social Gospel.

Die Stockholmer Kommissionsberichte waren Kompromißformulierungen:

105 *Stockholm 1925*: „Die Zeit ist für die Kirche gekommen, in dieser Frage eine neue Stellung zu nehmen. Sie muß den einseitigen Individualismus und Subjektivismus in der Religion aufgeben. Sie muß das ganze ungeschmälerte Evangelium für die Gesamtheit der Lebensbeziehungen verkündigen, für das Innere wie für das Äußere, für das Persönliche wie für das Soziale, für das Nationale wie für das Internationale. Sie muß sich zu einer höheren und volleren Auffassung der Frömmigkeit und ihrer Aufgabe im internationalen Leben der Welt erheben. Sie darf nicht mehr den Regierungen allein die Entscheidungen der internationalen Politik auf Grund der Macht überlassen. Die Kirche muß darauf bestehen, daß Nationen und Regierungen in ihrer Beziehung zu andern Nationen, besonders zu schwachen und rückständigen Rassen, von sittlichen Idealen und Prinzipien geleitet werden." (Kommission III, Bericht, 80)

„Auch wo unter Christen ernste Unterschiede obwalten, müssen sie versuchen, zusammenzuarbeiten im Wetteifer um die Erfüllung des Willens Gottes. Wir mögen uns zum Beispiel voneinander in der Beantwortung der Frage unterscheiden, ob diese Welt überhaupt nach Gottes Willen umgestaltet werden kann; wir müssen aber darin einig sein, daß Christen für den Willen Gottes zu kämpfen haben. Wir mögen uns unterscheiden in der Auffassung vom Wesen des Reiches Gottes; wir müssen uns aber verbinden in gemeinsamer Arbeit für die Verwirklichung unseres Gebetes: ‚Dein Reich komme! Dein Wille geschehe wie im Himmel, also auch auf Erden!'" (Kommission V, Bericht, 95)

Die Diskussionen um die Reich-Gottes-Ethik sind trotz der Widersprüche erste Ansätze zu einer ökumenischen Sozialethik. Neben den zitierten allgemeinen Grundaussagen enthielten die Kommissionsberichte von Stockholm immerhin auf 35 Seiten konkrete Empfehlungen und Resolutionen zu den verschiedensten sozialen, wirtschaftlichen und politischen Problemen. Die nichtrömisch-katholischen Kirchen waren erstmals in der Geschichte in der Lage, zumindest mit dem ihnen vertrauten Medium des Wortes gemeinsam die Probleme der Menschheit anzugehen.

3. Die katholische berufsständische Sozialordnung (Enzykliken 1891 und 1931)

Die Sozialethik theologisch im Rahmen einer missionarischen Reich-Gottes-Botschaft oder -Ethik zu behandeln, blieb der römisch-katholischen Kirche fremd. Ihre naturrechtlich begründete Soziallehre führte 1931 in der Enzyklika Pius' XI. „Quadragesimo anno" zu einer eigenen Antwort auf die sozialethischen Herausforderungen des Sozialismus und des liberalen Kapitalismus. In Ergänzung zu den Aussagen über die Arbeiterfrage in „Rerum novarum" 1891 konkretisierte der Papst das Personen-, Solidaritäts- und Subsidiaritätsprinzip im gesellschaftpolitischen Ziel einer berufsständischen Ordnung. Die menschliche Sozialnatur komme am besten zur Geltung, wenn die Solidarität der Berufsstände den besonders im wirtschaftlichen Bereich bestehenden Klassengegensatz überbrückt und die Unerträglichkeiten sowohl eines marxistischen Kollektivismus wie eines liberalistischen Individualismus überwindet. Das Subsidiaritätsprinzip innerhalb des Gemeinwohls entlaste den Staat, befreie von allen totalitären Ideologien und gebe zudem neben der berufsständischen Ordnung auch den weiteren Sozialgefügen wie Familie, Vereinen, Kirche usw. angemessene Möglichkeiten für ein geordnetes harmonisches Zusammenwirken in der Gesellschaft. Mit der berufsständischen Einordnung der ökonomischen Fragen in das allgemeine Wohl des Volkes befürwortete die katholische Soziallehre eine „soziale Marktwirtschaft". Die Frage, wie solche Ordnung in den unterentwickelten Ländern sich auswirkt und wie das Verhältnis von Kolonialmächten und Entwicklungsländern zu gestalten ist, war 1931 noch kein Thema in der päpstlichen Enzyklika.

Die katholische Soziallehre selbst enthält wegen der naturrechtlichen Begründung wenig Aussagen über die gesellschaftspolitische Rolle der Kirche. Hier lagen jedoch die Schwierigkeiten, die Sozialethik ökumenisch zu formulieren. Vom Subsidiaritätsprinzip her beanspruchte die katholische Kirche eine freie Entfaltung ihres Wirkens, und im Rahmen ihrer politischen Möglichkeiten durch den Vatikanstaat mit seinen diplomatischen Beziehungen (Nuntiaturen, Konkordaten) war sie nicht frei von Hegemoniestreben, d.h. sie suchte im Bewußtsein, mit etwas Gutem der Gesellschaft zu dienen, so viele Vorteile für sich und ihre Einrichtungen wie eben möglich herauszuholen. Innerkirchlich band sie die Gewissen an das bischöfliche und päpstliche

Lehramt und versuchte so, über das Engagement der Laien stets ein relativ klares katholisches Konzept für sozialethische Probleme durchzusetzen und die Gesellschaft zu verchristlichen.

Tendenzen zur „Verchristlichung“ der Gesellschaft gab es bei den andern Konfessionen auch; die Reich-Gottes-Ethik und das Social Gospel liefen letztlich auf dieses sozialethische Ziel hinaus. Doch die Relation von Reich Gottes und Kirche, vor allem das Selbstverständnis der Institution Kirche und ihrer Autorität waren erheblich verschieden. Die Relation von Dienst und Macht wurde – zumindest theoretisch; die Praxis und die Schuldgeschichte der Kirchen sehen wohl anders aus – abweichend bestimmt, so daß von Stockholm 1925 an bei vielen ökumenischen Konferenzen immer wieder von evangelischen Rednern betont wurde, man wolle „kein Gegenstück zur römisch-katholischen Internationale“ (Stockholm, Offizieller Bericht, 452).

4. Mittlere Axiome (Oxford 1937)

In den dreißiger Jahren waren weltweit die ideologischen Auseinandersetzungen durch den Kommunismus, den Nationalismus (vor allem in Gestalt des Faschismus und Nationalsozialismus) und den Rassismus geprägt. Für die Kirchen und ihre Theologien war dies Anlaß, die Geschichte der Neuzeit kritisch-theologisch zu deuten. Auf dem Wege zur Weltkirchenkonferenz über Kirche, Volk und Staat in Oxford 1937 geschah die Analyse der Gegenwart mit dem Begriffspaar Säkularismus-Totalitarismus und mit einer durchaus deutlichen kirchlichen Selbstkritik wegen der Ursachen dieser säkularen Entwicklung. In diesem Zusammenhang wurde der Optimismus der Reich-Gottes-Ethik des amerikanischen Social Gospel verabschiedet und ein neuer Anstoß für ein ökumenisches Sozialethos unternommen und mit dem Ausdruck „Zwischengrundsätze“ oder „Mittlere Axiome“ auf den Begriff gebracht.

Zwei Erkenntnisse waren maßgebend: Erstens hatten biblische Untersuchungen über den eschatologischen Charakter der Reich-Gottes-Botschaft das Social-Gospel-Bemühen erschüttert, das Reich-Gottes-Ethos unmittelbar auf die säkulare Gesellschaft zu übertragen. Und zweitens wurde die Kirche nüchterner gesehen: Nach der „konstantinischen“ Epoche mit dem Ziel eines „Corpus Christianum“ von Kirche und Gesellschaft war jetzt wieder die

Minderheitensituation im säkularisierten Europa und in der Menschheit überhaupt bewußt geworden. Von da her gewann die sozialethische Frage neue Brisanz, welche Bedeutung die „Ordnungen“ oder Gemeinschaftsgebilde (communities) in Gottes Willen für die Menschheit haben.

In Oxford nahm man darum den Mund nicht allzu voll, sondern überlegte vorsichtig, wie die Kirchen und das Gemeinschaftsleben sich zueinander verhalten und wie die Christen „persönliche Kompromisse“ schließen können. Die „mittleren Axiome“ verstand man einerseits als Anweisungen, die nicht so allgemein gehalten sind wie theologische Grundsätze und die andererseits nicht so in die Einzelheiten gehen wie Ratschläge oder Anweisungen für bestimmte Projekte oder politische Richtungen. Einige Aussagen wurden in Oxford ganz vorsichtig als Fragen und Aufgaben formuliert. In der kritischen Analyse der gesellschaftlichen Verhältnisse, beim prophetischen Wächteramt der Kirche, wurde freilich sehr konkret geredet, z. B. bei den Mißständen einer unkontrollierten „kapitalistischen Produktion“, welche die menschliche Arbeitskraft als Ware betrachtet. Bei sozialen und ökonomischen Programmen wurde den Christen ein legitimer Pluralismus zugestanden.

106 *Oxford 1937:* „Wenn das christliche Gewissen eine wirksame Macht im täglichen Leben der Christen und von da aus auch der Welt sein soll, so muß die Kirche eine vollkommenere Einsicht in den Willen Gottes für das heutige Gemeinschaftsleben gewinnen. Dafür sind zwei Dinge nötig. Das eine ist ein tieferes Verständnis des in Christus geoffenbarten Willens Gottes. Das andere ist ein stärkerer Wirklichkeitssinn für die heutige Welt. Von beiden geleitet müssen die Christen bestimmte Grundsätze herausarbeiten und formulieren, denen sie als einer gemeinsamen Grundlage für christliches Handeln und christlichen Einsatz zustimmen können. Solche ‚Zwischengrundsätze‘ liegen zwischen jener tiefsten Grundlage christlichen Handelns in der Gemeinschaft: ‚Du sollst deinen Nächsten lieben wie dich selbst‘, und dem unkontrollierten Instinkt des einzelnen Gewissens. Sie sind im besten Fall vorläufiger Art, und sie sind niemals unantastbar oder ohne Ausnahme für alle Zeiten gültig; denn Gottes Wille muß in einer sich wandelnden Welt erfüllt werden.“
(Bericht über die Sektion I: Kirche und Gemeinschaftsleben)

„Die christliche Lehre von der Wirtschaftsordnung
...Wir deuten drei Wege an, auf denen diese Glaubensaussagen zur Grundlage von Weisungen für das Wirtschaftsleben werden können, die die Kirche ihren Gliedern zu geben vermag.

(A) Die christliche Verkündigung muß sich mit Zielen im Sinne von Endzielen auf lange Sicht, mit Normen und Grundsätzen befassen, in deren Licht jede einzelne konkrete Situation und jeder Besserungsvorschlag zu prüfen ist. Viele dieser Grundsätze enthalten notwendig christliche Lehre über das Eigentum; dies ist darum ein Gegenstand, welchem Christen besondere Aufmerksamkeit schenken müssen.

(B) Die christliche Verkündigung muß die wirklichen Tatsachen der jeweils gegebenen Situation wie ein Scheinwerfer beleuchten und im besonderen die menschlichen Folgen des heute verbreiteten wirtschaftlichen Verhaltens aufdecken. Was für sich allein als bloß niederreissende Kritik erscheint, ist ein notwendiger Bestandteil des Gesamtprozesses, durch welchen im aufbauenden Sinne Wandel geschaffen wird.

(C) Die christliche Verkündigung muß die Hindernisse aufzeigen, die der wirtschaftlichen Gerechtigkeit im Menschen selbst entgegenstehen, insbesondere die, die uns bei den der Kirche angehörenden Menschen begegnen." (Bericht über Sektion III: Kirche, Volk und Staat in ihrer Beziehung zur Wirtschaftsordnung)
(In: Offizieller Bericht, 100–102; 197)

Die Genfer Forschungsabteilung gab in den dreißiger Jahren eine Buchreihe heraus, die bis heute eine Fundgrube ökumenischer Sozialethik ist: „Kirche und Welt. Studien und Dokumente" (13 Bände in verschiedenen Sprachen).

5. Die verantwortliche Gesellschaft (Amsterdam 1948; Evanston 1954)

Die Erschütterung des Zweiten Weltkrieges rückte die Kirchen ökumenisch zusammen, und mit der Gründung des ÖRK in Amsterdam 1948 war erneut die sozialethische Frage akut, ob und was die Christenheit zur Ordnung in der Welt zu sagen hat, vor allem zur Konfrontation zwischen „Ost" und „West" sowie zwischen Industrienationen und Dritter Welt.

In den Industrienationen begann der Kalte Krieg zwischen Ost und West, zwischen Kommunismus und Kapitalismus. Einige Mitbegründer des ÖRK sahen im ÖRK ein christliches Bollwerk gegen den Kommunismus, während andere im Kommunismus manches verwirklicht sahen, was in der sozialen Dynamik des Evangeliums steckt (vgl. dazu die oben geschilderte Amsterdamer Kontroverse zwischen J. F. Dulles und J. L. Hromádka).

Im Bericht der Sektion III von Amsterdam wurden die Christen aufgefordert, „die Hand Gottes im Aufstand der Massen gegen das Unrecht zu erkennen, der dem Kommunismus viel von seiner Stärke gibt", und es wurden zugleich die Gegensätze zwischen

Christentum und atheistisch-marxistischem Kommunismus aufgezählt. In ähnlicher Weise wurden Gegensätze zwischen Christentum und Kapitalismus aufgelistet (Amsterdamer Dokumente, 51–53). Zusammenfassend hieß es:

107 „Die christliche Kirche sollte die Ideologien beider verwerfen, des Kommunismus und des Laissez-faire-Kapitalismus, und danach trachten, die Menschen von der falschen Vorstellung zu befreien, diese beiden stellten die einzige Alternative dar. Beide haben Versprechungen gemacht, die sie nicht einlösen konnten. Die kommunistische Ideologie betont wirtschaftliche Gerechtigkeit und verheißt, die Freiheit werde sich automatisch aus der Vollendung der Revolution ergeben. Der Kapitalismus betont die Freiheit und verheißt, die Gerechtigkeit werde sich ganz von selbst aus der freien Wirtschaft ergeben. Auch dies ist eine Ideologie, die sich als falsch erwiesen hat. Es gehört zu der Verantwortung der Christen, neue schöpferische Lösungen zu suchen, die es nicht zulassen, daß Gerechtigkeit und Freiheit sich gegenseitig zerstören."
(Amsterdamer Dokumente, 53 f.)

Unter dem Gesamtthema „Die Unordnung der Welt und Gottes Heilsplan" wurde die sozialethische Frage nach Gerechtigkeit und Freiheit von mehreren Rednern in einen kritischen geschichtstheologischen Zusammenhang gerückt. Reinhold Niebuhr (New York) sprach von einem Gericht Gottes über das Abendland, weil die Kirchen der westlichen Zivilisation nur ein christliches Gesetz präsentiert hätten, das sich dann aufgrund der grundsätzlich sündhaften Struktur des Menschen und der menschlichen Ordnungen säkularisierte und pervertierte. Von diesen neuzeitlichen Herrschaftsideologien – also den „Surrogaten christlichen Glaubens", über die Gottes Nemesis (Gericht) ergangen sei – müsse sich nun die Kirche und die Welt befreien (Amsterdamer Dokumente, 244ff; Vorbereitungsband III, 11–30).

Dieses Gericht Gottes über das Abendland empfanden aber nun die Vertreter der Dritten Welt gerade als Chance für ihre Befreiung von den Ideologien des westlichen Imperialismus. Schon in Amsterdam 1948 deutete sich an, daß die Theologen in Asien und Afrika ihre nationalen und revolutionären Entwicklungen positiv als Gottes Wirken in der Geschichte interpretierten und von da her aus der Perspektive der Armen und Unterdrückten sozialethisch eigene Wege gehen wollten (vgl. z.B. M. M. Thomas, Indien, im Amsterdamer Vorbereitungsband III, 84–95).

Die Konferenz von Amsterdam versuchte nun, die verschiedenen desintegrierenden Ideologien und Konzeptionen in einem Modell des gesellschaftlichen Zusammenlebens ökumenisch auf einen Begriff zu bringen: „die verantwortliche Gesellschaft“. Hier haben wir erstmals ein ökumenisches sozialethisches Konzept, das nicht nur die kirchliche Sozialarbeit und Gesellschaftspolitik im Blick hat, sondern die ganze säkulare Welt aus christlicher Sicht beleuchtet. Man wollte den Kapitalismus und Kommunismus transzendieren und im Nord-Süd-Konflikt Kriterien bereitstellen, wie die Fehler bei der Entwicklung in den Industrienationen in der Dritten Welt vermieden werden könnten. Freiheit, Ordnung und soziale Gerechtigkeit sollten in diesem Konzept gemeinsame Werte für alle sein.

108 *Amsterdam 1948*: „Die verantwortliche Gesellschaft. Der Mensch ist geschaffen und berufen, ein freies Wesen zu sein, verantwortlich vor Gott und seinem Nächsten. Alle Tendenzen innerhalb des Staates und der Gesellschaft, die den Menschen der Möglichkeit des verantwortlichen Handelns berauben, sind eine Verleugnung des Willens Gottes über den Menschen und seines Erlösungswerkes. Eine verantwortliche Gesellschaft ist eine solche, in der Freiheit die Freiheit von Menschen ist, die sich für Gerechtigkeit und öffentliche Ordnung verantwortlich wissen, und in der jene, die politische Autorität oder wirtschaftliche Macht besitzen, Gott und den Menschen, deren Wohlfahrt davon abhängt, für ihre Ausübung verantwortlich sind.“

„Für eine Gesellschaft, die unter modernen Lebensbedingungen verantwortlich bleiben soll, ist es erforderlich, daß die Menschen die Freiheit haben, ihre Regierungen zu kontrollieren, zu kritisieren und zu wechseln, daß die Macht durch Gesetz und Tradition verantwortlich gemacht und soweit wie möglich auf die ganze Gemeinschaft verteilt wird. Es ist erforderlich, daß wirtschaftliche Gerechtigkeit und die Bereitstellung gleicher Entfaltungsmöglichkeiten für alle Mitglieder der Gesellschaft gesichert werden.“
(Amsterdamer Dokumente, 50)

Solche sozialethische Konzeption für die menschliche Gesamtgesellschaft provozierte freilich die theologische Rückfrage, wie sich diese Botschaft zu „Gottes Heilsplan“ verhält. Welches sind die spezifisch theologischen Voraussetzungen dieser ökumenischen Sozialethik?

Alles in allem war man in Amsterdam mit theologischen Begründungen ziemlich zurückhaltend. Die erfahrene Radikalität der Sünde des Menschen durch die Kriegswirren ließ nur ein gläubiges Dennoch zu: Inmitten der Unordnung der Welt „zeigen wir Gottes Reich an“, sagte Karl Barth in seinem Amsterdamer Eröffnungsreferat (Dokumente, 148). Dabei gehe es wirklich um „Gottes“ Reich, um seinen Willen zu unserem Zusammenleben, nicht um „irgendwelche christlichen Marschrouten“. Und wir hätten das Reich nur „anzuzeigen“, also nicht einen christlichen

Zukunftsstaat liberalen oder autoritären Charakters zu bauen. „Diese Welt vergeht. Wir haben ihr eine revolutionäre Hoffnung sondergleichen zu verkünden, wir haben ihr aber kein System von gesellschaftlichen oder politischen Prinzipien anzubieten, das als solches den Inhalt dieser Hoffnung darstellen wollte" (ebd. 150).

In diesem Sinn hat die Vollversammlung des ÖRK in Evanston 1954 zu Recht klargestellt, daß die „verantwortliche Gesellschaft" nicht ein drittes Sozialsystem neben dem kommunistischen und kapitalistischen, sondern ethischer Maßstab für jede Gesellschaftsordnung ist (Evanston-Dokumente, 78). Der „Maßstab" hatte hier eher eine naturrechtliche als eine spezifisch theologische Voraussetzung; das sozialethische Konzept der „verantwortlichen Gesellschaft" war so der römisch-katholischen Soziallehre mit ihren Prinzipien und Begründungen verwandt. Gemeint war eine Gesellschaft verantwortlicher „Personen", die ihre „Freiheit" verantwortlich und gemeinschaftlich wahrnehmen. Die „Verantwortung" bezog sich auf Partnerschaft und Gemeinwohl, auf kleine soziale Einheiten wie die Familie und auf Volk und Menschheit, auf die Emanzipation aller, auch und gerade der sozial und wirtschaftlich Schwachen und Behinderten.

In Evanston 1954 wurde dann auch etwas zum Verhältnis von „verantwortlicher Gesellschaft" und „christlicher Gemeinde" gesagt. Man ging von einem klaren Gegenüber, nicht aber von einer Beziehungslosigkeit von Kirche und Gesellschaft aus. Die Kirche konnte sich eschatologisch als Anzeichen des Reiches Gottes verstehen, und sie konnte mit den naturrechtlichen Voraussetzungen des Modells der „verantwortlichen Gesellschaft" zur säkularen Gesellschaftsordnung beitragen. Eschatologie und Sozialethik schienen zu einem ökumenischen Konsens gekommen zu sein. Alte konfessionelle Ansätze wie die lutherische Zwei-Reiche-Lehre und ihre theologische Konsequenz in der „bürgerlichen Gerechtigkeit", die calvinistische Rede von der „allgemeinen Gnade", die römisch-katholischen naturrechtlich begründeten sozialethischen Prinzipien und auch die orthodoxe allgemeine Verkündigung des Liebesgebotes schienen im Stichwort von der „verantwortlichen Gesellschaft" nur verschiedene Namen und Akzente für eine ökumenische Sozialethik geworden zu sein. Aber der Schein war trügerisch.

6. Gerechte, partizipatorische und überlebensfähige Gesellschaft

In den westlichen Kirchen waren es vor allem Schüler Karl Barths, die für das christliche Handeln in der Gesellschaft eine klarere christologische und biblische Grundlage forderten. Aber noch deutlicher kam die Kritik in den sechziger Jahren von den Jungen Kirchen in der Dritten Welt, für die angesichts der enormen politischen und sozialen Spannungen in ihren Ländern die allgemeinen Leitlinien der „verantwortlichen Gesellschaft" keine Hilfe bedeuteten. Sie sahen darin sprachlich und sachlich eine typische Diskussion des abendländischen Christentums auf eine Formel gebracht, ohne daß die abendländischen Theologen selber die ideologischen Voraussetzungen und die sozialpolitischen Konsequenzen ihres Modells kritisch reflektiert hätten. „Verantwortung" müsse inhaltlich qualifiziert werden: Man erwartete ein ökumenisches Streben nach einer „gerechten, partizipatorischen und überlebensfähigen Gesellschaft" – so der Name des langjährigen Studienprojekts der ÖRK-Programmeinheit „Gerechtigkeit und Dienst".

Die „soziale Bewegung" bekam in den sechziger Jahren neue Dimensionen. „Entwicklung" wurde das beherrschende Stichwort, und das Bemühen um eine gerechte Weltwirtschaftsordnung trat in den Vordergrund. Während die westlichen Entwicklungsmodelle davon ausgingen, daß durch Hilfen der Industrienationen die Dritte-Welt-Länder bald aus dem unterentwickelten Zustand herauskämen, mußte die Welt erfahren, daß dennoch die reichen Länder immer reicher und die armen immer ärmer wurden. Eine ökumenische Sozialethik mußte sowohl die Ursachen dieses raschen sozialen Umbruchs analysieren als auch wirksame Mittel zur Behebung der Ungerechtigkeit konzipieren. Die Sozialethik mußte also erneut theologische Kriterien für ideologische Kontroversen artikulieren und sich mitten hineinbegeben in die Debatten um revolutionäre und integrative Gesellschaftsmodelle und politische Entscheidungen.

Die Kirchenvertreter aus der Dritten Welt trugen mit gestärktem Selbstbewußtsein ihre Vorstellungen bei ökumenischen Konferenzen vor: Wie sie im Unabhängigkeitsstreben ihrer jungen Staaten Gottes Handeln erkannten, so erhofften sie sich nun auch in der Wirtschaft eine Umverteilung der Macht, sowohl im eigenen Land wie im Verhältnis zu den Industrienationen. Das Modell der „verantwortlichen Gesellschaft" reichte ihnen dafür nicht mehr aus. Es erschien zu statisch, zu legalistisch-moralisch, zu sehr abhängig von westlichen Soziologien und Anthropologien. Es schien eher westlichen Integrationsmodellen zu dienen und somit, so fürchtete man, den Status quo zu stabilisieren als der revolutionären Situation in der Weltgesellschaft gerecht zu werden. „Prinzipien-Ethik" oder „Kontext-Ethik" schien zugespitzt die Alternative zu sein.

In den westlichen Kirchen stellten sich viele Ökumeniker diesen Herausforderungen und erhoben ihre „prophetische" Stimme, während wohl ebenso viele andere vor konkreten kirchlichen Optionen zurückscheuten: die Menschheitsprobleme seien nicht primär ökonomisch zu lösen, vielmehr müßten die Probleme der militärischen Friedenssicherung mit der kostspieligen Aufrüstung und insbesondere auch die neuen ökologischen Probleme mitbedacht und das Verhältnis von Theologie und Naturwissenschaft auf eine neue Basis gestellt werden, denn in der Gentechnik und im Umgang mit der Schöpfung überhaupt falle die eigentliche Entscheidung über die Zukunft der Menschheit. Kirchenvertreter aus hungernden und wirtschaftlich unterdrückten Völkern sahen in solchen Problemskizzen ein Ablenken von ihren akuten Sorgen und auch die Neigung westlicher Kirchen, die schuldhafte Verstrickung in die ungerechte Weltwirtschaftsordnung nicht wahrhaben zu wollen.

„Kirche und Gesellschaft": Theologie der Revolution

Die Weltkonferenz für Kirche und Gesellschaft in Genf 1966 stand stark unter dem Einfluß der „Theologie der Revolution", die in den politischen Revolutionen für mehr Gerechtigkeit das geschichtsmächtige Handeln Gottes sah. Im Sektionsbericht über die „Theologischen Probleme der Sozialethik" hieß es:

109 *Genf 1966*: „Der Christ ist darum gerufen, ein radikales Nein zu den Machtstrukturen zu sprechen, die den Status quo verlängern und um den Preis der Ungerechtigkeit gegenüber seinen Opfern stärken. Er muß darum auch entsprechend handeln. Es ist besonders seine Aufgabe, sich um einen wirksamen sozialen Wandel zu bemühen und in dem Protest der Armen und Unterdrückten die hier wirkende relative geschichtliche Gerechtigkeit zu erkennen. Es könnte seine Aufgabe sein, in diesem Handeln die Buße zum Ausdruck zu bringen, zu der er seine eigene herrschende Gruppe ruft. Nur dann ist er bereit zu dem Zeugnis, das er dem Revolutionär schuldet: Freiheit von Haß, Freiheit zum Aufbau einer neuen Welt, in der auch der Gegner einen gerechten Platz findet; Freiheit von Selbstgerechtigkeit, Freiheit zum Miteinander, das auch

revolutionäre Pläne und Macht modifizieren muß; denn auch Revolutionen stehen unter dem Gericht, wenn sie ihre Sache absolut setzen und das letzte Heil versprechen."
(Offizieller Bericht, 253)

Solche Geschichtstheologie war vielen Vertretern der westlichen Theologie unheimlich: Sie befürchteten, daß die jungen Kirchen theologische Fehler der abendländischen Kirchengeschichte wiederholen und wieder ungewollt in einer neuen Form des Klerikalismus landen, dieses Mal von „links". Großen Raum nahmen die Debatten über die Studie „Gewalt, Gewaltfreiheit und der Kampf um soziale Gerechtigkeit" ein, woraus schließlich u. a. das Antirassismusprogramm des ÖRK mit seinem Sonderfonds für die humanitäre Unterstützung der Befreiungsbewegungen im südlichen Afrika erwuchs: Man wollte nicht länger nur sozialethisch reden, sondern aktiv und zeichenhaft an der Umverteilung der Macht für mehr Gerechtigkeit mitwirken. Der heftige Streit hierüber, auch in der Evangelischen Kirche in Deutschland, kann hier nicht dargelegt werden.

„Kirche und Gesellschaft": Die Zukunft der Menschheit in einer wissenschaftlich technischen Welt

Einen „raschen sozialen Umbruch" gab es freilich nicht nur in der Dritten Welt, sondern auch in den westlichen Industrieländern. Hier bescherten Technik und Ökologie völlig neue Probleme, auf die die Ethik bisher kaum vorbereitet war und die man nun ökumenisch angehen wollte. In den siebziger Jahren fanden einige Konsultationen über die Bedeutung von Wissenschaft und Technik für die Entwicklung des Menschen statt, z. B. über „Genetik und die Qualität des Lebens" (1973), über „Umwelt"-Fragen und die Zerstörung der Natur (1971). Mit einem angemessenen theologischen Verständnis der Verantwortung der Kirchen für die Zukunft des Menschen tat man sich schwer, auch 1979 bei der Tagung über „Glaube, Wissenschaft und die Zukunft". Die Probleme waren so riesig und komplex, daß mehr der Ruf nach Taten und Konsequenzen im Vordergrund stand als daß sozialethische Theorien interessierten. Bei einer Konferenz in Bukarest 1974 wurde eine „sustainable society" konzipiert, was zunächst mit „verantwortbare" Gesellschaft, dann allgemein mit „überlebensfähige" Gesellschaft übersetzt wurde. Dabei ging es um die Notwendigkeit, die technischen und wirtschaftlichen Möglichkeiten der Welt und die materiellen Bedürfnisse in einer Art Gleichgewicht zu sehen. Kritische Fragen richteten sich dabei hauptsächlich an die reichen Industrieländer und an die Machthaber in den armen Ländern der Dritten Welt.

Weitere Studien des ÖRK befaßten sich mit der „politischen Ethik" (konkret mit dem Verhältnis von Macht und Gerechtigkeit), mit der „Wirtschaftsethik" (konkret mit einer neuen gerechteren Weltwirtschaftsordnung), mit dem Militarismus, mit den Fragen der „Partizipation" (konkret mit den Menschenrechtsverletzungen in vielen Teilen der Erde, dem Kampf gegen Elend, Drogen usw.) und – sehr intensiv – mit der „Gemeinschaft von Frauen und Männern in der Kirche" (1981).

Den Mangel einer umfassenden theologischen Konzeption dieser sozialethischen Projekte versuchte 1976ff eine Studie der Abteilung „Kirche und Gesellschaft" zu beheben, indem sie in der Perspektive des messianischen Gottesreiches eine theologische Interpretation des Kampfes von Menschen gegen ungerechte Mächte vorlegte. Der Zentralausschuß nahm 1979 diese sozialethische, an das „social gospel" erinnernde Geschichtstheologie nicht an. Doch mit den Befreiungstheologien steht das Problem weiter auf der ökumenischen Tagesordnung.

„Weltmission und Evangelisation": Heil, soziale Gerechtigkeit und Weltgemeinschaft

Parallel zur Studienarbeit der Abteilung „Kirche und Gesellschaft" war auch die „Kommission für Weltmission und Evangelisation" mit Grundsatzfragen ökumenischer Sozialethik befaßt. Innerhalb des ÖRK fanden gerade hier bei der „Mission" die theologischen Fragen nach dem Verhältnis von „Heil und sozialer Gerechtigkeit" sowie die theologischen Reflexionen über die säkulare „Weltgemeinschaft" ihre große Plattform. Der Streit zwischen „Evangelikalen" und „Ökumenikern" betrifft zum großen Teil das Problem, ob und wie die Sozialethik theologisch begründet wird und etwas mit dem ewigen Heil zu tun hat oder nicht, oder umgekehrt: ob und wie im Rahmen der christlichen Heilsbotschaft die anzustrebende solidarische Weltgemeinschaft theologisch zu qualifizieren ist. Der theologische Streit konnte freilich nie den sozialen „Sitz im Leben" der Kontrahenten vertuschen: Das Heil wird offensichtlich von einem Menschen, der reich ist und an der wirtschaftlichen Macht partizipiert, anders erfahren als von einem Armen und Unterdrückten, der Gottes Liebe in der Umverteilung von Gütern und Macht erlebt.

Bedeutsam für die ökumenische Sozialethik ist die klare Aussage der Weltmissionskonferenzen, daß Mission heute am Verhältnis der Kirchen zu den Armen gemessen werden muß (vgl. die Sektionsberichte der Weltmissionskonferenzen von Melbourne 1980 und San Antonio 1989).

„Glaube und Kirchenverfassung": Einheit der Kirche und Einheit der Menschheit

In dem Maße, wie seit den sechziger Jahren die sozialethischen Fragen den ÖRK beschäftigten, wurde er auch verunsichert, ob eine solche „säkular-ökumenische" Orientierung nicht dem eigentlichen Ziel, nämlich der kirchlichen Einheit, eher abträglich als förderlich sei. Neben den Evangelikalen in der Missionsbewegung kam diese kritische Rückfrage auch von den Orthodoxen, die beim ÖRK eine stärkere Einflußnahme der Kommission für Glauben und Kirchenverfassung wünschten. Seit der Kommissionssitzung in Bristol 1967 wurde die Einheit der Kirche im Verhältnis zur Einheit der Menschheit mit dem Ziel bedacht, von theologisch-ekklesiologischen Erkenntnissen her Kriterien für die Sozialethik zu gewinnen. In den siebziger Jahren verlief bei „Glauben und Kirchenverfassung" die Fragerichtung umgekehrt: Nicht, was die Einheit der Kirche für die Einheit der Menschheit austrägt, sondern was die realen Trennungen in der Gesellschaft und in der christlichen Gemeinde für das Bemühen um die Einheit der Kirche bedeuten, war das Thema. Neben den klassischen kontroverstheologischen Fragen der Tradition hob die Vollversammlung in Nairobi 1975 hervor: „Einheit erfordert ein volleres Verständnis des Kontextes" (Offizieller Bericht, 28ff). Im einzelnen ging es um „die Behinderten und die Ganzheit der Gottesfamilie"; um die Gemeinschaft von Männern und Frauen, von Kirchenvolk und Kirchenleitung; um politische Auseinandersetzungen und Einheit der Kirche; um Teilen des Abendmahlsbrotes und Teilen des täglichen Brotes. Untersuchungen über die Einheit des Menschengeschlechts versuchten, schöpfungstheologische und geschichtstheologische Argumentationen zu verbinden. (Vgl. den vorläufigen Abschluß des Projekts in der Studie „Kirche und Welt. Die Einheit der Kirche und die Erneuerung der menschlichen Gemeinschaft", Frankfurt/M. 1991.)

Überblickt man insgesamt die Fülle der Studien und Stimmen

im ÖRK zum Ausbau einer ökumenischen Sozialethik in den sechziger und siebziger Jahren, so ergibt sich einerseits ein imponierendes Bild, andererseits war diese Fülle jedoch auch verwirrend, weil die Mitgliedskirchen des ÖRK gar nicht in der Lage waren, all diese Texte zu rezipieren. Erst im nachhinein mag auch der Nichtexperte vielleicht eine Symphonie vernehmen. Diese erklang dann in den achtziger Jahren beim Konziliaren Prozeß für Gerechtigkeit, Frieden und Bewahrung der Schöpfung (s. u.).

7. Katholische Soziallehre: Zivilisation der Liebe

Im Kontext der weltpolitischen Entwicklungen und sozialen Bewegungen erlebte die römisch-katholische Soziallehre eine ähnliche Entwicklung wie die Sozialethik des ÖRK, was Themen und mögliche Antworten betrifft; allerdings haben auch Divergenzen eine gemeinsame ökumenische Sozialethik bisher verhindert.

Die Entwicklungs-Enzyklika „Populorum progressio" (1967) und die Genfer Konferenz für Kirche und Gesellschaft (1966) waren vom gleichen optimistischen Entwicklungsgedanken bestimmt, und Fragen der Revolution und des Befreiungskampfes standen als sozialethische Möglichkeiten zur gleichen Zeit auf der Tagesordnung des ÖRK in Uppsala und der Lateinamerikanischen Bischofskonferenz in Medellín 1968. „Entwicklung ist der neue Name für Friede" (Pop. pr. 76) wurde ein vielzitierter Satz ökumenischer Sozialethik. Und daß Paul VI. in einem Nebensatz Verständnis für gewaltsame Umstürze aufbrachte – „im Fall der eindeutigen und lange dauernden Gewaltherrschaft, die die Grundrechte der Person schwer verletzt und dem Gemeinwohl des Landes ernsten Schaden zufügt" (Pop. pr. 31) –, ermöglichte bei den Dritte-Welt-Kirchen eine ökumenische Solidarität aller unterdrückten Christen im Kampf um Befreiung. Das ökumenische Bewußtsein war insgesamt so kongruent, daß Rom und Genf 1968 den gemeinsamen Ausschuß für „Gesellschaft, Entwicklung und Frieden" (Society, Development and Peace, „SODEPAX") bildeten.

Mit der Enzyklika „Mater et magistra" über „die jüngsten Entwicklungen im gesellschaftlichen Leben" setzte 1961 methodisch für die katholische Soziallehre eine neue Zeit an. Statt in traditioneller Weise sozialphilosophische Prinzipien darzulegen, die „dem derzeitigen ordnungswidrigen Zustand der Gesellschaft das überzeitliche Bild gesunder Gesellschaftsordnung gegenübergestellt" (so O.v. Nell-Breuning, in: StdZ 169, 1961/62, 128), begaben sich Johannes XXIII. und die nachfolgenden Päpste in die soziale Wirklichkeit hinein und verkündigten aktuell ihre soziale Botschaft, teils philosophisch-naturrechtlich, teils biblisch-heilsgeschichtlich oder theologisch-anthropologisch argumentierend. „Mater et magistra" (= Mutter und Lehrerin) schärfte noch ein, Katholiken hätten stets zu folgen, wenn das Lehramt ethisch etwas vorschreibt; in „Pacem in terris" (= Friede auf Erden, 1963) hieß es viel zurückhaltender, „auf sozialem, wirtschaftlichem, kulturellem und politischem Gebiet" solle man sich mit Klugheit auf das Urteil von Sachverständigen einlassen, während das Lehramt nur eingreift, wenn die grundsätzliche Glaubens- und Sittenlehre betroffen ist. Die Pastoralkonstitution des II. Vatikanum „Gaudium et spes" hat diese Methode mit der Rede von einer relativen „Autonomie irdischer Wirklichkeiten" (Nr. 36) gebilligt, was für das Praktizieren der Gewissensfreiheit, für einen legitimen Pluralismus, für kontextuelle Ethik usw. enorme Auswirkungen und für ein neues ökumenisches Miteinander mit Nichtkatholiken bedeutsame Konsequenzen hatte. In den nachfolgenden Sozialschreiben der Päpste lassen sich ebenfalls viele Konvergenzen mit dem ÖRK aufweisen, so daß auch eine Zusammenarbeit in breitem Umfang gerechtfertigt war. Die permanente Rede Papst Johannes Pauls II. von einer „vorrangigen Option der Kirche für die Armen" vereint Christen aller Konfessionen im Kampf gegen das Elend.

110 *Johannes XXIII*: Mater et magistra, 1961; Pacem in terris, 1963.- *II. Vaticanum*: Pastoralkonstitution „Gaudium et spes"; *Paul VI*: Populorum progressio, 1967; Octogesima adveniens, 1971.- *Römische Bischofssynode*: De iustitia in mundo, 1971.- *Johannes Paul II*: Laborem exercens, 1981; Sollicitudo rei socialis, 1987; Centesimus annus 1991. (In: Texte zur katholischen Soziallehre, hg. von O.v. Nell-Breuning, Kevelaer, 6. Aufl. 1985; die Sozialenzyklika von 1987, in: Verl. d. Ap. St. Nr. 82, Bonn 1988; die von 1991 ebd. Nr. 101, Bonn 1991)

Erst bei näherer Betrachtung der Gesamtkonzeption von Kirche und Gesellschaft fallen Divergenzen zwischen den ÖRK-Texten und den päpstlichen Enzykliken auf. *Erstens* geht es um das weiterhin gültige Modell einer harmonischen Gesellschaftsordnung, einer „Zivilisation der Liebe" (wie es bei Paul VI. und Johannes Paul II. wiederholt heißt), wo Klassen- und Befreiungskämpfe möglichst unterbleiben und alle Gruppen sinnvoll in die

Gesellschaft eingegliedert werden. In globaler Sicht wurden in den Lehrschreiben die unterentwickelten Länder in behutsamer Sprache ermutigt, die Hauptlast der Probleme auf ihre eigene Schultern zu nehmen, während gegenüber den hochentwickelten Ländern eine härtere Sprache geführt und die Mißstände eines liberalistischen Kapitalismus im Welthandel scharf gebrandmarkt wurden. Der empfohlene dritte Weg zwischen liberalem Kapitalismus und kollektivem Marxismus liegt etwa bei einem sozial temperierten Kapitalismus, der den Grundsatz der Enzyklika „Laborem exercens" (12) befolgt: „Die Arbeit hat Vorrang vor dem Kapital." Die amtliche Soziallehre der katholischen Kirche war und ist ausgesprochen allergisch gegen marxistische und sozialistische Gesellschaftsanalysen und deren Anwendung in der Sozialethik. Nur „je nach Lage der Dinge" (Octogesima adveniens 31) vermag die katholische Kirche zwischen verschiedenen „Sozialismen" zu unterscheiden und Spielarten zu tolerieren. Doch gegen die „Christen für den Sozialismus" innerhalb ihrer Kirche ging sie rigoros vor, während in den Kirchen des ÖRK und beim ÖRK selbst durchaus marxistische Analysen begegneten. Lateinamerikanische katholische Befreiungstheologen konnten bissig die „Zivilisation der Liebe" und die offizielle katholische Soziallehre kommentieren; hier werde den Armen nur ein würdiger Platz in der Gesellschaft eingeräumt, statt daß die Kirche sich politisch beteilige, ihre Lage zu verbessern.

Zweitens unterscheidet die katholische Kirche klar zwischen den sozialethischen und sozialpolitischen Zuständigkeiten der Kirche einerseits und der Laien andererseits. Die Kirche und ihre Amtsträger sind für die Politik im allgemeinen zuständig, wo mit dem Medium des Wortes, also der Soziallehre, verkündigt wird, während die Laien im Rahmen der Soziallehre der Kirche ihren „Apostolat" in den weltlichen Institutionen und in der Parteipolitik wahrnehmen. Papst Johannes Paul II. wurde bisher bei seinen Reisen nicht müde, den Priestern einzuschärfen:

111 „Seid Priester und Ordensleute, nicht soziale oder politische Führer oder Funktionäre einer weltlichen Gewalt."
(Ansprache in Guadalupe/Mexico am 27.1.1978, in: Verl.d.Ap.St. 5, Bonn 1979, 38)

Die katholische Kirche ist überzeugt, mit diesem Grundsatz die lutherische Zwei-Reiche-Lehre rezipiert und den Klerikalismus endgültig überwunden zu haben. Sie fragt ökumenisch besorgt zurück, warum heute in evangelischen Kirchen oft rasch bei ethischen und politischen Fragen die Autorität Gottes und der

Kirche für einzelne Entscheidungen beansprucht wird und die Kirche sich dann in die Machtkämpfe einschalten soll. Rom sah beim ÖRK, etwa beim Antirassismusprogramm und bei manchen unmittelbaren Einsätzen in der Dritten Welt, die Grenze amtlicher kirchlicher Verantwortung überschritten. Hier deckt sich die römisch-katholische Kritik mit der vieler Evangelischer, insbesondere der Evangelikalen, am ÖRK.

Diese theoretische Strategie Roms wird in der Praxis freilich permanent unterlaufen, indem auf Weltebene die römisch-katholische Kirche durch den Vatikanstaat mit seinen Nuntiaturen diplomatisch und politisch höchst aktiv ist. Während im ÖRK offen Konflikte rivalisierender Gruppen ausgetragen werden, markante oder ohnmächtige Resolutionen oder auch Schweigen erfolgen und bisweilen „prophetisch" zwischen den Ideologien Partei ergriffen und einer bestimmten Gruppe geholfen wird, wirkt der Papst vermeintlich neutral, überparteiisch und staatsmännisch durch Audienzen in dem Bewußtsein, mit der alle Ideologien überragenden Soziallehre das Weltgewissen zu repräsentieren. In den Augen der Kritiker stabilisiert die katholische Kirche auf diese Weise ungewollt die ungerechten Weltverhältnisse. Befremdend empfinden die Kritiker innerhalb und außerhalb der katholischen Kirche, daß das Lehramt in sexualethischen Fragen weitaus kasuistischer einzelnes Verhalten vorschreibt und daß sie seit der Enzyklika „Humanae vitae" (1968) die Frage der Bevölkerungspolitik einer freien Diskussion entzogen hat. Die Berufung auf das Naturrecht wird in diesem Fall von den Kritikern als eine einseitige Ideologie des Papstes gewertet.

Drittens zeigen die jüngeren lehramtlichen Äußerungen der katholischen Kirche eine Divergenz zu der Sozialethik der Kirchen des ÖRK bei der theologischen Grundlegung des Verhältnisses von Kirche und Welt und hier konkret des Selbstverständnisses der Kirche. Die „Welt von heute" wurde beim II. Vatikanum als die Menschheit begriffen, die auf dem Weg zu ihrer Einheit ist, zu einer „die ganze Welt umfassenden Gemeinschaft" (Past.K. 33). Die römisch-katholische Kirche selbst ist dabei als „Sakrament der Welt" im Blick, als „Sauerteig und die Seele der in Christus zu erneuernden und in die Familie Gottes umzugestaltenden menschlichen Gesellschaft" (Past.K.40). Die Menschheit scheint hier also unterwegs zur Kirche zu sein. Die Kirche wird zwar nicht mit dem endzeitlichen Reich Gottes identifiziert, doch bringt sie in ihrer Universalität die Totalität der Herrschaft Christi über den Kosmos zum Ausdruck. Sie erweist sich als kompetent, kraft ihrer Sendung „alle Menschen aller Nationen, Rassen und Kulturen in einem Geist zu vereinigen" (Past. K. 92).

Das ökumenische Problem dieser Konzeption besteht in zweierlei: Zum einen bleibt unklar, was eigentlich mit der Verwandlung der Welt in die Familie Gottes gemeint sein kann. Solche soziale Utopie, wie sie sonst etwa beim Social Gospel vertreten wurde, fand bisher katholischerseits keine Billigung. Statt bloßer Humanisierung der Welt nun eine Verkirchlichung anzustreben, ist auch in der römisch-katholischen Theologie höchst umstritten. Zum anderen ist bei den lehramtlichen Texten „Kirche" stets die römisch-katholische Kirche, die vom Papst und den Bischöfen in Gemeinschaft mit ihm geleitet wird, während die anderen Konfessionen nur „Elemente der Heiligung und Wahrheit" enthalten, „die auf die katholische Fülle hindrängen" (Kirchen-Konst. 8). Für eine ökumenische Sozialethik und für ökumenisches Handeln in der Welt ergibt sich vom katholischen Selbstverständnis her der Vorbehalt, daß stets die Autorität der Kirche und des Papstes mitbedacht werden muß und diese nicht etwa durch die ökumenische Gemeinschaft beeinträchtigt werden darf.

8. SODEPAX

Der gemeinsame Ausschuß zwischen der päpstlichen Kommission „Iustitia et Pax" (Gerechtigkeit und Frieden) und dem ÖRK sollte ab 1968 eine ökumenische Sozialethik aufbauen helfen. Bis 1970 organisierte das Zwei-Mann-Büro in Genf eine Reihe Konsultationen über Entwicklungs- und Friedensstrategien. (Über die erste gemeinsame Entwicklungstagung vgl.: *Weltweite Entwicklung.* Die Herausforderung an die Kirchen. Offizieller Bericht der Konferenz für weltweite Zusammenarbeit in Entwicklungsfragen, Beirut 1968, Genf 1968.). Doch dann betrieb SODEPAX auch eigene Projektforschung, die sich unter anderem auch mit Fragen der Umstrukturierung der Machtverhältnisse auf Weltebene befaßten. (Vgl. die Berichte in den SODEPAX-Mitteilungen „Church Alert".)

Diese Aktivitäten waren schwer in das Gesamtwirken des Vatikan und des ÖRK einzuordnen. Unbehagen kam vor allem in Rom auf, weil sich SODEPAX nicht auf die Umsetzung amtlicher Soziallehre beschränken, sondern eigene Projekte durchführen wollte. Im Jahre 1980 wurde „das ökumenische

Experiment“ SODEPAX aufgelöst. Das Kommuniqué darüber stellte das Strukturproblem in den Vordergrund, daß die römisch-katholische Kirche eine Weltkirche und der ÖRK eine Gemeinschaft von Kirchen sei. Eine zutreffende katholische Interpretation des Kommuniqués lieferte die Katholische Nachrichtenagentur:

112 „Bedauert wird eine Verschiedenheit im Ansatz. Die Soziallehren der Kirchen lassen, bei aller Gemeinsamkeit in konkreter Projektarbeit, Divergenzen nicht übersehen. Vermutlich hat bei der bisherigen wenig effizienten Arbeit auch die strukturelle Verschiedenheit des Heiligen Stuhls und des ÖRK eine größere Rolle gespielt. Der ÖRK scheint konkrete Projektarbeit bevorzugt zu haben, wogegen man seitens des Heiligen Stuhls wohl eher an eine richtliniengebende Tätigkeit dachte, die keine Kompetenzschwierigkeiten mit den Ortskirchen hervorrufen würde. Auch die Abhängigkeit von der Päpstlichen Kommission und den Lehraussagen des jeweiligen Papstes ist ein Faktor, der die vatikanischen Vertreter in ihrem Handlungsspielraum stärker beeinträchtigte als die keiner derartigen Autorität verantwortlichen Vertreter des ÖRK.“ (KNA-Informationsdienst Nr. 36 vom 4.9.1980)

Wortreich mit gegenseitigen Komplimenten wurde bekundet, daß das Ende von SODEPAX nicht das Ende der Zusammenarbeit zwischen Vatikan und ÖRK bedeute. Tatsächlich gibt es zahlreiche Arbeitskontakte auf sogenannter Stabsebene. Doch eine institutionelle Zusammenarbeit im Bereich der Sozialethik und Sozialpolitik findet kaum statt. Der sogenannte Konziliare Prozeß für Gerechtigkeit, Frieden und Bewahrung der Schöpfung ist ein Hinweis dafür, daß zwar auf regionaler Ebene gemeinsame soziale Verantwortung wahrgenommen werden kann, daß aber der Vatikan ökumenische Bindungen scheut.

9. Konziliarer Prozeß für Gerechtigkeit, Frieden und Bewahrung der Schöpfung

Der mit der Vollversammlung des ÖRK in Vancouver 1983 eröffnete „Konziliare Prozeß“, der mit der Weltkonferenz in Seoul 1990 einen Höhepunkt erlebte, hat gezeigt, daß ein umfassender interkonfessioneller und weltweiter Konsens über eine ökumenische Sozialethik derzeit nicht in Sicht ist (vgl. oben im ersten Teil, I, 4, den Abschnitt „Von Vancouver nach Canberra“). Die unterschiedlichen Interessen des Südens und des

Nordens prallten hart aufeinander. Sie ermöglichten zwar eine Reihe gemeinsamer Empfehlungen und Appelle an die Kirchen und an die weltlichen Machthaber, aber eine eigentliche Sozialethik im traditionellen theologischen Sinn interessiert wohl nur die alten Kirchen, während viele Vertreter der Dritte-Welt-Kirchen auf theoretische Systeme und Überbauten verzichten können. Vom Glauben inspiriert erfolgt ein methodischer Dreischritt von „Sehen, Urteilen, Handeln“. „Affirmationen“ und „Selbstverpflichtungen“ bestimmen den Redestil.

113 *Aus der „Botschaft“ von Seoul 1990:*
„5. Es ist an der Zeit, daß die ökumenische Bewegung zu größerer Verbindlichkeit, gegenseitiger Verpflichtung und Solidarität in Worten und Werken findet. Es ist die Verheißung des Bundes Gottes für unsere Zeit und unsere Welt, die unsere Antwort fordert. Deshalb bekräftigen wir:

- Alle Ausübung von Macht muß vor Gott verantwortet werden.
- Gott hat sich an die Seite der Armen gestellt.
- Alle Rassen und Völker sind ebenbürtig.
- Mann und Frau sind nach dem Ebenbild Gottes geschaffen.
- Das Fundament einer Gemeinschaft freier Menschen ist Wahrheit.
- Jesus Christus ist unser Friede.
- Gott liebt die Schöpfung.
- Das Land gehört Gott.
- Die junge Generation hat Anspruch auf Würde und Anerkennung ihres Engagements.
- Die Menschenrechte sind ein Geschenk Gottes.

6. Es ist an der Zeit, daß die ökumenische Bewegung ihre Vision von einer Gemeinschaft aller Menschen deutlich ausspricht, die auf Erden leben und sorgsam mit der Schöpfung umgehen, als einer Familie, in der alle Menschen das gleiche Recht auf Leben in all seiner Fülle haben. Diese geistliche Vision muß in konkretem Handeln sichtbar werden. Im Lichte der geistlichen Erfahrungen hier in Seoul haben wir uns verpflichtet, uns

- für eine gerechte Wirtschaftsordnung und für die Befreiung aus den Fesseln der Auslandsschulden;
- für wirkliche Sicherheit für alle Staaten und Völker und für eine Kultur der Gewaltlosigkeit;
- für die Erhaltung der Erdatmosphäre und für die Schaffung einer Kultur, die in Harmonie mit der ganzen Schöpfung leben kann;
- für die Überwindung von Rassismus und Diskriminierung auf allen Ebenen für alle Völker und für die Aufdeckung aller Verhaltensmuster, die die Sünde des Rassismus fördern;

einzusetzen.“

(In: Lothar Coenen [Hg.]: Unterwegs in Sachen Zukunft. Das Taschenbuch zum Konziliaren Prozeß, Stuttgart/München 1990, 255 f.)

Der Mangel einer ausformulierten sozialethischen Konzeption bedeutete nun nicht, daß der Konziliare Prozeß ohne theologische Überlegungen ausgekommen wäre. Seit Vancouver 1983 beherrscht – freilich auffallend wenig in Deutschland! – der Gedanke des „Bundes" („covenant") die biblische Orientierung. Der „Bund" ist eine Initiative Gottes. Er ist in Christus als endgültiger Bund Gottes mit der Menschheit verwirklicht, so daß alle Christen eingeladen sind, sich als Gottes Partner und Mitarbeiter zu einem Bund für Gerechtigkeit, Frieden und Bewahrung der Schöpfung verpflichten. Der Gedanke erinnert an die Reich-Gottes-Ethik zu Beginn der ökumenischen Bewegung, aber der Bund soll keineswegs in einem Social Gospel aufgehen. Hier wird die Diskussion über eine politikfähige ökumenische Sozialethik weitergehen müssen.

Während die Vollversammlung des ÖRK in Canberra 1991 keine neuen Ideen oder Initiativen erbrachte, beabsichtigen die Kirchen in Europa (Konferenz Europäischer Kirchen und katholischer Europäischer Bischofsrat) auf europäischer Ebene den in Basel 1989 begonnenen konziliaren Prozeß fortzusetzen und ein "Basel II" einzuberufen. Vielleicht gelingt es in diesem geographischen und kulturellen Kontext besser als auf Weltebene, sowohl eine ökumenische Sozialethik zu formulieren wie konkrete Handlungsanweisungen für Christen, Kirchen und Politiker zu geben.

VI. Friedensbewegung und Friedensethik

Die Friedensfrage ist ein Teilaspekt der Sozialethik, und so begegnet theologisch auch dasselbe Grundproblem wie dort, nämlich wie sich das endzeitliche Reich Gottes zur Weltgesellschaft verhält: ist die Friedensarbeit ein Beitrag zum Aufbau des Reiches Gottes hier auf Erden, oder erwächst sie schlicht aus dem Friedens- und Liebesgebot Gottes? Da diese theologische und sozialethische Grundfrage im Blick auf das ökumenische Gespräch oben bereits dargestellt wurde, genügt in diesem Kapitel die Beschreibung des friedensethischen und friedenspolitischen Redens und Handelns der Kirchen im Rahmen der ökumenischen Bewegung und im Kontext der säkularen Friedensbewegung.

1. Friedensdienste und „gerechter Krieg"

Das christliche Friedenszeugnis betonte stets die Mehrdimensionalität des Friedens: als Verhältnis zu Gott, zu sich selbst, zum Nächsten und als politisch-soziale Ordnung. Friede meint also mehr als die Abwesenheit von Krieg. Er ist eng verknüpft mit Gerechtigkeit, Recht und Sicherheit, also mit Bedingungen, die den Verlust des Friedens und kriegerische Auseinandersetzungen verhindern. Vom neutestamentlichen Zeugnis an fiel dem Staat die besondere Verantwortung für den Frieden zu; dafür hat er sowohl intern wie bei den internationalen Beziehungen das Recht auf Gewaltanwendung.

In der Alten Kirche begegneten bei *Augustin* (354–430) Ansätze, Bedingungen für einen gerechtfertigten Krieg aufzustellen. Nur der Bestand des eigenen Staates, niemals jedoch Eroberungswille oder Rache rechtfertigen einen Krieg; und nur die rechtmäßige Obrigkeit darf ihn führen. Im Mittelalter formulierte *Thomas von Aquin* (1225–1274) einflußreiche Kriterien eines „gerechten Krieges":

114 „Der Friede gilt als Frucht der Liebe; der Krieg aber zählt zu den Sünden, die dem Frieden entgegenstehen. Die Beteiligung am Krieg kann deshalb für den Christen nur dann als erlaubt gelten, wenn er die Kriterien des ‚gerechten Krieges' erfüllt: die Kriegserklärung durch die autorisierte politische Gewalt... (auctoritas principis); das Vorliegen eines gerechten und schwerwiegenden Grundes, dem auf keine andere Weise Genüge getan werden kann (causa iusta); die Orientierung an der Wiederherstellung des Friedens und das Streben nach einer Hilfe für die Guten durch die Züchtigung der Bösen (recta intentio); die Beschränkung der Kriegführung auf legitime Kriegsmittel (debitus modus)."
(Summa Theologiae II/II 9, 29; 9, 37–42; nach W. Huber, in: TRE Bd. 11, 624)

Das Ziel solcher Kriterien war es, Kriege zu verhindern. Wenn eins der Kriterien nicht gegeben war, mußte (nach Thomas) der Krieg unterbleiben. Unbeantwortet war bei den Kriterien freilich, wer zuständig ist für die Entscheidung über die „causa iusta", die „recta intentio" oder das „legitime" Kriegsmittel. Dem Staat das Gewaltmonopol zu geben, erwies sich als richtig, aber die Frage, wie einem Unrechts-Staat zu begegnen ist (Widerstandsrecht, Revolution), blieb ebenfalls unbeantwortet.

Es ließe sich sicherlich eine eindrucksvolle Geschichte der Friedensdienste einzelner Christen und auch der Kirchen schreiben. Doch steht solch einer Erfolgsgeschichte eine tragische kirchliche Schuldgeschichte gegenüber. Immer wieder hat sich gezeigt, daß die Friedensaufgabe der Christen und der Kirchen hinter ihre nationale Bindung zurücktrat und die Kirchen den Staatsmännern ein Recht zur Kriegsführung bescheinigten. Noch schlimmer war es, daß die Kirchen häufig ihre eigenen Interessen, ihren vermeintlichen Schutz ewiger Wahrheiten, über den Schutz von Menschenleben stellten. Das Ketzertöten, die Kreuzzüge, die konfessionellen Bürgerkriege, die Verknüpfung von kolonialen Eroberungen und Evangelisationen mit Zwangschristianisierungen, die Billigung der Sklaverei – das war und ist eine schwere Hypothek für die Glaubwürdigkeit der Kirchen.

Historisch wirksame Friedensimpulse gingen in der neuzeitlichen Christenheit vor allem von den historischen Friedenskirchen aus, d. h. den Brüder-Kirchen, den Mennoniten und den Quäkern. Sie verstanden die Nachfolge Jesu als Gewaltverzicht, so daß für sie eine Beteiligung am Krieg ausgeschlossen war. Über diese Individualethik hinaus entwickelten insbesondere die Quäker realpolitische Friedensmodelle. Der Quäker *William Penn* legte 1693 ein „Essay zum gegenwärtigen und zukünftigen Frieden in Europa" vor, in dem er den Frieden durch ein parlamentarisches Vertretungsorgan auf europäischer Ebene sichern wollte. Insgesamt ging jedoch im 18. und 19. Jahrhundert die geistige Führung beim Friedensgedanken von den christlichen und kirchlichen Kreisen an die „weltlichen" über.

Seiner Zeit voraus war *Immanuel Kant* mit seinem 1795 erschienenen philosophischen Entwurf „Zum ewigen Frieden". Er stellte einen inneren Zusammenhang zwischen Vernunft, Recht und Frieden her. Zu den vernunftnotwendigen Bedingungen zählte er die Beziehung zwischen dem Rechtszustand innerhalb der Staaten und dem Rechtszustand zwischen den Staaten. So forderte er, daß die bürgerliche Verfassung in jedem Staat republikanisch sein soll und daß ein Völkerrecht auf dem Föderalismus freier Staaten gegründet sein muß.

Auf diesem geistigen Hintergrund friedenskirchlichen und aufklärerischen Gedankenguts kamen im 19. Jahrhundert immer mehr Menschenrechts- und Friedenskonzeptionen zum Zuge. Im Jahre 1815/16 wurden in Fortsetzung der quäkerischen Tradition die ersten *Friedensgesellschaften* in New York und in London gegründet. Weitere Friedenskongresse, die Gründung des Roten Kreuzes (1864) und der Interparlamentarischen Union (1888) sowie die Haager Friedenskonferenzen (1899, 1907) mit der Bildung eines ständigen internationalen Schiedsgerichtshofs folgten. In Deutschland gab Bertha von Suttner mit ihrem Roman „Die Waffen nieder" (1892) den Anstoß zur Gründung der Deutschen Friedensgesellschaft. Im Jahre 1901 tauchten die Begriffe „*Pazifismus*" und „Pazifizist" auf, aber noch nicht im Sinne des bedingungslosen Gewaltverzichts (so erst nach dem Ersten Weltkrieg), sondern als Zielvorstellung, den Krieg als Mittel der internationalen Auseinandersetzungen abzuschaffen. Insgesamt war freilich die Friedensbewegung auf einen relativ kleinen Kreis von Anhängern beschränkt. Die vaterländische Begeisterung, mit der der Erste Weltkrieg allenthalben begleitet wurde, offenbarte die Ohnmacht der Friedensbewegung in- und außerhalb der Kirchen. Die Kriegsschuldfrage belastete noch bis zur Weltkirchenkonferenz in Stockholm 1925 die junge ökumenische Bewegung, weil die deutschen Kirchen sich nicht einseitig zu einer deutschen Schuld bekennen wollten.

Mit der Gründung des *Weltbundes für Internationale Freundschaftsarbeit der Kirchen* am Tage des Ausbruchs des Ersten Weltkrieges begann die ökumenische Friedensarbeit der Kirchen. Im Jahre 1919 entstand durch Initiativen des Quäkers Henry Hodgkin und F. Siegmund-Schultzes der *Internationale Versöhnungsbund*, der die radikal gewaltfreien Christen sammelte und bis heute in vielen Ländern bei der Beratung von Kriegsdienstverweigerern, Friedensmärschen usw. beteiligt ist.

2. Krieg ist unvereinbar mit der Gesinnung Christi (Stockholm 1925)

Die Schrecken des Ersten Weltkrieges lösten in Theologie und Kirche allenthalben Diskussionen aus, ob die traditionellen Kriterien des „gerechten Krieges" auf die militärische Situation des 20. Jahrhunderts noch zutreffen. Ist das moderne Waffenpotential noch ein angemessenes legitimes Kriegsmittel?

Bei der Weltkonferenz für Praktisches Christentum in Stockholm 1925 rangen nichtpazifistische und pazifistische Auffassungen miteinander. Das war ein Spiegelbild der kirchlichen Situation in vielen Ländern, wo sich ein Nationalprotestantismus und die christliche Friedensbewegung wie zwei unversöhnliche ethische Konfessionen gegenüberstanden. Das Unbehagen, sich nicht klar zu Frieden und Krieg äußern zu können, war groß.

115 „Resolution:

1. Der Krieg, als Mittel zur Lösung internationaler Streitigkeiten durch physische, mit Heimtücke und Lüge sich verbindende Gewalt, ist unvereinbar mit der Gesinnung und dem Verhalten Christi und darum auch mit der Gesinnung und dem Verhalten der Kirche Christi.

2. Der Krieg, so aufgefaßt, ist Mißbrauch, nicht guter Gebrauch der Gewalt, weil er die Vollmacht, über sittliche Werte autoritativ zu entscheiden, einer Instanz zuweist, die dafür unzuständig ist: der Gewalt.

3. Als Angreifer in einem Kriege ist dasjenige Volk anzusehen, das eine Entscheidung durch Schiedsspruch ablehnt oder die sonstigen durch Gesetz und Ordnung in Betracht kommenden Schritte unterläßt.

4. Es ist die Pflicht der Kirchen, das ganze Gewicht ihres vereinten Einflusses in der Richtung auf die brüderliche Organisation der Völker geltend zu machen.

5. Mit keinem der vorstehenden Sätze soll das jedem Volk angeborene Recht auf Selbstverteidigung gegen Angriffe oder Unterdrückung angetastet werden."

(Stockholm, Offizieller Bericht, 77)

Hier liegt die Urform der künftig häufig aufgestellten ökumenischen Aussage vor, daß Krieg nach Gottes Willen nicht sein soll. Punkt 5 machte freilich eine schwerwiegende Einschränkung: Verteidigungs- und Befreiungskriege waren von der allgemeinen Verurteilung des Krieges ausgenommen, ohne daß geklärt wurde, wer über ein solches Vorliegen entscheidet. Als Friedensmodell tendierte die Konferenz „auf die brüderliche Organisation der Völker" und meinte damit konkret den Völkerbund.

Ökumenische Konferenzen der folgenden Jahre, z. B. die Friedenskonferenz des Weltbundes in Prag 1928, griffen auf die Stockholmer Resolution zurück. Die Verurteilung des Krieges als Mittel der Politik war freilich kein kirchlich-ökumenisches Privileg. Gleichzeitig gab es auch im politischen Bereich selbst diese Tendenz. Am 27. August 1928 unterzeichneten in Paris 15 Staaten den *Briand-Kellog-Pakt zur „Ächtung des (Angriffs-) Krieges"*. (Briand war französischer, Kellog nordamerikanischer Außenminister).

Als in den dreißiger Jahren die Angst vor einem neuen Weltkrieg wuchs, weil das System von politischen Verträgen, wirtschaftlichen Abkommen und allseitiger Aufrüstung als zu brüchig für die Sicherung des Friedens erschien, trat das Friedensthema wieder in den Vordergrund ökumenischer Bemühungen. Auf der dänischen Insel Fanö fand 1934 eine gemeinsame Sitzung des Weltbundes und des Ökumenischen Rates für Praktisches Christentum statt, bei der *Dietrich Bonhoeffer* (als Jugendsekretär des Weltbundes) eine bis heute oft zitierte Rede hielt. Mit deutlich pazifistischer Tendenz wehrte er theologisch die Verwechslung von Friede und Sicherheit ab. „Friede heißt, sich gänzlich ausliefern dem Gebot Gottes, keine Sicherung wollen, sondern in Glaube und Gehorsam dem allmächtigen Gott die Geschichte der Völker in die Hand legen und nicht selbstsüchtig über sie verfügen wollen. Kämpfe werden nicht mit Waffen gewonnen, sondern mit Gott." Die Frage, wie das Gebot Gottes zu erfüllen ist und wer die Welt zum Frieden rufen kann, beantwortete Bonhoeffer mit dem Hinweis auf ein großes ökumenisches Konzil, wobei er offensichtlich an den in Fanö tagenden Ökumenischen Rat dachte, denn die in englischer Sprache vorgetragene Rede gebrauchte den Begriff „Ecumenical Council", worunter allgemein ein Ökumenischer Rat verstanden wurde. Bonhoeffers deutscher Text enthält freilich das Wort „Konzil", nicht jedoch den Begriff „Konzil des Friedens".

116 *Dietrich Bonhoeffer (1934)*: „Nur das eine große ökumenische Konzil der Heiligen Kirche Christi aus aller Welt kann es so sagen, daß die Welt zähneknirschend das Wort vom Frieden vernehmen muß und daß die Völker froh werden, weil diese Kirche Christi ihren Söhnen im Namen Christi die Waffen aus der Hand nimmt und ihnen den Krieg verbietet und den Frieden Christi ausruft über die rasende Welt.

Warum fürchten wir das Wutgeheul der Weltmächte? Warum rauben wir ihnen nicht die Macht und geben sie Christus zurück? Wir können es heute noch tun. Das ökumenische Konzil ist versammelt, es kann

diesen radikalen Ruf zum Frieden an die Christgläubigen ausgehen lassen."
(D. Bonhoeffer: Ges. Werke I, München 1965, 219)

Dem Ökumenischen Rat für Praktisches Christentum gelang in Fanö kein solches Friedenswort, das die Welt nicht überhören konnte. Bonhoeffer repräsentierte, jedenfalls 1934, nur den pazifistischen Teil der ökumenischen Bewegung, den andere für schwärmerisch hielten.

3. Probleme einer internationalen Ordnung (Oxford 1937)

Während noch zehn Jahre zuvor der optimistische Glaube herrschte, daß sich eine wahre internationale Ordnung schaffen lassen könnte, kam die Weltkirchenkonferenz in Oxford 1937 in einer Stimmung der Bestürzung und Niedergeschlagenheit zusammen. Faschismus, Nationalismus und Rassismus bedrohten die Welt. Häufig waren Christen an diesen Ideologien beteiligt, und die Kirchen waren ohnmächtig, etwas dagegen zu tun.

Die Oxforder Konferenz befaßte sich ausführlich mit dem Rechtscharakter einer internationalen Odnung und rief die Kirchen auf, sich über die nationalen, kulturellen und konfessionellen Bindungen hinaus als „ökumenische Kirchen" zu verstehen, die ihre Glieder zu einem echten Verstehen zwischen den Völkern anleiten und umfassende Friedenserziehung betreiben. Gegen resignative Stimmungen über die Weltlage rief die Konferenz die theologische Einsicht in Erinnerung, „daß allen menschlichen Einrichtungen der Makel der Sünde anhaftet" und daß der Glaube an Gottes Macht und Liebe Mut zur friedlichen Neugestaltung der Welt macht. Zum Thema „Kirche und Krieg" konnte die Weltkonferenz freilich, selber etwas ratlos, nur verschiedene Haltungen aufzählen.

117 „1. Einige meinen, daß der Krieg, vor allem in seiner modernen Form, in jedem Fall Sünde ist. Er steht im Widerspruch mit dem Wesen Gottes, das Liebe ist, mit dem durch das Kreuz bezeichneten Weg der Erlösung und mit der Gemeinschaft des Heiligen Geistes. Der Krieg ist letztlich in seinen Auswirkungen immer zerstörerisch und endet in Sinnlosigkeit, indem er auch das edelste Ziel, um dessentwillen er geführt wird, verdirbt...

2. Andere wieder würden nur an einem ‚gerechten' Kriege teilnehmen. Unter ihnen kann man wieder mindestens zwei Ansichten unterscheiden, die von der Definition dessen abhängen, was ein ‚gerechter' Krieg ist.

(A) Einige sind der Meinung, daß Christen nur an solchen Kriegen teilnehmen dürfen, die vom Völkerrecht her zu rechtfertigen sind. Sie meinen, daß in einer sündigen Welt der Staat die Aufgabe hat, im Gehorsam gegen Gott Gewalt anzuwenden, wenn Recht und Ordnung gefährdet sind. Kriege gegen internationale Vertrags- und Friedensbrecher sind mit Polizeimaßnahmen zu vergleichen, und die Christen haben die Verpflichtung, daran teilzunehmen...

(B) Andere würden einen Krieg dann als ‚gerecht' betrachten, wenn er unternommen wird, um einen von ihnen als wesentlich angesehenen christlichen Grundsatz zu verteidigen. Um den Opfern eines unprovozierten Angriffes zu Hilfe zu kommen, oder Unterdrückten Freiheit zu verschaffen, würde es ihnen, wenn alle anderen Mittel versagt haben, als christliche Pflicht erscheinen, zu den Waffen zu greifen."
(In: Oxford, Offizieller Bericht, 250–253)

Dieses ehrliche Eingeständnis christlicher Pluralität war nicht das eindeutige ökumenische Wort, das die Welt aufhorchen lassen konnte. Die Kirchen aller Länder (inklusive die römisch-katholische Kirche) waren wegen ihrer pluralen Friedensethik, wegen ihrer eigenen nationalen Bindungen und wegen ihres geringen Machtfaktors in den säkularisierten Staaten schlechterdings nicht in der Lage, substantiell auf das Kriegsgeschehen im Zweiten Weltkrieg einzuwirken und die kriegführenden Parteien zum Einlenken zu bewegen. Aufrufe zur Kriegsdienstverweigung kamen nicht infrage, weil das in dieser Situation Vaterlandsverrat gewesen wäre. Die Kirchen in den Ländern der westlichen Alliierten waren durchweg von einem gerechten Krieg gegen einen bösen Agressor überzeugt, so daß zur bewaffneten Gewalt kirchlicherseits ein gutes Gewissen gegeben wurde; in Deutschland verhinderte der Kirchenkampf klare Worte.

4. „Krieg soll nach Gottes Willen nicht sein" (Amsterdam 1948)

Die grausamen Militäraktionen des Zweiten Weltkrieges führten dann aber doch zu der einmütigen Erkenntnis, daß die traditionellen Kriterien des „gerechten Krieges" auf einen modernen Krieg nicht mehr zutreffen. Die Amsterdamer Gründungsvollversammlung des ÖRK bestätigte das theologische Urteil von Stockholm 1925, daß ein Krieg unvereinbar ist mit Gottes Willen, daß er Sünde ist. Doch in den ethischen Konsequenzen, die daraus zu ziehen sind, war man sich so wenig einig wie in Oxford 1937. Die vielzitierte Überschrift des Amsterdamer Beschlusses „Krieg soll nach Gottes Willen nicht sein" ließ im Text Raum für drei verschiedene Haltungen: den sogenannten Atompazifizismus, die bedingungslose Kriegsdienstverweigerung und die staatsbürgerliche Pflicht, das Recht mit der Waffe zu verteidigen.

118 „Krieg soll nach Gottes Willen nicht sein.
Die Rolle, die der Krieg im heutigen internationalen Leben spielt, ist Sünde wider Gott und eine Entwürdigung des Menschen ... Wir können uns daher nicht länger der Frage entziehen: Kann der Krieg heute noch ein Akt der Gerechtigkeit sein? Auf diese Frage können wir freilich keine einmütige Antwort geben. Drei verschiedene Grundhaltungen werden in unserer Mitte vertreten:

1) Da sind zunächst jene, die die Überzeugung haben, daß, wenn der Christ auch unter bestimmten Umständen wird in den Krieg ziehen müssen, ein moderner Krieg mit seinen allumfassenden Zerstörungen niemals ein Akt der Gerechtigkeit sein kann.

2) Da es gegenwärtig unparteiische, übernationale Instanzen nicht gibt, so meinen andere, militärische Maßnahmen seien das letzte Mittel, um dem Recht Geltung zu verschaffen, und man müsse die Staatsbürger klar und deutlich lehren, daß es ihre Pflicht ist, das Recht mit der Waffe in der Hand zu verteidigen, wenn es keine andere Möglichkeit mehr gibt.

3) Wieder andere lehnen jeden Kriegsdienst irgendwelcher Art ab und sind überzeugt, daß Gott von ihnen verlangt, bedingungslos gegen den Krieg und für den Frieden Stellung zu nehmen und nach ihrer Meinung müßte die Kirche im gleichen Sinne sprechen."
(In: Amsterdamer Dokumente, 64 f.)

Bei der Frage einer Kriegsbeteiligung von Christen gab es also unterschiedliche Auffassungen; aber andererseits konnte die Amsterdamer Konferenz viel Gemeinsames zum Friedensdienst der Christen und der Kirchen sagen. Die Kirchen wurden aufgefordert, alle nationalen und internationalen Maßnahmen zu fördern, um die Menschenrechte und Grundfreiheiten zu beachten. 1948 hatte man vor allem den Ost-West-Konflikt und den beginnenden Kalten Krieg vor Augen. Dabei kamen sowohl verschiedene Analysen der berechtigten oder unberechtigten Bedrohungsängste zum Vorschein, wie auch verschiedene Erwartungen an den ÖRK: Soll der ÖRK ein Bollwerk gegenüber dem kommunistischen Osten sein? Oder ist er ein Instrument für vertrauensbildende Maßnahmen über den Eisernen Vorhang hinweg? In den Amsterdamer Beschlüssen kam dieser Konflikt kaum zum Ausdruck; die allgemeine Verurteilung von möglichen Kriegsursachen wie „jegliche Art von Tyrannei, die dem Menschen die Freiheit versagt", und „jede Art von agressivem Imperialismus" war so unkonkret, daß sie als politisch nichtssagend erschien. Deutlicher war die Pflicht zu christlicher Friedenserziehung im Blick:

119 „Die Kirchen sind mitverantwortlich dafür, daß die Menschen dazu erzogen werden, über die Grenzen der eigenen Nation hinauszusehen und die verschiedenen politischen und wirtschaftlichen Systeme unter dem christlichen Gesichtspunkt zu betrachten, daß es darum geht, jedem Menschen die Freiheit von wirtschaftlicher und politischer Gebundenheit zu sichern. Solche Systeme sind für den Menschen da und nicht der Mensch für irgendwelche Systeme."
(In: Amsterdamer Dokumente, 68)

Die Amsterdamer Texte zeigen, wie der soeben gegründete ÖRK beides sein wollte: eine *metapolitische* Größe, die ethische Kriterien aufstellt für eine „verantwortliche Gesellschaft", und eine *politische* Größe, die ihr christliches Zeugnis inmitten der Konflikte geben will, die aber mit ihren national und ideologisch gebundenen Vertretern selber ein Spiegelbild der Gesellschaft abgibt.

5. Zwischen Atompazifismus und revolutionärer Gewalt (Genf 1966)

In den folgenden Jahren hat vor allem die „Kommission der Kirchen für internationale Angelegenheiten" (KKIA/CCIA) sowohl zahlreiche Studien zu einem „dauerhaften und gerechten Frieden" aufgestellt (Kodifizierung des internationalen Rechts; Menschenrechte; Rüstungsfrage usw.) wie auch bei zahlreichen Konflikten ökumenische Hilfe zur Versöhnung angeboten. Die 1958 gegründete Prager Christliche Friedenskonferenz fühlte sich speziell zuständig für ökumenische Brückenschläge bei den Ost-West-Beziehungen, bei der Überwindung des Kalten Krieges und beim Bemühen, Atomwaffen zu verbieten. Nichtoffizielle Vertreter osteuropäischer „Kirchen im Sozialismus" und westliche Vertreter verschiedener christlicher Friedensgruppen konnten hier ihre Friedensethik eindeutiger formulieren, als es etwa dem ÖRK und der Konferenz Europäischer Kirchen möglich war, die auf verschiedene Richtungen in den Kirchen ausgewogen Rücksicht nehmen mußten.

Seit Ende der fünziger Jahre schalteten sich immer mehr die Kirchen der Dritten Welt in die Friedensdiskussion ein. Abgesehen von Testgebieten im pazifischen Raum waren sie nicht unmittelbar von der Atomwaffenbedrohung betroffen und weniger an der im Westen heftig diskutierten Frage eines „Friedensdienstes mit und ohne Waffen" interessiert. Dafür stellten sie in den Vordergrund, was in früheren ökumenischen Voten schon immer angedeutet war: zum Friedensdienst gehört die Beseitigung von Kriegsursachen, d. h. die Herstellung von Gerechtigkeit und die Geltung der Menschenrechte. Die antike Weisheit „Wenn du den Frieden willst, bereite den Krieg vor", welche das militärische Sicherheitsdenken bestimmt, bekam hier eine Wende: „Wenn du Frieden willst, bereite Gerechtigkeit". (Si vis pacem, para bellum. - Si vis pacem, para iustitiam.)

In den sechziger Jahren stellte sich vielen Christen in der Dritten Welt in diesem Zusammenhang die Friedensfrage völlig neu. Der Kampf für mehr Gerechtigkeit führte sie zu revolutionärer Gewalt als letztem Ausweg gegen die staatliche Unrechts- und Unterdrückungsgewalt. Befreiungsbewegungen und eine „Theologie der Revolution" entstanden, bei denen in neuer Weise nach Gottes Handeln in der Geschichte gefragt wurde und „Kampf" und „Gewalt" als Wege zu Gerechtigkeit und Frieden erschienen.

Die ÖRK-Weltkonferenz für „Kirche und Gesellschaft" in Genf 1966 griff beide Themen auf, die „revolutionäre Gewalt" und „Friede im Atomzeitalter".

120 *Zur revolutionären Gewalt*: „Gewalt ist eine sehr starke Wirklichkeit unserer Welt sowohl in der Form der offenen Gewaltanwendung zur Unterdrückung als auch der unsichtbaren Gewalt (violencia blanca), die auf Menschen ausgeübt wird, die zu Millionen Opfer der Unterdrückung und ungerechter Gesellschaftssysteme waren oder noch immer sind. Darum erhebt sich heute oftmals die Frage, ob die Gewalt, durch die in einer geplanten Revolution Blut vergossen wird, nicht ein geringeres Übel sein könnte als die Gewalt, durch die zwar kein Blut vergossen wird, die aber die gesamte Bevölkerung zu ewiger Verzweiflung verdammt. Tatsächlich haben sich Christen an revolutionären Prozessen beteiligt, welche Gewalt und Mißachtung des Rechts nach sich zogen, und diese Christen warten mit einem unruhigen Gewissen auf das Verständnis und die Führung der Kirche. Andere Christen widersetzen sich mit einem unruhigen Gewissen derartigen Aktionen. Andere wiederum geben sich so lange zufrieden, wie ‚Recht und Ordnung' gewahrt sind.

Es kann nicht erklärt werden, daß absolute Gewaltlosigkeit die einzig mögliche Position für Christen ist. Es gibt Situationen, in denen Christen zur Gewaltanwendung getrieben werden könnten. Wann immer jedoch Gewalt angewandt wird, muß sie als eine ‚letzte Möglichkeit' betrachtet werden, die nur in außergewöhnlichen Situationen gerechtfertigt ist. Anwendung von Gewalt erfordert eine genaue Bestimmung der Ziele, für die sie angewandt wird, und eine klare Erkenntnis der in ihr liegenden Übel und das Bemühen, sie immer durch Barmherzigkeit zu mildern."

Zur atomaren Kriegsführung
„Christen unterscheiden sich immer noch in der Frage, ob militärische Mittel zur Erlangung der für die Gerechtigkeit nötigen Ziele legitimerweise angewandt werden dürfen. Der Atomkrieg übersteigt aber alle Vorstellungen. Gegenseitiger nuklearer Selbstmord kann niemals Gerechtigkeit herstellen; denn er zerstört alles, was die Gerechtigkeit zu verteidigen oder zu erreichen wünscht. Wir sagen jetzt allen Regierungen und Völkern, daß der Atomkrieg gegen Gottes Willen und das Größte aller Übel ist. Wir stellen deshalb fest, daß es die oberste Pflicht der Regierungen und ihrer Amtsträger ist, den Atomkrieg zu verhindern ...

Das eigentliche Problem besteht darin, wie diese oberste Pflicht, den Atomkrieg zu verhindern, verwirklicht werden kann ... Zur Verhinderung des Krieges muß die Situation, die zum Krieg führen könnte, geändert werden. Wir müssen den beschwerlichen Weg einschlagen, zu versuchen, ein Gleichgewicht der Kräfte in eine Gemeinschaft mit Institutionen zu wandeln, die dem Gemeinwohl verantwortlich sind und durch ihr helfendes Eingreifen zur Verhinderung einer Eskalation in einem Konflikt zwischen den Großmächten beitragen."
(In: Offizieller Bericht, 171, 176, 182)

In den folgenden Jahren wuchs die Einsicht, daß der kostspielige Rüstungswettlauf und die zunehmende Militarisierung der Dritten Welt alle Bemühungen für mehr wirtschaftliche und soziale Gerechtigkeit zunichte machen. Die Kirchen standen ohnmächtig vor einem Bündel von Problemen, sie besaßen nur das Medium des Wortes, um Gewissen wachzurütteln, und das Medium zeichenhafter Hilfsaktionen. Heiße sozial- und friedensethische Debatten löste das ÖRK-*Programm zur Bekämpfung des Rassismus* im südlichen Afrika aus, weil hier – zwar zweckgebunden für humanitäre Hilfen – doch Befreiungsbewegungen unterstützt wurden, die revolutionäre Gewalt übten und die Zusammenarbeit mit Marxisten nicht ausschlossen. Christen, die sonst staatliche militärische Gewalt und gerechte Kriege billigen konnten, äußerten sich hier wie Pazifisten, weil es um revolutionäre Gewalt und links-orientierte Politik ging. Und Christen, die sonst in Friedensbewegungen sich eher pazifistisch verhielten, konnten das Antirassismusprogramm unterstützen, weil ihnen dieser Kampf für Gerechtigkeit und für einen künftigen Frieden als das kleinere Übel erschien. Die ökumenische Gemeinschaft hat dieses Dilemma nur schwer verkraftet. Der ÖRK hat mit seiner Entscheidung für das Antirassismusprogramm eine ethische und zugleich politische Entscheidung getroffen, die ihn im weltpolitischen Machtkampf parteiisch werden ließ. Für die einen war seine Haltung endlich das Wahrnehmen einer prophetischen Funktion, für die andern das Abgleiten der Kirche ins Politisch-

Ideologische. Der ökumenische Streit darüber ist bis heute noch nicht ausgetragen.

Allerdings darf man die friedensethische und friedenspolitische Bedeutung des ÖRK nicht nur am Antirassismusprogramm ablesen. Die Vollversammlungen des ÖRK in *Uppsala 1968* und *Nairobi 1975* zeigten ein breites Engagement des ÖRK und seiner Mitgliedskirchen beim „Schutz von Einzelnen und Gruppen in der politischen Welt" (Menschenrechte, Minderheiten, Flüchtlinge und Vertriebene usw.; Uppsala-Bericht, 66–74) und bei der Entfaltung eines „Anti-Militarismusprogramms". Letzteres wurde in Nairobi 1975 angeregt (Nairobi-Bericht, 189–193) und unter dem Namen „Studienprogramm für Abrüstung und gegen Militarismus und Wettrüsten" durchgeführt. Dabei offenbarte sich immer wieder dasselbe Problem: in theologischen Aussagen über den Gottesfrieden und über Gottes Friedensgebot für die Menschen gibt es keinen ernsthaften Dissens; bei der kirchlichen Verpflichtung zur Friedenserziehung und zu Versöhnungsdiensten herrscht Konsens; doch wie bei konkreten Konflikten und Machtkämpfen und bei Atomwaffen die Kirchen ethisch verpflichtend und politisch wirksam reden und handeln sollen, das ist kontrovers, und zwar vom Kirchenvorstand einer Gemeinde in Deutschland bis zum ÖRK. Die EKD-Synode 1958 erläuterte die Meinungsverschiedenheiten und sagte: „Wir bleiben unter dem Evangelium zusammen."

6. „Verbrechen gegen die Menschheit" (Vancouver 1983)

Nachdem der Zusammenhang von Gerechtigkeit und Frieden ins allgemeine Bewußtsein gedrungen war, erweiterte sich in den siebziger Jahren der friedensethische Horizont noch auf die ökologischen Probleme. Die Gefährdung der Biosphäre durch die technische und industrielle Entwicklung erfordert radikal „Frieden mit der Natur". Schöpfungstheologische und ethische Überlegungen zur Überlebenschance der Menschheit sind in diesem Sinne Teil einer ökumenischen Friedensethik geworden.

Das Problembewußtsein und die Erfahrung vieler Christen in der Dritten Welt, daß die Entwicklung zunehmend negativer verläuft, ließ in den achtziger Jahren beim ÖRK eine aggressivere Sprache gegen alle Tendenzen aufkommen, die den Status quo zu verfestigen oder zu rechtfertigen schienen. Die ÖRK-Vollversammlung in Vancouver 1983 klagte in ihrem Beschluß „Für Gerechtigkeit und Menschenwürde kämpfen“:

121 „Wie nie zuvor bilden wirtschaftliche Interessen, militärische Macht, technologisches Wissen und internationale Bündnisse eine Machtkonstellation, die sich gegen die Würde des Lebens der Welt verschworen hat: gegen Jesus Christus selbst. Die Konsequenzen sind furchtbar: unendliches menschliches Leid, Erniedrigung und Tod.“
(In: Offizieller Bericht, 112)

Auch im Beschluß „Den Bedrohungen des Friedens und Überlebens begegnen“ redete der ÖRK jetzt eindeutiger und politisch konkreter, insbesondere gegen das System der Abschreckung. Gedanken, die Bonhoeffer 1934 in Fanö vortrug, kamen hier zum Zuge.

122 „Die nukleare Abschreckung muß nunmehr als strategische Doktrin, die im Namen der Sicherheit und Kriegsverhütung Atomwaffen gerechtfertigt hat, grundsätzlich verworfen werden, da sie im Widerspruch zu unserem Glauben an Jesus Christus steht, der unser Leben und unser Friede ist. Atomare Abschreckung ist moralisch unvertretbar, weil ihre Glaubwürdigkeit darauf beruht, daß der *Einsatz* von Atomwaffen tatsächlich *beabsichtigt* ist: Wir sind der Überzeugung, daß jegliche Absicht, Massenvernichtungswaffen einzusetzen, eine zutiefst unmenschliche Verletzung des Sinnes und Geistes Christi, der in uns sein sollte, ist.“

„Wir glauben, daß für die Kirche die Zeit gekommen ist, klar und deutlich zu erklären, daß sowohl die Herstellung und Stationierung als auch der Einsatz von Atomwaffen ein Verbrechen gegen die Menschheit darstellen und daß ein solches Vorgehen aus ethischer und theologischer Sicht verurteilt werden muß.“
(In: ebd. 102)

Offen blieb bei diesen Formulierungen, welche Konsequenzen Christen, Kirchen, Politiker und Regierungen nun ziehen sollen: Radikal einseitig abrüsten? Unbedingt den Wehrdienst verweigern? Den Arbeitsplatz in der Rüstungsindustrie niederlegen? Christen, die an der Herstellung und Stationierung von Atomwaffen beteiligt sind, aus der Kirche ausschließen oder zumindest ihre Kirchensteuern nicht annehmen?

Im Raum der EKD fanden sich die Gruppen der Friedensbewegung durch Vancouver ökumenisch bestätigt, ebenso der Reformierte Bund, der in einem Memorandum wegen der Massenvernichtungswaffen den „status confessionis“ ausgerufen; das heißt den Atomstreik zur chistlichen Bekenntnisfrage gemacht hatte. Doch blieben weitere Konsequenzen aus: Man hörte den prophetischen christlichen Ruf, aber der Großteil der Christen in den hauptsächlich betroffenen Industrieländern beruhigte sich weiterhin mit dem immer noch funktionierenden System der Friedenssicherung durch nukleare Abschreckung: gerade sie verhindere den Atomkrieg, den man an sich durchaus als Sünde bezeichnen könne. Trotz der Vancouver-Erklärung ist also ein ökumenischer Atomstreik nicht in Sicht. Auch kein Friede in den Kirchen über die Friedensethik.

7. Konziliarer Prozeß für Gerechtigkeit, Frieden und Bewahrung der Schöpfung (Dresden, Stuttgart, Basel, Seoul 1988–1990)

Bei den Veranstaltungen im Rahmen des Konziliaren Prozesses wurde eine behutsamere Sprache als in Vancouver gewählt und die Abschaffung der Institution des Krieges sowie die Überwindung der Abschreckung als notwendige „Ziele" des christlichen und politischen Handelns beschrieben. Das war nicht ein fauler Kompromiß, denn in der friedensethischen Grundhaltung bestand zwischen dem Netzwerk der „Friedensgruppen" und den promilitärischen Gruppen in den Kirchen durchaus ein Grundkonsens. Auch über weitere friedenspolitische Maßnahmen wie Abrüstungsschritte, Schaffung eines kooperativen Sicherheitssystems über die Blöcke hinweg, Stärkung übernationaler Strukturen und vor allem kirchliche Versöhnungsarbeit auf allen denkbaren Ebenen waren die Kirchen im Konziliaren Prozeß sich einig. Keinen Konsens gab es bei der Frage, ob die Verweigerung des Wehr- und Kriegsdienstes „das heute eindeutigere und gebotene Friedenszeugnis" sei, wie es beispielsweise die evangelischen Kirchen in der früheren DDR formulierten. Demgegenüber sah die Mehrzahl anderer Christen verschiedener Kirchen im Wehrdienst eine „Notwendigkeit und Erfüllung des Gebotes der Nächstenliebe", um mögliche wehrlose Opfer fremder Willkür und Gewalt zu schützen.

123 *Seoul 1990*: „Wir *bekräftigen* Gottes Frieden in seiner ganzen Bedeutung. Wir werden alle Möglichkeiten ausschöpfen, um Gerechtigkeit und Frieden zu schaffen und Konflikte durch aktive Gewaltfreiheit zu lösen.

Wir werden jedem Verständnis und System von Sicherheit *widerstehen*, das den Einsatz von Massenvernichtungsmitteln vorsieht oder durch die Drohung mit solchem Einsatz abschrecken will. Wir lehnen militärische Invasionen, Interventionen und Besetzungen ab. Wir werden einem

Konzept der nationalen Sicherheit *widerstehen*, welches das Ziel hat, die Bevölkerung zu beherrschen oder zu unterdrücken, um die Privilegien einiger Weniger zu verteidigen.

Wir *verpflichten* uns, unsere persönlichen Beziehungen gewaltfrei zu gestalten. Wir werden darauf hinarbeiten, auf den Krieg als legales Mittel zur Lösung von Konflikten zu verzichten. Wir verlangen von den Regierungen, daß sie eine internationale Rechtsordnung schaffen, die der Verwirklichung des Friedens dient."
(In: Die Zeit ist da. Schlußdokument von Seoul, ÖRK, Genf 1990, 22; zu Dresden und Stuttgart 1988 und Basel 1989 vgl. EKD-Texte 27, 96 f., 36)

8. Römisch-katholische Parallelentwicklung

Die römisch-katholischen Besinnungen zu Frieden und Krieg waren bis Mitte des 20. Jahrhunderts von den naturrechtlichen Gedankengängen bestimmt, wie sie in der mittelalterlichen Scholastik vor allem in der Lehre vom „gerechten Krieg" entfaltet worden waren. Das Papstamt wurde in diesem Zusammenhang als unparteiische Größe mit moralischer Autorität vorgestellt, welche die ethischen Normen verkündigt und in Konfliktfällen ihre Vermittlung und guten Dienste anbietet. Im übrigen waren im Ersten und Zweiten Weltkrieg die katholischen Christen – die Bischöfe und das Kirchenvolk – genau so vaterländisch gebunden wie die übrigen Christen. Und ebenso parallel verlief die Entstehung und Entwicklung der katholischen Friedensbewegung mit verschiedenen Laienorganisationen. Hier gab es allerdings aufgrund der naturrechtlichen Konzeption weniger pazifistische Strömungen. Bedeutsam war, wie in der römisch-katholischen Kirche der Zusammenhang von „Gerechtigkeit und Frieden" nicht nur auf die Verteidigung des eigenen Rechts zielte, sondern die Schaffung gerechter Lebensbedingungen für alle Menschen umfaßte. In den zwanziger Jahren tauchte in der katholischen Friedensbewegung schon der Gedanke auf, daß es mit einer Überwindung des Nationalismus nicht getan sei, solange noch die kapitalistische Wirtschaftsordnung herrscht (vgl. die Dokumente zur katholischen Friedensbewegung in: Kaspar Mayr: Der andere Weg. Dokumente und Materialien zur europäisch-christlichen Friedenspolitik, Nürnberg 1969).

Nach dem Zweiten Weltkrieg hielt Papst Pius XII. zunächst an den Kriterien vom gerechten Krieg fest und konnte 1954 auch einen möglichen Atomkrieg noch als Verteidigungskrieg sehen.

Doch wenn der Krieg sich „der Kontrolle des Menschen völlig entzieht“ und eine „reine und einfache Vernichtung jedes menschlichen Lebens innerhalb des Aktionsbereichs“ bewirkt, müsse er als unsittlich verworfen werden (in: Theolog. Rsch. NF 43, 1978, 280 f.)

In seiner Weihnachtsansprache 1956 sah Pius XII. die moralische Möglichkeit der Selbstverteidigung im Atomkrieg noch gewährleistet, denn er bestritt, daß ein katholischer Bürger unter einer legitimierten Regierung sich auf sein Gewissen berufen könne, um den Kriegsdienst zu verweigern (TRE 11, 1983, 639). Ähnlich argumentierten die meisten katholischen Moraltheologen.

Eine Wende in der katholischen Friedensethik begann mit Papst *Johannes XXIII.* und dem Zweiten Vatikanischen Konzil. In der Enzyklika „Pacem in terris“ (1963) argumentierte der Papst nicht mehr naturrechtlich vom „gerechten Krieg“ her. Im Zeitalter der Vernunft könne man den Krieg nicht mehr als ein geeignetes Mittel zur Wiederherstellung verletzter Rechte betrachten. Alle ethischen Anstrengungen müßten auf das „universale Gemeinwohl“ gerichtet sein und dafür sei auf Dauer die Einrichtung einer „universalen politischen Gewalt“ unerläßlich.

Das *Zweite Vatikanische Konzil* legte in der Pastoralkonstitution über die Kirche in der Welt von heute „Gaudium et spes“ (1965) die lehramtliche Lehre zu Friede und Krieg neu fest. Zunächst bekräftigte es noch einmal das „Recht auf sittlich erlaubte Verteidigung“; sodann aber bezweifelte es, daß die modernen Massenvernichtungswaffen noch legitime Kriegsmittel seien. Zur absoluten Ächtung des Krieges forderte das Konzil die Errichtung einer „von allen anerkannten Weltautorität“.

124 „Jede Kriegshandlung, die auf die Vernichtung ganzer Städte oder weiter Gebiete ihrer Bevölkerung unterschiedslos abstellt, ist ein Verbrechen gegen Gott und gegen den Menschen, das fest und entschieden zu verwerfen ist.“ (Nr. 80)

„Es ist deutlich, daß wir mit all unseren Kräften jene Zeit vorbereiten müssen, in der auf der Basis einer Übereinkunft zwischen allen Nationen jeglicher Krieg absolut geächtet werden kann. Das erfordert freilich, daß eine von allen anerkannte öffentliche Weltautorität eingesetzt wird, die über wirksame Macht verfügt, um für alle Sicherheit, Wahrung der Gerechtigkeit und Achtung der Rechte zu gewährleisten.“
(Nr. 82)

Papst *Paul VI.* entfaltete 1967 diese Gedanken weiter in der Enzyklika „Populorum progressio“. In sachlicher Nähe zu manchen Aussagen der ÖRK-Weltkonferenz für Kirche und Gesellschaft in Genf 1966 stellte der Papst den Zusammenhang von wirtschaftlicher Gerechtigkeit und Frieden her und postulierte:

125 „Entwicklung, der neue Name für Friede. Der Friede besteht nicht einfach im Schweigen der Waffen, nicht einfach im immer schwankenden Gleichgewicht der Kräfte. Er muß Tag für Tag aufgebaut werden mit dem Ziel einer von Gott gewollten Ordnung, die eine vollkommenere Gerechtigkeit unter den Menschen herbeiführt." (Nr. 76)

Papst Paul VI. thematisierte nicht wie die Genfer Konferenz eine Theologie der Revolution, äußerte sich aber beim Konflikt zwischen Gerechtigkeit und Frieden zur revolutionären Gewalt so:

126 „Jede Revolution – ausgenommen im Fall der eindeutigen und lange dauernden Gewaltherrschaft, die die Grundrechte der Person schwer verletzt und dem Gemeinwohl des Landes ernsten Schaden zufügt – zeugt neues Unrecht, bringt neue Störungen des Gleichgewichts mit sich, ruft neue Zerrüttung hervor. Man kann das Übel, das existiert, nicht mit einem noch größeren Übel vertreiben." (Nr. 31)
(In: Texte zur katholischen Soziallehre, 1977, 463 f., 446 f.)

Die 1945 gegründete katholische Friedensorganisation „Pax Christi" hat insbesondere die Konzilsworte aufgegriffen, welche die Massenvernichtungswaffen als illegitime Kriegsmittel herausstellten, und sie hat deutlicher als manche offiziellen Äußerungen daraus Konsequenzen für Abrüstungsforderungen und für das Recht auf Wehrdienstverweigung gezogen.

Im allgemeinen ist bei der Frage der Wehrdienstverweigerung aus Gewissensgründen in der römisch-katholischen Kirche immer noch der Grundsatz prägend, daß ein Christ den Wehrdienst nur verweigern darf, wenn er meint, der Staat bereite einen ungerechten Krieg vor. Ob das nukleare Abschreckungssystem so einzustufen ist, mag eine Gewissensentscheidung sein, aber in der römisch-katholischen Kirche wird keine so leidenschaftliche Auseinandersetzung darüber wie in den evangelischen Kirchen geführt. Manche unterschiedlichen Akzente in den katholischen Voten einerseits und den ÖRK-Voten und evangelischen Denkschriften andererseits rührten vor allem aus der unterschiedlichen Einschätzung der Bedrohung durch den kommunistischen Osten. Der traditionelle römisch-katholische Antikommunismus und die evangelische und orthodoxe Standortbestimmung als „Kirchen im Sozialismus" brachten erhebliche Spannungen, wenn es um konkrete Resolutionen gegen die Rüstungspolitik in West und Ost ging.

In Europa war die römisch-katholische Kirche offiziell beim konziliaren Prozeß für Gerechtigkeit, Frieden und Bewahrung der Schöpfung beteiligt, so daß die Texte von Stuttgart 1988 und Basel 1989 in umfassender Weise die ökumenische Friedenshaltung bekunden.

Zusammenfassung

In der ökumenischen Friedensethik gibt es einen Grundkonsens: Der Friede Christi, der höher ist als alle Vernunft (Phil. 4,7), charakterisiert die Herrschaft Gottes. Er ist nicht das Ziel christlicher Friedensethik, als ob menschliches Handeln Gottes Friedensreich herbeiführen könnte, sondern er ist die Voraussetzung und die Motivation christlicher Friedensethik. Diese Unterscheidung ist wichtig, um nicht in eine neue Art von Klerikalismus und kirchlicher Bevormundung der Politik zu geraten.

Die Christen und ihre Kirchen haben kein Monopol für die Friedensethik. Was sie zur Friedenssicherung, zur Abrüstung usw. sagen, haben häufig andere Kreise auch schon gesagt. Mit der ideologischen und politischen Wende im Osten stellt sich das Abrüstungs- und Friedensthema heute anders dar als noch vor wenigen Jahren. Inwiefern die Friedensinitiativen der Christen und der Kirchen ein wesentlicher Beitrag zu dieser Wende waren, läßt sich schwerlich abmessen. Zu christlichem Triumph oder zum Nachlassen im friedensethischen Engegement besteht solange kein Anlaß, als die Rüstung im Norden immer noch die nötigen Mittel für die Bekämpfung des Hungers in der Welt blockiert und als es noch zahlreiche Kriege in der Welt gibt. Die besondere Chance der Kirchen liegt in ihren übernationalen ökumenischen Strukturen, in ihrem prophetischen Wort, welches Gottes Willen und nicht einseitige Interessen vertritt, in der Friedenserziehung und im glaubwürdigen Handeln jedes einzelnen Christen.

VII. Sozio-kulturelle Bewegungen und Kontexttheologien

Von der Missionstheologie her ist bekannt, daß die jungen Kirchen in der Dritten Welt schon lange bedenken, wie das Evangelium und ihre sozio-kulturelle Umgebung miteinander zu verbinden sind. „Einheimische" Theologien entstanden, oder mit einem heute geläufigeren Begriff: der jeweilige „Kontext" wurde konstitutiver Bestandteil der kirchlichen Praxis und der theologischen Reflexion. Heute erschüttert ein Aufbegehren gegen die Identifizierung von christlichem Glauben und abendländischem Denken die ganze Christenheit.

1. Geschichtliche Entwicklung

Die theologische Problematik an sich wird in der Missionstheologie schon lange unter den Stichworten „Akkomodation" oder Adaption, Assimilation, Anpassung, Anknüpfung, Bodenständigkeit und Indigenisation verhandelt. Im Grunde stellte sich der Christenheit dieses Problem von Anfang an, wenn auch die Begriffe dafür fehlten. Beim Übergang von „juden-" zu „heidenchristlichen" Gemeinden, bei der Entwicklung christlicher Theologie im Kontext hellenistischer Kultur, römischen Rechts und germanischer und slawischer Religiosität usw. geschah jeweils eine bestimmte Anpassung, so daß sich auch der abendländischen Theologie die Frage stellt, wie „einheimisch" und partikular sie geprägt ist.

Die entscheidende Frage ist jeweils, ob der Gehalt des Evangeliums durch den Gebrauch zunächst fremder Vorstellungen und Sprachen an diese kulturelle Identität angeglichen wird – das wäre ein häretischer Synkretismus, eine falsche Vermischung; oder ob umgekehrt die fremden Vorstellungen durch die Verkündigung des Evangeliums umgedeutet, d.h. christlich angepaßt werden.

Orthodox

Die orthodoxen Kirchen praktizieren auf ihre Weise seit Jahrhunderten eine nationale Akkommodationsmethode. Das Lehrgebäude sowie die liturgischen und kirchlichen Strukturen liegen mit den alten Ökumenischen Konzilien fest; da gibt es nichts anzupassen, und eine Evolution der Theologie findet kaum statt. Aber das Prinzip der Autokephalie und Autonomie der einzelnen orthodoxen Nationalkirchen hat durchaus kulturell unterschiedlich geprägte orthodoxe Kirchen hervorgebracht. Dabei ist der Beitrag etwa der indischen Thomas-Christen für eine asiatische Theologie oder der ägyptischen und äthiopischen Kopten für eine afrikanische Theologie beachtenswert, aber doch anders geprägt als die heutigen „einheimischen" Theologien in Afrika, die sich gegenüber der eingeführten westlichen Theologie emanzipieren.

Katholisch

Die traditionelle katholische Akkomodationstheologie basiert auf der Idee von einem „logos spermatikos", d.h. der „Same der Wahrheit" ist überall in der Welt da, er muß wachsen, bis er in der katholischen Kirche vollendet wird. Alles Wahre ist christlich, und auch außerhalb der Kirche gibt es „anonyme Christen" (Karl Rahner). Heidnische Sitten und Gebräuche konnten so im Laufe der Geschichte katholisch „getauft" und christlich integriert werden. Der „Ritenstreit", bei dem Rom 1742 die Übernahme bestimmter chinesischer und hinduistischer Riten verbot, hatte freilich bis Mitte des 20. Jahrhunderts zu einer drastischen Europäisierung auf dem Missionsfeld geführt und die abendländische, neuscholastisch geprägte Theologie zur Normaltheologie gemacht. Erlaubt war lediglich eine „pädagogische" Anpassung mit der Übernahme einiger äußerlicher Gebräuche in ein sonst fertiges kirchliches System westlicher Herkunft.

Eine Anpassung auf theologischem und kirchenrechtlichem Gebiet war schwieriger, weil die Missionskirchen als „Teilkirchen" der einen römisch-katholischen Weltkirche verstanden wurden und die Entscheidung über das, was unveränderliche Lehre und was veränderbarer Ausdruck dieser Lehre ist, eben nicht bei den einheimischen Christen, sondern im christlich-abendländischen Rom lag. Anders verhielt sich die römisch-katholische Kirche bei den mit Rom „unierten" Ostkirchen; diese behielten sowohl bei ihren Riten als auch im Kirchenrecht ihre eigene Prägung.

Mit dem Missionsdekret des Zweiten Vatikanischen Konzils setzte in der römisch-katholischen Kirche ein neuartiges Ringen um die Eigenständigkeit der Teilkirchen in der Dritten Welt ein. Das Ergebnis ist nocht nicht abzusehen, weil die Konzilstexte unterschiedlich interpretiert werden. Papst Johannes Paul II. verfolgt mit seiner emsigen Reisetätigkeit zwei Ziele: zum einen die Eigenständigkeit der Teilkirchen zu würdigen und auf deren Interessen einzugehen, und zum anderen vor allem den Bischofskonferenzen und den Theologen in der Dritten Welt deutlich zu machen, daß die Universalität und die Einheit der Kirche durch das römische Lehramt vorgezeichnet sind und daß alles Partikulare und alle Vielfalt nur im „römischen“ Rahmen authentisch katholisch sind.

127 *Missionsdekret des II. Vatikanum „Ad gentes“*: „22. Aus Brauchtum und Tradition ihrer Völker, aus Weisheit und Wissen, aus Kunststil und Fertigkeit entlehnen sie (die jungen Kirchen) alles, was beitragen kann, die Ehre des Schöpfers zu preisen, die Gnade des Erlösers zu verherrlichen, das Christenleben recht zu gestalten.

Um dieses Ziel zu verwirklichen, muß in jedem sozio-kulturellen Großraum die theologische Besinnung angespornt werden, die im Licht der Tradition der Gesamtkirche die von Gott geoffentbarten Taten und Worte, die in der Heiligen Schrift aufgezeichnet sind und von Kirchenvätern und Lehramt erläutert werden, aufs neue durchforscht... Das christliche Leben wird dem Geist und der Eigenart einer jeden Kultur angepaßt; die besonderen Traditionen, zusammen mit den vom Evangelium erleuchteten Gaben der verschiedenen Völkerfamilien, werden in die katholische Einheit hineingenommen. So haben schließlich die jungen Teilkirchen mit dem ganzen Reichtum ihrer Überlieferung ihren Platz in der kirchlichen Gemeinschaft, unter voller Wahrung des Primates des Stuhles Petri, der in der ganzen Gemeinschaft der Liebe den Vorsitz führt.“

Bei der römischen Bischofssynode 1974 interpretierte Papst Paul VI. das Missionsdekret und betonte das Recht der pädagogischen und die Grenze der theologischen Akkomodation:

128 *Papst Paul VI., 1974*: „Weiter halten wir es für angebracht, ein Wort über die Notwendigkeit zu sagen, eine bessere Ausdrucksweise des Glaubens in Übereinstimmung mit den völkischen, sozialen und kulturellen Umweltbedingungen zu finden. Dies ist gewiß eine notwendige Forderung für die Echtheit und Wirksamkeit der Evangelisierung. Es wäre jedoch gefährlich, von Theologien zu sprechen, die nach Kontinenten und Kulturen verschieden sind. Der Inhalt des Glaubens ist

entweder katholisch oder ist es nicht mehr. Wir alle haben andererseits den Glauben von einer konstanten Tradition empfangen: Petrus und Paulus haben ihn nicht verändert, um ihn an die jüdische, griechische und römische Welt anzugleichen, sondern haben über dessen Reinheit und über die Wahrheit der einen Botschaft gewacht, die in den verschiedenen Sprachen verkündigt wurde (Apg. 2,8)."
(Ansprache vom 26. 10. 1974 bei der Schlußsitzung der Bischofssynode, in: O. R. [deutsch] 1. 11. 1974 Nr. 43, S. 3)

Diese harmonische Konzeption von der *einen* Kirche mit *einer* Theologie, die sich nur pädagogisch den Kulturen anpaßt, gerät im Katholizismus aber nun kräftig ins Wanken, und zwar nicht nur bei den katholischen Theologen in der Dritten Welt, sondern auch bei verschiedenen Bischofskonferenzen. Gemäß dem Missionsdekret sei nämlich nicht mehr die universale Kirche Trägerin der Mission, sondern die Ortskirche. Und am Ort, im jeweiligen Kontext, zeige sich, daß die bisher mehr ekklesiozentrisch ausgerichtete Akkomodationsmethode nicht mehr ausreicht und eine mehr christologische, die Inkarnation Christi in jede Kultur betonende, „einheimische" Theologie nötig sei.

129 *Die Bischöfe Afrikas bei der Bischofssynode 1974*: „Unser theologisches Denken … muß auf das Leben unserer Gemeinden achten und unsere eigenen Überlieferungen und Sprachen, d. h. unsere Lebensphilosophie, hochschätzen… Entsprechend diesem Missionsverständnis halten die Bischöfe die sogenannte ‚Theologie der Anpassung' für völlig veraltet. Statt dessen machen sie sich die ‚Theologie der Inkarnation' zu eigen. Die jungen Kirchen Afrikas und Madagaskars können sich dieser grundlegenden Forderung nicht entziehen. Sie bejahen die Tatsache eines theologischen Pluralismus innerhalb der Einheit unseres Glaubens."
(In: KM 94, 1974, 189)

Bei den meisten katholischen Theologen in der Dritten Welt und bei vielen europäischen Missionstheologen wird heute die bloße pädagogische Akkommodation als eine raffinierte Methode des westlichen Paternalismus und der Unterdrückung angesehen; sie sei ein Mittel, um durch begrenzte und kontrollierte Konzessionen die von der abendländisch-römischen Kirche und ihrer Tradition gesetzten Normen umso wirksamer durchzusetzen. Die traditionelle Theologie beanspruche zwar universal zu sein, sei aber in Wirklichkeit von typisch abendländischen Denkweisen abhängig, die in anderen Kontinenten irrelevant für die Interpretation des Evangeliums und die Praxis des christlichen Lebens seien. Angemessen sei heute nur ein polyzentrisches Christentum ohne jegliche theologische Bevormundung (vgl. zum Beispiel die katholischen Beiträge in der Vereinigung der Dritte-Welt-Theologen, in: Verl. d. Ap. St. Nr. 100, Bonn 1991, 55 f.)

Evangelisch

Die Entwicklung der Akkommodationstheologie in den *nicht-römisch-katholischen* Kirchen verlief unterschiedlich. Ein breiter Strom in der „Westmission" hat sich ähnlich wie Papst Paul VI. 1974 verhalten. Die Lehre vom „logos spermatikos" vertreten Orthodoxe und Anglikaner genau so wie die Katholiken, ferner heute indirekt auch die evangelischen Vertreter der „verheißungsgeschichtlichen" Missionsmethode und Geschichtstheologie, während in der Tradition der dialektischen Theologie Karl Barths etwa und in evangelikalen Kreisen dafür kein Verständnis ist.

Bei aller Europäisierung durch die Westmission erwies sich aber schon Ende des 19. Jahrhunderts die Verbindung der evangelischen „Eingeborenengemeinden" mit ihren Missionszentralen als nicht so fest wie die Zusammengehörigkeit von Universalkirche und Teilkirchen im Rahmen der römisch-katholischen Weltkirche. Bei der Weltmissionskonferenz in Edinburgh 1910 gab es nämlich schon klare Forderungen nach einer selbständigen geistlichen Entwicklung, also nach „theologischer Akkommodation" oder „kontextuellen Theologien".

130 *Weltmissionskonferenz in Edinburgh 1910:*
„Jede einheimische Kirche wird unter der Leitung des Geistes Gottes für sich selbst ihr Glaubensbekenntnis festzulegen haben."

„Jede einheimische Kirche auf dem Missionsfelde wird schrittweise aus den verschiedenen Elementen dasjenige christliche Lehrgebäude errichten, das am besten zu ihrem eigenen Leben paßt."
(World Missionary Conference 1910, Edinburgh and London, Vol. VIII 136, 135)

Wie freilich die eigenen Lehrgebäude der jungen Kirchen aussehen könnten, wurde weder 1910 in Edinburgh noch in den folgenden Jahrzehnten recht deutlich, weil es lange Zeit nur wenige einheimische Theologen gab. Diese wenigen gingen in die Seelsorge, und erst langsam kamen wissenschaftlich arbeitende Theologen hinzu, die sich dann erst mit viel Mühe von den Denkstrukturen der westlichen Theologie befreien mußten, um ihre „einheimische Theologie" zu artikulieren. Etwa seit 1960 geschieht das in einem inzwischen kaum noch zu überschauenden Ausmaß, ohne daß im Prostestantismus eine authentische Lehrinstanz über deren Legitimität entscheidet. Der ÖRK als das nicht-römisch-katholische Einigungswerk der Christenheit bietet eine Plattform für den Dialog darüber, aber selber keine Entscheidung. Der theologische Disput sowie das Vertrauen auf den Heiligen Geist, der die Kirche in alle Wahrheit leitet, sind auf globaler Ebene letztlich das protestantische Lehramt.

2. „Kontextuelle Theologien"

Die kontextuellen Theologien können hier nicht im einzelnen entfaltet werden, Hinweise müssen genügen. Dem Charakter einer kontextuellen Theologie entsprechend muß eigentlich vom Partikularen, d.h. von der Situation in einem relativ kleinen geographischen Raum oder in einer konkreten gesellschaftlichen, kulturellen oder religiösen Umgebung ausgegangen werden, bevor irgendwelche Pauschalisierungen wie asiatische, afrikanische oder lateinamerikanische Theologie oder gar ganz allgemein „Theologie der Dritten Welt" vorgenommen werden. Allerdings können auch einige gemeinsame Themen und Methoden in den Theologien der Dritten Welt benannt werden, welche sich von der traditionellen europäischen Theologie unterscheiden.

Lateinamerikanische Theologien

Lateinamerika nannte man den „katholischen" Kontinent, weil hier seit dem 16. Jahrhundert die römisch-katholische Kirche aufgrund der spanischen und portugiesischen Kolonialherrschaft religiös bestimmend war. Auf die breite Masse des Volkes bezogen mußte und muß man freilich sagen, daß die Mehrzahl der Menschen „zwar getauft, aber nicht evangelisiert" ist. Die lateinamerikanische Theologie hatte sich auf ihren Kontext jahrhundertelang wenig eingelassen, denn es gab durchwegs nur die europäisch geprägte neuscholastische Theologie, und die Kirche als Institution war mehr mit der Oberschicht als mit dem Volk verbunden. Das änderte sich schlagartig nach dem Zweiten Vatikanischen Konzil, als die lateinamerikanische Bischofskonferenz (CELAM) in Medellín 1968 sich auf die spezifisch lateinamerikanischen Herausforderungen einließ und mit der Übernahme des politisch aktuellen Stichworts „liberación" (Befreiung) eine erstaunliche Reformation der lateinamerikanischen Kirche an Haupt und Gliedern einleitete.

Die Theologie der Befreiung ist in sich sehr vielfältig. Je nach der zugrundeliegenden Gesellschaftsanalyse und Praxis kann sie sozialpopulistisch, evangelisatorisch oder marxistisch sein. Angemessen ist nur im Plural von Befreiungstheologien zu sprechen. Als es vom vatikanischen Lehramt aus Kampagnen gegen die Befreiungstheologie gab, war eigentlich nur die marxistische Richtung im Blick, und diese ist alles in allem in Lateinamerika relativ wenig vertreten, obwohl das publizistische Echo vor allem in Europa etwas anderes vermuten läßt.

Gemeinsam ist allen Varianten der Befreiungstheologie folgende theologische Methode, die sich oft pathetisch gegen die traditionelle europäische Methode absetzen will: der „Ort" der Theologie ist nicht der Kopf, die Theorie, das Dogma, sondern ihr Ort ist das Leben der Armen, die Praxis befreienden Handelns. Während in Europa die heutige Theologie sich mit der Befreiung von Glaubenskrisen in den Köpfen der Menschen befasse, gehe es in Lateinamerika um Befreiung von Leiden, von Unterdrückung und Ausbeutung. Die Theologie der Befreiung will dabei nicht einfach ein Thema der Theologie neben anderen sein; vielmehr erscheint Armut als *der* theologische Ort für Gottes Anwesenheit in der Welt. Das Wort des Armen „Ich habe Hunger" wird in dieser Situation ebenso zum Wort Gottes wie jegliches Handeln, das von Armut und Unterdrückung befreit. Die Befreiungstheologie will also eine perspektivische Umorientierung: während die Kirche seit der konstantinischen Wende im 4. Jahrhundert im wesentlichen zur Stützung der jeweils herrschenden gesellschaftlichen Strukturen gedient habe, müsse jetzt die subversive Kraft des Evangeliums gegenüber den sündigen Gesellschaftsstrukturen entdeckt werden, welche Massenelend hervorrufen.

Geschichtstheologisch spielt der Exodus (Auszug aus Ägypten) eine große Rolle: Gott befreit aus Unterdrückung und Elend. Bei Jesus findet die Solidarität mit den Armen Beachtung: Nach Matth. 25 begegnet Christus im geringsten Bruder, dem geholfen wird. Hier gibt es keine Unterscheidung von Heilsgeschichte und Weltgeschichte, sondern Gottes Liebe meint die Menschheit, wobei die Sorge um das Heil und die Sorge um das Wohl integral zusammengehören. Erlösung und Befreiung sind nicht zu trennen, weil Gottes Liebe dem ganzen Menschen gilt. „Befreiung" soll also ein anderes Wort für die „Rechtfertigung" sein, freilich nicht nur individualistisch und innerlich verengt verstanden, sondern dynamisch als Gottes Gnade für die Welt, die durch den Glauben, der in der Liebe tätig ist, erfahren wird.

Die Theologie der Befreiung wird so zu einer Theorie der befreienden Praxis, welche drei verschiedene Momente eines einzigen Glaubensengagements erfaßt: das analytische *Sehen*, d.h. die Gründe für die Elendssituation der Menschen werden erhoben. Darauf erfolgt ein theologisches *Urteilen*, d.h. die individuelle und gesellschaftliche Sünde wird entlarvt und ihr wird Gottes befreiendes Handeln konkret gegenübergestellt. Und daraus folgt ein pastorales und politisches *Handeln*, d.h. Engagement auf allen Ebenen, von den Basisgemeinden bis hin zum Befreiungskampf der Kirche mit den Armen gegen die Unrechtsstrukturen, u. U. auch Befreiungskampf gegen Kräfte in der Kirche, die sich restaurativ gegen die Befreiung der Armen stellen.

Die in Lateinamerika verbreitete sozialpopulistische Befreiungstheologie führt das Massenelend vor allem auf die Abhängigkeit und Unterdrückung der breiten Masse der Bevölkerung durch eine kleine Schicht in- und ausländischer Machthaber in Politik und Wirtschaft zurück. Auf verschiedenen Ebenen von der Basis bis zur großen Politik soll dagegen gekämpft werden. Dabei ist den Befreiungstheologen klar, daß alles Handeln im religiösen Vollzug durch biblische Meditation und Gebet gegründet sein muß. Der Lebenssitz der Befreiungstheologie ist die Basisgemeinde der Armen; sie ist auch das Subjekt der Theologie, nicht der akademisch gebildete Theologe. Authentische Belege sind darum weniger die Arbeiten der hundert oder zweihundert prominenten Befreiungstheologen, deren wissenschaftliche Bücher ins Deutsche übersetzt werden, als vielmehr die losen Blätter, mit denen eine Basisgemeinde in einem Elendsviertel angeleitet wird, einen Bibeltext im Lichte ihrer Elendssituation zu lesen. Probleme entstehen, wenn nach solcher evangelisatorischer befreiender Bewußtseinsbildung Protestmärsche, Streiks oder gar politisch-revolutionäre Aktionen erfolgen. Von herrschender Seite erfolgt sogleich der Vorwurf marxistischer Unterwanderung, und konservative Kirchenführer sehen dann in der Befreiungstheologie einen bloßen Horizontalismus, eine politische Instrumentalisierung des Evangeliums.

Die Befreiungstheologie wurde mit ihrem methodischen Ansatz, eine „Theologie aus der Praxis des Volkes“ zu sein, zu einem markanten Beispiel für „kontextuelle“ Theologie. Sie wurde rasch ein überkonfessionelles Phänomen und leitete auch in anderen Kontinenten zu ähnlichen „perspektivischen Umorientierungen" an. Neben der Armut wurden noch andere Unterdrükkungen Bezugspunkte der Befreiungstheologie, z. B. versteht sich die „Black Theology" in den USA und in Südafrika als Befreiungstheologie, und auch die feministischen Theologien gehen in ihrer theologischen Methode befreiungstheologisch vor.

Das römisch-katholische Lehramt tut sich mit der Befreiungstheologie schwer, weil diese bewußt einseitig ist und schwer in das klassische systematisch-theologische Gebäude der römisch-katholischen Theologie zu integrieren ist. In der Christologie beispielsweise interessieren befreiungstheologisch nicht die altkirchlichen Dogmen über die göttliche und menschliche Person Christi, sondern Jesu Weg mit den Armen, sein Gang zum Kreuz. Dieser „Christologie von unten" entspricht dann eine „Ekklesiologie von unten", ein Kirchenverständnis, das beim „Volk" ansetzt („iglesia popular" = eine Kirche, die aus dem Volk der Armen entsteht), das in Basisgemeinden neue Gemeinschaftsstrukturen erprobt, bei denen die klassische hierarchische Ordnung wenig interessiert und die Ämter rein funktional von Frauen oder von Männern wahrgenommen werden. Das bischöfliche Lehramt sieht hier gefährliche reformatorische Tendenzen, welche die Einheit der römisch-katholischen Kirche gefährden.

Die Kirchen und die Theologie in Europa gehen zögerlich mit der Befreiungstheologie um. Wie hören Kirchen in reichen Ländern und reiche Kirchen „die gute Nachricht für die Armen"? Eine „Befreiungstheologie für Reiche" im Kontext der Industriegesellschaft steht noch aus. Die europäische Universitätstheologie fragt kritisch, ob die Befreiungstheologie wirkliche „Theologie" sei, wenn sie so einseitig nur eine kritische Reflexion befreiender Praxis sein will: gehört sie schlicht in die „praktische Theologie" oder in die „Ethik"? Diese Rückfragen signalisieren ziemlich schwerwiegende ökumenische Kommunikationsschwierigkeiten zwischen neuerer „Kontext-Theologie" und klassischem Theologieverständnis. (Vgl. ausführlich: R. Frieling, Befreiungstheologien, Göttingen, 2. Aufl. 1986)

Theologie der Volksreligiosität

Parallel oder im Zusammenhang mit der Befreiungstheologie gibt es in Lateinamerika noch andere spezifisch lateinamerikanische theologische Interessen, denn der Kontinent hat im Laufe der Geschichte eine durchaus eigenständige lateinamerikanische Kultur und Religiosität hervorgebracht. Diese sind Anlaß zu einer „Theologie der Volksreligiosität". Die Volksreligiosität ist aus der Begegnung zwischen spanisch-portugiesischem christlichem Glauben und einheimischen Kulturen und Religionen entstanden und wird oft als Protest des bodenständigen Bewußtseins der Mestizen und Indios gegen die übergestülpte Kolonialchristenheit gewertet. Sie stellt sich heute in den vielfältigen Formen des „Volkskatholizismus" (vor allem marianisch), der afro-lateinamerikanisch-katholischen Mischkulte (z.B. Macumba, Umbanda), der Pfingstbewegung und zahlreicher Sekten dar.

Im Rahmen einer katholischen Inkarnations- und Volk-Gottes-Theologie wurde in ganz Lateinamerika eine Bewegung der „Pastoral popular" in Gang gesetzt und eine Menge theologischer Literatur über die verschiedenen Aspekte der Volksreligiosität erstellt: ihre Beziehung zur Liturgie, zu den Heiligen und Maria, zu den Basisgemeinden, zum Säkularismus und zum Atheismus. Konservativ-evangelisatorisch Eingestellte setzen auf eine „Reinigung" der synkretistischen Elemente und hoffen auf einen authentischen „lateinamerikanischen" Katholizismus. Von den befreiungstheologisch-evangelisatorisch Engagierten knüpfen die einen an die positiven Werte der Volksreligiosität an (Fähigkeit zur Freude, zum Feiern, zur Nächstenliebe, zur Bewältigung von Leid und Tod) und setzen sie für ihre Befreiungskämpfe ein: von einer befreienden Bewußtseinsbildung bis hin zu liturgischen Aktionen (wenn etwa Prozessionen zu Protestdemonstrationen werden können). Andere Befreiungstheologen wollen solch eine Instrumentalisierung der Volksreligiosität nicht. Sie sehen in ihr vor allem eine Fluchtbewegung aus der Misere des Alltags, ein Opium des Volkes, welches lähmend wirkt für die Veränderung der gesellschaftlichen Verhältnisse; sie möchten sie sterben lassen, um die Menschen für ihre „liberación" zu befähigen.

Die reformatorischen Kirchen sind als relativ junge Einwandererkirchen von diesem Problem weniger erfaßt. Ihre „Lateinamerikanisierung" und ihr evangelisatorisches Engagement in der Gesellschaft bewegt sich heute eher in der befreiungstheologischen Richtung. Die Evangelikalen verhalten sich mit einer europäisch oder nordamerikanisch geprägten Theologie zurückhaltend. Die Pfingstler mit ihren spezifischen Mischformen lateinamerikanisch-nordamerikanischen und fundamentalistisch-charismatischen Ursprungs wirken ohne große theologische Reflexion, aber mit enormer Ausstrahlungskraft vor allem unter den Armen. Hier wächst ein neuer Typ einer christlichen Konfessionsfamilie heran.

In *Indien* geschehen christlicher Glaube und Theologie im hinduistischen Kontext und in der Begegnung mit nationalen und soziologischen Ideologien. Im Mittelpunkt steht die Frage, ob die Theologie auf die aristotelische Philosophie und Anthropologie verzichten und sich der Vedanta-Philosophie und der hinduistischen Avatara-Tradition bedienen darf. Die christliche Mystik und auch orthodoxe Theosisvorstellungen scheinen hier eine Brücke bilden zu können. Eine kosmologische Christologie ermöglicht es, Christus als den Unbekannten im Hinduismus zu entdecken (R. Panikkar). Die Inkarnation Christi, also der geschichtliche Jesus als einziger Erlöser, ist dabei in der religiösen Denkweise und Erfahrung des Hinduismus schwer zu interpretieren. Indische Theologen, die Jesus mit einem Hindu-Avatara vergleichen, betonen, daß Jesus der höchste Avatara ist und in seiner Mittlerfunktion Hindu-Avataras übersteigt; sie können dabei weitgehend auf die Sprache der altkirchlichen christologischen Dogmen verzichten.

In *Japan* wurde durch Kitamori Kazoh (geb. 1916) die „Theologie des Schmerzes Gottes" (1946) bekannt, welche der lutherische Theologe im Dialog mit buddhistischen und konfuzianischen Gelehrten entwickelte. Am Kreuz Christi entsteht aus der Spannung zwischen der Liebe und dem Zorn Gottes der „itami", der Schmerz Gottes. Kitamoris Aussage, daß Christus der Herr sei, der durch seine eigenen Wunden unsere menschlichen Wunden heilt, soll die buddhistische Erfahrung beleuchten, daß die „Krankheiten" der Menschen durch die „Krankheit" der Barmherzigkeit des Amida-Buddha geheilt wird.

Takizawa Katzumi (1909–1984; evangelisch) entwickelte eine „Theologie des Immanuel" (Gott mit uns). Die Grundbestimmung des Menschen ist die Einheit von Gott und Mensch, die Gott selber schenkt. Dieses Faktum „Immmanuel" ist nicht eine einzelne historische Tatsache, sondern immer schon da. Jesus ist dafür „Zeichen", d. h. die Fleischwerdung des Wortes Gottes ist nicht die absolute Beziehung zwischen Gott und Mensch, sondern die Entstehung des „Zeichens der Beziehung". Der so mögliche neue Dialog mit dem Buddhismus setzt nach der Kritik anderer Theologen in Japan freilich eine Relativierung der Gestalt Jesu Christi voraus.

Bei den katholischen Theologen in Japan geschieht das Gespräch mit den Buddhisten theologisch vorsichtiger, indem nur die buddhistische Philosophie herangezogen werden soll, nicht die Glaubenslehre. Onodera Isao nennt dabei seine buddhistisch inspirierte Theologie „topologisch".

In *China* und Taiwan haben Versuche begonnen, die christliche Theologie mit Schlüsselbegriffen chinesischer Weltanschauung zum Ausdruck zu bringen, z.B. „Kindesehrfurcht", „Menschlichkeit", „Weg", „Leben". Während unsere traditionelle Theologie stark mit dem Begriff „Person" arbeitet, empfindet das chinesische Welt- und Menschenverständnis primär von der Totalität des Universums her. Für eine „chinesische Theologie" „kommt die Kategorie der Einheit (i-ti) in Sicht, die – als Ergänzung zur christlich-personalistischen Sichtweise – dem chinesischen Christen einen Weg zu einem eigenständigen und integrierten Selbstverständnis zu öffnen... vermag" (L. Gutheinz, in: Lex.Miss.-th.G., 55).

In *Korea* gibt es neben fundamentalistischen Theologien, die aus USA-Missionen hervorgegangen sind, seit 1960 die „Minjung"-Theologie. „Minjung" wurden seit dem 19. Jahrhundert die hoffnungslos verarmten Menschen genannt, die sich in Aufständen sammelten. Die Minjung-Theologie interpretiert nun die sozialpolitisch befreienden Handlungen von Christen als Handeln Gottes in der Geschichte Koreas. Die biblische Geschichte wird als Minjung-Geschichte gelesen. Die Minjung-Theologie ist also eine koreanische Befreiungstheologie.

Bei der Vollversammlung des ÖRK in Canberra 1991 wurde diese Theologie durch das Hauptreferat von Chung Hyun Kyung beispielhaft vorgestellt. Sie erkannte das Wirken des Heiligen Geistes bereits in dem, was in nordostasiatischer Tradition als die Lebensenergie „Ki" bekannt ist. Sie verstand den Heiligen Geist als Lebensenergie für eine „Kultur des Lebens" gegen eine „Kultur des Todes", welche in der modernen Welt nicht in der Lage ist, das Leben der Mehrheit der Menschen zu erhalten und zu schützen; als Lebensenergie im Sinne Jesu, sich den Armen zuzuwenden. Da war tatsächlich nicht vom Heiligen Geist als dritter Person der Trinität die Rede, nicht vom Heiligen Geist, der im Glauben an die Erlösung durch den Tod Christi konkret wird. Ist das nun eine radikale Alternative oder ist das nur verschiedener „Kontext", verschiedene Kultur und Sprache? Oder ist es einfach situationsbezogene Predigt statt umfassendes dogmatisches System?

Die *philippinische* Theologie geschieht in einem Land, das seit Generationen zu 90 % christlich, zu 85 % katholisch ist. Eine Richtung bemüht sich seit dem II. Vatikanum mit großer Intensität, die vorherrschende europäische Theologie zu inkulturieren.

Die religiös-kulturellen Werte aus der philippinischen Geschichte, die im Volk noch lebendig sind, werden bewußt rezipiert und christlich-theologisch reflektiert. Man studiert zunächst Lebensgewohnheiten, soziale Beziehungssysteme, volkstümliche Sinnsprüche und den Wortschatz der einheimischen Sprachen und bringt diese Weltanschauung mit der biblischen und dogmatischen Lehre der Kirche in Beziehung.

Diese religiös-kulturelle philippinische Theologie wird nun von anderen Theologen kritisch als Ablenken von den eigentlichen Aufgaben der Kirche in der philippinischen Gesellschaft gewertet. Sie setzen gegen die „Indigenisierungstheologie" eine „philippinische Befreiungstheologie", welche die sozio-politische Realität des Landes zum Ausgangspunkt einer befreienden und befreiten Theologie macht.

Afrikanische Theologien

Neben der altkirchlichen nordafrikanischen Theologie (z. B. Augustin von Karthago) und der jahrhundertelangen orthodoxen Tradition in Ägypten und Äthiopien betreffen die Neuansätze einheimischer afrikanischer Theologien heute das sogenannte Schwarzafrika südlich der Sahara. In der nachkolonialistischen Epoche sind dabei frankophone und englischsprachige Gebiete zu unterscheiden, wobei Südafrika aufgrund der Apartheid und der Herrschaft der Weißen eine eigene Rolle spielt. Hier hat die „Schwarze Theologie" eine besondere Bedeutung, welche in ihren Ansätzen aus den USA kommt und in Methode und Zielsetzung eine Variante der Befreiungstheologie darstellt.

Selbstverständlich gibt es einen großen länderspezifischen theologischen Pluralismus, wenn es um die Afrikanisierung der einzelnen Kirchen geht. Doch insgesamt zeigt sich eine erstaunlich große Gemeinsamkeit in der traditionellen afrikanischen Kultur und Religion, welche jetzt in der christlichen Theologie fruchtbar gemacht werden soll. Im Unterschied zu den verschiedenen Theologien in Asien darf für Afrika etwas pauschaler von einer „afrikanischen Theologie" gesprochen werden, die sich an einer Inkarnation Christi in die Bantu-Weisheit, am afrikanischen Gemeinschafts- und Universumgefühl orientiert und in diesem Zusammenhang das christliche Gottesbild neu malt.

„Muntu" und christlicher Glaube: Zur afrikanischen „Lebensphilosophie" gehört eine dynamische und lebendige Auffassung von der Realität, die man am besten an der Bantu-Weisheit

verdeutlichen kann. „Muntu" (Singular von Bantu) bedeutet Lebenskraft. Jeder Mensch hat sein eigenes Muntu, das er verstärken oder auch vermindern kann. Das höchste Muntu wird „Nsambi" genannt; es ist der Urgrund des lebendigen Seins und hat alles geschaffen. Die mittlere Stufe sind die Ahnen, die den Menschen in ihrem Leben helfen, wenn die dazu erforderlichen Riten erfolgt sind.

Afrikanische Theologen wollen diese Muntu-Religion nicht mehr als primitiven Geister- und Aberglauben disqualifizieren, sondern hier letztlich einen Monotheismus erkennen, bei dem Gott nicht ein anderer ist als der Gott Jesu Christi. Es interessiert aber nun weniger eine begriffliche „Gotteslehre" als vielmehr die geistliche Praxis, von den Erfahrungen des christlichen Lebens auszugehen und die Muntu-Lebensphilosophie mit christlichen Vorstellungen vom Heiligen Geist, von Gnade usw. zu verbinden. Der Heilige Geist wird dann als göttliche Kraft und als Lebensspender zusammen mit seinen Gaben dargestellt. Jesus Christus kann den vollkommenen „Nsambi" und zugleich den wirklichen und wahrhaften „Muntu" darstellen. Es treten dann Themen in den Vordergrund, die in der europäischen Tradition nur am Rande begegnen, z. B. Krankheit und Heilung, Versöhnung und Sündenvergebung als leiblich-rituelles Geschehen.

„Gemeinschaftliche Teilhabe": Die Lebensbeziehungen der Bantu wurzeln in der Einheit von Gemeinschaft und Individuum sowie von sichtbarer und unsichtbarer Welt. Dem europäischen cartesianischen Menschenbild des „cogito ergo sum" (ich denke, also bin ich) steht ein afrikanisches Sprichwort gegenüber: „Weil wir sind, bin ich."

Afrikanische Christologie und Ekklesiologie möchte hier anknüpfen. Die Erfahrung mit Christus, das „In-Christus-sein", ist Gegenstand der Theologie, nicht begriffliche Überlegungen über die Person und die Naturen Christi. Die Kirche als „Leib Christi" wird als pneumatische Gemeinschaft erfahren, in der Kultur und sakramentales Leben wichtiger sind als Strukturfragen. Der Christ entdeckt seine Existenz in zwei Dimensionen: Er ist, weil Christus in ihm ist; er existiert, weil der Leib Christi da ist.

Diese Hinweise verdeutlichen, daß die afrikanische Theologie weniger begrifflich und deduktiv, dafür aber symbolischer ist als die europäische systematische Theologie. Man spricht von einer „mythopoetischen" Theologie und findet dafür beim „Narrativen" (Erzählen) im Alten und Neuen Testament viele Vorbilder, ja man sucht nach einer Wechselbeziehung von afrikanischen und biblischen mythologischen Traditionen, wobei die afrikanischen

Mythen und Symbole einen neuen, christlichen Sinn bekommen, ähnlich wie es die biblischen Autoren bezüglich der orientalischen und hellenistischen Mythologien taten.

Konfessionelle Akzente: Bei diesen afrikanisch-theologischen Tendenzen spielen konfessionelle Unterschiede kaum noch eine Rolle. Allerdings hat es die römisch-katholische Theologie mit ihrer traditionellen „natürlichen" Theologie leichter, sich auf solche Inkarnations- und Integrationstheologie einzulassen als die evangelische „Wort-Theologie". Katholischerseits sorgt das bischöfliche Lehramt auch dafür, daß die Grenze zu illegitimem Synkretismus nicht überschritten wird. Im protestantischen Raum gibt es hingegen neben den Vertretern solcher afrikanischer Theologie auf der einen Seite das evangelikale Lager, welches hier einen unbiblischen Universalismus und Synkretismus anprangert, und auf der andern Seite die wachsende Vielzahl von „Unabhängigen Kirchen", welche afrikanische Religionen in christliche Gemeinschaften verändert haben, aber dabei ganz selbständig und unüberschaubar wirken, so daß ihre „Theologien" bisher kaum erfaßt sind und Urteile kaum gewagt werden können. Dieser theologische Pluralismus afrikanischer Theologien, der in der „Schwarzen Theologie" Südafrikas teilweise noch durch stammesgebundene Theologien erweitert wird, stellt sich jedenfalls eher als Segrations- denn als Integrationstheologie und somit als neues ökumenisches Problem dar.

Sozialpolitische Theologie: Seit den siebziger Jahren interessieren sich viele afrikanische Theologen weniger für eine religiöskulturell afrikanisierte Theologie, als vielmehr für die soziopolitische Herausforderung der Kirchen durch Armut und Abhängigkeit sowie durch Probleme der nationalstaatlichen Identität. Elend, Unterdrückung und Rassismus werden im Lichte des Evangeliums neu gesehen. Die theologische Reflexion in diesem Zusammenhang ist wieder eine Variante der Befreiungstheologie und Teil dessen, was man allgemein die Dritte-Welt-Theologie nennt.

Ökumenische Vereinigung von Dritte-Welt-Theologen

Die Auflistung der „kontextuellen Theologien" hat gezeigt, daß bei aller jeweiligen Eigenständigkeit es durchaus auch gemeinsame theologische Linien quer durch die Kontinente der Dritten Welt gibt, mit denen sie sich von der überkommenen abendländischen Theologie absetzen. Es geht zum einen um grundsätzliche methodische Fragen des Theologietreibens, und zum andern um den religiös-kulturellen und um den sozio-politischen Zusammenhang der Theologien.

Im Rahmen der katholischen Weltkirche und bei Weltkonferenzen des ÖRK gab es stets Kontakte zwischen einflußreichen Theologen der Dritten Welt. Mitte der siebziger Jahre wurde in den Dritte-Welt-Kirchen der Ruf nach einem gemeinsamen „Moratorium“ gegen die alten Kirchen mit ihren finanziellen, personellen und theologischen Einflußnahmen laut, und namhafte Theologen aus Asien, Afrika und Lateinamerika entschlossen sich, eine gemeinsame Plattform für ihre Theologien zu schaffen. Im Jahre 1976 wurde in Dar-es-Salam die „Ökumenische Vereinigung von Dritte-Welt-Theologen“ (Ecumenical Association of Third World Theologians, EATWOT) gegründet. Sie ist nicht repräsentativ für alle Kirchen und Theologien dort, sondern sie vertritt bewußt einseitig die Interessen, die sich von der traditionellen westlichen Theologie emanzipieren wollen. „Ökumenisch“ ist sie als interkonfessionelle Vereinigung mit relativ starker römisch-katholischer Beteiligung. EATWOT veranstaltet fast jährlich eine kontinentale Konferenz mit Gästen aus anderen Teilen der Dritten Welt; eine zweite Vollversammlung fand 1986 in Oaxtepec/Mexiko, statt. In der Schlußerklärung der Konferenz von Dar-es-Salam 1976 hieß es programmatisch:

131 EATWOT 1976: „Da wir uns mehr und mehr des Einflusses von politischen, sozialen, ökonomischen, kulturellen, rassischen und religiösen Bedingungen auf die Theologie bewußt sind, wollen wir den Hintergrund unserer Länder als einen Bezugspunkt unserer theologischen Situation analysieren.“
(Herausgefordert durch die Armen. Dokumente 1976–1983, 33)

Die Reihenfolge der Adjektive in diesem Zitat ist nicht zufällig, denn bei der dreikontinentalen Arbeit von EATWOT zeigte es sich bald, daß der sozialpolitische Horizont der Armut der gemeinsame Kontext ist, während darüber hinaus in Afrika insbesondere die kulturelle Identität und in Asien Spiritualität und Kontemplation vorrangige Themen bilden. Bei EATWOT blieben Theologen, die hauptsächlich im religiös-kulturellen Kontext arbeiten, eine Minderheit; sie konnten von den befreiungstheologisch Engagierten sogar als retrospektivische Adaptionstheologen beargwöhnt werden.

Der holländische Missionswissenschaftler Arnulf Camps OFM faßt das Gemeinsame der kontextuellen Theologien in der Dritten Welt im Gegensatz zur „westlichen“ Theologie so zusammen:

132 „– Die geschichtliche Wirklichkeit steht nicht am Ende der Theologie, sondern ist erster Akt der Theologie geworden.
- Theologen in den nichtwestlichen Kontinenten und Regionen sind nicht länger von ihren westlichen Kollegen abhängig.
- Subjekt der Theologie sind an erster Stelle befreiungsbewußte Arme.
- Weltreligionen und Volksfrömmigkeit haben das Recht, in der Theologie mitzusprechen.
- Die Einheit von Theologie und Spiritualität ist wiederhergestellt worden.
- Es gibt eine dialektische Relation zwischen Orthopraxie und Orthodoxie.
- Der Pluralismus in der Theologie ist eine bleibende Errungenschaft.
- Theologie, Streit und Märtyrertum gehören zusammen – die Tatsachen beweisen es.
- Die Theologie wird weniger intellektualistisch sein und mehr narrativ, liturgisch, künstlerisch und gesellschaftlich sichtbar in neuen, freieren und gerechteren menschlichen Verhältnissen.“

(In: NZschr. f. Miss. wiss., Suppl. 37, Immensee 1990, 199 f.)

3. Partikularität und Universalität: Was hält die Christenheit zusammen?

Die bisherigen Ausführungen bezogen sich auf die Theologien in der Dritten Welt als „Kontexttheologien“, die in den letzten Jahrzehnten parallel zu der immer noch ebenfalls einflußreichen traditionellen „westlichen“ Theologie entstanden waren. Das könnte zu dem Mißverständnis führen, die „westliche“ Theologie sei keine Kontexttheologie. Tatsächlich liegt jedoch gerade hier die ökumenische Herausforderung: auch die europäische Theologie als partikular und kontextuell zu erkennen und frühere Identifizierungen dieser Theologie mit der universalen Wahrheit des Evangeliums zu relativieren. Vertreter der Dritten Welt kritisieren den universalen Geltungsanspruch westlicher Theologie, die für sie verfremdet und verfremdend gewirkt habe, weil sie in ihrem theoretischen System kaum eine Motivation für den Protest gegen die Übel des Rassismus, Kolonialismus, Sexismus usw. enthielt und weil sie kaum eine Hilfe für die Kommunikation mit den einheimischen Kulturen und Religionen gab.

Theoretisch müßte der „westlichen“ Theologie ihre eigene Kontextualität spätestens bewußt geworden sein, als sich bei ihr selbst nach der Aufklärung das geschichtliche Denken durchsetzte. Durch die historisch-kritische Exegese der Heiligen Schrift wurde der jeweilige „Sitz im Leben" der Texte und der theologischen Aussagen erkannt sowie innerhalb der „westlichen" Kirchen die Wechselwirkung von Evangelium und Kultur aufgedeckt. Konfession und Nationalkultur beispielsweise hingen in Europa seit Jahrhunderten eng zusammen (russisch-orthodox, polnisch-katholisch, preußisch-protestantisch usw.), wobei die Konfession sowohl als Kulturfaktor wie als Kulturprodukt erschien. Die Partikularität der eigenen Theologie zu erkennen, braucht also nicht zu beunruhigen; sie ist der Normalzustand zumindest der abendländischen Theologie. Die orthodoxen Ostkirchen freilich haben nach den altkirchlichen Ökumenischen Konzilien eine solche „Evolution" von Theologie und Theologien nicht hervorgebracht.

Die ökumenisch entscheidende Frage bleibt nun, was bei aller Kontextualität denn der gemeinsame „Text" ist. Wenn sich das Christentum nicht in beliebigen synkretistischen Pluralismus auflösen soll, muß irgendwie der gemeinsame Text erkennbar bleiben. Der Verweis auf die Bibel als das Einheitsband der Christenheit ist unbestritten richtig, aber er reicht nicht aus, weil sich am Zugang zur Bibel und an ihrer Auslegung konfessionell und kontextuell die Geister scheiden. Der Verweis auf die in der Alten Kirche und in der abendländischen Kirchengeschichte verkündeten Dogmen reicht ebenfalls nicht aus, weil nach allgemeiner Auffassung zwischen dem Inhalt und der Aussageform der Dogmen zu unterscheiden ist und die neuen Kontexttheologien beanspruchen, die christliche Identität in neuen kontextuell geprägten Formen zu wahren. Eben dieses Letzte ist aber zwischen „traditioneller" und neuer „kontextueller" Theologie strittig. Welche Möglichkeiten gibt es, diesen ökumenisch alles entscheidenden Konflikt zu lösen?

Die *römisch-katholische* Kirche geht davon aus, daß die ewige Wahrheit in der konkreten geschichtlichen Gestalt der Glaubensverkündigung der Kirche begegnet. Die vatikanische Internationale Theologenkommission erläuterte 1989: „Das Christentum ist damit sozusagen struktural dogmatisch gefaßt." Die Verkündigung der Kirche „nimmt wesensmäßig konkrete, formulierbare Form an, die als realsymbolischer Ausdruck des Glaubensinhalts enthält und vergegenwärtigt, was sie bezeichnet. Ihre Bilder und Begriffe sind deshalb nicht beliebig austauschbar." (Die Interpretation der Dogmen, in: Int. kath.Zschr. „Communio" 19, 1990, 246–266, hier: 255 und 264). Kontextuelle Theologien seien durchaus legitim, wenn sie im Rahmen der Gesamtkirche unter Leitung des Lehramtes bleiben. Sie würden fragwürdig, falsch und zerstörend, wenn sie die „Mitte von der Wahrheit des Seins bzw. der Offenbarung als Quelle des Seins in ein an sich legitimes, aber partikuläres Element verlagern, das dann zur Mitte und zum Kriterium des Ganzen gemacht wird“ (ebd. 250). In den radikalen Positionen der Befreiungstheologie und der feministischen Theologie erkennt die Internationale Theologenkommission diese Gefahr. Demgegenüber empfiehlt sie, „in der Begegnung und Auseinandersetzung mit der modernen Hermeneutik, den Human- und Kulturwissenschaften zu einer schöpferischen Erneuerung der Metaphysik und ihrer Frage nach der Wahrheit der Wirklichkeit zu kommen“ (ebd. 248).

Der gegenwärtigen weltweiten Traditionskrise und den Herausforderungen der anderen Religionen und Weltanschauungen möchte die römisch-katholische Kirche (bzw. deren Theologenkommission) also mit einer Erneuerung der Metaphysik begegnen. Es fragt sich nur, ob damit nicht wiederum europäische philosophische Voraussetzungen unversale Gültigkeit beanspruchen und somit auch hier partikulare Elemente zur Mitte und zum Kriterium des Ganzen gemacht werden. Gerade in der aristotelisch oder platonisch geprägten Metaphysik manifestiert sich ein Vorrang des theoretischen Lebens vor der Praxis sowie ein Interesse an der begrifflichen Beschäftigung mit erfahrungsunabhängigen Wesenswahrheiten, das in anderen Kulturkreisen und Philosophien so nicht besteht. Ob die Metaphysik also zu einer kulturübergreifenden Hermeneutik führen kann, ist zu bezweifeln. Papst Johannes Paul II. hat in der Enzyklika „Redemptoris missio“ (1990) die „heiklen Bereiche der Inkulturation“ wiederum nur auf die Gemeinschaft mit dem hierarchischen Lehramt festgelegt, was nur eine formale, aber keine theologische Antwort auf die Herausforderungen ist.

Das bleibend Christliche dogmatisch zu fixieren, ist auch das Anliegen der *Orthodoxen* und der *Evangelikalen*. Bei den Orthodoxen ist der Bezugspunkt das altkirchliche konziliare Dogma, bei den Evangelikalen ist es der biblische Text. Beidesmal sollen Texte überzeitlich und überkulturell die ewige Wahrheit in ewig gültiger Form vermitteln.

Der *Protestantismus* hält insgesamt am formalen Prinzip „allein die Heilige Schrift“ fest, wenn es um die Vergewisserung der richtigen Predigt des Evangeliums geht. Als primäre Urkunde christlicher Tradition und Verkündigung zeigt die Bibel, wie ihre „Mitte“, nämlich das Christusereignis und die persönliche Verbindung mit Christus im Glauben, auf verschiedene Weise vermittelt und tradiert wurde. Insofern wird kulturübergreifend an der Heiligen Schrift und der Normativität des Ursprungs des Evangeliums festgehalten. Doch darüber hinaus gilt: Die Verkündigung des Evangeliums geht nie in der kirchlichen Lehre, in Dogmen oder Bekenntnissen auf, so daß die evangelischen Kirchen für sich selbst keinen Anspruch auf absolute Wahrheit und Autorität erheben, sondern auf das Christusereignis verweisen. Die Gewißheit des evangelischen Glaubens bezieht sich direkt und ausschließlich auf das in Jesus erfüllte Heil Gottes. Sie ermutigt die Christen jeder Generation und jeden Kulturraums, und zwar einzeln wie als Kirche, „unter der Leitung des Heiligen Geistes für sich selbst ihr Glaubensbekenntnis festzulegen", wie ja bereits die Weltmissionskonferenz in Edinburgh 1910 formulierte. Das Bekenntnis, und in diesem Zusammenhang die Kultur und die Theologie, ist also die „Antwort" auf das „Wort" Christi.

Begriffe, Sätze, Denkweisen, Bekenntnisse, Dogmen, Gemeinschaftsstrukturen, kulturelle Traditionen usw. machen Form und Inhalt der Theologie aus und unterliegen geschichtlichem Wandel; insofern gibt es tatsächlich eine Interdependenz von Evangelium und Kultur. Der „Gehalt" hingegen ist eine transzendentale Dimension, nämlich das ein für alle mal gültige Christusereignis als Gottes Offenbarung in der Welt, das personal im „Wort" Gottes vermittelt wird und mittels verschiedener Formen und Inhalte „Fleisch" wird. (Zum Verhältnis von Gehalt, Inhalt und Form des Evangeliums vgl. Paul Tillich: Über die Idee einer Theologie der Kultur, in: Ges. Werke Bd. IX, Stuttgart 1967, 13–31.)

Damit ist freilich auch nur eine formale Antwort gegeben, worin die christliche Identität in aller Pluralität kontextueller Theologien begründet liegt. An welchem Punkt die Bejahung der kulturellen Identität in Synkretismus, Häresie oder Götzendienst umschlägt, kann immer nur im Detail an konkreten Fragen gemäß der Heiligen Schrift, nicht aber durch eine kulturübergreifende Hermeneutik entschieden werden.

Diesen Sachverhalt hat 1991 eine gemeinsame Studie der VELKD und der Arnoldshainer Konferenz herausgestellt:

133 „Das, worauf es bei dieser Frage der Indigenisierung der christlichen Botschaft als Ausdruck der göttlichen Kondeszendenz hier ankommt, ist die Einsicht in die Veränderung der Botschaft in diesen Übergängen, die ihre Identität in der Angemessenheit der jeweiligen Interpretation des Neuen Testaments erweisen muß. Der Abstand westeuropäischen Verständnisses von Jesu Wort, Werk und Person ist nicht nur zeitlich groß. Er ist durch die Indigenisierung der Botschaft in besonderer Weise vertieft. Das zeigt die westeuropäische Dogmen- und Kirchen-Geschichte in besonderer Weise. Die griechische Interpretation hat die Botschaft verändert. Dies aber ermöglichte die Kondeszendenz Gottes – sein tiefes Sich-Einlassen in die Denk- und Empfindungscharaktere der von der Botschaft der Bibel erreichten Völker und Kulturen. Dieses ‚gnadenvolle' Geschehen setzt sich fort. Es wird und es muß sich auch heute in Asien, Afrika wie in Südamerika fortsetzen.

In dem Bedenken dieses Geschehens steht die immer neue Selbstpreisgabe dieses Gottes als Heiliger Geist vor uns. Gott sucht die Menschen in ihren tief verschiedenen Denk- und Empfindungswelten auf und geht in sie hinein. ‚Die' christliche Wahrheit, d. h. die Vergebung der Sünden, der Zugang zu dem nahen Gott, den wir in seinem Sich-Findenlassen suchen, geschieht auf Grund dieser Indigenisation in allen Kulturen. Aber keine Kirche kann in dem Bewußtsein leben, die reine Wahrheit zu besitzen oder zu ‚verwalten'."
(Religionen, Religiosität und christlicher Glaube. Eine Studie, Gütersloh 1991, 115f.)

Ein solches Verständnis von Partikularität und Universalität des Evangeliums drängt zu einem Kirchenverständnis, bei dem die Gemeinschaft durch permanenten Dialog gekennzeichnet ist. Eine hierarchische Struktur muß nicht ein exklusiver Gegensatz zur dialogischen Gemeinschaft sein, wie die Entwicklungen in der römisch-katholischen Kirche und in den orthodoxen Kirchen zeigen. Der ökumenische Gedanke lebt davon, daß sich dieses dialogische Prinzip in und zwischen den Kirchen durchhält und nicht einseitig durch lehramtliche und konfessionelle Machtworte beendet wird.

Bilanz und Ausblick

Der ökumenische Gedanke ist das herausragende Ereignis der Kirchengeschichte im 20. Jahrhundert. Sein wichtigstes Ergebnis besteht darin, daß er nicht ein Gedanke blieb, sondern Gestalt annahm, sei es als durchlaufende Perspektive im ganzen kirchlichen Leben, sei es in vielfältigen ökumenischen Organisationen. Ökumene ist selbstverständlich geworden und verändert die Kirchen.

Der ökumenische Gedanke läßt die Kirche nicht mehr im Dorf. Der Blick über die eigene Konfessionsgrenze ist unerläßlich, weil die Kirche Christi größer ist als die eigene Konfession. Und christliche Gemeinschaft über die Grenze der eigenen Kirche ist nötig, weil Gott die Welt liebt und weil das Zeugnis und der Dienst der Kirche sich an die ganze „bewohnte Erde“, an die Ökumene, richten.

Die Bilanz der bisherigen ökumenischen Bewegung ist in drei Dimensionen zusammenzufassen:
Ökumene hilft,
1. gemeinsam glauben zu lernen,
2. gemeinsam den Glauben zu lehren,
3. gemeinsam den Glauben zu leben.

I.

Jahrhundertelang galt es als selbstverständlich in der Christenheit, daß jemand vom christlichen Glauben völlig abgefallen ist, wenn er eine einzelne Glaubenswahrheit leugnet, welche die Kirche definiert hatte. Auch nach der Reformation haben die Konfessionen sich hauptsächlich auf das Unterscheidende hin befragt und sich gegenseitig verketzert. Der ökumenische Gedanke führte eine radikale Wende herbei. Die Kirchen sprechen sich heute primär auf das Gemeinsame im Glauben an und sehen von da her die Bedeutung der konfessionellen Unterschiede in einem neuen Licht.

In der neueren ökumenischen Bewegung – von der Evangelischen Allianz, dem CVJM und den Weltmissionskonferenzen an bis zu den Weltkirchenkonferenzen – kam diese Gemeinschaft im Fundamentalen des Glaubens stets in der Formel von der „vorgegebenen Einheit in Christus" zum Ausdruck. Im evangelisch-katholischen Dialog seit dem Zweiten Vatikanischen Konzil lautete die Bilanz: „Freuen wir uns, daß wir nicht nur einen Teilkonsens in einigen Wahrheiten entdecken können, sondern eine Übereinstimmung in zentralen Glaubenswahrheiten" (Papst Johannes Paul II. in Mainz 1980), oder: „Die Spaltung ist nicht bis in die Wurzel gegangen" (Zum Jubiläum des Augsburger Bekenntnisses 1980), oder: „Was uns miteinander verbindet, ist stärker als das, was uns noch trennt" (Gemeinsame Ökumenische Kommission EKD/Katholische Bischofskonferenz, 1985).

Dieser „Grundkonsens" bezieht sich auf das Wirken des dreieinigen Gottes und auf das Bekenntnis, daß kein Mensch von sich aus das Heil schaffen und glauben kann, sondern daß wir stets auf Gottes Gnade angewiesen sind. Der Begriff „glauben" meint hier nicht hauptsächlich das Für-wahr-halten von Lehrsätzen, sondern die ganz persönliche Beziehung zu Gott. Weil solches Glauben nicht Ansichtssache, sondern ein Handeln Gottes am Menschen ist („Gnade", „Geschenk"), weil Gott hier handelndes Subjekt ist, gibt es in dieser Hinsicht eine Einheit im Glauben, die durch nichts überboten werden kann.

Dieser vorgegebenen Einheit in Christus muß nach biblischem Zeugnis und nach historischer Erfahrung nicht eine uniforme Glaubensweise der Glaubenden entsprechen. Das Wort Gottes, welches den Glauben weckt, wird immer im menschlichen, zeitgeschichtlich geprägten Wort der Verkündigung gehört. Hier sind also Menschen, die Kirche, Subjekte des Redens und Handelns, und weil Gott der Schöpfer von Individualität und vielfachen Begabungen ist, ist die Gemeinschaft der Charismen das ökumenische Ziel, nicht etwa ein sogenannter ökumenischer Einheitsbrei oder ein beziehungsloser Pluralismus, bei dem jeder für sich glaubt, was er will.

Gemeinsam glauben lernen bedeutet, die Erfahrungen der andern wahrzunehmen, zu achten und gegebenenfalls auch zur eigenen Erfahrung zu machen. Katholiken sagen, sie hätten viel von evangelischer Bibelfrömmigkeit und vom evangelischen Glaubensverständnis gelernt, und umgekehrt lernt die evangelische Christenheit von der katholischen Sakramentenfrömmigkeit und Pädagogik. Ökumene ist ein Lernprozeß im Glauben: Die Erfahrung des Handelns Gottes an Katholiken, Orthodoxen und Protestanten überwindet alle Berührungsängste und macht die Christen und ihre Konfessionen füreinander offen.

II.

Zum Wesen des christlichen Glaubens gehört es, den Glauben an Gott weiterzusagen, Christus als Erlöser zu verkündigen. In der säkularisierten Welt von heute leben viele Menschen ohne Gottesglauben, so daß die erste Aufgabe der Ökumene der Versuch ist, diese Gottvergessenheit zu überwinden. Natürlich muß das auch jede Kirche für sich allein tun; aber eine in sich friedlose und gespaltene Christenheit steht der Verkündigung der Liebe Gottes im Wege. Wie aus der Missionsbewegung entscheidende Motive für die ökumenische Bewegung kamen, so ist es bis heute klar, daß die Evangelisierung der Menschheit nicht im konfessionellen Alleingang und erst recht nicht im Gegeneinander der Kirchen geschehen kann. Anfang der 90er Jahre erleben wir freilich gerade in dieser Beziehung einige ökumenische Rückschläge. Evangelisierungsprogramme einiger Kirchen sind so auf die eigene Kirche ausgerichtet, daß eine Re-Konfessionalisierung im Sinne eines abgrenzenden Konfessionalismus die Folge ist. Beschwörende ökumenische Appelle und beschwichtigende ökumenische Absichtserklärungen stehen zwar gegen diese Tendenz, aber bisher folgen den Worten nur langsam ökumenisch rücksichtsvolle Taten.

Die sieben Kapitel dieser Ökumenekunde über die Entwicklung der ökumenischen Theologie haben gezeigt, daß auf weite Strecken die Kirchen in der Lage sind, gemeinsam den Glauben zu lehren. Es gibt zwar noch durchgängig konfessionelle Akzente, aber viele Theologen sind geneigt, diese Unterschiede wie theologische Schulen einzustufen und von einer legitimen konfessionellen Pluralität in der einen Kirche Christi zu sprechen. Die Ökumene ist dann eine Sprachschule, die dazu befähigt, eine Theologie in eine andere zu übersetzen: Unter verschiedenen Formeln kann durchaus dasselbe geglaubt werden, und gemeinsame Formeln garantieren noch nicht, daß wirklich dasselbe geglaubt wird. Hinzu kommt, daß schon lange die Fronten ernster Meinungs- und Glaubenskämpfe quer durch die Konfessionen gehen und die „Konservativen" und die „Progressiven" aus jeder Kirche sich jeweils oft einander näher stehen als der anderen Gruppe in der eigenen Kirche. Aber wie kommt es, daß solcher vielfältige Grenzverkehr – abgedeckt vom breiten Glaubensbewußtsein im Kirchenvolk – wenig kirchenamtliche Konsequenzen hat? Die Erfahrung einer Gemeinschaft im Fundamentalen des Glaubens hat ja bisher selten ausgereicht, um Kirchengemeinschaft zu beschließen.

Von der „Einheit im Glauben“ als vorgegebener Einheit in Christus ist die „Feststellung der Einheit“ zu unterscheiden. Einmal ist Gott handelndes Subjekt, und zum andern sind bei der Feststellung der Einheit Menschen, die Kirchen, die redenden und entscheidenden Subjekte. Im ökumenischen Dialog hat sich gezeigt, daß die Konfessionen eins sind im Glauben an Christus, aber uneins darüber, was sie von der Kirche und ihrer Autorität glauben. Das konfessionelle und ökumenische Problem ist also in erheblichem Maße ein Institutionenproblem, und dieses Problem wiederum stellt sich als ein Bündel von theologischen und nichttheologischen Faktoren dar.

Das theologische Problem liegt in der jeweils unterschiedlichen Sicht der Beziehung von Christus, Heiligem Geist und Kirche. Die evangelischen Kirchen verbinden Christus und das Werk des Heiligen Geistes mit dem verkündigten Wort, mit dem Evangelium selbst; es begegnet *in* der Kirche, aber die Institution Kirche selbst verschmilzt nicht sakramental mit Christus zu einem handelnden Subjekt, etwa bei der Feier des Herrenmahls. In der römisch-katholischen Kirche (und ähnlich in den orthodoxen Kirchen) gibt es eine klarere Verbindung zwischen Christus (bzw. dem Werk des Heiligen Geistes) und der Institution, die dieses Evangelium verkündigt, sowie mit dem Priester, der sakramental „in der Person Christi“ handelt. In der unterschiedlichen Weise also, in der Wort Gottes und Kirche, Wort Gottes und Glaube und schließlich Glaube und Kirche aufeinander bezogen werden, wurzelt der konfessionelle Gegensatz.

Die nichttheologischen Faktoren des konfessionellen Problems sind neben menschlicher Schuld (Lieblosigkeit, Vorurteile, Gleichgültigkeit usw.) vor allem die oben skizzierten anthropologischen Grunddaten, Frömmigkeitstypen und philosophischen Denkweisen.

Dieses Bündel theologischer und nichttheologischer Faktoren, die das konfessionelle Institutionenproblem ausmachen, hatte in den 80er Jahren zu einer lebhaften Diskussion über die Frage geführt, ob hier ein „Grunddissens“ vorliege, der die Ökumene zerstöre. Das war ein Streit um Worte, weil niemand behauptete, ein solcher „Grunddissens“ hebe den „Grundkonsens“ auf. Es sollte nur erkenntnismäßig deutlich gemacht werden, daß die verschiedenen Einzelunterscheidungen in der Lehre und im Leben der Kirchen jeweils von einer theologisch begründeten Grundhaltung herrühren. Die ökumenisch entscheidende Frage lautet jetzt: Welches Maß gilt für die „Feststellung der Einheit im

Glauben“? Die unterschiedlichen Antworten auf diese Frage verdeutlichen das konfessionelle Problem.

Im Protestantismus hat sich die *Konkordien-Ökumene* durchgesetzt. Auf der Grundlage eines Fundamentalkonsenses über das Evangelium erkennen sich bisher getrennte Konfessionen voll als Teile der Kirche Christi an, halten Kanzel- und Abendmahlsgemeinschaft und anerkennen ihre Ämter, ohne freilich eine institutionelle Union mit gemeinsamer Kirchenleitung zu vollziehen: „Konkordie“, Einmütigkeit in der Verkündigung, aber kein bis ins Detail formulierter Konsenstext; Kirchengemeinschaft, aber nicht Union. Die Leuenberger Konkordie lutherischer, reformierter und unierter Kirchen in Europa und die EKD-Vereinbarungen mit den Methodisten und mit der Kirche von England sind Beispiele für solch eine evangelisch-ökumenische Einheit.

In solcher Konkordien-Ökumene sehen aber die römisch-katholische Kirche und die orthodoxen Kirchen nur eine Koexistenz von Konfessionskirchen, nicht die von Christus gewollte Einheit. Die Einheit im Fundamentalen des Glaubens schätzen sie hoch ein, aber als Feststellung der Einheit im Glauben halten sie einen vollen Lehrkonsens für unerläßlich (*Konsens-Ökumene*). Dabei ist zwar eine „Hierarchie der Wahrheiten“ zu beachten, aber zur Kirchengemeinschaft in Wort und Sakrament gehört auf jeden Fall auch die Einheit in der hierarchischen Kirchenverfassung und im priesterlichen Amt. Von solcher Konsens-Ökumene im Sinne eines formulierten Konsenstextes sind die Kirchen allerdings noch weit entfernt, wie die offiziellen Antworten auf die Lima-Erklärungen und die römisch-katholische Antwort auf das anglikanisch-katholische Dialogergebnis zeigen. Die Antwort auf das evangelisch-katholische Dialogergebnis über die Lehrverurteilungen steht noch aus. Bezüglich des römischen Papstamtes steht die Ökumene vor einer Aporie: In der römisch-katholischen Kirche gilt es als gottgewollt, daß die ganze Christenheit in Gemeinschaft „mit und unter“ dem Papst leben soll, während alle andern Kirchen sich höchstens eine Gemeinschaft „mit, aber nicht unter“ dem Papst vorstellen können.

Das klingt ziemlich desillusionierend. Aber man muß dabei deutlich sehen, daß hier vor allem das Institutionenproblem im Blick ist, daß aber sonst der ökumenische Gedanke auch im Bereich der kirchlichen Lehre in den letzten Jahrzehnten enorme Fortschritte gemacht hat. Das ermöglicht noch viel mehr ökumenische Gemeinschaft als bisher praktiziert wird, sei es in den konfessionsverschiedenen Familien, in den Ortsgemeinden oder sonst beim gemeinsamen Zeugnis in der Welt.

III.

Der ökumenische Gedanke zielt darauf, daß die ganze Christenheit den Glauben gemeinsam lebt und daß so inmitten dieser Welt etwas vom Reich Gottes aufleuchtet. Viele Ökumeniker halten die Frage, was die Kirche der Menschheit mit ihren Hoffnungen und Ängsten zu vermitteln vermag, für weitaus wichtiger und vordringlicher als die komplizierten innerkirchlichen Bemühungen um die Einheit im Glauben. Dieser Zwiespalt begleitet freilich die ökumenische Bewegung von Anfang an, und eigentlich müßte jedem aus der Geschichte klar sein, daß einseitige Alternativen wie „vertikal" oder „horizontal", „Heil" oder „Wohl" usw. dem christlichen Glauben überhaupt nicht gerecht werden. Wer beispielsweise am Konziliaren Prozeß für Gerechtigkeit, Frieden und Bewahrung der Schöpfung interessiert ist, darf sich ökumenisch nicht mit ökonomischen und ökologischen Programmen und Aktionen begnügen – das tun alle möglichen säkularen Interessenvertretungen auch, und oft besser als die politischen Laien aus der Kirche. Der Konziliare Prozeß hat vielmehr vorrangig Gott, den allmächtigen Schöpfer, die Gerechtigkeit Gottes und den Frieden Gottes zu verkündigen. Allen Weltverbesserungsplänen ohne Gott gegenüber ruft die Christenheit der Welt das erste Gebot zu, was jedoch nicht als Gesetz und Gerichtsdrohung, sondern als Überlebenschance für die Menschheit gemeint ist, weil jeder theoretische und praktische Atheismus den Menschen zum Gott und die Erde zum Chaos gemacht hat, während der Glaube an den Gott der Liebe und die Nachfolge Jesu Christi sowohl individuelle Lebenserfüllung wie Kriterien für eine gerechte, friedvolle und überlebensfähige Erde mit sich bringen. Das ökumenische Zeugnis gibt den Menschen etwas zu glauben und nicht nur alle Hände voll zu tun. Doch dann gilt es ebenso engagiert, Gottes Willen nicht nur zu verkündigen, sondern auch zu tun.

Bei der ökumenischen Sozial- und Friedensethik verhindern oft drei ungelöste Fragen ein gemeinsames Zeugnis und den Dienst der Kirchen:

- Wie konkret darf ein kirchliches Wort zu säkularen Entscheidungen sein? Ist zum Beispiel die Absage an das militärische Abschreckungssystem ein prophetisches Zeugnis oder eine falsche Politisierung der Kirche?
- Die zweite Frage geht noch weiter: Genügen Worte, oder muß die Kirche als Kirche ihre Sendung in die Welt so gestalten, daß sie selber am Kampf für Befreiung von aller Not und Bedrängnis teilnimmt?

- Die dritte Frage betrifft die Analyse der Weltsituation. Nötigen die uns bekannten Fakten über die globale Elendssituation und die drohenden ökologischen Katastrophen zu einem radikalen Umdenken in Gesellschaft und Kirche? Muß jeder Christ, der satt wird, seinen Lebensstil radikal ändern? Oder dürfen Christen und Kirchen, die in reichen Ländern leben, am Reichtum als Gottes Gabe partizipieren? Oder kompromittieren sie sich als stabilisierender Faktor eines Ungerechtigkeit produzierenden Gesellschaftssystems?

Alle drei Fragen werden heute am gründlichsten in der Befreiungstheologie reflektiert. Sie ist zweifellos die größte Herausforderung der ökumenischen Theologie.

Eine weitere kolossale Herausforderung der christlichen Ökumene ist das Verhältnis zu anderen Religionen und Weltanschauungsgruppen (Fundamentalismus, Liberalismus, Sozialismus usw.). Im Kapitel „Sozio-kulturelle Bewegungen und Kontexttheologien" wurden dabei die innerchristlichen Probleme beim Verhältnis von Evangelisierung und Dialog erörtert, und es stand die Frage zur Debatte, was die christliche Botschaft zum Zusammenleben verschiedener Kulturen und Religionen in der einen Menschheit zu sagen hat und was sie selber dazu beitragen kann. Begriffe wie „Gemeinschaft von Gemeinschaften" und „Konvinenz" weisen in eine Richtung, welche von der Kreuzestheologie her Schluß macht mit christlicher Indoktrination und einem jahrhundertelangen zivilisatorischen Sendungsauftrag des christlichen Abendlandes bzw. der Kirche. Die Kirche verkündigt den gekreuzigten und auferstandenen Christus als Erlöser der Welt; und sie steht in der Nachfolge des Gekreuzigten und repräsentiert nicht selber den Pantokrator. Die Verwechslung von Dienst und eigennütziger Macht lastet als schwere Schuld auf der ganzen Kirchengeschichte. Wenn die Ökumene heute dazu hilft, daß alle Kirchen auf allen Ebenen kirchlichen Lebens sich gegenseitig zum geistlichen, geistigen und materiellen Dasein für andere ermutigen, dann hat die Ökumene Zukunft. In diesem Horizont sind die Kirchen in Europa erneut gefragt, was vielleicht ihr besonderes Charisma in der Christenheit und für die Menschheit ist. Vermutlich ist es die Beziehung von Glaube und Vernunft. Die Menschheitsprobleme sind mit der vom christlichen Glauben erleuchteten kritischen Rationalität am ehesten zu lösen; hier liegen die Wurzeln der individuellen und sozialen Menschenrechte und Menschenpflichten. Es stellt sich dann natürlich auch das Strukturproblem, wie das Christliche auf globaler Ebene angemessen artikuliert werden kann. Die ökumenische Bewegung verweist dabei auf ein polyzentrisches Christentum und auf konziliare Strukturen gemeinsamen Lebens.

Fazit: Die Hoffnungen auf kirchliche Einheit im institutionellen Sinn werden sich in absehbarer Zeit nicht erfüllen. Aber die Erfahrungen geistlicher Einheit zwischen allen Christen tragen die Ökumene, und die Möglichkeiten gemeinsamen Handelns sind noch längst nicht ausgeschöpft. In diesem Sinne geht der ökumenische Gedanke nüchtern und durchaus realistisch-hoffnungsvoll auf die Jahrtausendwende zu.

Literaturhinweise

Da in den Handbüchern genügend ökumenische Bibliographien vorliegen, sind hier lediglich die Werke angeführt, aus denen in diesem Buch zitiert oder auf die Bezug genommen wurde.

A. Allgemeines

I. Nachschlagewerke/Handbücher

Neben einschlägigen Lexika wie RGG (Religion in Geschichte und Gegenwart), EKL (Evangelisches Kirchenlexikon), TRE (Theologische Realenzyklopädie), LThK (Lexikon für Theologie und Kirche) und TRT (Taschenlexikon Religion und Theologie) sind für ökumenische Themen folgende Werke beachtenswert:

Andresen, Carl (Hg.): Handbuch der Dogmen - und Theologiegeschichte, Bd. 2. Die Lehrentwicklung im Rahmen der Konfessionalität, Bd. 3. Die Lehrentwicklung im Rahmen der Ökumenizität, Göttingen 1980 und 1984. - *David B. Barrett (Ed.)*: World Christian Encyclopedia. A comparative study of churches and religions in the modern world AD 1900–2000 (Oxford University Press), Nairobi, Oxford, New York 1982. - *Hanfried Krüger, Werner Löser, Walter Müller-Römheld (Hg.)*: Ökumene-Lexikon. Kirchen, Religionen, Bewegungen, Frankfurt/M. 1983. - *Volker Drehsen, Hermann Häring u. a. (Hg.)*: Wörterbuch des Christentums, Gütersloh und Zürich 1988. - *Stephen Neill, Niels Peter Moritzen und Ernst Schrupp (Hg.)*: Lexikon zur Weltmission, Wuppertal und Erlangen 1975. - *Karl Müller und Theo Sundermeier (Hg.)*: Lexikon Missionstheologischer Grundbegriffe, Berlin 1987. - *Internationale Ökumenische Bibliographie*, Band 1/2, 1962/63 bis Band 15/16, 1976/77, Mainz/München 1967–1983. - *Friedrich Hasselhoff u. Hanfried Krüger (Hg.)*: Ökumene in Schule und Gemeinde. Ein Arbeitsbuch, Stuttgart 1971. - *Hans Martin Moderow und Matthias Sens (Hg.)*: Orientierung Ökumene. Ein Handbuch, Berlin (Ost) 1979. - *Hans Jörg Urban und Harald Wagner (Hg.)*: Handbuch der Ökumenik Band I, II, III/1 und III/2, herausgegeben im Auftrag des Johann-Adam-Möhler-Instituts, Paderborn 1985–1987. - *Nicolas Lossky a. o. (Ed.):* Dictionary of the Ecumenical Movement, Geneva 1991.

II. Konfessionskunde

Die Kirchen der Welt. Selbstdarstellungen der wichtigsten christlichen Kirchen, herausgegeben von H. H. Harms, H. Krüger u. a., 20 Bände, Frankfurt/M. 1959 ff. – *Ans J. van der Bent (Ed.)*: Handbook Member Churches. World Council of Churches, Geneva 1982. – *Konrad Algermissen*: Konfessionskunde, Paderborn (8. Auflage) 1969. – *Friedrich Heyer (Hg.)*: Konfessionskunde, Berlin 1977. – *Erwin Fahlbusch*: Kirchenkunde der Gegenwart, Stuttgart 1979.

III. Quellenwerke

1. Allgemeines

Kurt Boehme (Hg.): Texte zur Geschichte der ökumenischen Bewegung. Verlautbarungen der Weltkirchenkonferenzen 1910–1947, Berlin (West) 1948. – *Hans-Ludwig Althaus (Hg.)*: Ökumenische Dokumente. Quellenstücke über die Einheit der Kirche, Göttingen 1962. – *Ökumenischer Rat der Kirchen*: Index der offiziellen Berichte und Erklärungen 1948–1967, Genf 1968. – *Harding Meyer, Hans Jörg Urban, Lukas Vischer (Hg.)*: Dokumente wachsender Übereinstimmungen, Bd. 1: 1931–1982, Paderborn und Frankfurt/M. 1983; Bd. 2: 1982–1990, ebd. 1992.

2. Weltkirchenkonferenzen

Edinburgh 1910	World Missionary Conference, Edinburgh 1910, 9 Bände, New York/Chicago/Toronto 1910
Stockholm 1925	Adolf Deißmann (Hg.): Die Stockholmer Weltkirchenkonferenz. Vorgeschichte, Dienst und Arbeit der Weltkonferenz für Praktisches Christentum, 19.–30. August 1925, Amtlicher deutscher Bericht, Berlin 1926
Lausanne 1927	Hermann Sasse (Hg.): Die Weltkonferenz für Glauben und Kirchenverfassung. Deutscher amtlicher Bericht über die Weltkirchenkonferenz zu Lausanne, 3.–21. August 1927, Berlin 1929
Oxford 1937	Forschungsabteilung des Ökumenischen Rates für Praktisches Christentum (Hg.): Kirche und Welt in ökumenischer Sicht. Bericht der Weltkirchenkonferenz von Oxford (1937) über Kirche, Volk und Staat, Genf 1938
Edinburgh 1937	Leonard Hodgson (Hg.): Das Glaubensgespräch der Kirchen. Die zweite Weltkonferenz für Glauben und Kirchenverfassung, abgehalten in Edinburgh vom 3.–18. August 1937, bearbeitet von L. Hodgson, in deutscher Übersetzung herausgegeben von Ernst Staehelin, Zürich 1940

Die zehn Aufbaujahre 1938–1948. Arbeitsbericht des ÖRK über seine Aufbauzeit, Genf 1948

Die Unordnung der Welt und Gottes Heilsplan. Amsterdamer ökumenisches Gespräch. 4 Bände (zur Vorbereitung der Konferenz 1948), Genf 1948

Amsterdam 1948 — Willem A. Visser 't Hooft (Hg.): Die erste Vollversammlung des ÖRK in Amsterdam vom 22. August bis 4. September 1948 (Reihe „Die Unordnung der Welt und Gottes Heilsplan", Band 5), Genf 1948, 352 Seiten (Ferner: Focko Lüpsen, Hg.: Amsterdamer Dokumente, Bielefeld 1948)

Die ersten sechs Jahre 1948–1954. Tätigkeitsbericht des Zentralausschusses, Genf 1954

Evanston 1954 — Focko Lüpsen (Hg.): Evanston Dokumente. Berichte und Reden auf der Weltkirchenkonferenz in Evanston 1954, Witten 1954

Evanston – Neu Delhi. 1954–1961. Bericht des Zentralausschusses an die Dritte Vollversammlung des ÖRK, Genf 1961

Neu Delhi 1961 — Willem A. Visser 't Hooft (Hg.): Neu Delhi 1961. Dokumentarbericht über die Dritte Vollversammlung des ÖRK, Stuttgart 1962

Von Neu Delhi nach Uppsala 1961–1968. Bericht des Zentralausschusses, Genf 1968

Uppsala 1968 — Norman Goodall/Walter Müller-Römheld (Hg.): Bericht aus Uppsala 1968. Offizieller Bericht über die Vierte Vollversammlung des ÖRK, Uppsala 4.–20. Juli 1968, Genf 1968

Von *Uppsala nach Nairobi*. Ökumenische Bilanz 1968–1975. Offizieller Bericht des Zentralausschusses, herausgegeben von H. W. Heßler, epd-Dokumentation, Band 15, Bielefeld und Frankfurt/M. 1975

Nairobi 1975 — Hanfried Krüger und Walter Müller-Römheld (Hg.): Bericht aus Nairobi 1975. Ergebnisse – Erlebnisse – Ereignisse. Offizieller Bericht der 5. Vollversammlung des ÖRK 23.11.–10.12. in Nairobi/Kenia, Frankfurt/M. 1976

Von Nairobi nach Vancouver 1975–1983. Offizieller Bericht des Zentralausschusses, Genf 1983

Vancouver 1983 — Walter Müller-Römheld (Hg.): Bericht aus Vancouver 1983. Offizieller Bericht der 6. Vollversammlung des ÖRK 24.7.–10.8.1983 in Vancouver/Kanada, Frankfurt/M. 1983

Thomas F. Best (Hg.): Von Vancouver nach Canberra 1983–1990. Offizieller Bericht des Zentralausschusses an die 7. Vollversammlung des ÖRK, Genf 1990

Canberra 1991 Walter Müller-Römheld (Hg.): Im Zeichen des Heiligen Geistes. Bericht aus Canberra 1991. Offizieller Bericht der 7. Vollversammlung des ÖRK, Frankfurt/M. 1991

3. *Bewegung für Glauben und Kirchenverfassung*

Lukas Vischer (Hg.): Die Einheit der Kirche. Material der ökumenischen Bewegung, München 1965. – Lund 1952: *Wilhelm Stählin (Hg.)*: Lund. Dritte Weltkonferenz der Kirchen für Glauben und Kirchenverfassung, Witten 1954. – *Patrick C. Rodger und Lukas Vischer (Hg.)*: Montreal 1963. Bericht der vierten Weltkonferenz für Glauben und Kirchenverfassung, Zürich 1964. – Fortan offizielle Berichte als Beih. z. ÖR: Bristol 1967, Nr. 7/8; Löwen 1971, Nr. 18/19; Accra 1974, Nr. 27; Bangalore 1978, Nr. 35; Lima 1982, Nr. 45; Stavanger 1985, Nr. 55; Budapest 1989, Nr. 61. – *Kommission für Glauben und Kirchenverfassung (Hg.):* Kirche und Welt. Die Einheit der Kirche und die Erneuerung der menschlichen Gemeinschaft (Ein Studiendokument), Frankfurt/M. 1991. – *Kommission für Glauben und Kirchenverfassung (Hg.)*: Gemeinsam den einen Glauben bekennen. Eine ökumenische Auslegung des apostolischen Glaubens, wie er im Glaubensbekenntnis von Nizäa-Konstantinopel (381) bekannt wird, Frankfurt/M. und Paderborn 1991.

4. *Weltmissionskonferenzen/Römisch-katholische Missionsenzykliken*

Hans-Jochen Margull (Hg.): Zur Sendung der Kirche. Material der ökumenischen Bewegung (= Dokumente der Missionsbewegung 1910–1963), München 1963. – Edinburgh 1910: *World Missionary Conference*, 9 Bände, New York, Chicago, Toronto 1910. – *Jerusalem 1928:* Reports, Oxford 1928. – *Tambaram 1938:* Martin Schlunk (Hg.), Genf 1938. – *Whitby 1947:* Walter Freytag (Hg.), Stuttgart 1948. – *Willingen 1952:* Norman Goodall (Ed.), London 1953. – *Achimota/Ghana 1957/58:* W. Freytag (Hg.), Stuttgart 1958. – *Mexiko 1963:* Th. Müller-Krüger (Hg.), Stuttgart 1964. – *Bangkok 1973:* ÖRK (Hg.), Stuttgart 1973. – *Melbourne 1980:* M. Lehmann-Harbeck (Hg.), Frankfurt/M. 1980. – *San Antonio 1989:* J. Wietzke (Hg.), Frankfurt/M. 1989.-

ÖRK (Hg.): Mission und Evangelisation. Eine ökumenische Erklärung, Genf 1962. – ÖRK (Hg.): Die Kirche für andere, und: Die Kirche für die Welt im Ringen um Strukturen missionarischer Gemeinden, Genf 1967. – *H. J. Margull/S. J. Samantha (Hg.):* Dialog mit anderen Religionen. Material aus der ökumenischen Bewegung, Frankfurt/M. 1972.

Römisch-katholische Rundschreiben:

Josef Glazik (Hg.): Päpstliche Rundschreiben über die Mission von Leo XIII. bis Johannes XXIII. (lateinisch und deutsch), Abtei Münsterschwarzach 1961. – Enzykliken von *Paul VI.* und *Johannes Paul II.* in: Verl. d. Ap. St. Nr. 2 und 100. – Vatikan: Dialog und Verkündigung, in: Verl. d. Ap. St. Nr. 102.

5. *Kirche und Welt*

ÖRK (Hg.): Die gemeinsame christliche Verantwortung gegenüber Gebieten raschen sozialen Umbruchs, Genf 1956. – *ÖRK (Hg.):* Soziale Fragen. Verantwortliche Gesellschaft in weltweiter Sicht. Ein ökumenischer Überblick, Zürich 1964. – *ÖRK (Hg.)*: Die Kirche als Faktor der kommenden Weltgesellschaft. Studienmaterial zur Weltkonferenz für Kirche und Gesellschaft in Genf 1966, Stuttgart 1966. – *Hanfried Krüger (Hg.)*: Appell an die Kirchen der Welt. Dokumente der Weltkonferenz für Kirche und Gesellschaft (Genf 1967), Stuttgart 1967. – *David M. Gill (Hg.)*: Wissenschaft, Glaube und die Zukunft des Menschen. Bericht der ökumenischen Arbeitstagung in Genf 1970. Stuttgart/Berlin 1970. – *Klaus Martin Beckmann (Hg.)*: Anti-Rassismus-Programm der Ökumene. Dokumentation und Auseinandersetzung, Witten 1971. – *CCIA (Kommission der Kirchen für Internationale Angelegenheiten (Ed.)*: The Churches in International Affairs. Reports 1970–1973, Geneva 1974. – *ÖRK (Hg.)*: Studie über die Gemeinschaft von Männern und Frauen in der Kirche, Genf 1978. – *Roger L. Shinn, Paul Alberecht (Ed.)*: Faith and Science in an Unjust World. Report of the WCC conference on „Faith, Science and Future", Vol. I. und II, Cambridge/USA 1979. – Zum Konziliaren Prozeß: Dresden, Stuttgart, Basel 1988–1989, in: EKD-Texte Nr. 27 und 38. – *Lothar Coenen (Hg.)*: Der Wind weht aus dem Süden. Zeugnisse aus Seoul, Stuttgart 1990 (Zu Seoul 1990 vgl. EKD-Texte 33). – *Oswald von Nell-Breuning (Hg.)*: Texte zur katholischen Soziallehre. Die sozialen Rundschreiben der Päpste und andere kirchliche Dokumente, Kevelaer, 6. Auflage 1985.

B. Zum Ersten Teil

Die ökumenische Bewegung im 19. und 20. Jahrhundert

I. Ökumene als Bewegung und Institution

1. Allgemeine historische Darstellungen: *Johannes Beumer SJ*: Auf dem Weg zur christlichen Einheit. Vorläufer der ökumenischen Bewegung von den Anfängen des Humanismus bis zum Ende des 19. Jahrhunderts. Ausgewählte Texte, Bremen 1966. – *Ruth Rouse und Stephan Ch. Neill (Hg.)*: Geschichte der Ökumenischen Bewegung 1517–1948, Göttingen 1. Teil 1957, 2. Teil 1958. – *Harold E. Fey (Hg.)*: Geschichte der Ökumenischen Bewegung 1948–1968 (deutsche Ausgabe besorgt von G. Gaßmann), Göttingen 1974. – *ÖRK (Hg.)*: Es begann in Amsterdam. Vierzig Jahre Ökumenischer Rat der Kirchen (Beiheft zur ÖR Nr. 59), Frankfurt/M. 1989. – *Willem A. Visser 't Hooft*: Ursprung und Entstehung des ÖRK, Beih. z. ÖR Nr. 44, Frankfurt/M. 1983.

2. Einzeluntersuchungen: (alphabetisch) *Joachim Cochlovius*: Evangelische Allianz, in: TRE 10, Berlin 1982, 650–656 (hier Quellen und

Literatur!). – *Karl Heinz Dejung*: Die Ökumene im Entwicklungskonflikt 1910–1968 (Literatur!), Stuttgart 1973. – *Nils Ehrenström/Günther Gaßmann (Ed.)*: Confessions in Dialogue. A Survey of Bilateral Conversations among World Confessional Families 1959–1974. Geneva (third ed.) 1975. – *Karl Christoph Epting*: Ein Gespräch beginnt. Die Anfänge der Bewegung für Glauben und Kirchenverfassung in den Jahren 1910–1920, Zürich 1972. – *Barbara E. Fink*: Der Weg zur Bewegung für Praktisches Christentum („Life and Work"). Der Hintergrund der deutschen Beteiligung von der „Freundschaft" bis zur Konferenz in Stockholm 1925, Bern 1985. – *Reinhard Frieling*: Die Bewegung für Glauben und Kirchenverfassung 1910–1937 unter besonderer Berücksichtigung des Beitrages der deutschen evangelischen Theologie und der evangelischen Kirchen in Deutschland, Göttingen 1970.- *Günther Gaßmann und Harding Meyer (Hg.)*: Neue transkonfessionelle Bewegungen. Dokumente aus der evangelikalen, der aktionszentrierten und der charismatischen Bewegung, Frankfurt/M. 1976. – *Günter Gloede (Hg.)*: Ökumenische Profile, Brückenbauer der einen Kirche, Stuttgart, Band I 1961, Band II 1963. – *Hans Hauzenberger*: Einheit auf evangelischer Grundlage. Vom Werden und Wesen der Evangelischen Allianz, Gießen/Zürich 1986. – *Wolfgang Huber, Dietrich Ritschl, Theo Sundermeier*: Ökumenische Existenz heute, München Band 1, 1986. – *Martin Liedholz*: Allianz und Ökumene. Gemeinsamkeiten und Unterschiede, Gießen 1965. – *Konrad Raiser*: Ökumene im Übergang. Paradigmenwechsel in der ökumenischen Bewegung, München 1989. – *Wolfdieter Theurer*: Die trinitarische Basis des Ökumenischen Rates der Kirchen, Bergen-Enkheim 1976. – *Karl Heinz Voigt*: Die Evangelische Allianz als ökumenische Bewegung. Freikirchliche Erfahrungen im 19. Jahrhundert, Stuttgart 1990. – *Hildburg Wegener-Fueter*: Kirche und Ökumene. Das Kirchenbild des ÖRK nach den Vollversammlungsdokumenten von 1948 bis 1968, Göttingen 1979. – *Wolfram Weiße*: Praktisches Christentum und Reich Gottes. Die ökumenische Bewegung Life and Work 1919–1937 (Literatur!), Göttingen 1991.

3. Ökumene in Deutschland: Kontinuierliche Berichte und Dokumente, in: Kirchliches Jahrbuch für die Evangelische Kirche in Deutschland. – *Bilateriale Arbeitsgruppe der Deutschen Bischofskonferenz und der Kirchenleitung der VELKD*: Kirchengemeinschaft in Wort und Sakrament, Paderborn und Hannover 1984; dazu die Stellungnahmen der Kirchenleitungen, in: Texte aus der VELKD 36/1988. – *Beatus Brenner* u.a.: Annäherung der getrennten Kirchen? Gütersloh 1989 (= Kirchliches Jahrbuch für die EKD 114, 1987, Lieferung 1). – *EKD (Hg.)*: Kleines Handbuch für evangelisch-katholische Begegnungen, Göttingen 1983, 2. Auflage 1984 (Literatur!). – *Reinhard Frieling*: Ökumene in Deutschland. Ein Handbuch der interkonfessionellen Zusammenarbeit in der Bundesrepublik, Göttingen 1970. – *Reinhard Frieling und Ernst Albert Ortmann*: Katholisch und Evangelisch. Informationen über den Glauben (Bensheimer Hefte 46), Göttingen 7. Auflage 1991 (Literatur!). – Gemeinsame Ökumenische Kommission EKD/Kath.DBK: *Karl Lehmann und Wolf-*

hart Pannenberg (Hg.): Lehrverurteilungen - kirchentrennend? I: Rechtfertigung, Sakramente und Amt im Zeitalter der Reformation und heute (mit dem Schlußbericht der Gemeinsamen Ökumenischen Kommission zur Überprüfung der Verwerfungen des 16. Jahrhunderts), 1986. - *Lutherisches Kirchenamt und Kirchenkanzlei der Evangelisch-methodistischen Kirche (Hg.)*: Vom Dialog zur Kanzel - und Abendmahlsgemeinschaft. Eine Dokumentation der Lehrgespräche und der Beschlüsse der kirchenleitenden Gremien, Hannover und Stuttgart 1987. - *Ökumenekommission der Deutschen Bischofskonferenz (Hg.)*: Richtlinien für die ökumenische Praxis (Reihe Arbeitshilfen der Deutschen Bischofskonferenz 39), Bonn 1985. - *Ökumenischer Arbeitskreis evangelischer und katholischer Theologen (= Stählin/Jaeger-Kreis)*: Reihe „Dialog der Kirchen", Freiburg und Göttingen 1982 ff. - *Ökumenisches Pfingsstreffen Augsburg 1971*. Dokumente. Stuttgart und Paderborn 1971. - *Walter Schöpsdau*: Konfessionsverschiedene Ehe. Ein Handbuch. Kommentar und Dokumente zu Seelsorge, Theologie und Recht der Kirchen (Bensheimer Hefte 61), Göttingen (2. Auflage) 1987.

II. Die Konfessionen und die Ökumene

1. Römisch-katholische Kirche:

a) Quellenwerke:

Denz. Schön.	*H. Denzinger/A. Schönmetzer (Hg.)*: Enchiridion Symbolorum Definitionum et Declarationum de Rebus Fidei et Morum, Freiburg (36. Auflage) 1973
Neuner-Roos	*Josef Neuner/Heinrich Roos (Hg.)*: Der Glaube der Kirche in den Urkunden der Lehrverkündigung, 12. Auflage, neu bearbeitet von K. Rahner und K. H. Weger, Regensburg 1971
Denz.-Hün.	*Heinrich Denzinger/Peter Hünermann (Hg.)*: Enchiridion symbolorum definitionum et declarationum de rebus fidei et morum. Kompendium der Glaubensbekenntnisse und kirchlichen Lehrentscheidungen. Lateinisch - deutsch, Freiburg (37. Auflage) 1991
II. Vat.	*Das Zweite Vatikanische Konzil*: Konstitutionen, Dekrete und Erklärungen, Lateinisch und Deutsch, Lexikon für Theologie und Kirche Band 12–14, Freiburg 1966–1968
Ök.Dir.	*Sekretariat für die Einheit der Christen*: Ökmenisches Direktorium, Paderborn 1967
Verl. d. Ap. St.	*Sekretariat der Deutschen Bischofskonferenz (Hg.)*: Verlautbarungen des Apostolischen Stuhls, Bonn 1975 ff.

b) Einzelunterschungen: *Max Pribilla*: Um kirchliche Einheit. Stockholm - Lausanne - Rom, Freiburg 1929. - *Yves Congar*: Chrétiens désunis.

Principes d'un ‚oecumenisme' catholique, Paris 1937. – *Matthias Laros*: Schöpferischer Friede zwischen den Konfessionen. Die Una-Sancta-Bewegung, ihr Ziel und ihre Arbeit, Recklinghausen 1950. – *Thomas Sartory*: Die ökumenische Bewegung und die Einheit der Kirche, Meitingen 1955. – *Gemeinsame Arbeitsgruppe des ÖRK und der römisch-katholischen Kirche*: Offizielle Berichte von 1966, 1967, 1971 und 1975 sowie zwei Studiendokumente, in: Dokumente wachsender Übereinstimmung, 586–701; Fünfter Offizieller Bericht, in: ÖR 32, 1983, 335 ff.; Sechster Offizieller Bericht, Genf/Rom 1990. – *Hans Jörg Urban und Harald Wagner (Hg.)*: Handbuch der Ökumenik, Paderborn Band I 1985, Band II 1986, Band III/1 und III/2 1987. – *Heinrich Fries und Karl Rahner*: Einigung der Kirchen – reale Möglichkeit, Freiburg 1983, 2. Auflage 1985. – *Werner Löser SJ (Hg.)*: Die römisch-katholische Kirche (Die Kirchen der Welt Band 20), Frankfurt/M. 1986. – *Rudolf Kirchschläger und Alfred Stirnemann (Hg.)*: Ein Laboratorium für die Einheit. 25 Jahre Pro Oriente 1989 (Pro Oriente Band XIII), Innsbruck-Wien 1991 (Literatur!).

2. Orthodoxe Kirchen

Nikolaus Thon (Hg.): Quellenbuch zur Geschichte der orthodoxen Kirche, Trier 1983. – *Constantin G. Patelos (Ed.)*: The Orthodox Church in the Ecumenical Movement. Documents and Statements 1902–1975, Genf 1978. – *Centre Orthodoxe du Patriarchat Oecuménique (Ed.)*: Les dialogues oecuméniques hier et aujourd'hui, Chambésy/Genf 1985. – *Chrysostomos Konstantinidis und Ernst Christoph Suttner*: Fragen der Sakramentenpastoral in orthodox-katholisch gemischten Gemeinden. Eine Handreichung für die Seelsorger, Regensburg 1979. – *Anastasios Kallis (Hg.)*: Dialog der Wahrheit. Perspektiven für die Einheit zwischen der katholischen und der orthodoxen Kirche, Freiburg 1979. – *Damaskinos Papandreou*: Orthodoxie und Ökumene. Gesammelte Aufsätze, Stuttgart 1986. – *Eugen Hämmerle, Heinz Ohme und Klaus Schwarz*: Zugänge zur Orthodoxie (Bensheimer Hefte 68), Göttingen 1988, 2. Auflage 1989 (Literatur!). – *Dialoge der EKD mit der Orthodoxie*: Dokumentation in den Studienheften, hg. vom Außenamt der EKD, und in den Beiheften zur ÖR.

3. Anglikanische Kirchen

Church of England Year Book, London 1866 ff. – *Hans-Heinrich Harms (Hg.)*: Die Kirche von England und die anglikanische Kirchengemeinschaft (Die Kirchen der Welt, Band 4), Stuttgart 1966. – *Günther Gaßmann (Hg.)*: Vom Dialog zur Gemeinschaft. Dokumente zum anglikanisch/lutherischen und anglikanisch/katholischen Gespräch, Frankfurt/M. 1975 . – *Meißener Erklärung*: Auf dem Weg zu sichtbarer Einheit, hg. vom Kirchenamt der EKD, Berlin und Hannover 1988.

4. *Altkatholische Kirchen*

W. Krahl: Ökumenischer Katholizismus. Alt-Katholische Orientierungspunkte und Texte aus zwei Jahrtausenden, Bonn 1970. – *Urs Küry (Hg.)*: Die Altkatholische Kirche. Ihre Geschichte, ihre Lehre, ihr Anliegen (Kirchen der Welt Band 3), Stuttgart (3. Auflage), 1982. – *Zu den Dialogen*: Vgl. Dokumente wachsender Übereinstimmung, 23–53 (altkatholisch-orthodox), 77–79 (altkatholisch-anglikanisch); ÖR 34, 1985, 365–367 (altkatholisch-evangelisch).

5. *Lutherische Kirchen*

Kurt Schmidt-Clausen: Vom Lutherischen Weltkonvent zum Lutherischen Weltbund. Geschichte des Lutherischen Weltkonventes 1923–1947, Gütersloh 1976. – *Der Lutherische Weltbund*: Offizielle Berichte der Vollversammlungen: Lund 1947, Hannover 1952, Minneapolis 1957, Helsinki 1963, Evian 1970, Daressalam 1977, Budapest 1983, Curitiba 1990 (jeweils bei verschiedenen Verlagen). – *Ulrich Duchrow*: Konflikt um die Ökumene. Christusbekenntnis – in welcher Gestalt der ökumenischen Bewegung?, München 1980.

6. *Reformierte Kirchen*

Marcel Pradervand: A Century of Service. A History of the World Alliance of Reformed Churches 1875–1975, Edinburgh 1975. - *Karl Halaski (Hg.)*: Die Reformierten Kirchen (Die Kirchen der Welt, Band 17), Stuttgart 1977. – *Norman Goodall (Hg.)*: Der Kongregationalismus (Die Kirchen der Welt Band 11), Stuttgart 1973.

7. *Baptistische Kirchen*

John David Hughey (Hg.): Die Baptisten (Die Kirchen der Welt, Band 2), Stuttgart 1964. – *William L. Lumpkin (Hg.)*: Baptist Confessions of Faith, Philadelphia 1959. – *Hans-Jürgen Goertz*: Die Täufer, Geschichte und Deutung, 1980.

8. *Methodistische Kirchen*

Henry Carter: Das Erbe Johannes Wesleys und die Ökumene, Zürich 1951. – *Karl Steckel und C. Ernst Sommer (Hg.)*: Geschichte der Evangelisch-methodistischen Kirche, Stuttgart 1982. – *C. Ernst Sommer (Hg.)*: Der Methodismus (Die Kirchen der Welt Band 6), Stuttgart 1968.

9. *Übrige evangelische Freikirchen*

Hans-Beat Motel (Hg.): Glieder an einem Leib. Die Freikirchen in Selbstdarstellungen, Konstanz 1975. – *Hubert Kirchner*: Freikirchen und konfessionelle Minderheitskirchen. Ein Handbuch, Berlin (Ost) 1987. – *Erich Geldbach*: Freikirchen. Erbe, Gestalt und Wirkung (Bensheimer Hefte 70), Göttingen 1989 (Lit.!). – Vgl. die Reihe: Die Kirchen der Welt.

10. Unierte Kirchen

Reinhard Groscurth (Hg.): Kirchenunionen und Kirchengemeinschaft, Frankfurt/M. 1971. – *John Webster Grant (Hg.)*: Die unierten Kirchen (Die Kirchen der Welt Band 10), Stuttgart 1973. – *Ecumenical Review*: seit 1953 laufend Berichte und Übersichten über Unionsbewegungen.

11. Unabhängige Kirchen

Paul Makhubu: Who are the Independent Churches? Johannesburg und Cape Town 1988.

C. Zum Zweiten Teil
Ökumenische Bewegung und ökumenische Theologie

Vgl. die Berichtsbände der Weltkirchenkonferenzen und die übrigen Quellenwerke.

I. Liturgische Bewegung und ökumenische Spiritualität

1. Ökumenische Gebetswochen: *Günter Wieske*: Das ökumenische Gebet – eine ungelöste Aufgabe (Zur Geschichte der ökumenischen Gebetswochen), in: Ökumenische Rundschau 10, 1961, 29–41. – *Allianz-Gebetswoche*: Jährliche Handreichungen, herausgegeben von der Geschäftsstelle (bis 1987 Berlin), 7000 Stuttgart 1, Stitzenburgstr. 7. – *Gebetswoche für die Einheit*: Jährliche Handreichungen, herausgegeben von der ÖRK-Kommission für Glauben und Kirchenverfassung und vom Vatikanischen Rat für die Einheit der Christen, deutsch von der Ökumenischen Centrale in Frankfurt/M. (Calwer Verlag Stuttgart, Kyrios-Verlag Freising). – *Weltgebetstag der Frauen*: Jährliche Handreichungen, herausgegeben vom Internationalen Komitee und vom Deutschen Komitee in 8504 Stein/Mfr., Deutenbacher Str. 1. – *100 Jahre Weltgebetstag*. Kommt, freut euch. Frauen aller Konfessionen laden ein, Stein/Mfr. 1987.

2. Ökumenische Gebetbücher: *Paul Werner Scheele*: Vater, die Stunde ist da. Gebete der Ökumene, Freiburg 1964. – *Walter Nigg (Hg.)*: Gebete der Christenheit, München und Hamburg 1965 (Siebenstern-Taschenbuch 46). – *Christen beten gemeinsam*. Herausgegeben vom Arbeitskreis Gemeinsames Beten, Witten 1968. – *Sammle dein Volk zur Einheit*.

Ökumenische Gebete der Christenheit, herausgegeben von der Gemeinsamen Arbeitsgruppe der römisch-katholischen Kirche und des ÖRK, Freiburg 1971. – *Arbeitsgemeinschaft für ökumenisches Liedgut (Hg.)*: Gemeinsame Kirchenlieder. Gesänge der deutschsprachigen Christenheit, Berlin und Regensburg 1973. – *Max Thurian (Hg.)*: Die eucharistische Liturgie von Lima, Frankfurt/M. 1983. – *Ökumenischer Fürbittkalender*. Für Gottes Volk auf Erden, herausgegeben vom ÖRK in Zusammenarbeit mit den Arbeitsgemeinschaften christlicher Kirchen in Deutschland und der Schweiz, Frankfurt/M. 1979. – *Günther E. Th. Bezzenberger (Hg.)*: Ökumenisches Brevier, Kassel 1985. – *Ökumenischer Fürbittkalender*. Mit Gottes Volk auf Erden, herausgegeben von Hans Georg Link u. a., Frankfurt/M. 1989. – *Reinhard Mumm (Hg.)*: Ökumenische Gebete, Gladbeck 1969, Regensburg und Stuttgart 1991 (Literatur!).

II. Bibelbewegung und Bibelauslegung

Josef Blank, Rudolf Schnackenburg, Eduard Schweizer und Ulrich Wilckens (Hg.): Evangelisch-Katholischer Kommentar zum Neuen Testament, Zürich/Einsiedeln/Köln und Neukirchen-Vluyn: Vorarbeiten Hefte 1–4, 1969–1972, 17 Bände Kommentar bis 1991. – *Erich Gräßer und Karl Kertelge (Hg.)*: Ökumenischer Taschenbuchkommentar, Gütersloh und Würzburg (Siebenstern-Taschenbücher) 11 Bände ab 1979. – *Deutscher Ökumenischer Studienausschuß (Hg.)*: Verbindliches Lehren der Kirche heute. Arbeitsbericht aus dem DÖSTA und Texte der Faith-and-Order-Konsultation Odessa 1977, Beih. z. ÖR Nr. 33, Frankfurt/M. 1978. – *Ellen Flessman-van Leer (Ed.)*: The Bible. Its Authority and Interpretation in the Ecumenical Movement (Faith and Order Paper No. 99), Geneva 1980. – *Karl Kertelge (Hg.)*: Die Autorität der Schrift im ökumenischen Gespräch (Referate beim Deutschen Ökumenischen Studienausschuß), Beih. z. ÖR Nr. 50, Frankfurt/M. 1985. – *Joseph Ratzinger u. a.*: Schriftauslegung im Widerstreit, Freiburg 1989. – *Uwe Gerber*: Feministische Theologie (Ein Literaturüberblick), in: W. Schöpsdau (Hg.), Mariologie und Feminismus, Bensheimer Hefte 64, Göttingen 1985, 103–141. – *Kuno Füssel*: Drei Tage mit Jesus im Tempel. Einführung in die materialistische Lektüre der Bibel, für Religionsunterricht, Theologiestudium und Pastoral, Münster 1987. – *Das Jahr mit der Bibel*. Materialien der Arbeitsgemeinschaft christlicher Kirchen in Deutschland sowie des Evangelischen und Katholischen Bibelwerks, 1992.

III. Lehrbewegung und Lehrkonsens

1. Gemeinsam glauben und bekennen: *Hans Georg Link (Hg.)*: Handbuch zum Apostolischen Glauben (ein Textbuch mit historischen Glaubensbekenntnissen und den Studiendokumenten der ökumenischen Bewegung), Neukirchen-Vluyn und Paderborn 1987. – *Harding Meyer und Heinz*

Schütte (Hg.): Confessio Augustana. Bekenntnis des einen Glaubens. Gemeinsame Untersuchung lutherischer und katholischer Theologen, Paderborn und Frankfurt/M. 1980. – *Arbeitsgemeinschaft christlicher Kirchen in der Bundesrepublik Deutschland und Berlin (West)*: Erklärung zur 1600-Jahrfeier des Glaubensgekenntnisses von Nizäa-Konstantinopel, in: ÖR 30, 1981, 471–473 (auch bei Link 236–238). – *Gemeinsame Arbeitsgruppe der römisch-katholischen Kirche und des ÖRK*: Gemeinsames Zeugnis. Ein Studiendokument 1981, in: Dokumente wachsender Übereinstimmung, 684–701. – *Konferenz Europäischer Kirchen und Rat der (römisch-katholischen) Europäischen Bischofskonferenzen*: Unser Credo – Quelle der Hoffnung. Erklärung der Europäischen Ökumenischen Begegnung in Riva del Garda/Italien 1984, in: Gemeinsam den Glauben bekennen – Quelle der Hoffnung, Genf/St. Gallen 1985, 13–25 (auch bei Link 256–268). – *Kommission für Glauben und Kirchenverfassung (Hg.)*: Gemeinsam den einen Glauben bekennen. Eine ökumenische Auslegung des apostolischen Glaubens, wie er im Glaubensbekenntnis von Nizäa-Konstantinopel (381) bekannt wird, Frankfurt/M. und Paderborn 1991. – *Harding Meyer und Günther Gaßmann (Hg.)*: Rechtfertigung im ökumenischen Dialog. Dokumente und Einführung, Frankfurt/M. 1987.

2. Abendmahlsgemeinschaft: *Günther Gaßmann u. a. (Hg.)*: Um Amt und Herrenmahl. Dokumente zum evangelisch/römisch-katholischen Gespräch, Frankfurt/M. 1973 (Literatur!). – *Markus Eham*: Gemeinschaft im Sakrament? Die Frage nach der Möglichkeit sakramentaler Gemeinschaft zwischen katholischen und nichtkatholischen Christen. Zur ekklesiologischen Dimension der ökumenischen Frage, Teil I und II, Frankfurt 1986 (Literatur!). – *Gerhard Karl Schäfer*: Eucharistie im ökumenischen Kontext. Zur Diskussion um das Herrenmahl in Glauben und Kirchenverfassung von Lausanne 1927 bis Lima 1982 (Literatur!), Göttingen 1988. – *Miguel M. Garijo-Guembe, Jan Rohls und Gunther Wenz*: Mahl des Herrn. Ökumenische Studien, Frankfurt/M. und Paderborn 1988.
Zur Lima-Erklärung: *Konfessionskundliches Institut (Hg.)*: Kommentar zu den Lima-Erklärungen über Taufe, Eucharistie und Amt (Bensheimer Hefte 59), Göttingen 1983. – *Gerhard Voß (Hg.)*: Wachsende Übereinstimmung in Taufe, Eucharistie und Amt. Hilfe zur Beschäftigung mit den Lima-Erklärungen, Meitingen und Paderborn 1984. – *Max Thurian (Hg.)*: Churches Respond to Baptism, Eucharist and Ministry, Genf Band I-VI, 1986–1988. – *Kommission für Glauben und Kirchenverfassung (Hg.)*: Die Diskussion über Taufe, Eucharistie und Amt 1982–1990. Stellungnahmen, Auswirkungen, Weiterarbeit, Frankfurt/M./Paderborn 1990.

3. Amt: *Georg H. Vischer*: Apostolischer Dienst. Fünfzig Jahre Diskussion über das kirchliche Amt in Glauben und Kirchenverfassung, Frankfurt/M. 1982. – *Alfred Burgsmüller und Reinhard Frieling (Hg.)*: Amt und Ordination im Verständnis evangelischer Kirchen und ökumenischer Gespräche. Eine Dokumentation, Gütersloh 1974 (Literatur 145–153!). – *Arbeitsgemeinschaft Ökumenischer Universitätsinstitute*: Reform und

Anerkennung kirchlicher Ämter. Ein Memorandum, München und Mainz 1973. – *Vinzenz Pfnür*: Kirche und Amt. Neuere Literatur zur ökumenischen Diskussion um die Amtsfrage, in: Catholica-Beiheft 1, Münster 1975. – *Jörg Baur (Hg.)*: Das Amt im ökumenischen Kontext. Eine Studienarbeit des Ökumenischen Studienausschusses der VELKD, Stuttgart 1980.

Zu Papstamt und Ökumene: *Raymond E. Brown, Karl P. Donfried und John Reumann (Hg.)*: Der Petrus der Bibel. Eine ökumenische Untersuchung. Grundlagenpapier aus dem United States Lutheran-Roman Catholic Dialogue, eingeleitet von F. Hahn und R. Schnackenburg, Stuttgart 1976. – *Albert Brandenburg/ Hans Jörg Urban (Hg.)*: Petrus und Papst. Evangelium, Einheit der Kirche, Papstdienst, Münster/W. Band I und II, 1977/78. – *Arbeitsgemeinschaft ökumenischer Universitätsinstitute (Hg.)*: Papsttum als ökumenische Frage, München und Mainz 1979. – *Michael Hardt*: Papstamt und Ökumene. Ansätze eines Neuverständnisses für einen Papstprimat in der protestantischen Theologie des 20. Jahrhunderts, Paderborn 1981. – *Wolfgang Klausnitzer*: Das Papstamt im Disput zwischen Lutheranern und Katholiken. Schwerpunkte von der Reformation bis zur Gegenwart, Innsbruck-Wien 1987.

4. Einheitskonzeptionen: *Friedrich Wilhelm Kantzenbach*: Einheitsbestrebungen im Wandel der Kirchengeschichte, Gütersloh 1979. – *Günther Gaßmann*: Konzeptionen der Einheit in der Bewegung für Glauben und Kirchenverfassung 1910–1937, Göttingen 1979. – *Nils Hasselmann (Hg.)*: Kirche im Zeichen der Einheit (herausgegeben im Auftrag des Ökumenischen Studienausschusses der VELKD), Göttingen 1979. – *Gemeinsame römisch-katholisch/evangelisch-lutherische Kommission*: Wege zur Gemeinschaft. Alle unter einem Christus, Paderborn und Frankfurt/M. 1980. – *Heinrich Fries/Karl Rahner*: Einigung der Kirchen – reale Möglichkeit, Freiburg 1983. – *Eilert Herms*: Einheit der Christen in der Gemeinschaft der Kirchen. Die ökumenische Bewegung der römischen Kirche im Lichte der reformatorischen Theologie. Antwort auf den Rahner-Plan, Göttingen 1984. – *Gemeinsame römisch-katholische/evangelisch-lutherische Kommission*: Einheit vor uns. Modelle, Formen und Phasen katholisch-lutherischer Kirchengemeinschaft, Paderborn und Frankfurt/M. 1985. – *Oscar Cullmann*: Einheit durch Vielfalt. Grundlegung und Beitrag zur Diskussion über die Möglichkeiten ihrer Verwirklichung, Tübingen 1986, 2. Auflage 1990. – *Evangelischer Bund*: Evangelisch und Ökumenisch. Evangelische Leitsätze für das ökumenische Gespräch, in: W. Fleischmann-Bisten und Heiner Grote: Protestanten auf dem Wege (Bensheimer Hefte 65), Göttingen 1986, 226–236. – *Erich Geldbach*: Ökumene in Gegensätzen. Mit dem Memorandum „Reformatorische Kirchen und ökumenische Bewegung" (Bensheimer Hefte 66), Göttingen 1987. – *Eilert Herms*: Von der Glaubenseinheit zur Kirchengemeinschaft. Plädoyer für eine realistische Ökumene, Marburg 1989. – *Beatus Brenner, Erwin Fahlbusch, Erich Geldbach und Walter Schöpsdau*: Annäherung der getrennten Kirchen? Kirchliches Jahrbuch 1987, Lieferung 1, Gütersloh 1989.

IV. Missionsbewegung und Missionstheologien

1. Allgemeines und Geschichte: *Wolfgang Günther*: Von Edinburgh nach Mexiko City. Die ekklesiologischen Bemühungen der Weltmissionskonferenzen 1910–1963, Stuttgart 1970. – *H.J. Margull/J. Freytag (Hg.)*: Keine Einbahnstraßen. Von der Westmission zur Weltmission, Stuttgart/Erlangen 1973.

2. Missionstheologien: *Georg Vicedom*: Missio Dei. Einführung in eine Theologie der Mission, München 1958. – *Hans Jochen Margull*: Theologie der missionarischen Verkündigung, Stuttgart 1959. – *Josef Amstutz*: Kirche der Völker. Skizze einer Theorie der Mission, Freiburg 1972. – *Ludwig Rütti*: Zur Theologie der Mission. Kritische Analysen und neue Orientierungen, München/Mainz 1972. – *Thomas Kramm*: Analyse und Bewährung theologischer Modelle zur Begründung der Mission. Entscheidungskriterien in der aktuellen Auseinandersetzung zwischen einem heilsgeschichtlich-ekklesiologischen und einem geschichtlich-eschatologischen Missionsverständnis, Aachen 1975. – *Theo Sundermeier*: Konvivenz als Grundstruktur ökumenischer Existenz heute, in: Ökumenische Existenz heute, Band 1, München 1986.

3. „Evangelikal" und „Ökumenisch": *Peter Beyerhaus (Hg.)*: Alle Welt soll sein Wort hören. Lausanne-Dokumente, 2 Bände, Neuhausen-Stuttgart 1974. – *Walter Künneth und Peter Beyerhaus (Hg.)*: Reich Gottes oder Weltgemeinschaft? Die Berliner Erklärung zur utopischen Vision des Weltkirchenrates, Bad Liebenzell 1975. – *Wolfgang Hering*: Das Missionsverständnis in der ökumenisch-evangelikalen Auseinandersetzung, Sankt Augustin 1980. – *John Stott und Basil Meeking (Hg.)*: Der Dialog über Mission zwischen Evangelikalen und der Römisch-Katholischen Kirche 1977–1984. Ein Bericht, Wupptertal 1987. – *Horst Marquardt und Ulrich Parzany (Hg.)*: Evangelisation mit Leidenschaft. Berichte und Impulse vom II. Lausanner Kongreß für Weltevangelisation in Manila (1989), Neukirchen-Vluyn 1990.

V. Sozialbewegungen und Sozialethik

(Vgl. die Quellenwerke und Einzeluntersuchungen in der Allgemeinen Bibliographie zu „Kirche und Welt", inklusive zum Konziliaren Prozeß für Gerechtigkeit, Frieden und Bewahrung der Schöpfung)

World Council of Churches (Ed.): Ecumenical Documents on Church and Society (1925–1953), Geneva 1954. – *Karl Heinz Dejung*: Die Ökumene im Entwicklungskonflikt 1910–1968 (Literatur!), Stuttgart 1973. – *Hans-Joachim Kosmahl*: Ethik in Ökumene und Mission. Das Problem der „Mittleren Axiome" bei J.H. Oldham und in der christlichen Sozialethik, Göttingen 1970. – *José Eduardo Borges de Pincho*: Kirche und politische Gemeinschaft in ökumenischer Perspektive. Ein Vergleich zwischen Verlautbarungen der ökumenischen Bewegung und der römisch-katholischen Kirche (insbesondere von 1937 bis 1966), Münster (maschinenschriftliche Dissertation) 1975.- *Richard Dickinson*: Richtschnur und Waage. Die Kirchen und die sozialökonomische Entwicklung, Genf (ÖRK) 1968. - *ÖRK (Hg.)*: The Humanum Studies 1969–1975. A collection of documents, Geneva 1975. - *Heinz-Georg Binder und Paul Bocklet (Hg.)*: Entwicklung als internationale soziale Frage. Bericht über das Dialogprogramm der Kirchen 1977–1979, München und Mainz 1980.- *Dietmar Klose*: Kirchliche Entwicklungsarbeit als Lernprozeß der Weltkirche, Zürich, Köln 1984. - *Wolfgang Palaver (Hg.)*: Centesimo anno. 100 Jahre katholische Soziallehre. Bilanz und Ausblick, Thaur 1991.

VI. Friedensbewegung und Friedensethik

Institut für Theologie und Frieden (Hg.): Bibliographie Theologie und Frieden, Band 1.1 und 1.2, Köln 1984. - *Heinz Horst Schrey*: 50 Jahre Besinnung über Krieg und Frieden, in: Theologische Rundschau 43, 1978, 201–229. - *A. Gregory u. a.*: Den Frieden entwickeln. KEK-Studienheft Nr. 12, Genf 1980. - *Hirtenworte zu Krieg und Frieden*. Die Texte der katholischen Bischöfe der Bundesrepublik Deutschland, der Deutschen Demokratischen Republik, der Niederlande, Österreichs, der Schweiz, Ungarn und der Vereinigten Staaten von Amerika, Köln 1983. - *Bischöfe zum Frieden*. Hirtenbriefe mehrerer römisch-katholischer Bischofskonferenzen (Stimmen der Weltkirche Nr. 19), Bonn 1983. - *Hans-Richard Reuter (Hg.)*: Konzil des Friedens, Beiträge zur ökumenischen Diskussion I (Texte der FEST, A 24), Heidelberg 1987. - *Friedhelm Solms/Marc Reuver*: Welchen Frieden wollen die Kirchen? Beiträge zur ökumenischen Diskussion II (Texte der FEST, A 28), Heidelberg 1988. - *Marc Reuver*: Christians as Peace Makers. Peace Movement in Europe and the USA, Genf (ÖRK) 1988. - *Götz Planer-Friedrich (Hg.)*: Frieden und Gerechtigkeit. Auf dem Weg zu einer ökumenischen Friedensethik, München 1989 (Literatur!).

VII. Soziokulturelle Bewegungen und Kontexttheologien

H. W. Gensichen u. a. (Hg.): Theologische Stimmen aus Asien, Afrika und Lateinamerika, Band 1–3, München 1965 und 1967. - *Missionswissenschaftliches Institut Aachen (Hg.)*: Theologie im Kontext. Informationen über theologische Beiträge aus Amerika, Asien und Ozeanien, Aachen 1979 ff. - *Theologie der Dritten Welt*: Schriftenreihe, herausgegeben vom Missionswissenschaftlichen Institut Missio, Freiburg 1980 ff. - *EATWOT*: Herausgefordert durch die Armen. Dokumente der Ökumenischen Vereinigung von Dritte-Welt-Theologen 1976–1983, Freiburg 1983. - *Reinhard Frieling*: Befreiungstheologien. Studien zur Theologie in Lateinamerika (Bensheimer Hefte 63), Göttingen (2. Auflage) 1984

(Literatur!). – *Bibliothek Theologie der Befreiung*: Auf 53 Bände angelegte Monographienreihe lateinamerikanischer vorwiegend katholischer Autoren, Düsseldorf 1987ff (bis 1991 16 Bände). – *Theologien der Dritten Welt*. Konvergenzen und Differenzen. Themenheft der Zeitschrift „Concilium" 24, 1988, Heft 5. – *Joachim Wietzke (Hg.)*: Theologie als konziliarer Prozeß. Chancen und Grenzen eines interkulturellen Dialogs zwischen der „Dritten" und „Ersten Welt" (Weltmission heute Nr. 3), Hamburg 1988. – *Giancarlo Collet (Hg.)*: Theologien der Dritten Welt. EATWOT als Herausforderung westlicher Theologie und Kirche (= Neue Zeitschrift für Missionswissenschaft Suppl. Vol. 37), Immensee 1990. – *VELKD und Arnoldshainer Konferenz*: Religionen, Religiosität und christlicher Glaube. Eine Studie, Gütersloh 1991. – Theologiegeschichte der Dritten Welt, hg. von Th. Sundermeier und N. Klaes, Schriftenreihe, München 1991 ff.

D. Zeitschriften

(Nur die ökumenischen Zeitschriften selbst sind aufgeführt; viele andere Zeitschriften behandeln ebenfalls ökumenische Themen; die Abkürzungen entsprechen im allgemeinen der TRE.)

Cath.	Catholica. Vierteljahresschrift für Kontroverstheologie, begr. von R. Grosche, 1932 ff.; ab 1958 herausgegeben vom Johann-Adam-Möhler-Institut in Paderborn als „Zeitschrift für ökumenische Theologie"
ER	*The Ecumenical Review*. A Quarterly published by the World Council of Churches, Geneva, 1948 ff.
Eiche	*Die Eiche*. Vierteljahresschrift für soziale und internationale Arbeitsgemeinschaft, herausgegeben von F. Siegmund-Schultze, Berlin 1913–1933
EMZ/ZMiss	*Evangelische Missionszeitschr./Zeitschrift für Mission*, Stuttgart 1975 ff.
IKZ	*Internationale Kirchliche Zeitschrift*, herausgegeben von der Altkatholischen Kirche, 1893 ff.
Irén	*Irénikon*. Chevetogne (Belgien), Monastère Benedictin 1927 ff.
Ist	*Istina*. Revue trimestrielle, Boulogne-sur-Seine, Centre d'études Istina 1954 ff.
JES	*Journal of Ecumenical Studies*. Catholic – Protestant – Orthodox, Pittsburgh 1964 ff.
MDdKI	*Materialdienst des Konfessionskundlichen Instituts* Bensheim, herausgegeben vom Konfessionskundlichen Institut des Evangelischen Bundes/Arbeitswerk der EKD (Zweimonatsschrift) 1, 1949 ff.

ÖR *Ökumenische Rundschau*. Eine Vierteljahresschrift (herausgegeben in Verbindung mit dem Deutschen Ökumenischen Studienausschuß der Arbeitsgemeinschaft christlicher Kirchen) 1, 1951 ff.

US *Una Sancta*. Zeitschrift für ökumenische Begegnung (Redaktion Ökumenisches Institut der Benediktinerabtei Niederaltaich) 1, 1945 ff.